Verwaltungs-Ordnung für das kirchliche Vermögen

in den

östlichen Provinzen der Preußischen Landeskirche.

Unter Berücksichtigung
des Bürgerlichen Gesetzbuches und seiner Nebengesetze

herausgegeben von

Dr. K. Crisolli und **M. Schultz,**
Konsistorialräten in Berlin.

Berlin 1904.
J. Guttentag, Verlagsbuchhandlung,
G. m. b. H.

Vorwort.

Die vorliegende Ausgabe der Verwaltungsordnung für das kirchliche Vermögen ist vornehmlich dazu bestimmt, den bei der kirchlichen Vermögensverwaltung beteiligten Behörden und Gemeindekörperschaften eine Übersicht über die für die kirchlichen Vermögensangelegenheiten allgemein wichtigen Bestimmungen des seit dem 1. Januar 1900 in Kraft getretenen bürgerlichen Rechts zu geben. Daneben sind die sonstigen Vorschriften der Verwaltungsordnung nach den neueren Gesetzes- und Verwaltungsvorschriften erläutert worden.

Berlin, im Februar 1904.

Dr. Crisolli. M. Schultz.

Verwaltungs-Ordnung

für

das kirchliche Vermögen in den östlichen Provinzen der Preußischen Landeskirche*) vom 15. Dezember 1886. Neu abgedruckt mit Berücksichtigung der durch die neuere Gesetzgebung erforderlich gewordenen Abänderungen unter Zustimmung des Generalsynodal-Vorstandes am 17. Juni 1893.

(K.G. u. V.Bl. 1893 S. 23.)

Inhaltsverzeichnis.

---

*) Ost- und Westpreußen, Brandenburg, Pommern, Posen, Schlesien und Sachsen.

Abkürzungen.

§ = Paragraph der Verwaltungsordnung.

a. a. O. = am angeführten Orte.

A.G.O. II, 6 = Allgemeine Gerichtsordnung für die Preußischen Staaten v. 6. Juli 1793, Teil II, Titel 6.

A.L.R. II, 11 = Allgemeines Landrecht für die Preußischen Staaten, Teil II, Titel 11.

A. M. = Anderer Meinung.

Anm. = Anmerkung.

Ausf.Ges. = Ausführungsgesetz.

B.G.B. = Bürgerliches Gesetzbuch für das Deutsche Reich.

Bolze = Die Praxis des Reichsgerichts in Civilsachen, bearbeitet von A. Bolze.

Centr.Bl. oder Centr Bl. f. d. U.V. = Centralblatt für die gesamte Unterrichtsverwaltung in Preußen.

Centr.Bl. d. Abg.-Gesetzg. = Centralblatt der Abgaben-Gesetzgebung und Verwaltung in Preußen.

C.P.O. = Civilprozeßordnung für das Deutsche Reich.

E. d. E. O. oder E. O. = Erlaß des Evangelischen Oberkirchenrats.

E d. M. d. g. A. = Erlaß des Ministers der geistlichen ꝛc. Angelegenheiten.

E. d. M. d. J. = Erlaß des Ministers des Innern.

Einf.Ges. = Einführungsgesetz.

Gruchot = Beiträge zur Erläuterung des Deutschen Rechts, begründet von Gruchot, herausgegeben von Rassow, Küntzel und Eccius.

G.S. = Gesetz-Sammlung für die Preußischen Staaten.

G.V.G. = Gerichtsverfassungsgesetz für das Deutsche Reich.

Habicht = Die Einwirkung des Bürgerlichen Gesetzbuches auf zuvor entstandene Rechtsverhältnisse, dargestellt v. H. Habicht, 3. Aufl. 1901.

H.G.B. = Handelsgesetzbuch für das Deutsche Reich.

Jacobson = Das evangelische Kirchenrecht des Preußischen Staates herausgegeben von Jacobson.

J.M.Bl. = Justiz-Ministerial-Blatt.

v. Kamptz Annalen = von Kamptz, Annalen der Preußischen inneren Staatsverwaltung.

Kab.O. = Kabinetsorder.

K.G.Entsch. = Jahrbuch für Entscheidungen des Kammergerichts in Sachen der freiwilligen Gerichtsbarkeit usw.

K.G. u. S.O. = Kirchengemeinde- und Synodalordnung v. 10. Sept. 1873.

K.G. u. V.Bl. oder K.V.Bl. = Kirchliches Gesetz- und Verordnungs-Blatt.

Koch's Kommentar oder Landrecht = Allgemeines Landrecht für die Preußischen Staaten, herausgegeben von C. F. Koch, neu bearbeitet von Achilles, Hinschius, Johow u. Vierhaus, 8. Aufl. 1884.

Kompetenzgerichtshof = Gerichtshof zur Entscheidung der Kompetenzkonflikte.

K.O. = Konkursordnung für das Deutsche Reich.

Landesverw.Ges. = Gesetz über die allgemeine Landesverwaltung vom 30. Juli 1883.

M.Bl. f. d. i. V. = Ministerial-Blatt für die gesamte innere Verwaltung in den Preußischen Staaten.

Min.-Erl. = Ministerial-Erlaß, ohne Zusatz: des Ministers der geistlichen 2c. Angelegenheiten.

N.C.C. = Novum Corpus Constitutionum Prussico-Brandenburgensium, praecipue Marchicarum.

O.L.G. = Oberlandesgericht.

O.Tr.Entsch. = Entscheidungen des vormaligen Preußischen Obertribunals.

O.V.G.Entsch. = Entscheidungen des Oberverwaltungsgerichts.

P.V.Bl. = Preußisches Verwaltungsblatt.

Rabe = Rabe's Sammlung Preußischer Gesetze und Verordnungen.

Rev. Instr. = Revidierte Instruktion zur Kirchengemeinde- und Synodalordnung v. 25. Januar 1882.

rev. mon. = revisio monitorum von Suarez zu den Gutachten betreffend den Entwurf eines allgemeinen Gesetzbuches für die Preußischen Staaten.

R.G.Bl = Reichs-Gesetzblatt.

R.G.Entsch. = Entscheidungen des Reichsgerichts in Civilsachen.

R.Gr.B.O. = Grundbuchordnung für das Deutsche Reich.

St.St.G. = Preußisches Stempelsteuergesetz v. 31. Juli 1895.

Str.G.B. = Strafgesetzbuch für das Deutsche Reich.

Str.P.O. = Strafprozeßordnung für das Deutsche Reich

Striethorst Archiv = Striethorst, Archiv für Rechtsfälle aus der Praxis des vormaligen Preußischen Obertribunals.

V. = Verordnung.

vgl. = vergleiche.

Zuständigkeits-Ges. = Gesetz über die Zuständigkeit der Verwaltungs- und Verwaltungsgerichts-Behörden vom 1. August 1883.

Verwaltungs-Ordnung
für
das kirchliche Vermögen in den östlichen Provinzen der Preußischen Landeskirche.

Für den Geltungsbereich der Kirchengemeinde- und Synodal-Ordnung vom 10. September 1873 und mit Bezug auf Nr. 36 Abs. 2 der revidierten Instruktion zu derselben vom 25. Januar 1882 (K. G.- u. V.-Bl. S. 1 ff.) haben wir nach Anhörung der beteiligten Konsistorien in Gemeinschaft mit dem Generalsynodal-Vorstande nachstehende Ordnung für die Verwaltung des kirchlichen Vermögens aufgestellt und lassen dieselbe hierdurch den kirchlichen Organen zur Richtschnur für ihre Geschäftsführung zugehen.

Nach Ziffer 36 der rev. Instr. zur K.G. u. S.O. v. 25. Jan. 1882 (K.G. u. V.Bl. S. 1) sollte eine Verwaltungsordnung für das kirchliche Vermögen im Wege der kirchlichen Gesetzgebung erlassen werden. Ein solches Gesetz ist nicht ergangen. Vielmehr hat der Evangelische Oberkirchenrat in Gemeinschaft mit dem General-Synodalvorstand eine Verwaltungsordnung im Wege der Verfügung unter dem 15. Dez. 1886

Anmerkung. Diejenigen in der Verwaltungsordnung angezogenen Paragraphen, deren Stelle nicht besonders angegeben ist, bezeichnen Sätze der Verwaltungsordnung selbst.

Das Kirchengesetz, betreffend die kirchliche Aufsicht über die Vermögensverwaltung der Kirchengemeinden vom 18. Juli 1892 (K.G. u. V.Bl. 1893 S. 9), ist als V.A.G. (Vermögensaufsichtsgesetz) citiert.

veröffentlicht. Diese Ordnung erhielt ihre jetzige, die neuere kirchliche Gesetzgebung berücksichtigende Fassung unter dem 17. Juni 1893 (K.G. u. V.Bl. S. 23).

Die V.O. ist eine Geschäftsanweisung für die mit der kirchlichen Vermögensverwaltung Betrauten, denen sie bei den am häufigsten vorkommenden Verwaltungsgeschäften die Richtschnur ihres Verhaltens darbieten soll (E.O. 3. Jan. 1887, K.G. u. V.Bl. S. 66). Hierdurch vermittelt sie eine gleichmäßige Anwendung der Gesetze in den einzelnen Gemeinden und größeren Gemeindeverbänden, und verhindert eine auseinanderstrebende Rechtsentwicklung, die bei den Verschiedenheiten der provinziellen und örtlichen Kirchenrechte und bei der verhältnismäßig noch jungen durch die K.G. u. S.O. geschaffenen Gestaltung der Kirchengemeinden nur zu leicht eintreten könnte. In gleicher Weise ist die Führung der Verwaltungsgeschäfte durch die V.O. einheitlich geregelt und damit eine übersichtliche Ordnung auch für größere Verbände ermöglicht.

Die V.O. ist kein Gesetz, sie „schafft" kein Recht. Insbesondere werden durch sie die allgemeinen gesetzlichen Bestimmungen, das provinzielle und das örtliche Recht nicht berührt. Insofern aber die V.O. von der obersten Aufsichtsbehörde als Anweisung für die Organe der kirchlichen Verwaltung aufgestellt und veröffentlicht ist, muß sie von diesen befolgt werden, soweit nicht etwa die Aufsichtsbehörde im einzelnen Falle Abweichungen genehmigt oder eine Änderung der beim Erlaß der V.O. bestehenden Gesetze eintritt.

Gerichtliche Entscheidungen, welche von den Vorschriften der V.O. abweichen, berechtigen die Behörden und Beamten einschließlich der Mitglieder der kirchlichen Körperschaften nicht ohne weiteres zur Nichtbefolgung der Vorschriften, wenn sich auch der Zuwiderhandelnde gegen einen auf Nichtanwendung der Vorschriften gestützten Schadensersatzanspruch mit dem Einwande schützen könnte, daß die Vorschriften auf unrichtiger Auslegung beruhen bezw. einem bestehenden Gesetze zuwiderlaufen.

Über die Befolgung der in der V.O. gegebenen Anweisungen hat die Aufsichtsbehörde, nötigenfalls unter Anwendung disziplinarischer Strafmittel, zu wachen.

Eine erhebliche Änderung der in die V.O. aufgenommenen privatrechtlichen Vorschriften ist seit dem 1. Jan. 1900 durch das B.G.B. und seine Nebengesetze herbeigeführt worden.

Das Geltungsgebiet der V.O. deckt sich mit demjenigen der K.G. und S.O. v. 10. Sept. 1873.

§. 1. Der Gemeinde-Kirchenrat vertritt die Kirchengemeinde in vermögensrechtlicher Beziehung, in streitigen, wie in nicht streitigen Rechtssachen (§§. 22 u. 1, 2 K.-G.- u. S.-O., Art. 1 u. 4 Ges. v. 25. Mai 1874 — G.-S. S. 147 —). Er verwaltet das gesamte kirchliche Vermögen einschließlich des Vermögens der kirchlichen Lokalstiftungen, welche nicht fundationsmäßig eigene Vorstände haben, sowie einschließlich des Vermögens der Pfarr-, Küster- und sonstigen kirchlichen Amtsstellen und des Pfarrwittumsvermögens, soweit die aus dem Nießbrauchsrechte entstehenden Verwaltungsbefugnisse jeweiliger Inhaber nicht entgegenstehen (§. 22 Abs. 1 a. a. O.; §§. 160, 772, 774, 778 ff. A. L.-R. II, 11).

Der Gemeinde-Kirchenrat steht bei dieser Verwaltung unter der Aufsicht des Konsistoriums, in höherer Instanz des Evangelischen Ober-Kirchenrats (§. 22 Abs. 3 K.-G.- u. S.-O.; §§. 113 f., 143 ff., 167 ff., A. L.-R. II, 11; Art. 21 Ges. v. 3. Juni 1876, G.-S. S. 125; V.-A.-G. v. 18. Juli 1892 §§. 1 u. 3, u. Allerh. Verordn. v. 8. März 1893, K. G.- u. V.-Bl. 1893 S. 9 u. S. 12), und Mitaufsicht der Kreissynode (§. 53 Nr. 3, 5, 6 und §. 55 Nr. 6 K.-G.- u. S.-O.) unbeschadet der den Staatsbehörden nach Art. 23 bis 27 des Gesetzes vom 3. Juni 1876 vorbehaltenen Rechte.

Zu § 1.

1. Die Kirchengemeinde ist die organisierte Gesamtheit der Eingepfarrten. Sie hat die Rechte einer privilegierten Korporation (§ 17 II 11 A.L.R.); sie ist rechtsfähig (juristische, moralische Person), sie kann Rechte erwerben und Verbindlichkeiten eingehen, vor Gericht klagen und verklagt werden. Als Teil der „ausdrücklich aufgenommenen" (§ 17 a. a. O.) evangelischen Landeskirche nimmt sie im Gebiet des öffentlichen Rechtes eine bevorzugte Stellung ein. Sie ist von den polizeilichen Beschränkungen des Vereins- und Versammlungsrechtes befreit (§ 2 Abs. 3, Ges. v. 11. März 1850, G.S. S. 277), ihr Kultus genießt eine besondere Berücksichtigung im bürgerlichen Leben (Sonntagsruhe, Reichs-Gewerbeordnung in der Fassung v. 30. Juni 1900 — R.G.Bl. S. 321 — § 105a, Strafgesetzbuch § 366, Z. 1 u s.w.), ihre kirchlichen Einrichtungen

werden staatlich geschützt (§ 166 Strafgesetzbuches), die gottesdienstlichen Zwecken dienenden Gebäude und Grundstücke sind mit besonderen Vorrechten ausgestattet (§§ 18, 170, 174, II 11 A.L.R.). Von besonderer Bedeutung für die Vermögensverwaltung ist das der Kirchengemeinde durch § 31 Ziffer 6 K.G. u. S.O. beigelegte Recht, die zur Befriedigung kirchlicher Bedürfnisse erforderlichen Geldmittel und Leistungen im Wege der Kirchensteuer (Umlage) zu beschaffen (§§ 53 ff. — vgl. dazu das von der 5. ordentl. General-Synode beschlossene im Anhang H abgedruckte Kirchensteuergesetz), die Beitreibung gewisser Leistungen an die Kirchengemeinde und ihre Beamten im Wege des Verwaltungszwangsverfahrens (§ 89), Befreiung von den Gerichtskosten bei Leistungsunfähigkeit der Kirchenkasse u.s.w. (§ 93), Vorrechte der Kirchengemeinden und ihrer Beamten gegenüber der allgemeinen Steuerpflicht und ähnliches (§§ 12, 90 Abs. 3).

2. Die durch die K.G. u. S.O. und das Ges. v. 25. Mai 1874 (G.S. S. 147) geschaffene Organisation der Kirchengemeinde beruht auf dem Grundsatz der Selbstverwaltung, die nur durch gewisse Aufsichtsrechte des lastenpflichtigen Patrons (§ 4), der kirchlichen und Staatsbehörden, sowie der synodalen Organe beschränkt wird.

Die Organe der Kirchengemeinde sind der Gemeindekirchenrat und die Gemeindevertretung. Der Gemeindekirchenrat besteht 1. aus dem Pfarrer der Gemeinde oder dessen Stellvertreter im Pfarramt, 2. aus mehreren Ältesten, welche, soweit ihre Ernennung nicht dem Patron zusteht (§ 6 K.G. u. S.O.), durch die Gemeinde gewählt werden (§§ 34 ff. ebenda). Die Gemeindevertretung wird durch Wahl der Gemeinde gebildet; in Gemeinden unter 500 Seelen kommen die Rechte der Gemeindevertretung der Versammlung der wahlberechtigten Gemeindemitglieder zu (§ 27 K.G. u. S.O.). Über die Stellung des Gemeindekirchenrats bestimmt **§ 22 K.G. u. S.O.**:

„Der Gemeindekirchenrat vertritt die Gemeinde in vermögensrechtlicher Beziehung, in streitigen wie in nichtstreitigen Rechtssachen, und verwaltet das Kirchenvermögen einschließlich des Vermögens der kirchlichen Lokalstiftungen, welche nicht fundationsmäßig eigene Vorstände haben, sowie einschließlich des Pfarr- und Pfarrwitwentums-Vermögens, soweit das Recht jeweiliger Inhaber nicht entgegensteht. (Nießbrauch.)

Zu jeder die Gemeinde verpflichtenden schriftlichen Willenserklärung des Gemeindekirchenrats bedarf es der Unterschrift des Vorsitzenden oder seines Stellvertreters und zweier Ältesten, sowie der Beidrückung des Kirchensiegels. Hierdurch wird Dritten gegenüber die ordnungsmäßige Fassung des Beschlusses festgestellt, sodaß es eines Nachweises der einzelnen Erfordernisse desselben, insbesondere der erfolgten Zustimmung der Gemeindevertretung, wo eine solche notwendig ist, nicht bedarf.

An den gesetzlichen Verwaltungsnormen, sowie an den den Staatsbehörden oder vorgesetzten Kirchenbehörden zustehenden Rechten der Aufsicht und der Einwilligung zu bestimmten Handlungen der Verwaltung wird durch den Übergang der letzteren auf den Gemeindekirchenrat nichts geändert (§ 47).

In den Fällen des § 31 ist der Gemeindekirchenrat an die Mitwirkung der Gemeindevertretung gebunden. Die Bestellung außerordentlicher Gemeinde-Repräsentanten nach § 159 II 11 A.L.R. findet nicht ferner statt."

Artikel 1 des Staatsges. v. 25. Mai 1874 (G.S. S. 147): „Die Vertretung der evangelischen Kirchengemeinden, sowie die Verwaltung des Kirchenvermögens geht vom 1. Juli 1874 ab nach Maßgabe der folgenden Bestimmungen auf die in § 1 der in der K.G. u. S.O. v. 10. Sept. 1873 und Ges. v. 9. März 1891 bestimmten Organe über."

Artikel 2. „Der Gemeindekirchenrat übt die ihm in der Gemeindeordnung zugewiesenen Rechte in betreff:

1. der Verfügung über die Kirchengebäude (§ 15);
2. der Vertretung in Gemeindeinteressen in Bezug auf die Schule (§ 16);
3. der Vertretung der Gemeinde in vermögensrechtlicher Beziehung und bei Verwaltung des Kirchenvermögens, einschließlich des Vermögens der kirchlichen Lokalstiftungen, sowie des Pfarr- und Pfarrwitwentumsvermögens (§§ 22 bis 24);
4. der Vertretung der Gemeinde bei Parochialveränderungen (§ 25);

Die zur Ausübung dieser Rechte erforderlichen Beschlüsse werden nach § 11 Abs. 2 und 3 gefaßt und dritten gegenüber nach § 11 Abs. 5 und § 22 Abs. 2 festgestellt."

Die Verwaltung der Kirchenkasse richtet sich nach § 24 K.G. u. S.O.

Die durch den Gemeindekirchenrat vertretene Kirchengemeinde ist hiernach (Art. 1 des Ges. v. 25. Mai 1874, Art. 21 des Ges. v. 3. Juni 1876, G.S. S. 125) auch Trägerin der Rechte, welche vor dem Inkrafttreten der K.G. u. S.O. mangels einer örtlichen organisierten Gemeinde von den Aufsichtsbehörden ausgeübt und als deren Rechte bezeichnet wurden

z. B. die auf ehemaligen Erbpachtverträgen beruhenden und im Grundbuch häufig für das Konsistorium oder die Regierung eingetragenen Vorkaufsrechte.

3. Für die privatrechtlichen Angelegenheiten der Kirchengemeinden ist maßgebend das B.G.B. v. 18. Aug. 1896 mit seinen Nebengesetzen, insbesondere dem Einführungsges. vom gleichen Tage und dem preußischen Ausführungsges. v. 20. Sept. 1899. Mit dem Ausdruck „streitige Rechtssachen" wird das Verfahren im Civilprozeß (C.P.O. v. 17. Mai 1898, R.G.Bl. S. 410) und zum Teil das Verfahren im Konkurs (K.O. v. 17./20. Mai 1898, R.G.Bl. S. 612) und in Zwangsversteigerungssachen (Ges. v. 24. März 1897, R.G.Bl. 1898 S. 713), mit dem Ausdruck „nicht streitige Rechtssachen" die Angelegenheiten der freiwilligen Gerichtsbarkeit (Reichsges. v. 17. Mai 1898, R.G.Bl. S 771), die Grundbuchsachen (R.Gr.B.O. v. 24. März 1897, R.G.Bl. 1898 S. 754) u sw. bezeichnet.

§. 2. Der Gemeinde-Kirchenrat hat hierbei die bestehenden Kirchenordnungen und allgemeinen Gesetze, wie die örtlichen Rechtsordnungen, die Anordnungen der vorgesetzten Behörden und die auf das örtliche Kirchenvermögen bezüglichen besonderen Stiftungsbestimmungen zu beachten (Nr. 36 revid. Instr.). Er führt seine Geschäfte unter gemeinschaftlicher Verantwortlichkeit seiner Mitglieder. Dieselben haben überall die nach dem Gesetze den Vormündern obliegende Aufmerksamkeit anzuwenden und zu vertreten (§. 623 A. L.-R. II, 11; §§. 127 ff. das. II, 10; §. 32 Vormundsch.-O. v. 5. Juli 1875, (G.-S. S. 431).

Soweit einzelne Geschäfte oder Geschäftszweige nach Maßgabe der bestehenden Ordnungen durch besonderen Auftrag bestimmten Deputierten oder Kommissionen (§. 12 K.-G.- u. S.-O.; vgl. Erl. d. Ev. O.-K.-R. v. 4. Dezember 1877, K. G.- u. V.-Bl. 1878 S. 3) oder besonders berufenen Beamten, z. B. dem Rendanten (§. 61), übertragen werden, sind diese besonders Beauftragten in erster Linie verantwortlich. Der Gemeinde-Kirchenrat im Ganzen bleibt aber verpflichtet, die Geschäftsführung der Letzteren dauernd und sorgfältig zu überwachen und die hierbei wahrgenommenen Mängel abzustellen, nötigenfalls unter Mitwirkung der Aufsichtsbehörde. Der Pfarrer oder dessen Vertreter ist befugt, in den Kommissionen den Vorsitz zu übernehmen.

Zu § 2.

1. Der Vorsitzende und die stimmberechtigten Mitglieder des Gemeindekirchenrats sind für die Führung der ihrem Kollegium obliegenden Geschäfte der kirchlichen Vermögensverwaltung (§ 127 II, 10 A.L.R.) nicht blos disziplinarisch verantwortlich, sondern auch der Kirchengemeinde mit ihrem Privatvermögen regreßpflichtig. Für diese Haftpflicht ist, da die Mitgliedschaft des Gemeindekirchenrats den Charakter eines öffentlichen Amtes und einer öffentlichen Pflicht hat, ohne daß dadurch die einzelnen Mitglieder zu wirklichen Beamten werden (vgl. Anm. 4 zu § 88), zunächst nicht das B.G.B., sondern das öffentliche Recht Preußens maßgebend, denn die Mitglieder des Gemeindekirchenrats stehen zur Kirchengemeinde nicht in einem durch privatrechtlichen Vertrag, sondern durch den öffentlich-rechtlichen Akt ihrer Wahl, Einführung und Verpflichtung entstandenen Verhältnis. Als Mitglieder eines Kollegiums müssen der Vorsitzende und die Mitglieder des Gemeindekirchenrats die dem ganzen Kollegium obliegenden Geschäfte regelmäßig gemeinschaftlich vertreten, wobei unentschuldigtes Fernbleiben von den Sitzungen von der Verantwortlichkeit nicht befreit. Gemäß der noch gültigen Vorschrift des § 623 II, 11 A.L.R. haben sie bei ihrer Verwaltung eben die Aufmerksamkeit anzuwenden und eben den Grad der Schuld zu vertreten, wozu Vormünder nach den Gesetzen verpflichtet sind. Das Landrecht verweist hiermit auf die Vorschriften des bürgerlichen Rechts betreffend die Verantwortlichkeit der Vormünder, aber nur in dem Sinne, daß diese Vorschriften als solche, nicht als eine Besonderheit der Haftung der Kirchenverwalter zur Anwendung kommen sollen (vgl. Anm. 1 zu § 36). Daher ist mit Recht angenommen worden, daß die durch § 102 der Preußischen Vormundschaftsordnung vom 5. Juli 1875 (G.S. S. 431) aufgehobenen Vorschriften des A.L.R. über das Vormundschaftswesen durch das eben genannte Gesetz und insbesondere bezüglich der Haftung der Kirchenverwalter durch § 32 desselben ersetzt worden sind. Infolge Inkrafttretens des B.G.B. und nachdem die Vormundschaftsordnung vom 5. Juli 1875 durch Art. 89 Nr. 30 des Preuß. Ausf.Ges. z. B.G.B. ohne Vorbehalt aufgehoben worden ist, ist gemäß Art. 4 Einf.Ges. z. B.G.B. an die Stelle des § 32 a. a. O. seit dem 1. Januar 1900 der § 1833 B.G.B. getreten. Darnach sind der Vorsitzende und die Mitglieder

des Gemeindekirchenrats der von ihnen vertretenen Kirchengemeinde für den aus einer Pflichtverletzung entstehenden Schaden verantwortlich, wenn ihnen ein Verschulden zur Last fällt. Sie haften als Gesamtschuldner (§ 421 B.G.B.) und haben Vorsatz und Fahrlässigkeit (d. h. die Außerachtlassung der im Verkehr erforderlichen Sorgfalt) zu vertreten. (§ 276 B.G.B.)

2. Ihre Verantwortlichkeit wird durch Erteilung der patronatlichen und kirchen- bezw. staatsaufsichtlichen Genehmigungen grundsätzlich nicht ausgeschlossen, weil dieselben Sicherungsmaßregeln im Interesse des Patrons, der Kirche und des Staates sind, nicht aber zur Deckung des Gemeindekirchenrats dienen sollen.

3. Eine verschuldete Pflichtverletzung des Gemeindekirchenrats ist nicht als eine unerlaubte Handlung gegen die Kirchengemeinde im Sinne der §§ 823 ff. B.G.B., der daraus entspringende Anspruch der letzteren also nicht als ein deliktischer anzusehen, weshalb er nicht nach den Regeln des § 852 B.G.B., sondern in der regelmäßigen Frist von 30 Jahren verjährt (§ 195 B.G.B. siehe auch § 204 B.G.B. Vergl. Anm. zu § 1833 B.G.B. bei Neumann, Das B.G.B., 3. Aufl. 1903 Bd. II S. 352, Kuhlenbeck, Das B.G.B., 1. Aufl. 1900 Bd. II S. 363, Planck, Das B.G.B., 1. u. 2. Aufl. 1901 Bd. IV S. 583 u. Delius, Die Haftpfl. d. Beamten, Berlin 1901, S. 86).

§. 3. Der Gemeinde-Kirchenrat ist bei seiner Verwaltung in den Fällen des §. 31 der K.-G.- u. S.-O. an die Mitwirkung der **Gemeindevertretung** gebunden, an deren Stelle in Kirchengemeinden unter 500 Seelen (§. 27 a. a. O.) die Versammlang der wahlberechtigten Gemeindeglieder tritt. Er ist befugt, dieselbe auch in anderen geeigneten Fällen zur Beratung und Beschlußfassung zuzuziehen (§. 22 Abs. 4 u. §. 33 a. a. O.; Nr. 38 f. revid. Instr.).

Die Gemeindevertretung darf nur in gemeinschaftlichen Sitzungen mit dem Gemeinde-Kirchenrat und nur über solche Gegenstände beraten und beschließen, welche ihr von dem Gemeinde-Kirchenrat zu diesem Zwecke vorgelegt sind (§. 29 Abs. 1 K.-G.- u. S.-O.; vgl. Nr. 40 revid. Instr.). Der Gemeinde-Kirchenrat hat die Beratungen durch Beschaffung alles Materials so weit vorzubereiten, daß die endgültige Beschlußfassung der vereinigten Gemeindekörperschaften tunlichst in der ersten desfallsigen Versammlung erfolgen kann (Nr. 38 Abs. 3 revid. Instr.).

Zu § 3.

1. Ob die für Bildung der Vertretung entscheidende Seelenzahl in einer Gemeinde dauernd vorhanden ist, wird durch Beschluß des Gemeindekirchenrats festgestellt (§ 27 Abs. 4 K.G. u. S.O.). In Gemeinden unter 500 Seelen kann ausnahmsweise eine Gemeindevertretung durch Statut (§ 46 K.G. u. S.O.) eingerichtet werden. Sind mehrere Gemeinden unter einem gemeinschaftlichen Pfarramt verbunden (vereinigte Muttergemeinden, Mutter- und Tochtergemeinden) und beträgt die Gesamt-Seelenzahl derselben 500 oder darüber, so ist für die gemeinsamen Angelegenheiten der Gesamt-Parochie (Pfarrbauten, Pfarrbesoldung usw.) in jeder Gemeinde, ohne Rücksicht auf deren Seelenzahl, eine Gemeindevertretung zu bilden (§ 27 Abs. 3, § 2 Abs. 2 K.G. u. S.O.). Wer berechtigt ist, an den Versammlungen der wahlberechtigten Gemeindemitglieder teilzunehmen, wird durch die kirchliche Wählerliste bestimmt (§§ 34 ff. K.G. u S.O.). Falls diese infolge besonderer Umstände den tatsächlichen Verhältnissen nicht mehr entspricht, so kann eine Ergänzung oder neue Aufstellung auch außerhalb des durch 3. 4 rev. Instr. für die Bildung der Gemeindeorgane bestimmten Zeitpunktes erfolgen (E.O. v. 12. Juli 1882 K.G. u. V.Bl. S. 70).

2. Geschäftskreis der Gemeindevertretung: **§ 31, § 33 G.K. u. S.O.:**

§ 31. In folgenden Angelegenheiten bedarf der Gemeindekirchenrat der beschließenden Mitwirkung der Gemeindevertretung:

1) bei dem Erwerb, der Veräußerung und der dinglichen Belastung von Grundeigentum, der Verpachtung und Vermietung von Kirchengrundstücken auf länger als zehn Jahre, und der Verpachtung oder Vermietung der den kirchlichen Beamten zur Nutzung oder zum Gebrauch überwiesenen Grundstücke über die Dienstzeit des jeweiligen Inhabers hinaus;

2) bei außerordentlichen Nutzungen des Vermögens, welche die Substanz selbst angreifen, sowie bei Kündigung und Einziehung von Kapitalien, sofern sie nicht zur zinsbaren Wiederbelegung erfolgt;

3) bei Anleihen, soweit sie nicht blos zur vorübergehenden Aushülfe dienen und aus den laufenden Einnahmen derselben Voranschlagsperiode zurückerstattet werden können;

4) bei der Anstellung von Prozessen, soweit sich dieselben nicht auf Eintreibung fortlaufender Zinsen und Gefälle oder die Einziehung ausstehender Kapitalien, deren Zinsen rückständig geblieben sind, beschränken, desgleichen bei der Abschließung von Vergleichen;

5) bei Neubauten und erheblichen Reparaturen an Baulichkeiten, sofern nicht über die Notwendigkeit der Bau-Ausführung bereits durch die zuständige Behörde endgültig entschieden ist. Für erheblich gelten Reparaturen, deren Kostenanschlag 50 Thlr. übersteigt. Im Fall des Bedürfnisses kann die Gemeindevertretung ein- für allemal die Vollmacht des Gemeindekirchenrats zur Vornahme höher veranschlagter Reparaturen, jedoch nicht über die Summe von je 300 Thlr. hinaus, erweitern.

Die Vorschriften 1 bis 5 finden Anwendung auf alles kirchliche Vermögen, gleichviel ob es rechtlich der Gemeinde, der Kirche oder einer kirchlichen Stiftung gehört, sofern es nur der Verwaltung der früheren Kirchenvorsteher, der Gemeinde oder einer Gemeindekörperschaft unterlegen hat;

6) bei der Beschaffung der zu den kirchlichen Bedürfnissen erforderlichen Geldmittel und Leistungen, soweit solche nicht nach bestehendem Rechte aus dem Kirchenvermögen oder vom Patrone, oder von sonst speziell Verpflichteten zu gewähren sind, insbesondere bei Festsetzung der auf die Gemeinde zu repartierenden Umlagen und bei Bestimmung des Repartitionsfußes, welcher nach Maßgabe direkter Staatssteuern oder am Ort erhobener Kommunalsteuern festgesetzt werden muß;

7) bei Veränderungen bestehender und Einführung neuer Gebührentaxen;

8) bei Bewilligungen aus der Kirchenkasse zur Dotirung neuer Stellen für den Dienst der Gemeinde, sowie zur dauernden Verbesserung des Einkommens der bestehenden; bei dauernder Verminderung solcher, auf der Kirchenkasse haftender Bewilligungen; bei Verwandlung veränderlicher Einnahmen der Kirchenbeamten in feste Hebungen oder bei Umwandlung von Natural-Einkünften in Geldrente, letzteres, soweit nicht die Umwandlung in dem durch die Staatsgesetze geordneten Ablösungsverfahren erfolgt;

9) bei der Feststellung des Etats der Kirchenkasse und der Voranschlagsperiode, sowie, wenn die jährliche etatsmäßige Solleinnahme der Kirchenkasse 300 Thlr. oder mehr beträgt, bei der Abnahme der Jahresrechnung und Erteilung der Decharge.

In allen Fällen ist der Etat und die Jahresrechnung nach erfolgter Feststellung resp. Decharge auf 14 Tage zur Einsicht der Gemeindeglieder öffentlich auszulegen;

10) bei Bewilligungen aus der Kirchenkasse an andere Gemeinden oder zur Unterstützung evangelisch-christlicher Vereine und Anstalten, sofern dieselben einzeln zwei Prozent der etatsmäßigen Solleinnahme der Kirchenkasse übersteigen. Bis zu diesem Betrage ist der Gemeindekirchenrat zu solchen Bewilligungen ermächtigt, doch darf der Gesamtbetrag derselben während eines Jahres fünf Prozent der Solleinnahme nicht überschreiten;

11) bei Errichtung von Gemeindestatuten (§ 46).

§ 33. Der Gemeindekirchenrat ist befugt, auch andere Gemeindeangelegenheiten, die ihm dazu geeignet scheinen, an die Gemeindevertretung zur Beratung und Beschließung zu bringen.

Die infolgedessen gefaßten Beschlüsse sind für den Gemeindekirchenrat maßgebend.

3. Nach § 9 K.G. u. S.O. haben ordentliche Sitzungen des Gemeindekirchenrats in der Regel monatlich ein Mal stattzufinden. Außerordentliche Sitzungen werden vom Vorsitzenden nach Bedarf einberufen; die Berufung muß erfolgen, wenn mindestens die Hälfte der Ältesten unter Angabe des Zweckes dieselbe verlangt. Doch steht auch in diesem Fall die Bestimmung des Termins dem Vorsitzenden zu, über den eventl. Beschwerde an das Konsistorium zu richten ist. Zulässig erscheint, daß der versammelte Gemeindekirchenrat durch Beschluß Tag und Stunde der nächsten Sitzung bestimmt; hierbei hat der Vorsitzende nur nach Maßgabe des ihm in der Versammlung zustehenden Stimmrechts mitzuwirken.

Die Gemeindevertretung wird je nach dem vorhandenen Bedürfnis einberufen. Das Konsistorium kann, wenn ein Fall des § 31 K.G. u. S.O. vorliegt — E.O. 18. Juni 1902 Nr. 5014 —, jeder Zeit die Berufung anordnen (§ 29 Abs. 3 K.G. u. S.O.). Eine Frist für die Einberufung ist gesetzlich nicht vorgeschrieben. Vor jeder Sitzung ist den Mitgliedern der Körperschaften der Gegenstand der Verhandlung mitzuteilen. Das Gesetz trifft keine Bestimmung darüber, ob Gegenstände, die nicht vorher bekannt gemacht worden sind, sondern erst im Laufe der Sitzung zur Verhandlung gebracht werden, zur Abstimmung gestellt werden dürfen. Dies erscheint zulässig, wenn sämtliche Mitglieder zur Sitzung erschienen sind und Niemand Widerspruch erhebt.

4. Nach Ziffer 38 rev. Instr. zur K.G. u. S.O. ist der Gemeindekirchenrat und insbesondere der Vorsitzende verpflichtet, in allen Fällen

des § 31 K.G. u. S.O. den Beschluß der kirchlichen Gemeindevertretung herbeizuführen. Ist die Zuziehung der Gemeindevertretung versäumt worden, so folgt daraus zwar nicht die Ungültigkeit des vom Gemeindekirchenrat mit dritten Personen abgeschlossenen Rechtsgeschäftes; der Vorsitzende und die Mitglieder des Gemeindekirchenrats machen sich aber disziplinarisch verantwortlich und hinsichtlich eines der Kirchengemeinde usw. entstehenden Schadens regreßpflichtig (§ 22 Abs. 2 K.G. u. S.O. Ziff. 38 rev. Instr.).

Bei der Versammlung der Gemeindevertretung treten die Mitglieder des Gemeindekirchenrates und die Gemeindevertreter zu einem ungeteilten Kollegium zusammen. Zur Beschlußfähigkeit kommt es also nicht darauf an, ob von jedem der einzelnen Vertretungskörper mehr als die Hälfte teilgenommen hat; es genügt, daß mehr als die Hälfte der verfassungsmäßigen Mitgliederzahl anwesend ist (Ziff. 40 rev. Instr.). Wer nicht mitstimmt, wird zwar als anwesend gerechnet, die Stimmenmehrheit wird aber lediglich nach der Zahl der Stimmenden festgestellt (§ 11 Abs. 3 K.G. u. S.O.).

Die Gemeindevertretung hat nur über diejenigen Gegenstände zu beschließen, die ihr von dem Gemeindekirchenrat zur Beratung vorgelegt werden (§ 29 Abs. 1 K.G. u. S.O.). Der Gemeindekirchenrat muß sich also zunächst selbst schlüssig machen und alles soweit vorbereiten, daß der Gegenstand möglichst durch eine Verhandlung der Gemeindevertretung erledigt werden kann. Beschließt der Gemeindekirchenrat in einer Angelegenheit, die nach § 31 K.G. u. S.O. zur Zuständigkeit der Gemeindevertretung gehört, ohne diese zuzuziehen, so ist Beschwerde an das Konsistorium zulässig, das die Berufung der Gemeindevertretung nach § 29 a. a. O. anzuordnen befugt ist.

Der Vorsitzende leitet die Versammlung, läßt über die gestellten Anträge abstimmen und schließt die Sitzung. Er ist für die Aufrechterhaltung der Ordnung verantwortlich. Die Sitzungen sind nicht öffentlich. Durch diese Bestimmung wird das Recht der Aufsichtsbehörde, zu den Sitzungen Kommissare zu entsenden, nicht berührt. Dieses Recht ist ein Ausfluß ihrer Aufsichtsbefugnis und beruht auf den durch § 47 K.G. u. S.O. ausdrücklich aufrecht erhaltenen gesetzlichen Bestimmungen.

Sind Beschlüsse der kirchlichen Körperschaften nach der Ansicht des Vorsitzenden ungesetzlich, ordnungswidrig oder dem Besten der Kirchengemeinde zuwider, so muß er sie zwar in das Sitzungsprotokoll aufnehmen; er ist aber berechtigt und bei offenbarer Rechtswidrigkeit des Beschlusses auch verpflichtet, die Ausführung zu vertagen und die Entscheidung des Konsistoriums herbeizuführen (vgl. Anm. 9 zu § 5).

§. 4. In Betreff der Voraussetzungen, unter denen es der Mitwirkung des **Patronats** bei der kirchlichen Vermögensverwaltung bedarf, und der Formen, in welchen die zu einzelnen Geschäften erforderliche Zustimmung zu beschaffen ist, sind die Bestimmungen §. 23 der K.-G.- u. S.-O., Art. 8 des Ges. vom 25. Mai 1874 und Nr. 41 bis 44 der revid. Instr. zu beachten. Die in dieser Verwaltungsordnung erwähnten Aufsichts- und Zustimmungs-Rechte des Patronats kommen hiernach überall **nur** solchen Patronen zu, welche zu Patronatslasten für kirchliche Bedürfnisse der Gemeinde unmittelbar oder aushülfsweise verpflichtet sind.

Wo das Kirchenpatronat mehreren derartigen Patronen zusteht, haben dieselben als Inhaber eines gemeinsamen Rechts (§ 605 A. L.-R. II, 11, §§. 1 ff. das. I, 17) zur Ausübung ihrer Rechte in Betreff der Kirchenverwaltung einen der Mitpatrone oder einen Dritten zu bevollmächtigen, oder gemeinsam nach Mehrheit der Stimmen zu handeln (§§. 12, 37 ff. A. L.-R. I, 17, §§. 344, 352 das. II, 11; Erl. d. Min. d. g. A. v. 31. Januar 1877, K. G.- u. V.-Bl. S. 131). Auch in letzterem Falle ist dahin zu wirken, daß sie einen der Mitpatrone als denjenigen bezeichnen, welchem der Gemeinde-Kirchenrat mit Wirkung für alle die erforderlichen Zustellungen zu machen hat.

Als vorgesetzte Aufsichtsbehörde des Patronats im Sinne des §. 23 der K.-G.- u. S.-O. ist der Regierungspräsident anzusehen (vgl. Art. 8 Ges. vom 25. Mai 1874; Art. 22 u. 28 Ges. vom 3. Juni 1876; Art. III Nr. 3 der Verordn. v. 9. September 1876, G.-S. S. 395; Reskr. d. M. d. g. A. vom 29. Januar 1878, K. G.- u. V.-Bl. S. 36).

Zu § 4.

§ 23 K.G. u. S.O. Dem Patron verbleiben außer der Teilnahme an der Verwaltung des kirchlichen Vermögens durch die Beteiligung am Gemeindekirchenrat (§ 6), da, wo derselbe Patronatslasten für die kirchlichen Bedürfnisse trägt, die Aufsicht über die Verwaltung der Kirchenkasse und das Recht der Zustimmung zu den nach den bestehenden Gesetzen seiner Genehmigung unterliegenden Geschäften der Vermögensverwaltung.

In letzterer Beziehung gilt jedoch seine Zustimmung zu Beschlüssen des Gemeindekirchenrats und der Gemeindevertretung für erteilt, wenn er auf abschriftliche Zustellung des betreffenden Beschlusses nicht binnen dreißig Tagen nach dem Empfange dem Gemeindekirchenrat seinen Widerspruch zu erkennen gibt.

Geschieht das Letztere, so steht dem Gemeindekirchenrat der Rekurs an die vorgesetzte Aufsichtsbehörde offen. Diese ist befugt, geeigneten Falls den Widerspruch des Patrons zu verwerfen und dessen Einwilligung zu ergänzen.

Kommt es für Urkunden auf formelle Feststellung der Zustimmung des Patrons an, und ist die letztere wegen Verabsäumung der dem Patron offen stehenden Erklärungsfrist für erteilt zu erachten, so wird die fehlende Unterschrift desselben durch die zuständige Aufsichtsbehörde ergänzt.

Art. 8 Ges. v. 25. Mai 1874. Die Rechtsverhältnisse des Patrons inbetreff der Vermögensverwaltung werden bis zum Erlaß des in Artikel 17 der Verfassungsurkunde vorgesehenen Gesetzes über die Aufhebung des Patronats durch § 23 bestimmt.

Wenn jedoch ein Patron, welcher für die Kirchenkasse im Falle ihrer Unzulänglichkeit ganz oder teilweise einzutreten hat, zu Ausgaben aus dieser Kasse, für welche sie bisher nicht bestimmt gewesen ist, seine Zustimmung verweigert, so darf die Einwilligung nicht durch die vorgesetzte Aufsichtsbehörde ergänzt werden.

1. Der nicht lastenpflichtige Patron nimmt an der Verwaltung des kirchlichen Vermögens nur insoweit teil, als er selbst in den Gemeindekirchenrat eintreten oder einen Ältesten ernennen kann (§ 6 K.G. u. S.O. Ziffer 41, a rev. Instr.). Der (auch nur subsidiär) lastenpflichtige Patron hat die Aufsicht über die Verwaltung der Kirchenkasse und das Recht der Zustimmung zu denjenigen einzelnen Geschäften der Vermögensverwaltung, welche nach den beim Erlaß der K.G. u. S.O. bestehenden Gesetzen seiner Genehmigung unterliegen. Soweit demselben nach dem früheren Recht ein geringeres Maß von Rechten zustand, hat es hierbei sein Bewenden behalten. Etwaige weitergehende Rechte sind auf die in § 23 K.G. u. S.O. angegebenen Befugnisse beschränkt worden (Ziffer 41, b rev. Instr.).

Die dem Patron verbliebenen Aufsichtsbefugnisse geben ihm nicht eine Überordnung oder Leitung der Verwaltung. Er hat nicht das Recht, dem Gemeindekirchenrat Weisungen zu erteilen, sondern kann sich vorkommendenfalls nur mit einer Beschwerde an die Aufsichtsbehörde wenden. Seine Aufsichtsbefugnisse sind wesentlich negativer Art und dazu bestimmt, etwaigen Unordnungen in der Verwaltung und nachteiligen Verwendungen des kirchlichen Vermögens, namentlich solchen, welche das wegen der Patronatslasten beteiligte eigene Vermögen des Patrons mittelbar schädigen könnten, vorzubeugen und sie abzuwehren. (E.O. v. 12. Febr. 1889, Nr. 243.)

2. Geschäfte der kirchlichen Vermögensverwaltung, zu welchen der Patron nach A.L.R. die Zustimmung zu geben hat, bezw. von welchen ihm Anzeige zu machen ist, sind hauptsächlich folgende: Teil II Tit. 11 § 629: Kündigung ausstehender Kirchenkapitalien, § 637: Ausleihung kirchlichen Kapitals, § 645: Aufnahme von Anleihen für die Kirchengemeinden, § 647: Veräußerung kirchlicher Grundstücke, § 668: Vermietung und Verpachtung kirchlicher Grundstücke, § 687: außerordentliche Ausgaben der Kirchenkasse, § 700: Vornahme von Bauten, § 779: Verwaltung des Pfarrvermögens, § 782: Vermietung des Pfarrhauses, § 803: Pachtverträge, die der Pfarrer abschließt, wenn dieselben über seine Amtsdauer hinaus gelten sollen, § 807: Verkauf von Holz aus dem Pfarrwalde.

Aus der Gesamtheit dieser gesetzlichen Bestimmungen hat das Reichsgericht in dem Bd. 29 S. 147 ff. abgedruckten Urteil gefolgert, daß die patronatliche Genehmigung bei allen Geschäften der Vermögensverwaltung erforderlich sei, welche die Substanz des kirchlichen Vermögens berührten. Diese ausdehnende Auslegung der gesetzlichen Bestimmungen erscheint gegenüber den Vorschriften des § 23 K.G. u. S.O. und des § 8 Ges. v. 5. Mai 1874, welche die patronatlichen Befugnisse ausdrücklich auf die darin bezeichneten Grenzen beschränken, nicht gerechtfertigt. Es kommt hinzu, daß die durch das A.L.R. angeordnete Mitwirkung des Patrons bei einzelnen Geschäften der Vermögensverwaltung unzweifelhaft eine verschiedene Bedeutung hat. Das A.L.R. hatte (anders als das B.G.B.) keine feststehenden Ausdrücke für Genehmigung, Einwilligung und Zustimmung (z. B. § 637: Vorwissen und Genehmigung, § 645: Beitritt, § 647: Einwilligung, § 700: Anzeige); es erscheint deshalb unmöglich, für alle Geschäfte der Vermögensverwaltung, die die Substanz des kirchlichen Vermögens berühren, die patronatliche Genehmigung als notwendig zu bezeichnen.

Über die rechtliche Natur der patronatlichen Genehmigung und die Beschlüsse, welche einer wirklichen Genehmigung bedürfen, vgl. Anm. zu § 11.

3. Von den Geschäften der Vermögensverwaltung, d. h. Geschäften, durch welche Vermögensrechte begründet, verändert oder aufgehoben werden, sind zu unterscheiden solche Willenserklärungen des Gemeindekirchenrats, welche mit der Vermögensverwaltung nur in mittelbarem Zusammenhang stehen, z. B. auf eine Sicherung oder Verfolgung bestehender Rechte der Kirchengemeinde gerichtet sind, so die Erhebung der gerichtlichen Klage, der Antrag auf grundbuchliche Eintragung des kirchlichen Grundbesitzes, die Bewilligung der Löschung zurückgezahlter Hypothekenforderungen. Für derartige Geschäfte ist die patronatliche Genehmigung weder gesetzlich vorgeschrieben (wegen der Erhebung der Klage vgl. noch speziell § 91), noch kann ihre Notwendigkeit durch ausdehnende Auslegung der Bestimmungen des A.L.R. begründet werden.

4. Der Gemeindekirchenrat hat dafür zu sorgen, daß die Erklärungen des Patronates auf dem kürzesten Wege beschafft werden. Wo der Patron selbst (oder der Patronatsvertreter einer juristischen Person) in den Gemeindekirchenrat eingetreten ist und an der Verhandlung desselben teilnimmt, kann zu einem Beschluß des Gemeindekirchenrats die patronatliche Zustimmung sofort erklärt und als Teil der Verhandlung protokolliert werden; es muß jedoch in diesem Falle der Patron bezw. der Patronatsvertreter jedesmal das Sitzungsprotokoll mit vollziehen (Ziffer 43 Abs. 1 rev. Instr.). Wenn der Patron sich nicht sogleich erklären will oder abwesend ist, so ist ihm der Beschluß in beglaubigter Protokollabschrift nebst den erforderlichen Unterlagen gegen (mit Datum versehene) Empfangsbescheinigung oder mit Postzustellungsurkunde zuzustellen. Die Empfangsbescheinigung ist aufzubewahren, da sie für die Berechnung der dem Patron für seine Äußerung zustehenden Frist von 30 Tagen erheblich ist. Geht die Erklärung des Patrons innerhalb dieser Frist nicht ein, so gilt die Zustimmung des Patrons als erteilt; wenn dies urkundlich festgestellt werden muß, so ist die Ergänzung der Unterschrift des Patrons bei der zuständigen Aufsichtsbehörde unter Vorlegung einer Abschrift des Beschlusses und des Nachweises der Zustellung an den Patron durch Vermittelung des Konsistoriums nachzusuchen. In der gleichen Weise ist die Entscheidung der Aufsichtsbehörde nachzusuchen, wenn der Patron innerhalb der 30 Tage Widerspruch gegen den Beschluß erhebt und der Gemeindekirchenrat bei seinem Beschluß bestehen bleiben will (Ziffer 43 Abs. 2—4 a. a. O.). Gegen die Entscheidung der

Aufsichtsbehörde (des Regierungspräsidenten) ist noch die Beschwerde an den Oberpräsidenten zulässig (Verordn. v. 9. Sept. 1876, Art. III, Abs. 2, G.S. S. 395).

Die Ergänzung der patronatlichen Genehmigung ist ausgeschlossen bei Ausgaben aus der Kirchenkasse, für welche diese bisher nicht bestimmt gewesen ist (z. B. Beiträge zum Pensionsfonds, zur Stolgebührenentschädigungsrente) Art. 8 Abs. 2, Ges. v. 25. Mai 1874 (G.S. S. 147).

Die Vorschrift des § 23 Abs. 2 K.G. u. S.O., wonach die patronatliche Genehmigung als erteilt anzusehen ist, falls der Patron nicht innerhalb 30 Tagen widerspricht, findet keine Anwendung gegenüber den Willenserklärungen der kirchlichen Körperschaften, welche Leistungen des Patrons selbst zum Gegenstande haben. Vielmehr muß hier über die Leistungspflicht des Patrons durch Beschluß der Kgl. Regierung oder durch richterliches Urteil entschieden werden.

Wegen der Fälle, in denen die patronatliche Genehmigung in Form einer öffentlichen oder öffentlich beglaubigten Urkunde abgegeben werden muß, vgl. Anm. 7 zu § 11.

5. Steht das Patronat mehreren Personen zu, so sind für die Ausübung der Patronatsrechte jetzt die §§ 741 ff. u. 1008 ff. B.G.B. (an Stelle der im Text genannten Bestimmungen aus Teil I Tit. 17 A.L.R.) maßgebend. Darnach entscheidet regelmäßig die Mehrheit der Stimmen, die nach der Größe der Anteile zu berechnen ist. Zur Ernennung eines Patronatsältesten nach § 6 K.G. u. S.O. bedarf es der Einstimmigkeit der Patronatsinhaber. Handelt es sich um Leistungen mehrerer Patrone, so muß gegen die Widersprechenden auch hier durch Beschluß der Kgl. Regierung oder durch Urteil entschieden werden.

§. 5. Der Gemeinde-Kirchenrat besitzt die Eigenschaft einer öffentlichen Behörde. Die von ihm ausgestellten Urkunden haben daher öffentlichen Glauben und bedürfen keiner anderweiten amtlichen Beglaubigung (Nr. 33 revid. Instr., vgl. K. G.- u. V.-Bl. 1882 S. 58 ff.). Mit Rücksicht hierauf ist bei allen Verhandlungen und Ausfertigungen des Gemeinde-Kirchenrats sowohl in formeller, als in sachlicher Beziehung die größte Sorgfalt zu beobachten.

Die nach §. 11 Abs. 4 und §. 30 Abs. 3 der K.-G.- u. S.-O. (vgl. §§. 5, 27 Abs. 2 u. 28 a. a. O. u. Nr. 31, 32, 39 u. 40 revid. Instr.) in jedem Falle in das Protokollbuch des

Gemeinde-Kirchenrats einzutragenden Beschlüsse der Gemeindekörperschaften, sowie die nach §. 11 Abs. 5 und §. 30 Abs. 1 a. a. O. aus diesem Protokollbuch zu entnehmenden Auszüge müssen alle zur klaren Bezeichnung des Gegenstandes der Beschlüsse, zum Verständnis ihres Inhalts und zur Prüfung ihrer formellen Rechtsgültigkeit erforderlichen Anführungen enthalten.

In den Protokollen sind daher zunächst Ort und Tag der Versammlung und die Anwesenden zu bezeichnen. Dann folgt in der Einleitung die genaue Bezeichnung der Versammlung (ob Gemeinde-Kirchenrat allein, oder mit der Gemeindevertretung), bei außerordentlichen Versammlungen die Angabe, daß alle Mitglieder der betreffenden Körperschaften in ortsüblicher oder in welcher sonst zureichenden Art gehörig eingeladen sind, bei Versammlungen der vereinigten Gemeindekörperschaften die Bescheinigung, daß die Einladung unter Bezeichnung der vom Gemeinde-Kirchenrat vorgelegten, namhaft zu machenden Angelegenheiten, welche den Gegenstand der Verhandlung bilden sollen, geschehen ist, ferner in allen Fällen die Feststellung, daß die Zahl der Erschienenen mehr als die Hälfte der zum Sollbestande der Versammlung nach §. 5 bezw. 28 der K.-G.- u. S.-O. erforderlichen Mitglieder darstellt (§ 11 Abs. 3 K.-G.- u. S.-O., Nr. 32 Abs. 2 rev. Instr., vgl. Gen.-Syn.-Verh. 1885 Nr. 2, S. 983, 254, 386, die Versammlung mithin beschlußfähig ist, bezw. die Bemerkung, daß der Fall des §. 30 Abs. 2 a. a. O. vorliegt.

Ist in letzterem Falle auch bei der zweiten Versammlung der Gemeindevertretung die Mehrheit der Mitglieder nicht erschienen, so ist zu dem Protokoll der Nachweis zu sichern, daß behufs Beratung desselben Gegenstandes zu beiden Versammlungen ordnungsmäßig eingeladen ist. Im Falle des §. 27 Abs. 2 der K.-G.- u. S.-O. ist die Versammlung der Gemeindeglieder ohne Rücksicht auf die Zahl der Anwesenden beschlußfähig, wenn die Einladungen ordnungsmäßig erfolgt sind (Min.-Erl. v. 11. Dezember 1861 — Aktenst. d. Ev. O.-K.-R. Bd. V S. 218).

Die einzelnen Beschlüsse sind in kurzer und klarer Fassung niederzuschreiben, wobei es sich nach Umständen empfiehlt, erkennbar zu machen, ob sie einstimmig oder mit welcher Stimmenmehrheit sie gefaßt sind.

Die Protokolle sind, und zwar in der Regel erst nach vorgängiger Vorlesung vor der beschließenden Versammlung und nach Genehmigung seitens derselben, von dem Vorsitzenden und mindestens einem Ältesten zu unterschreiben, die Protokollauszüge dagegen vom Vorsitzenden allein unter Beidrückung des Siegels oder Stempels der betreffenden Kirchengemeinde zu beglaubigen (vgl. d. Abs. 2 gen. Paragraphen K.-G.- u. S.-O. u. Instr.).

Zu jeder die Gemeinde verpflichtenden schriftlichen Willenserklärung des Gemeinde-Kirchenrats (z. B. Kauf-, Pacht-, Ablösungs-Verträgen, Vollmachten, Anträgen bei Gericht, Löschungsbewilligungen, Inkurssetzung von Wertpapieren u. dgl.) bedarf es der Unterschrift des Vorsitzenden des Gemeinde-Kirchenrats oder seines Stellvertreters und zweier Ältesten, sowie der Beidrückung des Kirchen-Siegels oder -Stempels (§. 22 Abs. 2 K.-G.- u. S.-O.; Art. 2 Ges. v. 25. Mai 1874, vgl. u. §. 37).

Berichte und Schreiben des Gemeinde-Kirchenrats an Behörden und Private ergehen unter dessen Namen mit Unterschrift des Vorsitzenden. Beides ist nötig, um ein Schriftstück als vom Gemeinde-Kirchenrat herrührend zu bezeugen (§. 11 Abs. 5 K.-G.- u. S.-O.; vgl. Verf. d. Ev. O.-K.-R. v. 15. September 1879, K. G.- u. V.-Bl. S. 235).

Zu § 5.

1. Öffentliche Behörde ist eine mit öffentlicher Autorität versehene amtliche Stelle, welcher gewisse obrigkeitliche Verpflichtungen und

Prärogative in einem vom Gesetz bemessenen Geschäftskreise dauernd beigelegt sind (vgl. Urteil des vorm. Kgl. Obertribunals vom 26. März 1863 Entsch. Bd. 49 S. 160). Hiernach beschränkt sich der Begriff der öffentlichen Behörde nicht bloß auf Reichs- und Staats-Behörden, vielmehr entscheidet im einzelnen das öffentliche Recht des Reiches bezw. des einzelnen Bundesstaates, ob eine Behörde als eine öffentliche anzusehen ist. Nach preußischem Recht sind die Behörden der politischen Gemeinden, der Kreise, der Bezirke, der Provinzen, der Kirchengesellschaften und der Schulverbände (vgl. §§ 68 u. 69 II, 10 und § 25 II, 6 A.L.R.) unzweifelhaft öffentliche Behörden. Insbesondere gehören dazu die Gemeindekirchenräte gemäß § 22 K.G. u. S.O. und Art. 1 u. 2 Gesetz vom 25. Mai 1874 (G.S. S. 147).

2. Eine von einer öffentlichen Behörde aufgenommene Urkunde gilt als öffentliche nur dann, wenn sie von ihr innerhalb der Grenzen ihrer Amtsbefugnisse in der vorgeschriebenen Form aufgenommen ist (§ 415 C.P.O.). Hiernach sind die vom Vorsitzenden des Gemeindekirchenrats unter Beidrückung des Kirchensiegels beglaubigten Auszüge aus dem Protokollbuche (§ 11 Abs. 5 K.G. u. S.O.) und die von dem Gemeindekirchenrat in den Formen des § 22 a. a. O. ausgestellten, die Gemeinde verpflichtenden schriftlichen Willenserklärungen öffentliche Urkunden.

3. Eine öffentliche Urkunde bedarf einer anderweiten Beglaubigung — etwa seitens der Aufsichtsbehörde der betreffenden öffentlichen Behörde — nicht (vgl. Anm. 6 zu § 91). Auch beweisen die ordnungsmäßig unterschriebenen und untersiegelten öffentlichen Urkunden die Amtseigenschaft der Unterzeichner, weshalb der Grundbuchrichter ohne besonderen tatsächlichen Anlaß nicht berechtigt ist, über letzteren einen weiteren Nachweis zu fordern. Eine Ausnahme gilt auch dann nicht, wenn die Mitglieder der Behörde, wie beim Gemeindekirchenrat, gesetzlich nur auf bestimmte Zeit bestellt werden (vgl. Beschlüsse des Kammergerichts vom 13. Febr., 24. April, 5. Juni und 15. Aug. 1882 und vom 11. Juli 1900, Entsch. Bd. 3 S. 96 u. 99 und Bd. 21 S. A 101).

4. Der Gemeindekirchenrat bildet eine kollegialische Behörde, welche nur in der gesetzlich vorgeschriebenen Form handeln kann. Deshalb sind der Vorsitzende und zwei Älteste nicht legitimiert, namens der Kirchengemeinde zu gerichtlichem oder notariellem Protokolle Verfügungen zu treffen (Beschluß des Kammergerichts vom 4. Febr. 1880 Entsch. Bd. 1 S. 102), vielmehr bedürfen diejenigen Personen, welche namens der Kirchengemeinde zu gerichtlichem oder notariellem Protokoll Erklärungen abzugeben haben, dazu einer nach den Vorschriften des § 22

Abs. 2 K.G. u. S.O. ausgestellten Vollmacht des Gemeindekirchenrats auf sie, welche gemäß § 167 Abs. 2 B.G.B. nicht in der Form, welche für das Rechtsgeschäft bestimmt ist, auf welche sie sich bezieht, erklärt zu sein braucht. Das betreffende zum Bevollmächtigten bestellte Mitglied des Gemeindekirchenrats ist an der Beschlußfassung hierüber nicht persönlich beteiligt und darf daher sowohl an dieser Beschlußfassung mitwirken, als auch die Vollmachtsurkunde mitvollziehen (vgl. Beschluß des Kammergerichts vom 20. April 1881, Entsch. Bd. 2 S. 71).

5. Die K.G. u. S.O. spricht in ihrem § 22 Abs. 2 von der Beidrückung des „Kirchensiegels". Damit hat ein Gegensatz zum „Kirchenstempel" nicht ausgesprochen werden sollen, weil eine Unterscheidung zwischen „Siegel" und „Stempel", wie solche in den §§ 182 und 183 des Reichsgesetzes über die Angelegenheiten der freiw. Gerichtsbarkeit vom 17. Mai 1898 (R.G.Bl. S. 189, 771) und in den Artikeln 45 und 54 des Preußischen Gesetzes über die freiw. Gerichtsbarkeit vom 21. Sept. 1899 (G.S. S. 249) gemacht ist, der preußischen Praxis bisher fremd war (vgl. die Allg. Verfügungen des Justiz-Ministers vom 24. Jan. und 6. April 1900, sowie den Beschluß des Kammergerichts vom 2. April 1900, J.M.Bl. S. 45, 247 u. 404). Demgemäß kann das Kirchensiegel entweder als eigentliches Siegel im Sinne der Sphragistik d. h. unter Zuhilfenahme eines weichen eindrucksfähigen Stoffes (Wachs, Siegellack, Oblate), der in fester Verbindung mit dem Papier das Siegelzeichen in sich aufnimmt oder als Farbstempel, der unmittelbar auf das Papier der Urkunde aufgedrückt d. h. abgedruckt wird, angewendet werden. Dagegen ist der Gebrauch sogenannter Siegelmarken, d. h. auf Vorrat gedruckter oder gepreßter Siegel zur Beglaubigung von Urkunden, welchen „das Kirchensiegel beizudrücken" ist, unstatthaft, da solche Siegelmarken weder Siegel noch Stempel sind (vgl. den Beschluß des Kammergerichts vom 1. Mai 1893 Entsch. Bd. 13 S. 96, J.M.Bl. S. 177 und § 3 Absatz 4 der Allg. Verf. vom 21. Dez. 1899 betreffend das Notariat, J.M.Bl. S. 834). Kautschukstempel, deren Gebrauch den Gerichten und Notaren durch das Justiz-Ministerial-Reskript v. 14. Okt. 1880 — I 3983 — (Müller, Preuß. Justizverwaltung 4. Aufl. 1892 S. 1295) in allen Fällen, in welchen die Bestempelung von Urkunden in Frage kommt, untersagt ist, eignen sich zu Abdrücken, auf deren Erhaltung besonderer Wert zu legen ist, also z. B. für Kirchenbuchauszüge nicht, weil bei der Benutzung dieser Stempel nur solche Farben verwendet werden dürfen, welche frei von Fettbestandteilen sind, so daß deren Abdrücke ohne Schwierigkeiten so vollständig entfernt werden können, daß die frei gewordenen Stellen keine Spur eines vorhanden gewesenen Stempelabdruckes erkennen lassen.

6. Die Untersiegelung bezw. Unterstempelung der öffentlichen Urkunden ist für ihre Beweiskraft erheblich. Insbesondere sind nach Art. 9 des Preuß. Ausf.Ges. zur Reichs-Grundbuchordnung vom 26. Sept. 1899 (G.S. S. 307) Erklärungen oder Ersuchen einer Behörde, auf Grund deren eine Eintragung erfolgen soll, ordnungsmäßig zu unterschreiben und mit Siegel oder Stempel zu versehen. Die Beifügung des Siegels oder Stempels soll die Echtheit der Urkunde gewährleisten, weshalb sich das Siegel oder der Stempel ohne weiteres durch den Augenschein, d. h. durch seine Um- oder Aufschrift als für den Gebrauch der betreffenden Behörde bestimmt kennzeichnen muß. (Beschluß des Kammergerichts v. 2. Juni 1902, Mugdan u. Falkmann, Die Rechtsprechung der Oberlandesgerichte Bd. 5 S. 6.) Deshalb muß jede rechtlich bestehende Kirchengemeinde — gleichviel, ob Mutter- oder Tochter-Gemeinde — ihr besonderes, auf sie mit hinreichender Deutlichkeit hinweisendes und daher mit ihrem eigenen Namen versehenes Kirchensiegel (Stempel) besitzen und nur dies für ihre Urkunden verwenden. Der Gebrauch eines anderen Kirchensiegels — etwa der Muttergemeinde oder der Superintendentur — verleiht der betreffenden Urkunde keine öffentliche Beweiskraft.

7. Nach § 11 Abs. 4 und § 30 Abs. 1 K.G. u. S.O. sind die Beschlüsse des Gemeindekirchenrats und der Gemeindevertretung unter Angabe des Tages und der Anwesenden in ein Protokollbuch zu verzeichnen und jedes Protokoll von dem Vorsitzenden und mindestens einem Ältesten zu unterschreiben. Eine Verlesung des Protokolls ist gesetzlich nicht vorgeschrieben, indessen empfiehlt sich dieselbe zur zweifelsfreien Feststellung der Tatsache, daß die Verhandlung so, wie sie niedergeschrieben, stattgefunden hat. Um diesen Zweck zu erreichen, ist jedes Protokoll regelmäßig am Schlusse der betreffenden Sitzung vorzulesen und von der beschließenden Versammlung zu genehmigen, da die bisweilen erst beim Beginn der folgenden Sitzung stattfindende Verlesung und Genehmigung die wünschenswerte Garantie für die Richtigkeit nicht bietet.

8. Einen Protokollführer als notwendige Urkundsperson kennt die K.G. u. S.O. nicht, so daß der Vorsitzende, wie dies in kleinen Gemeinden häufig geschieht, wohl befugt ist, das Protokoll selbst zu schreiben. Ein gemäß § 4 Abs. 2 a. a. O. an der Sitzung teilnehmender Hilfsprediger hat, wenn er das Protokoll führt, bezüglich der Fassung desselben den Anweisungen des nach § 11 Abs. 1 a. a. O. die Verhandlung leitenden Vorsitzenden Folge zu leisten. Wird das Protokoll, wie in größeren Gemeinden gewöhnlich, von demjenigen Ältesten geführt, welcher dasselbe gemäß § 11 Abs. 4 a. a. O. neben dem Vorsitzenden unterzeichnet, so sind Meinungsverschiedenheiten zwischen ersterem und letzterem

über die Fassung des Protokolls von der beschließenden Versammlung zu entscheiden, und es ist nötigenfalls der Inhalt des Protokolls durch Beschluß festzustellen. Dabei ist grundsätzlich daran festzuhalten, daß die K.G. u. S.O. nur die Protokollierung der Beschlüsse vorschreibt, ohne allerdings die Aufnahme weiterer Tatsachen in das Protokoll zu untersagen und daß dasselbe deshalb kurz und bündig abzufassen ist und die Ausführungen einzelner Redner bezw. den Gang der Debatte über einzelne Anträge nicht enthalten, wohl aber diese selbst bezw. die zum Beschluß erhobenen Anträge in objektiver Fassung anführen und erkennbar machen soll, mit welcher Stimmenzahl die Beschlüsse gefaßt sind Insbesondere ist darauf zu achten, daß diejenigen Beschlüsse, welche zur Unterlage von Grundbuchoperationen dienen sollen, das betreffende Grund- oder Trennstück möglichst genau nach der Grundbuch- bezw. Katasterbezeichnung aufführen.

9. Das Protokoll ist von dem Vorsitzenden auch dann zu unterschreiben, wenn es Beschlüsse enthält, welche gegen seine Stimme gefaßt oder gegen ihn selbst (§ 14 Abs. 3 K.G. u. S.O.) gerichtet sind oder wenn es seiner Ansicht nach gesetzwidrige Beschlüsse enthält. Er ist aber berechtigt, seine abweichende Ansicht in dem Begleitbericht an die Aufsichtsbehörde zum Ausdruck zu bringen und verpflichtet, vor der Ausführung eines offenbar gesetzwidrigen Beschlusses die Entscheidung der Aufsichtsbehörde einzuholen (vgl. Anm. 4 Abs. 5 zu § 3). Zu beachten ist, daß der Gemeindekirchenrat nur unter dem Vorsitz seines ordentlichen Vorsitzenden oder bei dessen Behinderung des stellvertretenden Vorsitzenden als gesetzlich versammelt anzusehen ist und nur in solcher Versammlung gültige Beschlüsse fassen kann (Nr. 32 rev. Instr.).

§. 6. Alle Berichte des Gemeinde-Kirchenrats an die Kreissynode und an die vorgesetzten Behörden sind der Regel nach durch Vermittelung des Superintendenten einzureichen. Dieser hat sie, sofern ihm nicht im kirchlichen Interesse weitere sofortige Anordnungen oder Ermittelungen durchaus erforderlich erscheinen, unter Vermerk der Kenntnisnahme oder Beifügung seines Gutachtens tunlichst schleunigst weiter zu befördern, die an höhere Instanzen gerichteten, sofern nicht besondere Gründe ein anderes bedingen, an das Konsistorium.

Postsendungen in Sachen der Ortskirche und Kirchengemeinde sind auf der Adresse als „portopflichtige Dienstsachen“

zu bezeichnen und, sofern nicht ausdrückliche Anordnungen ein anderes vorschreiben, portofrei aufzugeben.

Zu § 6.

1. Über die Stellung des Superintendenten bestimmen die §§ 150 bis 155, 158 II 11 A.L.R.

Diese Bestimmungen sind durch die K.G. u. S.O. nicht berührt (§ 22 Abs. 3 und § 47 daselbst). Die Superintendenten sind königliche, aber nicht Staatsbeamte. Das Ges. v. 13. Febr. 1854 (G.S. S. 86), betreffend die Konflikte bei gerichtlichen Verfolgungen wegen Amts- und Diensthandlungen findet auf sie keine Anwendung (O.V.G. Bd. 20 S. 451).

Die Superintendenten sind für ihre Diözesen die Organe und ständigen Kommissare der Konsistorien (§ 11 Dienst-Instr. v. 23. Okt. 1817, G.S. S. 237). Als solche vermitteln sie den geschäftlichen Verkehr der Geistlichen und Gemeindekirchenräte mit den kirchlichen Aufsichts- und den Staatsbehörden. Sie haben die Ausführung der Verfügungen, welche durch ihre Hand gehen, zu überwachen und die ihnen vorgelegten Berichte und Anträge, soweit erforderlich, mit ihrer Äußerung zur Sache, der Behörde vorzulegen. Hierbei haben sie dafür zu sorgen, daß Berichte und Anträge in ordnungsmäßiger Form und mit den erforderlichen Unterlagen eingereicht werden.

Während der Erledigung des Pfarramtes oder bei dauernder Verhinderung des Pfarrers ist der Superintendent der Vorsitzende des Gemeindekirchenrates (§ 8 K.G. u. S.O.). Bei Beurlaubung des Pfarrers hat er für die Regelung der Vertretung zu sorgen. Ihm gebührt auch der Vorsitz bei der im Anschluß an eine Kirchenvisitation stattfindenden Schlußkonferenz (Sitzung des Gemeindekirchenrates in Gegenwart des Kirchenpatrons und des Superintendenten).

2. Maßgebend für die Behandlung der amtlichen Postsendungen ist der Erlaß des Staatsministeriums v. 7. Febr. 1894. Danach haben die Gemeindekirchenräte bezw. die den Vorsitz führenden Geistlichen die amtlichen Postsendungen mit dem Dienstsiegel verschlossen und mit der Bezeichnung „Portopflichtige Dienstsache" versehen unfrankiert an den Superintendenten bezw. an sonstige Behörden zu übersenden.

Als „amtlich" sind insbesondere die Sendungen anzusehen, welche die Genehmigung oder sonstige Mitwirkung der kirchlichen Aufsichtsbehörden und der Staatsbehörden betreffen oder sonst im öffentlichen kirchlichen oder staatlichen Interesse erfolgen. Dazu gehören die Sendungen, bei denen es sich um vermögensrechtliche Ansprüche und Leistungen des fiskalischen Patronates handelt, und Sendungen, welche an die staatlichen Baubeamten in kirchlichen Bausachen, bei denen das fiskalische Patronat beteiligt ist, ergehen (Min.Erl. v. 6. Juli 1895 G. III Nr. 1056).

Sonstige Postsendungen der Kirchengemeinden sind zu frankieren, desgleichen Berichte und Anträge der Geistlichen in persönlichen Angelegenheiten (Urlaubs- und Unterstützungsgesuche u. dgl.).

3. Die Superintendenten, an welche die unfrankierten Sendungen der Gemeindekirchenräte gelangen, verauslagen die Portokosten und reichen vierteljährlich die Nachweisung der verauslagten Beträge beim Konsistorium ein. Dieses setzt den Betrag fest und weist ihn zur Zahlung an (Min.-Erlaß v. 9. Juni 1896, G III Nr. 1246).

Zu den abgelösten Porto- und Postgebührenbeträgen gehören auch: a) die Porto- und Gebührenbeträge für Sendungen an Empfänger im Orts- oder Landbestellbezirk der Aufgabe-Postanstalt, b) die Nebengebühren für die von den Landbriefträgern entgegengenommenen zur Weitersendung mit der Post bestimmten Sendungen, c) die Gebühr für Postauftragssendungen, d) die Gebühr für die Übermittelung des eingezogenen Nachnahmebetrages, e) bei frankiert abzusendenden Briefen mit Zustellungsurkunde neben dem Porto für den Hinweg des Briefes die Zustellungsgebühr und das Porto für die Rücksendung der Zustellungsurkunde, f) bei frankiert abzuschickenden Nachnahmesendungen neben dem Porto und der Vorzeigegebühr die Gebühr für die Übermittelung der eingezogenen Nachnahmebeträge (Min.-Erlaß v. 9. März 1894, G III 525).

Der Superintendent befördert die bei ihm eingehenden Sendungen mit dem Aversionalvermerk und dem Dienstsiegel versehen weiter. Sollen mehrere Briefe gleichzeitig an eine Adresse abgesandt werden, so sind dieselben in einen gemeinschaftlichen Umschlag zu verschließen. Die von dem Superintendenten verauslagten Postbestellgelder sind mit den Portokosten in der dem Konsistorium vierteljährlich vorzulegenden Nachweisung zu liquidieren.

4. Postsendungen an die landeskirchlichen Fonds (Pensions-, Pfarr-, Witwen- und Waisenfonds usw.) sind zu frankieren. Die die Sendungen weiter befördernden Stellen entnehmen denselben die Portokosten.

Privatpatrone haben die Portokosten ihrer Sendungen selbst zu tragen (Min.-Erlaß v. 12. April 1881, 5. Okt. 1888, E.O. v. 17. Febr. 1885, K.G. u. V.Bl. 1885 S. 25 u. 27, 1888 S. 43, Goßner, Kirchenrecht, Anm. 10 zu § 6 V.O.).

§. 7. Dafür, daß der Gemeinde-Kirchenrat seinen Obliegenheiten rechtzeitig und unter Beobachtung der richtigen Formen nachkomme, auch überall, wo es erforderlich ist, die Zustimmung der Gemeindevertretung und des Patrons, sowie die Genehmigung der vorgesetzten Behörden einhole, hat in erster Linie der Vorsitzende desselben (§. 8 K.-G.- u. S.-O.) Sorge zu tragen. Hierdurch sind die einzelnen Ältesten nicht von der Verpflichtung entbunden, in allen diesen Beziehungen auch ihrerseits fortdauernd eigene Wachsamkeit zu üben und erforderlichenfalls die zur Wahrung des kirchlichen Interesses dienlichen Anregungen an geeigneter Stelle zu geben. Besondere Aufmerksamkeit und Veranlassung zum Eintreten für dieses Interesse liegt ihnen während einer zeitweiligen Erledigung des Pfarramts ob.

Zu § 7.

Während der Erledigung des Pfarramtes und bei dauernder Verhinderung des Pfarrers führt der Superintendent oder ein von ihm (mit Zustimmung des Konsistoriums) beauftragter Geistlicher den Vorsitz, sofern nicht vom Konsistorium ein Pfarrverweser ernannt wird (§ 8 K.G. u. S.O.). In Fällen vorübergehender Verhinderung führt den stellvertretenden Vorsitz ein Ältester, welcher vom Gemeindekirchenrat aus seiner Mitte auf drei Jahre nach dem Eintritt der neuen Ältesten gewählt wird. Bei Beurlaubung des Pfarrers ist seine Vertretung vor dem Antritt des Urlaubs zu ordnen.

§. 8. Jeder Gemeinde-Kirchenrat hat — soweit erforderlich mit der betreffenden Gemeindevertretung — zunächst nur die Interessen seiner eigenen Kirchengemeinde wahrzunehmen. Auch wo mehrere Kirchengemeinden zu einer Gesamt-Parochie gehören, bildet die selbständige und getrennte Beratung und Beschlußfassung der Körperschaften jeder einzelnen Kirchengemeinde die Regel. Ein Zusammentritt derselben zu einer gemeinsamen Körperschaft (§. 2 Abs. 2 bezw. §. 27 Abs. 3 K.-G.- u. S.-O.) erfolgt nur bei gemeinsamen Angelegenheiten und auch hier nur, soweit das gemeinsame Interesse reicht (vgl. u. §. 52).

Zu § 8.

1. Sind mehrere Kirchengemeinden unter einem Pfarramt vereinigt, so treten die Körperschaften der einzelnen Kirchengemeinden zu einer gemeinsam beratenden und beschließenden Körperschaft zusammen, soweit es sich um gemeinsame Angelegenheiten handelt. Insoweit steht nach Art. 4 (in Verbindung mit Art. 2 Z. 3) des Ges. v. 25. Mai 1874 dem vereinigten Gemeindekirchenrat der Gesamt-Parochie auch deren Vertretung in vermögensrechtlicher Beziehung zu. Gemeinschaftliche vermögensrechtliche Angelegenheiten der unter einem Pfarramt vereinigten Kirchengemeinden sind insbesondere Verwaltung der Pfarrkasse (bei Stellen, welche unter das Diensteinkommengeſ. v. 2. Juli 1898 fallen) und Pfarrbauten, und zwar insoweit, als es sich um die Feststellung der Höhe des Bedürfnisses, Art und Notwendigkeit des Baues, des Maßstabes für die Verteilung der Kosten auf die einzelnen Kirchengemeinden handelt. Bei Pfarrbauten ist grundsätzlich der observanzmäßig hergebrachte Verteilungsmaßstab zu Grunde zu legen (§ 52; Festsetzung des Verteilungsmaßstabes nach behördlichem Ermessen: O.V.G. v. 28. Okt. 1898, K.G. u. V.Bl. 1899 S. 3 ff.), bei Leistungen der Pfarrbesoldung, sofern nicht auch hierfür eine Observanz besteht oder eine Einigung im einzelnen Falle zu stande kommt, der von dem Konsistorium nach Anhörung des Kreissynodalvorstandes festzusetzende Maßstab (§ 12 Abs. 4 Diensteinkommenges. v. 2. Juli 1898). Die Beschlußfassung über die Beschaffung der auf die einzelnen Kirchengemeinden entfallenden Kostenanteile ist stets Sache ihrer besonderen Körperschaften.

2. Das Pfarrvermögen mehrerer unter einem Pfarramt vereinigter Kirchengemeinden steht entweder im Miteigentum dieser Gemeinden oder mehrerer von ihnen oder im Alleineigentum einer Kirchengemeinde. Das Rechtsverhältnis kann nur für jeden einzelnen Fall klargestellt werden. Da die Kirchengemeinden sich regelmäßig im Anschluß an bereits bestehende bürgerliche Gemeindeverbände gebildet haben (Lokalgemeinden), ist im allgemeinen anzunehmen, daß das in einer Kirchengemeinde vorhandene Pfarrvermögen (Kapitalien, insbesondere Ablösungskapitalien, die durch die Leistungen einzelner Gemeindeglieder aufgebracht worden sind, die in dem Bezirk der Gemeinde belegenen Grundstücke usw.) Eigentum derjenigen Kirchengemeinde ist, zu welcher die am Orte wohnenden Evangelischen gehören.

Willenserklärungen, die einen im Miteigentum mehrerer Kirchengemeinden stehenden Gegenstand betreffen, sind aber um deswillen noch nicht Angelegenheiten der Gesamtparochie, weil diese nicht das Rechtssubjekt ist. Vielmehr haben die Körperschaften der miteigentumsberechtigten

Kirchengemeinden über die rechtliche Verfügung gesonderte Beschlüsse zu fassen. Das Verhältnis der Kirchengemeinden untereinander bestimmt sich hierbei nach den §§ 1008 ff., 741 ff. B.G.B. Danach ist im Zweifel anzunehmen, daß den beteiligten Kirchengemeinden gleiche Anteile zustehen. Eine der Beschaffenheit des gemeinschaftlichen Gegenstandes entsprechende ordnungsmäßige Verwaltung und Benutzung wird durch Stimmenmehrheit beschlossen. Wesentliche Veränderungen dürfen nicht verlangt werden, sonst würde die Aufhebung der Gemeinschaft einzutreten haben.

Bei Vermögensstücken, die im Miteigentum von Kirchen- und Schul- (politischen) Gemeinden stehen, findet eine gemeinschaftliche Beschlußfassung der kirchlichen und Schulvertretung nicht statt.

§. 9. Die zunächst auf den Gemeinde-Kirchenrat bezüglichen Geschäftsanweisungen dieser Verwaltungsordnung finden, soweit es mit den in Betracht kommenden besonderen statutarischen Ordnungen vereinbar ist, sinngemäß auch auf die besonderen Vorstände kirchlicher Lokalstiftungen Anwendung.

Zu § 9.

Das Stiftungsvermögen der kirchlichen Lokalstiftungen, dessen Erträge den von dem Stifter bestimmten Zwecken dienen, ist Eigentum der Kirchengemeinde, sofern nicht der Stiftung die Rechte einer juristischen Person verliehen sind. Nach § 80 B.G.B. bedarf es zur Entstehung einer rechtsfähigen Stiftung außer dem Stiftungsgeschäft der Genehmigung des Bundesstaates, in dessen Gebiete die Stiftung ihren Sitz haben soll. Das Stiftungsgeschäft unter Lebenden bedarf der schriftlichen Form (§ 81 B.G.B.). Hinsichtlich der Erwerbsbeschränkungen der Stiftungen s. § 17.

Nach § 22 K.G. u. S.O. verwaltet der Gemeindekirchenrat regelmäßig die kirchlichen Lokalstiftungen. Dies hat auch in dem Falle zu geschehen, wo bei einer vor dem Inkrafttreten der K.G. u. S.O. errichteten Stiftung der Geistliche allein mit der Verwaltung der Stiftung betraut worden war. Sind stiftungsgemäß eigene Vorstände vorhanden, so sollen die Vorschriften der V.O. auch von diesen beachtet werden. Insbesondere hat dies seitens derjenigen Vorstandsmitglieder zu geschehen, welche Mitglieder der kirchlichen Körperschaften sind.

§. 10. Die Kreissynode übt die ihr obliegende Mitaufsicht über die örtliche kirchliche Vermögensverwaltung (§. 1), soweit die betreffenden Geschäfte nicht der Synodalversammlung selbst vorbehalten sind, durch einen bleibenden Rechnungsausschuß, welcher der Regel nach aus dem Superintendenten als Vorsitzenden und mindestens einem geistlichen und einem weltlichen, zu diesem Zwecke von der Kreissynode auf die Dauer der Synodalperiode gewählten Deputierten besteht (Cirk.-Verf. d. Ev. O.-K.-R. v. 21. Mai 1880, K. G.- u. V.-Bl. S. 53; vgl. u. §§. 83 ff.).

Findet sich nicht unter den Mitgliedern der Kreissynode ein mit dem Rechnungs- und Kassenwesen vertrautes und zur Übernahme der betreffenden Arbeiten für die Synode bereites Mitglied, so ist dem Ausschuß behufs Besorgung dieser Geschäfte ein von der Synode zu wählender sachverständiger und besonders zu verpflichtender Rechnungsbeamter beizugeben (vgl. Buchst. d a. a. O. u. §. 53 Nr. 7 K.-G.- u. S.-O., dessen Besoldung nach Beschluß der Synode aus der Synodalkasse oder nach Vereinbarung unter den beteiligten Kirchengemeinden durch Gewährung mäßiger Prozentbeträge aus den Einkünften der einzelnen Kirchenkassen beschafft wird.

Zu § 10.

Über die Mitwirkung der Kreissynode und des Kreis-Synodalvorstandes bei der kirchlichen Vermögensverwaltung s. § 83.

Der von der Synode nach Maßgabe des Abs. 2 angestellte Rechnungsbeamte hat keinen Anspruch auf die den Kirchenbeamten zustehende Befreiung von Kommunalabgaben, da seine Anstellung auf der K.G. u. S.O. (§ 53 Nr. 7) beruht, mithin die Kab.Ordre v. 23. Nov. 1867 (s. § 12) auf ihn keine Anwendung finden kann.

Kirchenkassenbeiträge zur Besoldung dieses Beamten dürfen nur mit Genehmigung des Patrons geleistet werden; versagt dieser die Genehmigung, so muß die Leistung unterbleiben, da die Genehmigung nach Art. 8 Ges. v. 25. Mai 1874 nicht ergänzt werden kann.

§. 11. In Betreff des Umfangs und der Art der von den vorgesetzten Behörden zu führenden Aufsicht verbleibt es, soweit nicht diese Verwaltungsordnung ausdrückliche Festsetzung trifft, bei den bestehenden Bestimmungen.

Das V.-A.-G. vom 18. Juli 1892 (K. G.- u. V.-Bl. 1893 S. 9) bezeichnet diejenigen vermögensrechtlichen Geschäfte, bei welchen fortan die Beschlüsse der kirchlichen Gemeindeorgane zu ihrer Gültigkeit der Genehmigung der kirchlichen Aufsichtsbehörde bedürfen. Die Allerh. Verordn. v. 8. März 1893 (K. G.- u. V.-Bl. S. 12) bestimmt, in welchen Fällen diese Genehmigung seitens des Evangelischen Ober-Kirchenrates oder seitens der Konsistorien erfolgt.

Die kirchliche Vermögensverwaltung von Gemeinden, welche zu einer anderen Provinz, als der ihres Pfarrortes gehören, steht unter der Aufsicht des Konsistoriums, in dessen Verwaltungsbezirk der Pfarrort liegt (Cirk.-Erl. d. Ev. O.-K.-R. v. 24. Juli 1880, K. G.- u. V.-Bl. S. 130).

Zu § 11.

1. Bedeutung der Genehmigung.

§ 1 des Kirchengesetzes vom 18. Juli 1892 (K.G. u. V.Bl. 1893 S. 9) verordnet:

„Die Beschlüsse der kirchlichen Gemeindeorgane in Vermögensangelegenheiten bedürfen zu ihrer Gültigkeit der Genehmigung der kirchlichen Aufsichtsbehörde in folgenden Fällen.“

Ebenso heißt es im Art. 24 des Gesetzes vom 3. Juni 1876 (G.S. S. 125):

„Die Beschlüsse der kirchlichen Organe bedürfen zu ihrer Gültigkeit der Genehmigung der staatlichen Aufsichtsbehörde in folgenden Fällen“,

während nach § 23 K.G. u. S.O. dem Patron da, wo derselbe Patronatslasten für die kirchlichen Bedürfnisse trägt, das Recht der Zustimmung zu den nach den bestehenden Gesetzen seiner Genehmigung unterliegenden Geschäften der Vermögensverwaltung verblieben ist. Diese Genehmigung ist in den in den §§ 629, 637, 645, 647, 668, 687, 782, 803 u. 807 II, 11 A.L.R. bezeichneten Fällen gleichfalls zur Gültigkeit der betreffenden Geschäfte erforderlich, weil eine Beschränkung der Bedeutung der patronatlichen Genehmigung aus der K.G. u. S.O. nicht zu entnehmen ist (vgl. Urteil des R.G. vom 23. Dez. 1891 Entsch. Bd. 29 S. 147). Für die sonstigen Geschäfte, bei denen gesetzlich noch eine Mitwirkung des Patrons vorgesehen ist, kann dagegen seine Zustimmung als Erfordernis der Gültigkeit nicht angesehen werden (vgl. Anm. 2 zu § 4).

Auch die auf Art. 86 u. 87 Einf.Ges. z. B.G.B. beruhenden Art. 6 u. 7 des Preuß. Ausf.Ges. z. B.G.B. sprechen von dem Erfordernis der Genehmigung des Königs bezw. der staatlichen Aufsichtsbehörden bei Schenkungen oder Zuwendungen von Todeswegen an juristische Personen bezw. beim Erwerb von Grundstücken seitens der letzteren und machen — ausdrücklich allerdings nur Art. 6, nach Zweck und Gesamtcharakter der Amortisations-Vorschriften aber auch Art. 7 — die Gültigkeit (Wirksamkeit) des genehmigungsbedürftigen Geschäfts von der Erteilung der vorgeschriebenen Genehmigung abhängig.

Alle diese Genehmigungen haben nicht den Charakter der privatrechtlichen Zustimmung im Sinne der §§ 183 u. 184 B.G.B. (vorherige Zustimmung = Einwilligung, nachträgliche Zustimmung = Genehmigung), sie bedeuten vielmehr die öffentlich-rechtliche Einverständniserklärung der zur Aufsicht über die kirchliche Vermögensverwaltung berufenen Organe (Patron, Kirchenregiment und Staat), was aus den §§ 161, 167 u. 568 II 11 A.L.R. zu entnehmen ist und was für die Genehmigung des Patrons die praktische Bedeutung hat, daß sie im Falle der Verweigerung nach § 23 Abs. 3 u. 4 K.G. u. S.O. nicht im ordentlichen Rechtswege, sondern im Verwaltungswege zu ergänzen ist, sowie daß der Patron sein Widerspruchsrecht gegen eine Maßnahme der kirchlichen Vermögensverwaltung, wenn die staatliche Aufsichtsbehörde seine Zustimmung ergänzt hat, nicht gerichtlich geltend machen kann, da § 577 II 11 A.L.R. hier nicht zutrifft (vgl. Urteil des R.G. v. 27. Novbr. 1882, Gruchot Bd. 27 S. 1046, Jur. Wochenschrift 1883 S. 23).

Hieraus folgt, daß die vorgeschriebene Genehmigung ein der Parteiwillkür entzogenes, gesetzliches Erfordernis für die Wirksamkeit der genehmigungsbedürftigen Rechtsgeschäfte, eine sogenannte gesetzliche Bedingung ist. Die vom Gemeindekirchenrat für die Kirchengemeinde vorgenommenen Handlungen erlangen, wie das R.G. in dem Urteil v. 19. Juni 1897 (Entsch. Bd. 40 S. 235) ausführt, in manchen Fällen erst durch die Zustimmung der Gemeindevertretung und die Genehmigung des Patronats sowie der kirchlichen und staatlichen Aufsichtsbehörden endgültig Rechtswirksamkeit.

2. Der Mangel der erforderlichen Genehmigung hat zur Folge, daß die beabsichtigten rechtlichen Wirkungen der Rechtsgeschäfte (Willenserklärungen und Zuwendungen) so lange nicht eintreten, als die Genehmigung fehlt. Die Unwirksamkeit hat den Sinn und die Kraft absoluter Nichtigkeit gegen Jedermann — vorbehaltlich der zum Schutze gutgläubiger Erwerber gegebenen Vorschriften (§§ 897, 932 B.G.B.) —,

kann also von jedem, der ein rechtliches Interesse daran hat, geltend gemacht werden und ergreift den ganzen Inhalt und Umfang des betreffenden Rechtsgeschäfts, es sei denn, daß im einzelnen Fall nachweisbar ist, daß das Rechtsgeschäft auch ohne den nichtigen Teil vorgenommen worden wäre. Da, wo das Erfordernis der Genehmigung an einen bestimmten Betrag geknüpft ist, ist die Willenserklärung nicht blos für den die Wertgrenze übersteigenden Mehrbetrag, sondern überhaupt unwirksam.

3. Mit der erteilten Genehmigung wird das Rechtsgeschäft (die Willenserklärung bezw. Zuwendung) mit rückwirkender Kraft wirksam, wenn nicht inzwischen, z. B. bei Kündigungen, eine rechtsbedeutsame Frist abgelaufen ist.

4. In der Zwischenzeit zwischen Willenserklärung bezw. Zuwendung und Genehmigung sind die Parteien, wie unter Anwendung allgemeiner Rechtsgrundsätze mangels positiver Bestimmungen anzunehmen ist, einander nach den Vorschriften von Treu und Glauben (§§ 157 u. 142 B.G.B.) verpflichtet und deshalb an ein vorbehaltlich der Genehmigung abgeschlossenes Rechtsgeschäft nach den Regeln vom hinkenden Vertrage gebunden, weil eine vorherige Beschaffung der erforderlichen Genehmigungen nach der Natur der Sache meistens nicht möglich ist, wenngleich es sich empfiehlt, daß sich der Gemeindekirchenrat bei bedeutenden bezw. außergewöhnlichen Geschäften vorher der grundsätzlichen Zustimmung vergewissert.

Es ist Pflicht des Gemeindekirchenrats, die fehlende Genehmigung einzuholen, er kann also nicht beliebig zurücktreten und die Einholung der Genehmigung unterlassen; dagegen braucht er Rechtsbehelfe gegen eine Verweigerung der Genehmigung nicht anzuwenden. Über die Dauer der Schwebezeit läßt sich beim Fehlen einer gesetzlichen Vorschrift eine bestimmte Norm nicht aufstellen, jedenfalls aber ist die im § 1829 Abs. 2 B.G.B. vorgesehene zweiwöchentliche Frist als zu kurz zu erachten und es ist vielmehr anzunehmen, daß die Schwebezeit so lange dauert, als die Einholung der sämtlichen erforderlichen Genehmigungen bei ordnungsmäßigem Betrieb der Sache Zeit beansprucht. Immerhin ist es ratsam, in die Verträge eine Klausel aufzunehmen, daß die Gebundenheit bis zur endgültigen Entscheidung der kirchlichen Gemeindevertretung, des Patrons und der Aufsichtsbehörden dauern soll, mag dieselbe auch noch so lange ausstehen (vgl. Urteil des R.G. v. 19. Juni 1897, Entsch. Bd. 40 S. 235).

5. Die Genehmigungen selbst müssen ihrer Natur nach bedingungslos sein, da sie die bis dahin gesetzlich bedingten Willenserklärungen

wirksam machen, d. h. ihren rechtlichen Erfolg herbeiführen sollen und deshalb diesen Erfolg nicht noch ihrerseits an eine Bedingung knüpfen können (vgl. § 925 Abs. 2 B.G.B. bezüglich der Auflassung). Die Erteilung bezw. Verweigerung der Genehmigung ist seitens des Gemeindekirchenrats der Gegenpartei mitzuteilen, weil davon die Wirksamkeit des Rechtsgeschäfts abhängt.

6. Da das Wesen der Genehmigung in ihrer die Rechtswirksamkeit der Willenserklärungen herbeiführenden Kraft liegt, ist es rechtlich irrelevant, ob die Beschlüsse der kirchlichen Körperschaften oder die in Ausführung derselben getätigten Rechtsgeschäfte genehmigt werden. Handelt es sich jedoch um nicht empfangsbedürftige Willenserklärungen, d. h. um solche auf die Herbeiführung eines rechtlichen Erfolges gerichtete Äußerungen, bei denen der Eintritt des gewollten Erfolges lediglich daran geknüpft ist, daß der Wille geäußert ist, z. B. bei § 1 Ziffer 4 u. 6 Kirchen-Ges. v. 18. Juli 1892 (K.G. u. V.Bl. 1893 S. 9), dann kann nur die Genehmigung des Beschlusses selbst in Frage kommen (vgl. Anm. 12 zu § 28).

7. Die Genehmigung setzt zwar eine Mitwirkung des Patronats und der Aufsichtsbehörden beim Zustandekommen von Rechtsgeschäften voraus, stellt aber keine Form des Rechtsgeschäfts selbst dar, sodaß sie an die für dasselbe geltenden Formvorschriften nicht gebunden ist und grundsätzlich formlos erfolgen kann. In denjenigen Fällen aber, wo (vgl. z. B. § 29 R.Gr.B.O.) die Wirksamkeit der rechtsgeschäftlichen Willenserklärungen zum öffentlichen Glauben nachgewiesen werden muß, ist die Genehmigungserklärung in einer öffentlichen oder öffentlich beglaubigten Urkunde abzugeben. Die von den kirchlichen und staatlichen Aufsichtsbehörden und den königlichen, kommunalen und ähnlichen Patronatsbehörden in der für sie vorgeschriebenen Urkunden-Form abgegebenen Genehmigungs-Erklärungen sind öffentliche Urkunden, nicht dagegen die unbeglaubigten Erklärungen eines Privatpatrons, soweit dessen Genehmigungen nicht gemäß Nr. 43 rev. Instr. zu Protokoll des Gemeindekirchenrats erklärt sind, in welchen Fällen sie durch den beglaubigten Protokollbuch-Auszug (§ 11 K.G. und S.O.) zum öffentlichen Glauben nachgewiesen werden.

Eine Bescheinigung der kirchlichen Aufsichtsbehörde, daß die patronatliche Genehmigung gehörig erfolgt sei, begründet keinen vollen Beweis dieser Tatsache, weil eine solche Bescheinigung die Grenzen des den kirchlichen Aufsichtsbehörden zugewiesenen Geschäftskreises überschreitet (§ 415 C.P.O.). Dagegen erscheint die staatliche Aufsichtsbehörde (d. h. der Regierungs-Präsident, für Berlin der Polizei-Präsident) gemäß

§ 23 K.G. u. S.O. wohl befugt, da, wo es auf die formelle urkundliche Feststellung der Genehmigung des Patrons ankommt, diese Feststellung auch dann zu treffen, wenn der Patron seine Zustimmung zwar mündlich oder schriftlich erteilt, die Abgabe seiner Erklärung in einer der im § 29 R.Gr.B.O. vorgeschriebenen Form aber ausdrücklich oder durch Stillschweigen auf eine diesbezügliche an ihn ergangene Aufforderung abgelehnt hat, denn es macht für die formelle Feststellung der patronatlichen Zustimmung keinen Unterschied, ob die letztere wegen gänzlicher Verabsäumung der Erklärungsfrist für erteilt zu erachten oder ob sie zwar tatsächlich erteilt, aber nicht zum öffentlichen Glauben nachgewiesen ist. Auch im letzteren Falle bleibt die staatliche Aufsichtsbehörde innerhalb der Grenzen ihrer Amtsbefugnisse, weil ihr sogar die materielle Ergänzung der Zustimmung des Patrons im Falle seines Widerspruchs zusteht und sie daher nach dem Zweck und Grund der Vorschriften des § 23 Abs. 3 u. 4 K.G. u. S.O., welche den ordentlichen Rechtsweg bezüglich der Zustimmungserklärung ausschließen (vgl. oben Anm. 1), die Ergänzung der formell unzureichenden Einwilligung des Patrons durch urkundliche Feststellung derselben als ein Minus vorzunehmen für berechtigt und verpflichtet zu erachten ist. Andernfalls enthielte die K.G. u. S.O. eine Lücke, welche nur im Wege der Gesetzgebung ergänzt werden könnte, weil der lastenpflichtige Patron zur Zeit zweifellos nicht mehr als Inhaber eines Kirchenamtes bezw. als eine Art kirchlicher Obrigkeit (vgl. Plenar-Beschluß des vorm. Kgl. Obertribunals v. 17. Juni 1861, Entsch. Bd. 45 S. 44) anzusehen ist (vgl. Anm. 1 zu § 4). Er hat deshalb zwar das Recht, nicht aber auch die Pflicht, Erklärungen abzugeben. Aus diesem Grunde kann der Patron auch nicht im ordentlichen Rechtswege angehalten werden, seine Zustimmung in einer öffentlichen oder öffentlich beglaubigten Urkunde zu erklären, weil darin ein unzulässiger Zwang zur Ausübung seines Genehmigungsrechtes in einer bestimmten Art und Weise gefunden werden müßte.

§. 12. Die kirchlichen Körperschaften haben dafür Sorge zu tragen, daß das vorhandene kirchliche Vermögen nicht zersplittert, vermindert, zu fremdartigen Zwecken verwendet, ohne Not mit Verpflichtungen gegen Dritte belastet oder sonst geschädigt, vielmehr überall sicher gestellt, dauernd und nach seinem ganzen Umfange in gutem Zustande, bei den ihm gebührenden Rechten erhalten und nach Möglichkeit verbessert und vermehrt werde, auch daß die der Kirche und ihren Instituten vom Gesetze gewährten Vorrechte (z. B. Steuer-, Stempel-, Kosten-Befreiungen, sowie Vorzüge im Konkurse, im Verjährungsrecht, bei Kriegsleistungen und Einquartierungen u. dgl.) vorkommenden Falles gehörig wahrgenommen und Verluste, welche durch deren Nichtbeachtung entstehen können, vermieden werden (vgl. §§. 228 ff. A. L.-R. II, 11).

Zu § 12.

1. Die bedeutende Entwicklung des wirtschaftlichen Verkehrs hat Anlaß zu umfassenden gesetzlichen Bestimmungen gegeben, welche den Schutz des Lebens und des Eigentums der Einzelnen gegen Schädigungen aller Art sicher stellen sollen. Für die kirchliche Vermögensverwaltung kommen insbesondere in Betracht:

a) Haftpflichtversicherung, vgl. Anm. 6 zu § 21.

b) Alters- und Invalidenversicherung (Ges. v. 13. Juli 1899 in der Fassung der Bekanntmachung v. 19. Juli 1899 R.G.Bl. S. 373 und 463). Nach § 1 Ziff. 1 u. 2 d. Ges. sind versicherungspflichtig Organisten, Küster, Kirchendiener, Totengräber und sonstige Angestellte, deren dienstliche Beschäftigung ihren Hauptberuf bildet (vom vollendeten 16. Lebensjahre ab), soweit ihr regelmäßiger Jahresverdienst 2000 M. nicht übersteigt, solange sie nicht lediglich zur Ausbildung für ihren Beruf beschäftigt werden oder sofern ihnen nicht eine Anwartschaft auf Pension im Mindestbetrage der Invalidenrente nach den Sätzen der ersten Lohnklasse gewährleistet ist. Wichtig für Berufsarbeiter der innern Mission ist § 14 d. Ges. Danach sind Angestellte, deren dienstliche Beschäftigung ihren Hauptberuf bildet, und deren regelmäßiger Jahresverdienst mehr als 2000 aber nicht über 3000 M. beträgt, befugt, in die Versicherung einzutreten, solange sie das 40. Lebensjahr nicht vollendet haben.

c) Kranken- und Unfall-Versicherung der Angestellten in land- und forstwirtschaftlichen Betrieben (Ges. v. 5. Mai 1886 u. Ges. v. 30. Juni 1900 i. d. Fassung d. Bekanntmachung v. 5. Juli 1900, R.G.Bl. 1886 S. 132, 1900 S. 335 u. 573). Darnach gehören zu den versicherungspflichtigen Betrieben auch die Grundstücke der Kirchengemeinden und ihrer Institute. Die Beitragspflicht ist regelmäßig statutarisch geordnet.

d) Die im öffentlichen Interesse nach gesetzlicher Vorschrift gebildeten Kommunalverbände (Wassergenossenschaften, Deichverbände, Landwirtschaftskammern usw.) umfassen auch den kirchlichen Grundbesitz. Beitragspflichtig ist die Kirchengemeinde als Eigentümerin der Grundstücke (Urteil d. R.G. v. 7. Okt. 1880, Entsch. Bd. 2 S. 329 u. d. O.V.G. v. 5. Febr. 1898, Entsch. Bd. 33 S. 365.

2. Steuerverhältnisse der Kirchengemeinden, Geistlichen und sonstigen Kirchenbeamten.

I. Direkte Staatssteuern.

Staatseinkommensteuer. Ges. v. 24. Juni 1891 (G.S. S. 175), Ausf.-Anw. v. 6. Juli 1900.

a) Die Kirchengemeinden haben keine Einkommensteuer zu zahlen.

b) Die Geistlichen und Kirchenbeamten sind steuerpflichtig. Bei der Veranlagung wird die Dienstwohnung nach dem ortsüblichen Mietswert, jedoch nicht höher als mit 15 v. H. des baren Gehaltes in Ansatz gebracht (§ 15 d. Ges.). Von der Summe des Einkommens können abgezogen werden: die zur Erwerbung, Sicherung und Erhaltung des Einkommens verwendeten Ausgaben, der Dienstaufwand (über dessen Höhe die Veranlagungskommission, der die erforderlichen Tatsachen mitzuteilen sind, entscheidet), — § 9 Ziff. 1 u. 6 d. Ges., Art. 22 Ausf.-Anw. — (Lebens-) Versicherungsbeiträge betr. den Steuerpflichtigen selbst bis zu 600 M., Beiträge zur allg. Witwen-Verpflegungsanstalt. Nicht abziehbar sind Dienstlöhne und Versicherungsbeiträge für Dienstboten (Art. 25).

c) Hinterbliebene der Geistlichen und Kirchenbeamten sind steuerfrei hinsichtlich der ihnen zustehenden Gnadenbezüge, soweit deren Dauer die für die Hinterbliebenen der unmittelbaren Staatsbeamten maßgebende Gnadenzeit nicht übersteigt (Art. 23 Ziff. 1 Ausf.Anw.).

II. Indirekte Staatssteuern.

1. Stempelsteuer. Ges. v. 31. Juli 1895 (G.S. S. 413), Ausf.Anw. vom 13., Dienstvorschrift v. 14. Febr. 1896 (Centralblatt d. Abg. Gesetzg. S. 53, 93).

Kirchen und mit jur. Persönlichkeit ausgestattete Religionsgesellschaften, Stiftungen, welche als „milde" ausdrücklich anerkannt sind, die Unterrichts-, öffentlichen Armen-, Kranken-, Arbeits- und Besserungsanstalten und Waisenhäuser, die Gemeinden in Schul-, Armen- und Kirchenangelegenheiten sind von der Entrichtung der Stempelsteuer befreit (§ 5 d. Ges.). Beschluß des Kammergerichts v. 4. Juli 1898 (J.M.Bl. 1900 S. 588): „Unter deutschen Kirchen sind im Stempelsteuergesetz gemeint die vom Staate ausdrücklich aufgenommenen Kirchengesellschaften im Sinne des § 17 II, 11 A.L.R. als Träger des für kirchliche Zwecke bestimmten Vermögens. Als solches Vermögen kommt nicht nur dasjenige in Betracht, welches zur Unterhaltung des Gottesdienstes bestimmt ist, vielmehr auch das der Betätigung christlicher Liebe dienende, für die Unterhaltung von Anstalten für christliche Liebeszwecke bestimmte. Soweit es sich um diese Einrichtungen handelt, besteht Stempel- und Gebührenfreiheit."

Die Abgabenfreiheit genießen nicht nur die einzelnen Gemeinden, sondern auch Kreis- und Provinzialsynodalverbände, soweit sie Träger von Vermögen sind, welches für kirchliche Zwecke, insbesondere auch für christliche Liebeswerke bestimmt ist.

Bei zweiseitigen schriftlichen, notariellen usw. Verträgen der Kirchengemeinden mit stempelpflichtigen Personen (abgesehen von Pacht- und Mietverträgen, s. Anm. 4 zu § 46) d. h. bei Verträgen, bei denen gegenseitig Verbindlichkeiten übernommen werden, muß auf der Vertragsurkunde die darstellbare Hälfte des Stempels, für Nebenausfertigungen der für diese vorgeschriebene Stempel verwendet werden (§ 5 Abs. 5 u. 6 d. Ges.).

Auf den Abschluß solcher Verträge ist auch hinzuwirken, wenn der Kirchengemeinde ein Grundstück geschenkt wird (vgl. Anm. 7 u. 8 zu § 17). Die Auflassung heilt zwar den Formmangel; liegt aber der Auflassung und Eintragung kein schriftlicher Schenkungsvertrag zugrunde, so muß der halbe Wertstempel entrichtet werden.

Die Stempelpflicht wird erfüllt durch Verwendung von Stempelpapier und bezw. von Stempelmarken oder durch Vorlegung der Urkunde bei der Steuerbehörde zur Stempelung. Die Verwendung des Stempels muß innerhalb zwei Wochen nach dem Tage der Ausstellung der Urkunde erfolgen; wird das Geschäft erst durch Genehmigung oder Beitritt einer Behörde oder eines Dritten rechtsgültig, so beginnt die Frist mit dem Tage, an welchem die Aussteller der Urkunde von der erteilten Genehmigung usw. Kenntnis erhalten haben (vgl. Allg. Verf. des J.M. v. 29. Dez. 1899, J.M.Bl. 1900 S. 3).

Zuwiderhandlungen werden mit dem Vierfachen des hinterzogenen Stempels mindestens aber mit 3 Mark bestraft.

Geistliche und Kirchenbeamte haben in persönlichen Angelegenheiten den vollen Stempel zu entrichten.

Wegen der Stempelpflicht ist der Rechtsweg zulässig. Die Klage ist bei Verlust des Klagerechts binnen sechs Monaten (§ 26 d. Ges.) nach Entrichtung des Stempelbetrages gegen diejenige Provinzialsteuerbehörde zu richten, in deren Verwaltungsbezirk die Steuer erfordert worden ist.

2. Erbschaftssteuer. Ges. v. 30. Mai 1873, G.S. S. 329 und Novelle v. 19. Mai 1891, neu veröffentlicht G.S. 1891 S. 78, Ges. v. 31. Juli 1895 G.S. S. 412.

Kirchen und mit juristischer Persönlichkeit ausgestattete Religionsgemeinschaften, sowie die zu 1 angeführten Anstalten und Stiftungen sind bei Zuwendungen für ihre eigenen Zwecke von der Steuer befreit, s. auch Anm. zu § 17.

III. Kommunalabgaben. Ges. v. 14. Juli 1893 G.S. S. 152, Ausf.-Anw. v. 10. Mai 1894.

a) Die Kirchengemeinden haben von ihrem Einkommen aus Kapitalvermögen, aus ständigen Abgaben an die Kirche, Gebühren bei Amtshandlungen, Kirchhofs- und Kirchstuhlgebühren u. dergl. (O.V.G. Bd. 18 S. 24, Pr.V.Bl. X S. 452) keine Kommunalabgaben zu zahlen.

b) Hinsichtlich des Grundbesitzes ist die Kirchengemeinde grundsätzlich abgabenpflichtig. Der Steuerpflicht unterliegen jedoch nicht (abgesehen von den auf besonderem Rechtstitel beruhenden und aufrecht erhaltenen Befreiungen einzelner Grundstücke § 21 d. Ges.): Kirchen, Kapellen und andere dem öffentlichen Gottesdienst gewidmete Gebäude (§ 24g d. Ges.), die den Armen-, Kranken- usw. Anstalten, sowie den milden Stiftungen gehörigen, für deren Zwecke unmittelbar benutzten Gebäude (§ 24h d. G.) die Grundstücke der vorgenannten Körperschaften und Anstalten, soweit die Grundstücke für deren Zwecke unmittelbar benutzt werden (§ 24i d. Ges.). Eine solche Benutzung liegt nicht vor, wenn nur der Ertrag der Grundstücke zur Besoldung der Beamten, zur Armenpflege usw. verwendet wird.

Nach der im letzten Absatz des § 24 d. Ges. angeführten Kab.Order v. 8. Juli 1834 (G.S. S. 87) bleiben diejenigen Grundstücke, welche bei Erlaß der Order erworben waren, ohne Unterschied zwischen bebauten und unbebauten, abgabenfrei oder -pflichtig, je nachdem sie damals frei oder pflichtig waren. Von den nach Erlaß der Order zu den angegebenen Zwecken erworbenen und deshalb steuerfrei gewordenen Grundstücken sollen die nicht bebauten mit der Staatssteuerfreiheit auch die Befreiung von den Gemeindeabgaben erhalten, wogegen von den bebauten die Realverpflichtungen, die vermöge des Kommunalverbandes vor der Erwerbung geleistet worden sind, fernerhin davon geleistet werden (A.A. Art. 16). Wie der kirchliche Grundbesitz, so sind auch etwaige gewerbliche Anlagen der Kirchengemeinde, sowie ein Gewerbebetrieb (Gräberpflege z. B.) steuerpflichtig. O.V.G. v. 2. Febr. 1895, Pr. V.Bl. XVI, S. 375.

c) Über die Abgabenpflicht der Geistlichen (auch der Vereins- und Anstaltsgeistlichen, O.V.G. Bd. 12 S. 135, 141, Bd. 18 S. 114) und Kirchenbeamten bestimmt § 41 d. Ges.: „Die Heranziehung der Geistlichen, Kirchendiener und Elementarlehrer, sowie ihrer Witwen und Waisen zu Gemeinde- oder Aufwandssteuern (§ 23) wird durch besonderes Gesetz geregelt. Bis zum Erlasse dieses Gesetzes kommen die Bestimmungen der Verordnung, betr. die Heranziehung der Staatsdiener zu den Kommunalauflagen in den neu erworbenen Landesteilen, vom 23. Sept. 1867 (G.S. S. 1648) mit der Maßgabe zur Anwendung, daß das notwendige Domizil außer Berücksichtigung bleibt", und § 68 d. Ges.: „Die in § 41 aufgeführten Personen sind von Naturaldiensten, soweit diese nicht auf den ihnen gehörigen Grundstücken lasten, befreit, untere Kirchendiener insoweit, als ihnen diese Befreiung bisher rechtsgültig zustand". Die in dem § 41 d. Ges. angeführte Verordnung v. 23. Sept. 1867 besagt:

§ 1. Von allen direkten Kommunalauflagen . . . sind vollständig befreit . . . 3. die Geistlichen und Elementarlehrer hinsichtlich ihrer Besoldung und Emolumente incl. des Ruhegehalts, ingleichen die unteren Kirchendiener, wo und insoweit ihnen eine derartige Befreiung seither rechtsgültig zugestanden hat. . . 5. Die Witwen und Waisen der zu 3 genannten Personen hinsichtlich ihrer aus öffentlichen Kassen zahlbaren Pensionen und laufenden Unterstützungen. 6. Die Sterbe- und Gnadenmonate.

Von ihrem Privatvermögen usw. und zu indirekten Gemeindeabgaben (Hundesteuer z. B.) sind die Geistlichen und Kirchenbeamten abgabepflichtig. — Kirchenbeamte, deren Amt nicht mit einem Schulamt organisch vereinigt ist, sind von den Kommunalabgaben befreit, sofern ihnen solche Freiheit durch besonderes Gesetz, insbesondere auch durch eine noch in Geltung stehende Kirchenordnung verliehen ist (Min.Erl. v. 9. April 1842, M.Bl. S. 109, Städte-Ordnung v. 30. Mai 1853 § 4 Abs. 12). Zu diesen Kirchenbeamten gehört auch der als besoldeter Beamter angestellte Kirchenkassenrendant, nicht aber der mit einer Auslageentschädigung abgefundene Älteste, welcher die Rendantur verwaltet.

Die Dienstgrundstücke und Dienstwohnungen der Geistlichen, Kirchendiener und Volksschullehrer sind von den Kommunalabgaben vom Grundbesitz befreit, soweit ihnen bisher Steuerfreiheit zugestanden hat (§ 24 k d. Ges.). Auf die örtliche Lage, auf die Beziehung des Amtes zur Belegenheitsgemeinde kommt es dabei nicht an, es macht auch keinen Unterschied, ob die Grundstücke von dem Stelleninhaber in eigene Benutzung genommen, vermietet oder verpachtet sind (Nöll, Kommunalabgabengesetz, Anm. 33 zu § 24 cit. und die dort angeführten Entscheidungen). An der Abgabenfreiheit der Dienstgrundstücke ist auch durch den Übergang des Nießbrauchs auf die Kirchengemeinde nach dem Diensteinkommensgesetze v. 2. Juli 1898 nichts geändert worden (Art. 8 d. Ges. v. 2. Juli 1898 G.S. S. 155).

d) Das von den Kommunalabgaben gesagte gilt auch von den Kreis- und Provinzialabgaben, sofern sie nicht überhaupt auf den Gemeindeetat übernommen und damit Gemeindeabgaben geworden sind (§ 91 des Ges.).

e) Gegen die Veranlagung zu Kommunalabgaben kann der Abgabepflichtige binnen 4 Wochen nach Ablauf der Frist für Auslegung der Hebeliste, event. nach besonderer Benachrichtigung Einspruch beim Gemeindevorstand und gegen den ablehnenden Bescheid desselben binnen 2 Wochen nach Zustellung die Klage im Verwaltungsstreitverfahren erheben. Zuständig ist in erster Instanz, je nachdem es sich um Land- oder Stadtgemeinden handelt, der Kreis- oder der Bezirksausschuß. Betreffs der Kreisabgaben ist die Beschwerde binnen 2 Monaten beim Kreisausschuß, die etwaige Klage innerhalb 2 Wochen beim Bezirksausschuß anzubringen (Kreis-Ordnung § 19). Die Fristen sind präklusivisch, d. h. das Rechtsmittel geht verloren, wenn die Fristen versäumt werden.

f) Schulhausväterbeiträge (§§ 29 ff., 34 f. II 12 A.L.R.) haben Geistliche und Kirchenbeamte zu leisten; sie sind davon frei, wenn die Beiträge auf den Gemeindekassenetat übernommen und damit Kommunalabgaben geworden sind.

3. Kriegsleistungen und Einquartierungen (Ges. v. 25. Juni 1868, betr. Quartierleistung, Ges. v. 13. Febr. 1875 — in der Fassung des Ges. v. 24. Mai 1898, R.G.Bl. S. 361 nebst Ausf.V. v. 13. Juli 1898 ebenda S. 921 — betr. Naturalleistungen für die bewaffnete Macht im Frieden, Ges. v. 13. Juni 1873, über Kriegsleistungen (R.G.Bl. 129): Während des Friedenszustandes sind Kirchen, Kapellen und andere dem öffentlichen Gottesdienst gewidmete Gebäude von der Einquartierungslast befreit, Geistliche und Kirchenbeamte dagegen nicht. Vorspannleistungen haben Geistliche insoweit nicht zu leisten, als sie die Pferde bei der Ausübung ihres Berufes brauchen.

4. Verjährungsrecht. Das B.G.B. (§§ 194 ff.) regelt die Verjährung für den Kreis der privatrechtlichen Ansprüche; die landesrechtlichen Vorschriften (§§ 629 ff. I 9 A.L.R.) sind mithin, soweit sie solche Ansprüche betreffen, im allgemeinen außer Kraft gesetzt. Aufrecht erhalten sind sie für das Recht an Kirchensitzen und Erbbegräbnissen (§§ 40 und 31). Die Vorrechte, welche den Kirchen und kirchlichen Instituten früher provinzialrechtlich vielfach gegen die ersitzende Verjährung zustanden, sind durch das B.G.B. beseitigt. In solchen Fällen hat der Lauf der Verjährung zu Ungunsten der Kirchengemeinde mit dem 1. Jan. 1900 begonnen (s. Anm. 2a zu § 2).

Nach Art. 8 § 1 des Preuß. Ausf.Ges. zum B.G.B. verjähren in 4 Jahren: die Ansprüche der Kirchen, der Geistlichen und der sonstigen Kirchenbeamten wegen der Gebühren für kirchliche Handlungen, § 2 daselbst: die Verjährung beginnt unbeschadet der Vorschrift des § 201 Satz 2 B.G.B. mit dem Schlusse des Jahres, in welchem die Gebühren fällig werden.

Wegen der Kostenbefreiungen s. § 93, wegen der Vorrechte im Konkurse § 90 Abs. 3.

§. **13.** Die für die Vermögensverhältnisse der Kirche wichtigen Verhandlungen, namentlich das Protokollbuch des Gemeinde-Kirchenrats (§. 11 K.-G.- u. S.-O.) und das Tagebuch über ein- und abgehende amtliche Briefe, sowie die außerdem vorhandenen Urkunden, Verzeichnisse, Berichte, behördlichen Verfügungen und dergleichen sind in der Pfarr-Registratur sicher und in gehöriger Ordnung so aufzubewahren, daß sie jederzeit leicht aufgefunden werden können, um Auskunft über die Verhältnisse zu gewähren.

Die Akten sind zu unterscheiden in „allgemeine", welche maßgebende Grundsätze, allgemeine Anordnungen der Behörden u. dergl. betreffen, und in „besondere", welche auf einzelne oder auf mehrere unter sich zusammenhängende Gegenstände Bezug haben. Unter diesen Abteilungen sind sie mindestens nach den zunächst beteiligten Instituten (Kirche, Pfarre, Küsterei 2c.) zu sondern und nach den wichtigeren Anlässen nummerweise zu ordnen, auch äußerlich gehörig zu bezeichnen und zu heften. Ein Verzeichnis der Akten nach Inhalt und Nummer ist in besonderem Hefte zu führen.

§. **14.** In jeder Kirchengemeinde ist nach Anleitung der von der Aufsichtsbehörde erlassenen Ordnungen ein Lagerbuch aufzustellen und fortzuführen, welches jederzeit einen klaren und vollständigen Überblick über die einzelnen Teile des kirchlichen Vermögens nach dessen jeweiligem tatsächlichen und rechtlichen Bestande darbietet.

Der Gemeinde-Kirchenrat hat in bestimmten, ein- für allemal festzustellenden Fristen sich der Durchsicht des Lagerbuchs uud der Vergleichung des kirchlichen Vermögensbestandes nach demselben zu unterziehen.

Die Durchsicht muß stattfinden nach Einführung der neu gewählten Ältesten (§. 43 K.-G.- u. S.-O.). Über die Vornahme und das allgemeine Ergebnis derselben ist jedesmal im Protokollbuche des Gemeinde-Kirchenrats ein Vermerk aufzunehmen. Jeder neu berufene Kirchenbeamte ist von Amtswegen zur Kenntnisnahme von dem Inhalt des Lagerbuchs zu veranlassen, soweit derselbe auf die seinem Nießbrauche unterworfenen Vermögensstücke und auf seine Rechte und Pflichten Bezug hat.

Zu § 14.

Für die Anlegung und Fortführung der Lagerbücher sind in den einzelnen Konsistorialbezirken besondere Ordnungen in den Amtlichen Mitteilungen veröffentlicht worden. Auf diese muß hier verwiesen werden.

§. 15. In Betreff aller Rechtsverhältnisse, welche der Kirche oder einem kirchlichen Institute mit anderen Rechtssubjekten (Schule, politische Gemeinde, Armenanstalt u. dgl.) gemeinsam sind, ist für genaue Verzeichnung der kirchlichen Rechte in den Akten und Lagerbüchern Sorge zu tragen. Auch ist darauf zu achten, daß bei den Verfügungen über gemeinschaftliche Vermögensstücke das in allen solchen Fällen bestehende selbständige Mit-Verwaltungs- und Vertretungsrecht der kirchlichen Körperschaften zur gehörigen Geltung komme, um Verdunkelungen und Verluste zu vermeiden (vgl. Erlasse d. Ev. O.-K.-R. v. 6. Juli u. 20. Dezember 1882 u. 31. Januar 1883, K. G.- u. V.-Bl. 1883 S. 4 bis 12 u. die Erkenntnisse a. a. O. 1881 S. 117, 1883 S. 120, 1886 S. 62 ff.). Auseinandersetzungen über Vermögen vereinigter Kirchen- und Schulstellen bedürfen der Genehmigung des Konsistoriums, abgesehen von der Bestätigung seitens der Schulaufsichtsbehörde (V.-A.-G. §. 1 Nr. 7 c, Allerh. Verordn. vom 8. März 1893 Art. II).

Zu § 15.

Neben der genauen Aufzeichnung der kirchlichen Rechte in Akten und Lagerbuch ist von besonderer Wichtigkeit die Aufbewahrung der Urkunden, welche Rechtsgeschäfte über das gemeinschaftliche Vermögen betreffen (Rezesse über die Ablösung von Abgaben und Gerechtigkeiten, über Zusammenlegung von Grundstücken, Kauf-, Miet-, Pachtverträge u. dergl.).

Die Frage, ob der Kirchengemeinde das Alleineigentum oder Miteigentum mit anderen Rechtssubjekten zusteht, ist am häufigsten bei dem Vermögen der von altersher vereinigten Kirchen- und Schulämter zu entscheiden. Die Entscheidung ist zumeist mit Schwierigkeiten verknüpft, weil die geschichtliche Entwicklung der einzelnen Stellen vielfach unklar ist, und weil es an gesetzlichen Vorschriften darüber fehlt, in welchem Maße Kirchen- und Schulamt an dem vorhandenen Vermögen beteiligt sind. Da der Elementarschulunterricht bis zum Ende des 18. Jahrhunderts regelmäßig Sache der Kirche und der Inhaber des vereinigten Kirchen- und Schulamtes auch als Schullehrer kirchlicher Beamter war (vgl. die Ausführungen im Erkenntnis der Kgl. Generalkommission Merseburg v. 25. Febr. 1881, K.G.Bl. S. 117), so ist im allgemeinen davon auszugehen, daß das damals vorhandene Stellenvermögen kirchlichen Ursprungs ist.

Das A.L.R. bestimmte in § 1 II 12, daß alle Schulen Staatsanstalten seien, und daß die Lehrer, wo keine Stiftungen für die gemeinen Schulen vorhanden, von der Gesamtheit der Hausväter jedes Ortes unterhalten werden sollten. Weder durch diese Vorschrift noch durch die in der ersten Hälfte des 19. Jahrhunderts vollzogene Entwicklung der Schulen zu rechtlich selbständigen Anstalten wurden die Rechtsverhältnisse des Stellenvermögens unmittelbar berührt; da die vereinigten Kirchen- und Schulämter bis in die neueste Zeit schlechthin als einheitlich behandelt wurden, fehlte es auch an einem Anlaß, die Sonderrechte des kirchlichen und des Schulamtes klar zu stellen. Dies ist der Grund, warum auch die von den Generalkommissionen aufgestellten Ablösungs- usw. Rezesse für die Eigentumsverhältnisse in den meisten Fällen nicht als maßgebend angesehen werden können. Regelmäßig sind in ihnen die vereinigten Kirchen- und Schulämter als einheitlich behandelt und die Bezeichnungen „Küsterei“, „Schule“, „Küsterei und Schule“ u. dergl. ohne

Unterscheidung neben einander gebraucht. Erst durch die Bestrebungen, welche auf Trennung der Schulstelle vom Kirchenamt, insbesondere auf die Ablösung der sogen. niederen Küsterdienste gerichtet sind (Min.Erl. vom 1. Mai 1893, 27. Febr. 1894), ist auch die Frage, wem das Eigentum am Stellenvermögen zusteht, in den Vordergrund gerückt worden. Die Frage ist nach der Natur der Sache nur in jedem einzelnen Fall zu entscheiden und der Gemeindekirchenrat hat deshalb zu prüfen, was an urkundlichem Nachweis für etwaige kirchliche Eigentumsrechte vorhanden ist. Wo der Nachweis für das Alleineigentum der Kirchen- oder Schulgemeinde nicht zu erbringen ist, wird auf Grund der Rechtsprechung des Reichsgerichts (Bolze, Praxis des R.G. Bd. XVII S. 362, XXI S. 337) jetzt wohl allgemein angenommen, daß Kirchen- und Schulamt bezw. Kirchen- und Schulgemeinde Miteigentümer zu gleichen Teilen sind.

Dies hat auch für den zu den vereinigten Ämtern gehörigen Grundbesitz zu gelten. Doch ist hierbei § 101 der Gemeinheitsteilungs-Ordnung v. 7. Juni 1821, welcher die Ausstattung der Schulstellen mit Grundbesitz allgemein vorschreibt, zu beachten. Danach ergeben sich folgende Grundsätze:

a) War das vereinigte Amt schon vor 1821 bezw. vor einer später in der Gemeinde erfolgten Separation usw. mit Grundstücken ausgestattet, so stehen dieselben (bezw. die im Separationsablösungs- usw. Verfahren an ihrer Stelle ausgewiesenen) im Miteigentum der kirchlichen und der Schulstellen (der Kirchen- und Schulgemeinde).

b) Ein Sondereigentum der Kirchen- oder der Schulgemeinde ist nur in den Fällen vorhanden, wo die Bestimmung des Grundstücks zur besonderen Dotation des Kirchen- oder des Schulamtes urkundlich nachzuweisen ist.

c) Gehörte zu dem vereinigten Amt bis zu dem in der Gemeinde erfolgten Separations- usw. Verfahren kein Grundbesitz, sondern ist derselbe rezeßmäßig auf Grund des § 101 Gemeinheitsteilungs-Ordnung der Schule zugewiesen worden, so ist er Alleineigentum der Schule (Schulgemeinde).

Zur Sicherung des kirchlichen Besitzstandes ist durch wiederholte Erlasse der Centralbehörden (C.G.Bl. 1883 S. 4—12) die grundbuchliche Eintragung der Grundstücke angeordnet worden. Diese Eintragung erfolgte bis zum 1. Jan. 1900 in den Fällen, in denen die Sonderrechte der Kirchen- und Schulstelle nicht klargestellt werden konnten, regelmäßig in der Weise, daß die vereinigten Ämter (bezw. die eigentumsberechtigten Gemeinden als Miteigentümer in Abteilung I des Grundbuchblattes eingetragen wurden, während in Abteilung II vermerkt wurde, daß jedem der beiden Ämter für den Fall einer späteren Auseinandersetzung die Geltendmachung weiterer Ansprüche vorbehalten bleibe.

Eine solche Eintragung ist nach dem B.G.B. und R.Gr.B.O. nicht mehr möglich; vielmehr muß jetzt vor der Eintragung festgestellt werden, zu welchen Anteilen Kirchen- und Schulamt als Miteigentümer eingetragen werden sollen (§ 48 R.Gr.B.O.). Denn es handelt sich weder um Miteigentum „zur gesamten Hand" — dieses kennt das B.G.B. nur in den gesetzlich bestimmten Fällen — noch ist die organische Vereinigung der beiden Ämter ein Rechtsverhältnis, das den Maßstab für den Umfang der Anteile jedes Amtes abgeben kann (Beschluß des Kammergerichts v. 12. Okt. 1903 1. C.G. 1025 03/11. 14.). Soweit das Alleineigentum des Kirchen- oder Schulamtes nicht nachweisbar ist, wird demnach regelmäßig, wenn nicht eine Entscheidung im Prozeßwege herbeigeführt wird, die Eintragung des Miteigentums je zur Hälfte zu erfolgen haben; äußersten Falles muß eine Vormerkung bezw. ein Widerspruch aus § 883 bezw. § 898 B.G.B. eingetragen werden.

§. 16. Zur Aufbewahrung von Wertsachen, namentlich von Wertpapieren, einstweilen nicht verwendbaren Geldbeständen, besonders wertvollen Inventarienstücken von mäßiger Größe u. dgl., soll bei jeder Kirche ein möglichst feuer- und diebessicheres Behältnis vorhanden sein, welches mit mindestens zweifachem selbständigen Verschlusse versehen ist. Von den verschiedenen Schlüsseln ist einer von dem Vorsitzenden des Gemeinde-Kirchenrats, der zweite von dem Kirchenkassen-Rendanten, und wenn dieses der Vorsitzende selbst ist, von einem durch den Gemeinde-Kirchenrat bezeichneten Ältesten, ein etwaiger dritter ebenfalls von einem solchen Ältesten zu führen. Jeder der genannten ist für sichere Bewahrung des Schlüssels und dafür verantwortlich, daß von demselben nicht ohne seine oder eines bestellten Vertreters persönliche Mitwirkung Gebrauch gemacht werden kann. Der Kirchen-Geldschrank oder -Kasten selbst ist in einem sicheren Raume unterzubringen (§§. 625 f. A. L.-R. II, 11; Nr. 42 Abs. 2 revid. Instr.; vgl. u. §§. 39 u. 65).

Bietet sich die Möglichkeit dar, kirchliche Wertsachen in die sichere amtliche Verwahrung einer öffentlichen Behörde (z. B. der Patronatsbehörde) niederzulegen, so kann hiervon auf Grund Beschlusses der Gemeindekörperschaften mit Genehmigung des Konsistoriums Gebrauch gemacht werden.

Zu § 16.

Duplikate der Schlüssel sind ebenfalls zu verteilen oder versiegelt aufzubewahren. Als „sicherer Raum", in dem der Geldschrank oder -Kasten unterzubringen ist, darf im Sinne des Gesetzes auch die Dienstwohnung des Pfarrers angesehen werden, doch empfiehlt es sich, daß der Schrank oder Kasten eingemauert wird. Eine bedeutend größere Sicherheit bietet die Niederlegung der Wertsachen bei einem öffentlichen Bankinstitut bezw. die Aufbewahrung baren Geldes bei inländischen öffentlichen Sparkassen, welche durch den Regierungs-Präsidenten im Einvernehmen mit den Landgerichts-Präsidenten zur Anlegung von Mündelgeld für geeignet erklärt werden (§ 1807 Ziff. 5 B.G.B., Art. 75 Ausf.-Ges. § 1). Hierbei ist darauf zu achten, daß die Wertsachen, das bare Geld usw. der einzelnen kirchlichen Institute gesondert aufbewahrt werden. Zulässig erscheint die Aufbewahrung der Wertsachen in den sogen. safes (Stahlkammern) der privaten Bankinstitute, sofern der Gemeindekirchenrat in die Lage versetzt wird, die Kammer unter eigenem, besonderen Verschluß — mit mindestens zwei Schlüsseln — zu halten.

Wegen der besonderen Vorschriften für die Aufbewahrung der Wertpapiere s. § 39.

§. 17. Von Schenkungen und letztwilligen Zuwendungen, welche einer Kirche oder einem kirchlichen Institute gemacht werden, ist dem Konsistorium Anzeige zu machen mit dem Bemerken, ob der Gemeinde-Kirchenrat zur Annahme derselben bereit ist. Letztere ist zu versagen, wenn die Bestimmungen der Zuwendung dem kirchlichen Interesse zuwiderlaufen.

Soll dadurch eine neue juristische Person begründet oder eine Verwendung zu bisher für die Kirchengemeinde noch nicht genehmigten Zwecken erreicht werden, oder übersteigt der Kapitalwert der Gabe (Renten zu 5 pCt. berechnet) den Betrag von 3000 M., so bedarf dieselbe zu ihrer Gültigkeit der landesherrlichen Genehmigung, welche der Gemeinde-Kirchenrat bei Vermeidung erheblicher Strafe spätestens innerhalb vier Wochen nach der Empfangnahme nachzusuchen hat (Ges. v. 23. Februar 1870, G.-S. S. 118; Art. 25 Ges. v. 3. Juni 1876).

In dem dieserhalb zunächst an das Konsistorium zu erstattenden Berichte (vgl. Erl. d. Min. d. g. A. v. 28. März 1878, K. G.- u. V.-Bl. S. 77) ist nach Anleitung der Kabinets-Ordre vom 1. Februar 1834 anzuführen, ob durch die Zuwendung das Vermögen der bedachten Kirchengemeinde oder Anstalt zum Nachteil des öffentlichen Interesses, oder über das durch ihre Bestimmung begrenzte Bedürfnis hinaus vermehrt wird, ob eine Überredung zur Kränkung der Rechte dritter Personen stattgefunden hat, oder ob dadurch hülfsbedürftige Angehörige verletzt sind. Zu letzteren Punkten ist zweckmäßig eine Bescheinigung der Ortsbehörde beizufügen. Durch das Konsistorium gelangt die Sache an den Evangelischen Ober-Kirchenrat, welcher mit der staatlichen Centralbehörde in Verbindung tritt.

Zu § 17.

1. **Art. 86 Einf.Ges. zum B.G.B.** bestimmt: „Unberührt bleiben die landesgesetzlichen Vorschriften, welche den Erwerb von Rechten durch juristische Personen beschränken oder von staatlicher Genehmigung abhängig machen, soweit diese Vorschriften Gegenstände im Werte von mehr als 5000 Mark betreffen. Wird die nach dem Landesgesetze zu einem Erwerbe von Todeswegen erforderliche Genehmigung erteilt, so gilt sie als vor dem Erbanfall erteilt; wird sie verweigert, so gilt die juristische Person in Ansehung des Anfalls als nicht vorhanden; die Vorschrift des § 2043 B.G.B. findet entsprechende Anwendung."

Juristische Personen sind insbesondere auch die öffentlich rechtlichen, zu welchen die evangelischen Kirchengemeinden gehören. — Entscheidend für die Wertgrenze ist derjenige gemeine Wert (Kauf-, Tausch-, Verkehrswert), bei Wertpapieren und Waren, die einen Börsen- oder Marktpreis haben, derjenige Preis, welchen die Summe der die Zuwendung bildenden Gegenstände zur Zeit des Erwerbs hat.

2. Durch Art. 89 Nr. 26 des Preuß. Ausf.Ges. z. B.G.B. ist das Gesetz betreffend die Genehmigung zu Schenkungen und letztwilligen Zuwendungen sowie zur Übertragung von unbeweglichen Gegenständen an Korporationen und andere juristische Personen v. 23. Febr. 1870 (G.S. S. 118) ausdrücklich aufgehoben, wodurch zugleich Art. 25 d. Ges. betr. die Evangelische Kirchenverfassung usw. v. 3. Juni 1876 (G.S. S. 125) bedeutungslos geworden ist. Der zur Zeit geltende Rechtszustand bezüglich der Schenkungen und letztwilligen Zuwendungen an evangelische Kirchengemeinden ist hiernach folgender:

a) **Art. 6 § 1 des Preuß. Ausf.Ges. z. B.G.B.** bestimmt: „Schenkungen oder Zuwendungen von Todeswegen an juristische Personen bedürfen zu ihrer Wirksamkeit ihrem vollen Betrage nach der Genehmigung des Königs oder der durch Königliche Verordnung bestimmten Behörde (welche bisher nicht bestimmt ist), wenn sie Gegenstände im Werte von mehr als 5000 Mark betreffen. Wiederkehrende Leistungen werden mit vier v. H. zu Kapital gerechnet."

b) Zu einem Erwerbe, der auf Grund einer nach Maßgabe des Art. 6 a. a. O. genehmigten Schenkung oder Zuwendung von Todeswegen erfolgt, bedarf es der Genehmigung einer staatlichen Aufsichtsbehörde nach Art. 7 § 3 a. a. O. nicht, während der Art. 7 § 1 a. a. O. unter Aufhebung aller entgegenstehenden Vorschriften angeordnet hat, daß juristische Personen, welche in Preußen ihren Sitz haben, zum Erwerbe von Grundstücken im Werte von mehr als 5000 Mark der Genehmigung der staatlichen Aufsichtsbehörde bedürfen. Hieraus folgt, daß die Kirchengemeinden bei Schenkungen oder letztwilligen Zuwendungen der Genehmigung der staatlichen Aufsichtsbehörde in keinem Falle mehr bedürfen, ganz gleich, ob es sich um Grundstücke oder andere Gegenstände handelt (vgl. K.G. v. 21. Sept. 1903, K.G. u. V.Bl. S. 190).

c) Das Kirchengesetz vom 18. Juli 1892 (K.G. u. V.Bl. 1893 S. 9) hat über Schenkungen oder letztwillige Zuwendungen keine besonderen Vorschriften, indessen fällt der schenkungsweise oder letztwillige Erwerb von Grundeigentum unter den § 1 Nr. 1 a. a. O., weil dort kein Unterschied zwischen onerosem und lukrativem Erwerb gemacht ist. Es bedarf also zur Annahme von Schenkungen und letztwilligen Zuwendungen beweglicher Gegenstände einer kirchenaufsichtlichen Genehmigung in keinem Falle und auch von Grundeigentum dann nicht, wenn bezüglich dessen die Königliche Genehmigung nach Art. 6 § 1 Preuß. Ausf.Ges. z. B.G.B. erteilt ist, weil letztere schon die kirchenaufsichtliche Genehmigung in sich schließt (vgl. Friedberg u. Sehling, Deutsche Zeitschrift für Kirchenrecht Bd. 9 S. 86). Dagegen ist beim schenkungsweisen oder letztwilligen Erwerb von Grundeigentum im Werte bis 5000 Mark die kirchenaufsichtliche Genehmigung des Konsistoriums erforderlich.

d) Der patronatlichen Genehmigung bedarf die Annahme einer Schenkung oder letztwilligen Zuwendung selbst dann nicht, wenn denselben Auflagen beigefügt sind, sofern die Schenkungen oder letztwilligen Zuwendungen nur dadurch nicht ihren lukrativen Charakter gänzlich verlieren und sich in lästige Verträge verwandeln.

3. Übersicht des Rechtszustandes

a) bei Schenkungen und letztwilligen Zuwendungen von Gegenständen aller Art im Werte von mehr als 5000 Mark ist ausschließlich Königliche Genehmigung erforderlich, welche nach Art. 6 § 2 a. a. O. auf einen Teil beschränkt werden kann.

b) bei solchen von Grundeigentum im Werte bis zu 5000 Mark ist nur die kirchenaufsichtliche Genehmigung des Konsistoriums erforderlich,

c) bei solchen von beweglichen Gegenständen im Werte bis zu 5000 Mark ist keinerlei Genehmigung erforderlich, wohl aber ist Anzeige an das Konsistorium zu erstatten und zwar letztere nach dem Reskript vom 9. März 1834 (v. Kamptz Annalen Bd. 18 S. 997).

4. Nach Art. 6 § 3 Preuß. Ausf.Ges. z. B.G.B. wird mit Geldstrafe bis zu 900 Mark bestraft, wer für eine juristische Person, die in Preußen ihren Sitz hat, als deren Vorsteher eine Schenkung oder eine Zuwendung von Todeswegen in Empfang nimmt und nicht binnen vier Wochen die erforderliche Genehmigung nachsucht.

5. Die Kab.O. v. 1. Febr. 1834 (cf. Anm. 99 zu § 197 Teil II Tit. 11 A.L.R. in Koch's Kommentar), welche Vorschriften über die im Immediat-Bericht zu erörternden Punkte enthält, ist noch als maßgebend zu erachten. Bei dem an das Konsistorium zu erstattenden Bericht ist zu erwähnen, welche Auflagen oder Bedingungen (§§ 525, 2192 B.G.B.) an die Schenkung bezw. letztwillige Zuwendung geknüpft sind.

6. Über die Folgen der mangelnden Genehmigung und das Schwebeverhältnis vor Erteilung desselben vgl. Anm. 2 u. 4 zu § 11.

7. Zur Gültigkeit eines Vertrages, durch den eine Leistung schenkweise versprochen wird, ist nach § 518 B.G.B. die gerichtliche oder notarielle Beurkundung des Versprechens erforderlich, während die Annahme der Schenkung formlos erfolgen kann. Ist der Gegenstand der Schenkung ein Grundstück, so bedarf nicht nur das Schenkungsversprechen, sondern der ganze Vertrag, also auch die Annahme gemäß § 313 B.G.B. der gerichtlichen oder notariellen Beurkundung. Der Mangel der Form des Schenkungsversprechens wird gemäß § 518 Abs. 2 B.G.B. durch die

Bewirkung der versprochenen Leistung geheilt, so daß eine sofort vollzogene Schenkung auch ohne Beobachtung einer Form gültig zu stande kommt. Insbesondere heilen Auflassung und Eintragung in das Grundbuch gemäß § 313 Satz 2 B.G.B. die mangelnde Form des Vertragsschlusses bei Übertragung des Eigentums an Grundstücken. Hiernach ist gerichtliche oder notarielle Beurkundung des Schenkungsversprechens bezw. des Schenkungsvertrages nur erforderlich, wenn der Tod oder eine Sinnesänderung des Schenkgebers zu befürchten ist. Die preußisch-rechtliche Vorschrift (§ 1090 Teil I Tit. 11 A.L.R.), daß eine formlose vollzogene Schenkung binnen sechs Monaten widerrufen werden kann, ist dem B.G.B. fremd.

Zur Beurkundung des Schenkungs**versprechens** ist ein auf Grund des Art. 12 § 2 Preuß. Ausf.Ges. z. B.G.B. bestellter Urkundsbeamter (vgl. Anm. 8c zu § 28) nicht zuständig, weil der Art. 142 Einf.-Ges. z. B.G.B., auf welchem jene landesgesetzliche Vorschrift beruht, nur die Beurkundung des im § 313 B.G.B. bezeichneten Vertrages im Auge hat, und das Schenkungsversprechen nicht als ein Vertrags**antrag** im Sinne des § 128 B.G.B. anzusehen ist, was sich aus § 516 Abs. 2 B.G.B. ergibt. Dagegen kann ein solcher Urkundsbeamter einen **Vertrag** beurkunden, durch den sich der eine Teil verpflichtet, das Eigentum an einem in Preußen liegenden Grundstück schenkungsweise zu übertragen und der andere Teil dies Versprechen annimmt, wenn einer der Vertragschließenden durch eine öffentliche Behörde vertreten wird.

8. Schenkungen unter Lebenden unterliegen nach Nr 56 des Tarifs zum Stempelsteuergesetz v. 31. Juli 1895 (G.S. S. 413), sofern sie schriftlich beurkundet sind, von dem Betrage der Schenkung einer Wertstempelabgabe, welche sich nach den Vorschriften der §§ 6 bis 25, sowie des § 27 Abs. 1 des Erbschaftssteuerges. v. 30. Mai 1873/19. Mai 1891 (G.S. 1891 S. 78) und des Tarifs zu demselben richtet. Nach Ziff. 2i des letztgenannten Tarifs ist jeder Anfall, welcher an deutsche Kirchen und andere deutsche Religionsgesellschaften, denen die Rechte juristischer Personen zustehen, gelangt und — wie die Judikatur verlangt — innerhalb ihres eigentlichen Wirkungskreises liegt, von der Erbschaftssteuer und mithin auch jede solche Schenkung vom Schenkungsstempel befreit, selbst wenn sie schriftlich beurkundet ist. Nach der vom Reichsgericht in konstanter Rechtsprechung gebilligten Ansicht (vgl. das Urteil des R.G. v. 6. Febr. 1890, Entsch. Bd. 25 S. 322) ist aber eine jede durch schriftliche Willenserklärung erfolgte oder bestätigte Schenkung der Stempelsteuer unterworfen ohne Rücksicht darauf, ob sie rechtsgültig und klagbar war, während nach Nr. 8 des Tarifs zum Stempelsteuerges. v. 31. Juli 1895 die Auflassungserklärung und der Umschreibungsantrag dem Wertstempel nicht unterworfen sind, wenn eine in an sich stempelpflichtiger Form ausgestellte, das Veräußerungsgeschäft enthaltende Urkunde vorgelegt wird. Hieraus folgt, daß Kirchengemeinden zur Vermeidung des sonst nach § 5 Abs. 6 Stempelsteuergesetzes in Verbindung mit Nr. 8 des Tarifs zu demselben zu entrichtenden halben Auflassungsstempels über jede Schenkung eines inländischen Grundstücks seitens einer Privatperson an sie einen privatgeschäftlichen, gemäß Nr. 56 des Tarifs zum Stempelsteuergesetz in Verbindung mit Ziff. 2i des Tarifs zum Erbschaftssteuergesetz stempelfreien Vertrag errichten müssen. Grundstücks-Schenkungen von Gemeinden (Gutsbezirken) und Verbänden von solchen an Kirchengemeinden unterliegen gemäß § 5f u. c des Stempelsteuerges. auch ohne Vorlegung eines schriftlichen Schenkungsvertrages dem Auflassungsstempel nicht (vgl. Anm. 2 II zu § 12).

§. 18. Zu wesentlichen Veränderungen in der Substanz des kirchlichen Vermögens bedarf es, abgesehen von der Mitwirkung der Gemeindevertretung und des Patrons (§§. 31, 23 K.-G.- u. S.-O.), der Genehmigung der kirchlichen Aufsichtsbehörde. Dahin gehören unter Anderen: Erwerb, Veräußerung und dingliche Belastung von Grundstücken (vgl. u. §§. 28 ff.), Veräußerung und Ablösung von Rechten (vgl. u. §. 42), Aufnahme von Anleihen (vgl. §. 50), Vergleiche in den Fällen des V.-A.-G. §. 1 Nr. 7 c. d. e., Verwendung des Vermögensstocks zur Deckung laufender Ausgaben (V.-A.-G. §. 1 Nr. 11) u. dgl. Wegen sonstiger außerordentlicher Ausgaben vgl. §§. 67 u. 69 Abs. 2.

Wo kirchliches Vermögen zu anderen, als den bestimmungsmäßigen Zwecken verwendet werden soll, bedarf es, soweit nicht §. 31 Nr. 10 der K.-G.- u. S.-O. Platz greift, der Mitwirkung der Centralbehörden, deren Nachsuchung unter Beifügung des Beschlusses der Gemeindevertretung bei dem Konsistorium zu beantragen ist (Cirk.-Verf. d. Ev. O.-K.-R. v. 9. September 1878, K. G.- u. V.-Bl. S. 141; V.-A.-G. §. 1 Nr. 5; Allerh. Verordn. v. 8. März 1893 Art. II). In Betreff des Erfordernisses staatlicher Genehmigung vgl. Art. 24

Nr. 8 des Gesetzes v. 3. Juni 1876, und hinsichtlich der Statuten kirchlicher Stiftungen Min.-Erl. v. 28. März 1878 u. Erl. d. Ev. O.-K.-R. v. 29. Dezember 1883 (K. G.- u. V.-Bl. 1878 S. 77 u. 1884 S. 11).

Zu § 18.

1. Zum Abschluß eines Vergleiches bedarf die Kirchengemeinde an sich der aufsichtlichen Genehmigung nicht, da diese durch das Verm.-Aufsichtsgesetz nicht vorgeschrieben ist (wegen der Vergleiche bei einem Prozeßverfahren s. § 91). Dagegen ist die Genehmigung erforderlich, sofern sie für die bei dem Abschluß des Vergleiches abgegebene Willenserklärung des Gemeindekirchenrates mit Rücksicht auf den Gegenstand des Geschäftes gesetzlich vorgeschrieben ist, so insbesondere in den Fällen des V.A.G. § 1 Ziff. 7c: Auseinandersetzung über das Vermögen vereinigter Kirchen- und Schulstellen, d: Verwandlung veränderlicher Einnahmen der Kirchenbeamten in feste Hebungen, e: Umwandlung von Naturaleinkünften in Geldrenten, soweit nicht die Umwandlung in den durch die Staatsgesetze geordneten Ablösungsverfahren erfolgt -- vgl. im übrigen Anm. 4 zu § 92.

2. Unter „Vermögensstock" ist nicht nur das sogenannte Stammvermögen (ursprüngliches Dotationsvermögen, Kapitalien, Grundstücke, Gerechtigkeiten bezw. die an deren Stelle getretenen Ablösungskapitalien), sondern auch das zum Kapital geschlagene ersparte Vermögen zu verstehen. Bei Bauten, deren Kosten aus dem Kirchenvermögen zu decken sind, darf von demselben nicht mehr verwendet werden, als ohne Nachteil der aus der Kirchenkasse zu bestreitenden jährlichen Ausgaben geschehen kann (§ 713 II 11 A.L.R.). — Außerordentliche Ausgaben der Kirchenkasse sind solche, welche a) durch einmalige besondere Bedürfnisse verursacht werden, b) weder zur Erfüllung einer rechtlichen Verpflichtung notwendig noch schon bisher nach bestimmten von der Aufsichtsbehörde ausdrücklich oder stillschweigend gebilligten Grundsätzen geleistet sind. Jede außerordentliche Ausgabe bedarf der Genehmigung des Konsistoriums (V.A.G. § 1 Z. 12). Eine bestimmungswidrige Verwendung kirchlichen Vermögens liegt vor, wenn z. B. Beträge aus der Kirchenkasse in höherem Maße, als in § 31 Z. 10 K.G. u. S.O. zugelassen ist, anderen Kirchengemeinden bewilligt werden, wenn ein Teil des Pfarrvermögens zu einem Baufonds angesammelt wird u. dgl.

§. **19.** Der Gemeinde-Kirchenrat hat darüber zu wachen, daß alle kirchlichen Grundstücke, auch diejenigen, welche im

Nießbrauche kirchlicher Beamten stehen (§§. 778, 779 A.L.-R. II, 11), oder in Pacht oder Miete gegeben sind, stets ordentlich verwaltet und wirtschaftlich benutzt, daher überall in ihren durch feste Male zu bezeichnenden Grenzen und in gutem ertragsfähigen, die ordnungsmäßige Nutzung sichernden Zustande erhalten werden.

Ferner hat er Sorge zu tragen, daß der gesamte kirchliche Grundbesitz, einschließlich desjenigen, an welchem kirchlichen Instituten Miteigentums- oder Nutzungsrechte zustehen (vgl. §. 15), im Grundbuche eingetragen werde (Cirk.-Erl. d. Ev. O.-K.-R. v. 25. Juni 1880, K. G.- u. V.-Bl. S. 71; vgl. Beschl. des Kammergerichts v. 25. September 1882, a. a. O. S. 83; §§. 1 ff., 12 Ges. v. 5. Mai 1872 und §§. 2, 11, 73 Grundbuchordn. v. 5. Mai 1872, G.-S. S. 433, 446). Im übrigen vgl. u. §§. 28 und 30.

Zu § 19.

Der Nießbrauch der Geistlichen, deren Pfarrstellen unter das Diensteinkommensges. v. 2. Juli 1898 fallen, ist regelmäßig auf die Kirchengemeinden übergegangen (s. § 43, auch Anm. zu § 36).

1. Die sämtlichen kirchlichen Grundstücke, obwohl sie an sich auch gegenwärtig noch buchungsfrei sind (s. Anm. 10 zu § 28), müssen jetzt schon deshalb in das Grundbuch eingetragen werden, weil mit dem Inkrafttreten des B.G.B. die Vorrechte der Kirchengemeinden hinsichtlich der Verjährung aufgehoben worden sind (vgl. Anm. 4 zu § 12). Über die Tabular-Ersitzung bestimmt B.G.B. § 900: Wer als Eigentümer eines Grundstücks im Grundbuch eingetragen ist, ohne daß er das Eigentum erlangt hat, erwirbt das Eigentum, wenn die Eintragung 30 Jahre bestanden und er während dieser Zeit das Grundstück im Eigenbesitz gehabt hat. Der Lauf der Frist ist gehemmt, solange ein Widerspruch gegen die Richtigkeit der Eintragung im Grundbuch eingetragen ist. Ferner verordnet § 927 B.G.B. über die Ausschließung des Eigentümers: Der Eigentümer eines Grundstücks kann, wenn das Grundstück seit 30 Jahren im Eigenbesitz (§ 872 B.G.B.) eines Anderen ist, im Wege des Aufgebotsverfahrens (§§ 977 ff. C.P.O.) mit seinem Rechte ausgeschlossen werden. Ist der Eigentümer im Grundbuch eingetragen, so ist das Aufgebotsverfahren nur zulässig, wenn er gestorben oder verschollen ist und

eine Eintragung in das Grundbuch, die der Zustimmung des Eigentümers bedurfte, seit 30 Jahren nicht erfolgt ist. Derjenige, welcher das Ausschlußurteil erwirkt hat, erlangt das Eigentum dadurch, daß er sich als Eigentümer in das Grundbuch eintragen läßt

Hiernach besteht die Gefahr, daß eine Kirchengemeinde, deren Grundbesitz nicht auf ihren Namen im Grundbuch eingetragen ist, ihr Eigentum an einem Grundstück im Wege der Tabularersitzung oder des Ausschließungsverfahrens verliert.

2. Über die Eintragung von Grundstücken, die bisher im Grundbuch nicht eingetragen waren, bestimmt Art. 20 der Verordnung, betr. das Grundbuchwesen v. 13. Nov. 1899 (G.S. S. 519):

„Als Eigentümer ist in das Grundbuch einzutragen . . 2. wer das Grundstück im Eigenbesitz hat und entweder

a) durch Urkunden, Verfügungen oder Bescheinigungen öffentlicher Behörden oder durch Zeugen (bei juristischen Personen nach Art. 11 d. V.O. durch Zeugnisse staatlicher Behörden und zwar regelmäßig des Landrats oder durch rechtskräftige Entscheidungen) glaubhaft macht, daß er . . das Grundstück schon vor dem Inkrafttreten des B.G.B. seit 44 Jahren oder auf Grund eines nach dem § 579 I 9 A.L.R. zur Erlangung des Eigentums geeigneten, wenngleich dem Inhalte oder der Form nach ungültigen Titels seit zehn Jahren im Eigenbesitz gehabt hat, oder

b) nachweist, daß er vor dem Inkrafttreten des B.G.B. den Eigenbesitz des Grundstücks auf Grund eines zum Erwerbe des Eigentums nach den Vorschriften des A.L.R. an sich geeigneten, dem Inhalt und der Form nach gültigen Titels erlangt hat und außerdem . . durch Urkunden, Zeugen oder Bescheinigungen öffentlicher (staatlicher s. o.) Behörden glaubhaft macht, daß er das Grundstück vor dem Inkrafttreten des B.G.B. schon zehn Jahre lang besessen hat.

3. wer nach Maßgabe der Art. 21 bis 27 ein Ausschlußurteil erwirkt hat."

Wegen der Klage auf Anerkennung des 44jährigen Eigenbesitzes vgl. Urteil des R.G. v. 14. März 1903 (Entsch. Bd. 54 S. 133).

Der Gemeindekirchenrat hat bei dem Antrag auf grundbuchliche Eintragung bisher nicht eingetragener Grundstücke dem Kgl. Amtsgericht hiernach vorzulegen: 1. die auf die Grundstücke bezüglichen Katastermaterialien, 2. Bescheinigung des Landrats über den vor dem 1. Jan. 1900 vollendeten 44jährigen Besitz der Kirchengemeinde oder — falls das Grundstück auf Grund eines zum Erwerb des Eigentums geeigneten Titels (z. B. auf Grund des ein Separationsverfahren abschließenden

Rezesses) erworben worden ist, — eine desgl. Bescheinigung über den vor dem 1. Jan. 1900 vollendeten 10jährigen Besitz, in letzterem Falle außerdem 3. die urkundlichen Nachweise des Erwerbstitels.

Die grundbuchliche Eintragung der im Eigentum der Kirchengemeinde stehenden Grundstücke bedarf der patronatlichen Zustimmung nicht, da eine solche gesetzlich nicht vorgeschrieben ist und es sich bei der Eintragung nicht um einen Akt der Vermögensverfügung, sondern nur um einen solchen der Vermögenssicherung handelt (Anm. 3 zu § 4).

3. Das Eigent.-Erwerbsges. vom 5. Mai 1872 ist aufgehoben durch Art. 89 Ziff 28 des Preuß. Ausf.Ges. z. B.G.B.; an seine Stelle sind die Vorschriften des letzteren, an die Stelle der durch Art. 33 Ziff. 1 des Preuß. Ausf.Ges. z. Gr.B.O. v. 26. Sept. 1899 aufgehobenen Gr.B.O. v. 5. Mai 1872 die R.Gr.B.O. nebst Preuß. Ausführungs-Gesetz und -Bestimmungen getreten.

4. Nach § 4 Abs. 2 der zur Ausführung der R.Gr.B.O ergangenen allgemeinen Verfügung v. 20. Nov. 1899 (J.M.Bl. S. 349) kann bei Eintragungen für juristische Personen des öffentlichen Rechts auf Antrag des Berechtigten derjenige Teil seines Vermögens, zu welchem das eingetragene Grundstück oder Recht gehört oder die Zweckbestimmung des Grundstücks oder des Rechts durch einen dem Namen des Berechtigten in Klammern beizufügenden Zusatz bezeichnet werden. Zum Beispiel: Abt. 1 Spalte 1 des Grundbuchblattes — Eigentümer: die Kirchengemeinde Schulzendorf (Pfarrgrundstück); oder Eigentümer: Kirchengemeinde Töplitz (Begräbnisplatz für die Evangelischen der Gemeinde Leest).

§. 20. Die Bewirtschaftung der den Kirchen und kirchlichen Instituten gehörigen Holzungen (wegen Pfarrwaldes vgl. §§. 804 ff. A. L.-R. II, 11) hat sich nach den Regeln der Forstordnung zu richten und stets die Nachhaltigkeit der Nutzung ins Auge zu fassen. Sie unterliegt der besonderen Mitaufsicht des Regierungspräsidenten, welcher gesetzlich berufen ist, für jede Forstfläche, soweit nicht wegen geringer Gesamtgröße einfache Standorts- und Betriebsnachweisungen für ausreichend erachtet werden, Betriebspläne festzustellen, die mindestens alle 10 Jahre der Revision unterliegen, Abweichungen davon, welche durch Rodungen, Holzabtrieb, Überschreitung des Abnutzungssatzes erfolgen sollen, zu genehmigen, eventuell die

Vorlage und Befolgung jährlicher Fällungs-, Kultur- und Nebennutzungspläne anzuordnen, auch die Aufrechthaltung eines angemessenen Betriebes nötigenfalls im Zwangswege durchzuführen (Ges. v. 14. August 1876, G.-S. S. 373; Instr. v. 21. Juni 1877, beides abgedruckt K.-G. u. V.-Bl. 1878 S. 78 bis 95).

Der Gemeinde-Kirchenrat hat für den Schutz und die gehörige Bewirtschaftung kirchlicher Holzungen durch dazu befähigte Personen Fürsorge zu treffen, die erforderlichen Betriebspläne unter Zuziehung von Sachverständigen aufzustellen und darauf zu achten, daß dieselben befolgt, namentlich der jährliche Holzeinschlag in den festgestellten Grenzen gehalten, den nachhaltigen Betrieb gefährdende Nebennutzungen verhütet werden, und nach jedem Abtriebe, wie bei unkultiviertem Waldboden rechtzeitig ordnungsmäßige Wiederanpflanzungen (Aufforstungen) stattfinden.

Zu § 20.

1. Nach §§ 804 ff. II 11 A.L.R. unterliegt die Nutzung des Pfarrwaldes durch den Stelleninhaber bezw. durch die nach dem Diensteinkommensges. v. 2. Juli 1898 an seine Stelle getretenen Kirchengemeinde — den Regeln der Forstordnung. Der Stelleninhaber darf Brennholz zu eigenem Vorteil nur verkaufen, sofern ihm die Waldnutzung in bestimmten Schlägen überwiesen ist, Bauholz überhaupt nicht. Letzteres ist in erster Linie für die Baubedürfnisse des Pfarr- (eventl. auch des Küsterei-) Gebäudes aufzusparen; soweit es hierzu nicht gebraucht wird, kann es nach Beschluß der kirchlichen Körperschaften und mit Zustimmung des Patrons verkauft werden. Der Erlös wächst dem Stellenvermögen zu und ist zinstragend anzulegen. Abweichende provinzialrechtliche Bestimmungen sind durch das A.L.R. nicht berührt worden.

2. Gegen die im Interesse der forstwirtschaftlichen Nutzung und Bewirtschaftung erlassenen Verfügungen des Regierungs-Präsidenten findet innerhalb einer Ausschlußfrist von 21 Tagen Beschwerde an den Ober-Präsidenten und gegen dessen Bescheid eventl. Klage beim Ober-Verwaltungsgericht statt (§ 11 Ges. v. 14. Aug. 1876). In den Fällen, in welchen die Kräfte der Gemeinde es nicht gestatten, die im Interesse der Landeskultur vorzunehmenden Aufforstungen aus eigenen Mitteln auszuführen, kann den Gemeinden eine Beihülfe aus der Staatskasse gewährt werden (§ 9 das.). Der Antrag des Gemeindekirchenrats ist durch Vermittlung des Konsistoriums an den Regierungs-Präsidenten zu richten.

3. Nach dem Wildschadenges. v. 11. Juli 1891 (G.S. S. 307) ist der durch Schwarz-, Rot-, Elch- und Dammwild, sowie Rehwild und Fasanen auf und an Grundstücken angerichtete Schaden dem Nutzungsberechtigten zu ersetzen. Der Geschädigte hat seinen Anspruch bei der für das geschädigte Grundstück zuständigen Ortspolizeibehörde (Amtsvorsteher usw.) binnen einer Ausschlußfrist von 3 Tagen, nachdem er von der Beschädigung Kenntnis erhalten hat, schriftlich oder zu Protokoll anzumelden. Über die Einwirkung des B.G.B. vgl. Preuß. V.Bl. 1899 S. 361.

§. 21. Alle der Kirche oder den kirchlichen Instituten gehörigen Gebäude und die darin befindlichen kirchlichen Inventarienstücke sollen bei zuverlässigen Feuer-Versicherungs-Anstalten nach ihrem vollen Werte versichert werden, soweit nicht nach staatlicher Anordnung diejenigen Teile auszuschließen sind, in Ansehung derer zunächst dem Fiskus die Pflicht der Unterhaltung und Wiederherstellung obliegt. Die Kosten der Versicherung fallen den Bauverpflichteten zur Last, sind aber, sofern die Verhältnisse nicht andere Einrichtungen bedingen, im Zweifel zuvörderst aus der Kirchenkasse zu entnehmen (§§. 712, 720, 789 ff. A. L.-R. II, 11; Erl. d. Min. d. g. A. u. d. Innern vom 25. Mai 1826, v. Kamptz Ann. Bd. 10, S. 411 — u. Erl. d. Min. d. g. A. v. 29. Oktober 1864, M.-Bl. f. d. i. V. S. 278).

Zu § 21.

1. Die Verpflichtung zur Feuerversicherung folgt aus § 699 II 11 A.L.R., wonach der Gemeindekirchenrat für die Unterhaltung der Kirchengebäude und Geräte Sorge zu tragen hat, weshalb die Gemeindeorgane nach dem Erl. des Min. d. geistl. Angel. v. 29. Okt. 1864 (M.Bl. f. d. inn. Verw. S. 278) nötigenfalls zur Versicherung gegen Feuersgefahr nach dem wahren Werte der zu versichernden Gegenstände im Aufsichtswege anzuhalten sind. Auch sollen nach der Kab.Ord. v. 23. Jan. 1836 (mitgeteilt durch den Min.Erl. v. 16. Jan. 1844, M.Bl. f. d. inn.

Verw. S. 30) Unterstützungen zum Wiederaufbau abgebrannter, nicht hinlänglich gegen Feuersgefahr versicherter Kirchen- und Schulgebäude nicht mehr beantragt werden. Die Versicherungspflicht umfaßt nicht nur die Kirchen und anderen kirchlichen Gebäude, sondern auch die innere Ausstattung der Kirchen und die in denselben befindlichen Mobilien.

2. Die Verpflichtung zur Entrichtung der Versicherungsbeiträge für die Kirchen und kirchlichen Gebäude nebst Zubehör liegt denen ob, welche die Verpflichtung zur Wiederherstellung der Gebäude nebst Zubehör (§§ 97 ff. B.G.B.) haben und zwar nach Verhältnis ihrer diesfälligen Verpflichtung (vgl. Erl. d. Min. d. geistl. Angel u. d. Inn. v. 25. Mai 1826 in v. Kamptz Annalen Bd. 10 S. 411). Herzuleiten ist diese Verpflichtung aus den §§ 712, 720, 789 II 11 A.L.R., indem die Versicherungskosten zu den Kosten des Baues bezw. der Unterhaltung der Gebäude zu rechnen sind, weil die Beobachtung der im Verkehr erforderlichen Sorgfalt nach der herrschenden Verkehrssitte die Versicherung gegen Feuersgefahr erheischt (§ 276 B.G.B.). Die Mobilien, welche nicht Zubehör sind bezw. nicht unter die Baupflicht fallen, sind auf Kosten der Kirchengemeinden aus Mitteln der Kirchenkasse zu versichern.

Da nach Art. 132 Einf.Ges. z. B.G.B. die landesgesetzlichen Vorschriften über die Kirchenbaulast unberührt bleiben und nach § 710 II 11 A.L.R. bezüglich der Kirchenbaulast zunächst die durch Verträge, rechtskräftige Erkenntnisse, ununterbrochene Gewohnheiten oder besondere Provinzialgesetze bestimmten Regeln maßgebend sind, so kann die Verpflichtung zur Entrichtung der Versicherungsbeiträge in einzelnen Fällen durch Herkommen usw. abweichend von den sonst für die Baulast geltenden Bestimmungen geordnet sein.

3. Nach dem in Anm. 1 erwähnten Min.Erl. v. 29. Okt. 1864 sollen die Bestimmungen des Staatsministerial-Beschlusses v. 19. Nov. 1850 (M.Bl. f. d. inn. Verw. 1851 S. 14) über die Versicherung fiskalischer Gebäude auch auf die Kirchen-, Pfarr- und Schul-Gebäude dahin zur Anwendung gebracht werden, daß die Teile derselben, in Ansehung deren dem Fiskus prinzipaliter die Pflicht der Unterhaltung und der Wiederherstellung obliegt, in der Regel nicht zu versichern sind. Diese dem Fiskus gegenüber nachgelassene Nichtversicherung ist aber auf andere Bauverpflichtete nicht auszudehnen, weil die Unterlassung der Versicherung im allgemeinen eine Haftung wegen Fahrlässigkeit zur Folge hat, von welcher der Gemeindekirchenrat auch durch die Erklärung des Bauverpflichteten, seinerseits auf die Versicherung verzichten zu wollen, nicht befreit wird.

4. Die Benutzung der öffentlichen Provinzial-Feuersozietäten ist nur für den Fall vorgeschrieben, daß ausnahmsweise eine anteilige Versicherung aus fiskalischen Fonds zu bewirken ist (vgl. den in Anm. 1 zitierten Min Erl. v. 29. Okt. 1864 u. die Min.Erl. v. 8. Jan. u. 4. März 1847, M.Bl. f. d. inn. Verw. S. 8 u. 254), im übrigen aber sind die Gemeindekirchenräte, wenngleich ihnen die Versicherung bei den nicht auf Gewinn gerichteten Provinzial- bezw. Land-Feuersozietäten grundsätzlich anzuraten ist, in der Wahl der Feuer-Versicherungs-Gesellschaften nicht beschränkt, wobei indessen selbstverständlich nur Gesellschaften in Betracht zu ziehen sind, deren Zuverlässigkeit, d. h. Sicherheit und Coulance bei Schadensregulierungen bekannt ist und wobei grundsätzlich einer Aktiengesellschaft vor einem privaten Versicherungs-Verein auf Gegenseitigkeit (§§ 15 ff. des Reichsges. über die privaten Versicherungs-Unternehmungen v. 12. Mai 1901, R.G.Bl. S. 139) wegen der bei letzterem möglichen Verpflichtung zur Zahlung von Nachschüssen bezw. Umlagen der Vorzug zu geben ist.

5. Blitzableiter sind da, wo die örtliche Erfahrung sie geboten erscheinen läßt, anzubringen und ständig zu kontrolieren und zwar beides durch gehörig qualifizierte Sachverständige, weil ein mangelhafter Blitzableiter leicht Gefahr bringen kann. Wegen der Blitzableiter auf kirchlichen Gebäuden fiskalischen Patronats vgl. die Min.Erl. v 18. Okt. 1897 und 2. April 1898 (C.Bl. für die U.V. 1898, S. 350).

6. Haftpflicht-Versicherung. Wenn durch den Einsturz eines Gebäudes oder eines anderen mit einem Grundstück verbundenen Werkes oder durch die Ablösung von Teilen des Gebäudes oder des Werkes ein Mensch getödtet, der Körper oder die Gesundheit eines Menschen verletzt oder eine Sache beschädigt wird, so ist der Besitzer des Grundstücks nach § 836 B.G.B. verpflichtet, den Verletzten den daraus entstehenden Schaden zu ersetzen, sofern der Einsturz oder die Ablösung die Folge fehlerhafter Errichtung oder mangelhafter Unterhaltung ist. Allerdings tritt diese Ersatzpflicht nicht ein, wenn der Besitzer zum Zwecke der Abwendung der Gefahr die im Verkehr erforderliche Sorgfalt beobachtet hat, indessen empfiehlt es sich jedenfalls, daß sich die Kirchengemeinden gegen die Haftpflicht wegen der vorbezeichneten, sowie wegen sonstiger Unfälle, welche sich im Bereiche ihrer Grundstücke ereignen und wegen welcher sie aus den oben erwähnten § 836 B.G.B. bezw. aus dem allgemeinen § 823 B.G.B. zur Verantwortung gezogen werden können, bei einer Haftpflicht-Versicherungs-Gesellschaft, bezüglich deren Auswahl das in Anm. 4 gesagte gilt, versichern. Derartige Gesellschaften pflegen zwar,

um das Interesse des Versicherten an der Unfallverhütung wach zu halten, nicht die vollen Schadensbeträge, aber doch einen solchen Prozentsatz zu versichern, daß das verbleibende Risiko nicht allzu schwer zu tragen ist.

§. 22. Der Gemeinde-Kirchenrat hat über alle kirchlichen Gebäude und deren Zubehör (z. B. Kirch-Uhr, Glocken, Orgel 2c.) genaue Aufsicht zu führen und für ihre Erhaltung in gutem Zustande Sorge zu tragen, wobei er zunächst durch den Rendanten (§. 24 Abs. 5 c. K.-G.- u. S.-O.; vgl. u. §. 61) unterstützt wird. Er hat daher zu veranlassen, daß alle kirchlichen Gebäude mindestens einmal jährlich vor Beginn der Bauzeit und möglichst so zeitig, daß die erforderlichen Mittel in dem Etat der Kirchenkasse (§. 66) bereit gestellt werden können, durch Beauftragte aus seiner Mitte sorgfältig nachgesehen, auch alle nötigen Herstellungen gut und baldigst ausgeführt werden. Letzteres gilt auch, soweit zur Unterhaltung der Gebäude nach dem bestehenden Rechte die Stelleninhaber, Mieter oder Dritte verpflichtet sind (vgl. §§. 784 ff. A.L.R. II, 11).

Über die Stellung der kirchlichen Gemeindekörperschaften in Bau-Angelegenheiten im allgemeinen vgl. d. Min.-Erl. v. 6. März 1875 (K. G.- u. V.-Bl. 1876/77 S. 138), und über die Beschaffung der Mittel s. u. §§. 49 ff. u. 67 ff.

Zu § 22.

Die auf Landesgesetz, Provinzialrecht, örtlicher Observanz beruhenden Vorschriften über die kirchliche Baulast sind durch das B.G.B. nicht berührt worden. Hinsichtlich der Pfarrbaulast bestimmt § 11 des Diensteinkommengesetzes v. 2. Juli 1898, daß es bei den bestehenden Vorschriften sein Bewenden behält. Insbesondere sind auch die die Unterhaltungspflicht der Stelleninhaber regelnden §§ 784 ff. II 11 A.L.R. in Kraft geblieben, wonach Pfarrer und Kirchenbeamte die Zäune, Gehege und die Zubehörstücke im Innern (Türen, Fenster usw.) aus eigenen Mitteln zu unterhalten und ebenso kleine Reparaturen an den Gebäuden (bis zum Betrage von 9 Mk.) zu besorgen haben (vgl. Anm. zu § 36).

Eine neue Vorschrift enthält § 12 Abs. 3 Diensteinkommenges.: Überschüsse der Pfarrkasse können mit Genehmigung des Konsistoriums zur Unterhaltung der Dienstwohnung oder zur Mietsentschädigung, besonders zu Reparaturen, deren Kosten der Stelleninhaber zu tragen hat, verwendet werden. Diese Bestimmung ist indessen durch § 15e und f der Ausf.-Anweisung zu dem genannten Gesetz (K.G. u. V.Bl. S. 115, 116) dahin eingeschränkt worden, daß etwaige Überschüsse zunächst zur Bildung eines Reservefonds angesammelt und zur besseren Ausstattung der Pfarrstelle event. auch zur Ausstattung neuer Pfarrstellen verwendet werden müssen. Erst wenn diesen Forderungen Genüge geschehen ist, soll ausnahmsweise die vorgedachte Verwendung eintreten können.

§. 23. Vor Ausführung von Neubauten, wozu hier auch neue Anbaue und wesentliche Veränderungen und Erweiterungen an bestehenden Gebäuden zu rechnen sind, sowie bei allen Bauten und Reparaturen, deren Kostenanschlag 150 M. übersteigt, hat der Gemeinde-Kirchenrat die Mitwirkung der Gemeindevertretung nachzusuchen. Soweit die Umstände es an einzelnen Orten erforderlich machen, kann ausnahmsweise durch Beschluß der Gemeindevertretung der Betrag, bis zu welchem der Gemeinde-Kirchenrat über Reparaturen selbständig Bestimmung zu treffen befugt ist, über 150 M., jedoch nicht über 900 M., erweitert werden (§. 31 Nr. 5 K.-G.- u. S.-O.). Dabei ist die Beteiligung des Patronats (§. 4) zu beachten (§. 700 vgl. 687 A. L.-R. II, 11), auch für rechtzeitige Beschaffung der erforderlichen baupolizeilichen Erlaubnis zu sorgen. Der Genehmigung des Konsistoriums bedarf es:

a) bei Neubauten und beim Abbruch vorhandener Gebäude,
b) bei Reparaturen gottesdienstlicher Gebäude, wenn dadurch die bauliche Grundgestalt oder die künstlerische Ausstattung des Gebäudes geändert wird,
c) bei Reparaturen der für die Geistlichen oder Kirchendiener bestimmten Gebäude, sofern sie nicht im Einverständnis mit dem berechtigten Stelleninhaber erfolgen.

(V.-A.-G. §. 1 Nr. 8; Allerh. Verordn. v. 8. März 1893 Art. II). Außerdem ist bei Errichtung neuer, d. h. bisher noch nicht vorhanden gewesener, für den Gottesdienst, die Geistlichen, oder andere Kirchendiener bestimmter Gebäude durch Vermittelung des Konsistoriums die Genehmigung der zuständigen staatlichen Aufsichtsbehörde — bei neuen Kirchen des Ministers der geistlichen Angelegenheiten mittels Berichts an den Evangelischen Ober-Kirchenrat — einzuholen (Art. 24 Nr. 5 Ges. v. 3. Juni 1876; Allerh. Verordn. v. 9. September 1876).

Zu § 23.

§ 700 II 11 A.L.R.: „Bei vorfallenden Bauten und Reparaturen muß dem Patron jedesmal Anzeige gemacht werden." Sollen die Baukosten aus der Kirchenkasse gedeckt werden, so bedarf die Ausgabe als eine außerordentliche (§ 18) der Genehmigung des Patrons und des Konsistoriums (§ 687 II 11 A.L.R., § 1 Z. 12 V.A.G.).

Sind bei der regelmäßigen jährlichen Besichtigung (§ 22) oder aus anderem Anlaß bauliche Herstellungen als notwendig erkannt worden, so hat sich der Gemeindekirchenrat möglichst unter Zuziehung eines zuverlässigen Handwerkmeisters, über den Umfang und die Ausführung der Arbeiten schlüssig zu machen, auch für die Aufstellung von Kostenanschlägen zu sorgen und soweit notwendig, die beschlußmäßige Äußerung der Gemeindevertretung herbeizuführen. Sind speziell Verpflichtete zu den Baukosten heranzuziehen, so ist diesen von dem Bau vor der Ausführung Mitteilung zu machen und bei etwaigem Widerspruch die resolutorische Entscheidung der Kgl. Regierung (§ 27) herbeizuführen. Die etwa erforderliche baupolizeiliche Genehmigung und die Zustimmung des Provinzial-Konservators sind ebenfalls vor der Ausführung des Baues zu beschaffen (vgl. Anm. zu § 29).

Kosten, welche die Kirchengemeinde selbst aufzubringen hat, sind, soweit irgend möglich, bei der Feststellung des Kirchenkassen-Voranschlags zu berücksichtigen. Aus dem Kirchenvermögen darf keinesfalls mehr verwendet werden, als ohne Nachteil der aus der Kirchenkasse zu bestreitenden jährlichen Ausgaben geschehen kann (§ 713 II, 11 A.L.R. s. o. § 18). Der Erlös aus dem Verkauf nicht wieder verwendbarer Abbruchsmaterialien ist an die Kirchen- usw. Kasse (die Kasse der eigentumsberechtigten Kirchengemeinde) abzuführen. Ist die Kirchenkasse in erster Linie baupflichtig, der Patron nur subsidiär, so wird die Beitragspflicht des letzteren durch die Abführung des Erlöses verhältnismäßig verringert (Min. d. g. A. v. 3. Okt. 1895).

Nach der Ausführung des Baues ist eine genaue Rechnung über die tatsächlich entstandenen Kosten aufzustellen.

2. Bei dem Neubau eines Kirchengebäudes ist zunächst der Bauplatz auszuwählen und sicherzustellen, desgleichen die Zahl der Sitzplätze, welche das Kirchengebäude enthalten soll, zu ermitteln. Eine bestimmte Verhältnisziffer für Seelenzahl und Zahl der Sitzplätze besteht nicht, vielmehr ist in jedem einzelnen Fall das tatsächliche Bedürfnis maßgebend. Für dessen Ermittlung sind von Bedeutung: die Zahl der konfirmierten Gemeindeglieder, die Zahl der Schulkinder, die Zahl der Kirchgänger an Sonn- und an Festtagen, Entfernungen der eingekirchten Orte, Umstände, aus denen ein erhebliches Wachstum der Seelenzahl zu folgern ist u. dgl. Im allgemeinen wird in kleineren ländlichen Gemeinden die Sitzzahl, welche einem Drittel der Seelenzahl entspricht, als ausreichend anzusehen sein.

Bloße Ersatzbauten, welche an die Stelle bereits vorhandener gottesdienstlicher Gebäude treten, bedürfen der staatsaufsichtlichen Genehmigung nicht (Min.Erl. v. 14. Juli 1876 G. II 1219), wobei es unerheblich ist, ob der Ersatzneubau in den Dimensionen der alten Kirche und auf dem alten Grundstück, auf welchem das alte Gebäude gestanden hat, aufgeführt wird (Min.Erl. v. 16. Nov. 1894 G. II 288). Wegen Kirchhofskapellen, wenn dieselben auch zu öffentlichen Gottesdiensten benutzt werden, vgl. Min.Erl. v. 16. Nov. 1899 G I 6104.

3. Über die Größe der Pfarrhäuser bestehen keine allgemeinen Vorschriften. Sollte darüber, insbesondere über die Zahl der Wohnräume kein Einverständnis mit den Bauverpflichteten erzielt werden können, so empfiehlt es sich, den zuständigen Kreisbaubeamten wegen der Aufstellung des Planes anzugehen, oder den vom G.K.R. sonst veranlaßten Bauentwurf vor der Ausführung durch das Konsistorium der Kgl. Regierung vorzulegen, welche eintretenden Falles über die Ausführung resolutorisch zu entscheiden hat. Im allgemeinen wird die Pfarrwohnung sechs bis acht heizbare Wohnräume (ev. Konfirmandensaal) und Nebengelaß (Keller, Waschküche, Stallung, Scheune) zu umfassen haben.

§. 24. Bei allen Bauten und Reparaturen, welche Kirchen und kirchliche Gebäude Königlichen Patronats betreffen, oder bei welchen der Staat aus einem anderen Grunde zunächst oder aushülfsweise die Kosten zu tragen verpflichtet, oder im Wege der Gnadenunterstützung zu übernehmen bereit ist, werden die auf die Ausführung bezüglichen Geschäfte, unbeschadet der ordnungsmäßigen Mitwirkung der Gemeindekörperschaften und der kirchlichen Aufsichtsbehörden, durch die Bezirksregierung geleitet. Insbesondere werden auch die dazu erforderlichen Kosten-Überschläge und -Anschläge, Zeichnungen, Revisionsverhandlungen, Abnahmebescheinungen u. dgl. von den Königlichen Baubeamten unentgeltlich angefertigt, soweit dies bei staatlichen Bauten geschieht (Min.-Erl. v. 20. Januar 1881 und 3. März 1883, K. G.- u. V.-Bl. 1881 S. 7 u. 1883 S. 41; vgl. Erl. d. Min. d. öffentl. Arb. v. 20. Juni 1880 — M.-Bl. f. d. i. V. S. 177). Den beteiligten Behörden ist, was auch die kirchlichen Organe bei ihrer Geschäftsführung zu beachten haben, aufgegeben, die Vorarbeiten in gewissen Fällen zur Prüfung bei der Ministerialinstanz vorzulegen. Es betrifft dies bei allen Bauten, zu denen der Staat mehr als 30000 Mark an Geld oder Wert beizutragen hat, die Projekte und Anschläge, ferner aber bei Bauten und Reparaturen von Kirchen und kirchlichen Kunstdenkmälern, sowie bei technisch besonders schwierigen Bau-Unternehmungen, die Projekte, wenn der fiskalische Kostenbeitrag über 5000 Mark beträgt, und die Anschläge, wenn dieser Beitrag 10000 Mark übersteigt (Allerh. Erl. v. 31. Mai 1880 — K. G.- u. V.-Bl. S. 129). Über das Verfahren bei Vorbereitung, Ausführung und Verrechnung der aus Staatsmitteln ganz oder teilweise zu errichtenden Hochbauten vgl. Erl. d. Min. f. öffentl. Arb. v. 4. August 1885 (M.-Bl. f. d. i. V. S. 261 u. K. G.- u. V.-B. 1886 S. 4 ff.). Im einzelnen sind zu vergleichen die Bestimmungen der „Dienstanweisung für die Königlichen Bauinspektoren der Hochbauverwaltung" von 1888 — M.-Bl. f. d. i. V. S. 186 — teilweise abgedruckt K. G.- u. V.-Bl. 1889 S. 1 ff.

In allen sonstigen Fällen haben die baupflichtigen Gemeinden die auf ihre Bauten bezüglichen Entwürfe und Anschläge, wie die Leitung der Ausführung und die Abnahmearbeiten durch geeignete Sachverständige auf eigene Kosten zu beschaffen, sofern die Bauten nicht von speziell dazu Verpflichteten auszuführen und diese dazu bereit sind (§. 49 Abs. 1). Es empfiehlt sich, jene Vorarbeiten bei größeren Bauten stets durch Königliche Baubeamte anfertigen zu lassen. Das Konsistorium hat anderenfalls zu ermessen, inwieweit es vor Erteilung seiner Genehmigung noch des Gutachtens eines solchen Beamten bedarf.

Zu § 24.

1. Bei kirchlichen Bauten, die in Kirchengemeinden Kgl. Patronates ausgeführt werden, gleichviel, ob das Patronat in erster Linie oder nur subsidiär bauverpflichtet ist, oder deren Kosten aus anderer Veranlassung (Gnadengeschenk) ganz oder zum Teil aus Staatsmitteln gedeckt werden, sind die staatlichen Baubeamten mitzuwirken berechtigt und verpflichtet. Wo die Baukosten völlig aus Staatsmitteln bestritten werden, ist der Staat der eigentliche Bauherr und die Beteiligung der Kirchengemeinde beschränkt sich auf das Maß, welches zur Wahrung des ihr an dem Gebäude zustehenden Nutzungsrechtes beansprucht werden kann (Min.Erl. v. 20. Jan. 1881, K.G. u. V.Bl. S. 7). In allen übrigen Fällen ist auch bei diesen Bauten die Kirchengemeinde, bezw. der sie vertretende Gemeindekirchenrat, der Bauherr und der staatliche Baubeamte darf ohne beschlußmäßige Ermächtigung bezw. Zustimmung der kirchlichen Körperschaften keine Verträge für die Kirchengemeinde abschließen, durch welche sie Dritten gegenüber verpflichtet werden soll, s. Anm. 2 zu § 26. Bleibt der aus Staatsmitteln gewährte Beitrag unter 500 M., so wird die Leitung der Ausführung in der Regel dem Gemeindekirchenrat allein überlassen.

Bei Bauten dieser Art ergibt sich hiernach regelmäßig folgender Geschäftsgang: Der Gemeindekirchenrat berichtet über den baulichen Zustand des Gebäudes (durch Vermittlung des Konsistoriums) an die Regierung und bittet um Besichtigung durch einen Bausachverständigen. Bauplan und Kostenanschlag wird durch die Regierung unentgeltlich ausgearbeitet. Sobald der Entwurf und der Kostenanschlag, event. nach Genehmigung durch die Ministerialinstanz, den kirchlichen Körperschaften vorgelegt sind, haben diese über die Ausführung des Baues und über die Deckung der auf die Kirchengemeinde entfallenden Kosten (unter Heranziehung etwaiger speziell Verpflichteter) Beschluß zu fassen.

2. Soll für den Bau ein Allerhöchstes Gnadengeschenk erbeten werden, so ist der Antrag durch das Konsistorium an den Regierungs-Präsidenten zu richten. Dem Antrag ist eine Bauskizze und ein Kostenanschlag, in welchem Hand- und Spanndienste und deren Wert besonders zu berechnen sind, sowie eine Nachweisung des Landratsamtes über die steuerliche Belastung und die Leistungsunfähigkeit der Gemeinde beizufügen. Die bewilligte Beihilfe ist lediglich zur Bestreitung der Differenz zwischen Baukostenbedarf und den zur Deckung anderweit verfügbaren Mitteln bestimmt. Ist der Bedarf geringer, als nach dem Anschlag angenommen wurde, so darf die Beihilfe nicht ohne weiteres verwendet, sondern es muß von neuem berichtet werden.

Für Kosten der Bauleitung sind bei fiskalischen Patronatsbauten 6 v. H. des Gemeindeanteils, bei Gnadengeschenken 6 v. H. der Baukostensumme in Ansatz zu bringen.

3. Die Mitwirkung der Staatsbaubeamten bei Bauten, bei denen ein staatlicher Patronatsbeitrag oder eine sonstige Beihilfe aus staatlichen Mitteln nicht in Frage kommt, kann durch Vermittelung des Konsistoriums auch in folgenden Fällen eintreten: 1. Es kann den Regierungs-Präsidenten um Benennung geeigneter Bauhandwerker bitten. Wird die Ausarbeitung des Entwurfes und die Leitung der Bauausführung mit Genehmigung des Regierungs-Präsidenten dem Kreisbaubeamten übertragen, so sind die Vergütungen, welche von dem Baubeamten liquidiert und von dem Regierungs-Präsidenten festgesetzt werden, an die Staatskasse zu entrichten; aus dieser wird der Staatsbaubeamte für seine Mühewaltung entschädigt. 2. Sind Entwurf und Kostenanschlag von einem Privatbaumeister aufgestellt, so kann das Konsistorium den Regierungs-Präsidenten ersuchen, den Plan durch einen staatlichen Baubeamten prüfen zu lassen, namentlich daraufhin, ob der geplante Bau nach Konstruktion, äußerer und innerer Gestaltung, dem Zweck entspricht, dem er zu dienen bestimmt ist, und ob die veranschlagten Preise angemessen sind. 3. Eine solche Prüfung wird regelmäßig einzutreten haben, wenn die Kosten des Baues auf mehr als 5000 M. veranschlagt sind, oder wenn es sich um Bauten handelt, welche die Konstruktion des Gebäudes berühren. 4. Auf Ersuchen des Konsistoriums kann der Regierungs-Präsident die Staatsbaubeamten in den Fällen zu 3 beauftragen, die ordnungsmäßige Leitung solcher Bauten bei Dienstreisen gelegentlich zu kontrollieren und ein Gut-

achten über den Ausfall der Bauausführung und der Angemessenheit der aufgewendeten Kosten zu erstatten. (Erl. d. Min. d. öffentl. Arb. u. d. geistl. A. v. 11. Juli 1896, K.G. u. V.Bl. S. 13.)

§. 25. Bei den Vorarbeiten für Kirchenbauten ist das durch Ministerial-Erlaß vom 10. Juni 1862 mitgeteilte Regulativ (Aktenst. d. Ev. O.-K.-R. Bd. V S. 267), hinsichtlich der Orgeln die Instruktion vom 3. Oktober 1876 und der Ministerial-Erlaß vom 2. November 1885 (K. G.- u. V.-Bl. 1877 S. 156 u. 1885 S. 184) zu beachten.

Zu § 25.

Allgemeine Grundsätze für Kirchenbauten sind zusammengestellt in den Beschlüssen der Eisenacher Konferenz von 1896 (Allg. Kirchen-Bl. S. 613 ff. und 658) und von 1898 (Allg. Kirchen-Bl. S. 614, K.G.Bl. 1899 S. 14).

Zu den Orgelbaukosten leistet das fiskalische Patronat nur dann einen Patronatsbeitrag, wenn die Orgel von alters her als Zubehör des Kirchengebäudes in derselben Weise wie dieses unterhalten worden ist. Eine Anerkennung der Zubehöreigenschaft durch das Patronat wird seitens des Reichsgerichtes (Entscheidung in Sachen der Kirchengemeinde Ragoesen gegen die Regierung in Potsdam v. 2. Juni 1902) schon darin gesehen, daß die Orgel mit Zustimmung des Patronats aus Mitteln der Kirchenkasse angeschafft und unterhalten worden ist. Betragen die veranschlagten Kosten des Orgelbaues mehr als 1500 M., so ist bei Kirchen Königl. Patronates der Entwurf und Kostenanschlag dem Minister zur Genehmigung vorzulegen.

Wird in einer solchen Kirche, in der bisher keine Orgel vorhanden war, eine Orgel erbaut, so wird von der Regierung als Patronatsbehörde eine beschlußmäßige Erklärung der kirchlichen Körperschaften dahin verlangt, daß der Patronatsbaufonds zu den Anschaffungs- und künftigen Unterhaltungskosten nicht beizutragen habe (Reskript v. 24. Nov. 1841, M.Bl. f. d. inn. V. S. 323, Min.Erl. v. 10. Sept. 1891, Centr.Bl. S. 574).

§. 26. Darüber, ob ein Bau im ganzen oder nach den einzelnen Arbeiten zu verdingen oder auf Rechnung auszuführen ist und ob in jenem Falle eine öffentliche oder engere Ausschreibung mit Zulassung mündlichen oder schriftlichen

Mindergebots oder eine freihändige Vergebung an einen oder mehrere Unternehmer stattfinden soll, hat der Gemeinde-Kirchenrat in jedem Falle unter sorgfältiger Erwägung des kirchlichen Interesses und tunlichst im Einverständnis mit den Bauverpflichteten zu befinden. Bei Ausschreiben von Minder- oder Mehrgeboten (vgl. auch §§. 28 Abs. 2 u. 45) ist in den Bedingungen der Regel nach die Auswahl unter mehreren Bietern vorzubehalten.

Bei Bauten Königlichen Patronats und solchen, wozu der Staat Beiträge zu leisten hat, sind die desfallsigen besonderen Vorschriften zu befolgen (vgl. Erlaß des Min. d. öffentlichen Arbeiten, betr. die anderweite Regelung des Verdingungswesens, vom 17. Juli 1885 — M.-Bl. f. d. i. V. S. 144 ff. — u. Erlaß d. Min. d. geistl. Angelegenh. vom 31. Oktober 1885 — K. G.- u. V.-Bl. 1886 S. 3). Der Inhalt der letzteren wird auch in sonstigen Fällen zur Anleitung dienen.

Zu § 26.

1. Bei dem Ausschreiben von Bauten hat sich der Gemeindekirchenrat nicht nur die Auswahl unter mehreren Bietern, sondern auch die freihändige Vergebung an einen Unternehmer, der sich bei dem Bieten nicht beteiligt hat, vorzubehalten.

2. Die maßgebenden Vorschriften sind jetzt in der Dienstanweisung der Lokalbaubeamten der Staatshochbauverwaltung v. 1. Dez. 1898, sowie in den „Allgemeinen Vertragsbedingungen für die Ausführung von Staatsbauten (Centr.Bl. f. d. g. U.V. 1900 S. 656) und in den „Allgemeinen Vertragsbedingungen für die Ausführung von Leistungen und Lieferungen" (ebenda S. 671, abgeändert durch die Erlasse des Min. d. öffentl. Arbeiten v. 15. Sept. 1903 und d. Min. d. geistl. Angel. v. 5. Okt. 1903 a. a. O. 1903 S. 520) enthalten (vgl. Erlasse d. Min. d. öffentl. Arbeiten v. 17. Jan. 1900 und d. Min. d. geistl. Angel. v. 6. Juni 1900 a. a. O. 1900 S. 653 u. 654).

§. 27. Über die Notwendigkeit und Art des Baues, sowie über die Aufbringung (Verteilung) der erforderlichen Kosten haben zunächst die Gemeindekörperschaften zu beschließen.

Wenn ein Patron oder sonst speziell Verpflichteter dazu beizutragen hat, ist dessen Erklärung zu erwirken und dabei eine gütliche Verständigung zu erstreben. Kann dieselbe nicht erzielt werden, so hat der Gemeinde-Kirchenrat durch Vermittelung des Konsistoriums zeitig und ehe der Bau begonnen, bezw. eine Zahlung geleistet wird, bei der Regierung die Regulierung des Interimistikums zu beantragen. Bauanschläge und Erklärungen der Gemeindevertretung, wie sonst Beteiligter sind dabei mit vorzulegen.

Die seitens der Regierung aus diesem Anlaß oder auf Antrag des Konsistoriums über etwaige sonst unter den Beteiligten streitige Punkte ergehende vorläufige Entscheidung, gegen welche, soweit es sich um Notwendigkeit und Art des Baues handelt, der Rekurs an den Minister offensteht, ist im Verwaltungszwangsverfahren vollstreckbar. Die wegen Aufbringung und Verteilung der Kosten zulässige Beschreitung des Rechtsweges hemmt die Vollstreckung nicht (§. 709 A. L.-R. II, 11; §. 3 Nr. 1 Verordn. vom 27. Juni 1845, G.-S. S. 440; Art. 23 Nr. 2 Ges. v. 3. Juni 1876; Art. III Allerh. Verordn. v. 5. September 1877, G.-S. S. 215; vgl. Erl. d. Min. d. g. A. v. 13. Januar 1874, M.-Bl. f. d. i. V. S. 97).

Über die Anordnung von Bauten bei öffentlichen Schulen, wie über die öffentlich rechtliche Verpflichtung zur Aufbringung der Baukosten und deren Verteilung beschließt auch dann, wenn die Schule mit der Küsterei verbunden ist, die Schulaufsichtsbehörde. Gegen deren Festsetzung, wie bei Streitigkeiten unter den Beteiligten über die betreffenden Verbindlichkeiten findet das Verwaltungsstreitverfahren statt (§§. 47, 49 des Zuständigkeits-Ges. v. 1. August 1883, G.-S. S. 237). Der Gemeinde-Kirchenrat hat dabei die kirchlichen Interessen wahrzunehmen und dieserhalb geeignetenfalls die Hilfe des Konsistoriums anzurufen.

Zu § 27.

1. Über die Notwendigkeit des Baues von Kirchengebäuden, Pfarrhäusern und nicht mit Schulhäusern vereinigten Küsterhäusern, über die Art der Bauausführung und die Aufbringung der Kosten und ihre Verteilung unter die Interessenten haben nach §§ 699 u. 790 Teil II Tit. 11 A.L.R. in Verbindung mit § 37 Teil II Tit. 12 A.L.R. und mit § 31 Nr. 5 K.G. u. S.O. zunächst die kirchlichen Gemeindekörperschaften zu beschließen, indessen kann, wenn dieselben einen solchen Baubeschluß verweigern, gemäß § 47 K.G. u. S.O. und §§ 707 ff. Teil II Tit. 11 A.L.R. ein Bau-Resolut auch gegen den Willen der kirchlichen Gemeindekörperschaften erlassen werden. Es bestimmen nämlich die nach Art. 132 Einf.Ges. z. B.G.B. unberührt gebliebenen:

§ 707 Teil II Titel 11 A.L.R. Die geistigen Oberen müssen die Notwendigkeit des Baues prüfen und die Art desselben bestimmen.

§ 708 a. a. O. In allen Fällen, wo über die Notwendigkeit oder Art des Baues oder der Reparatur oder wegen des dazu zu leistenden Beitrages unter den Interessenten Streit entsteht, müssen die geistlichen Oberen die Sache gütlich zu regulieren, sich angelegen sein lassen.

§ 709 a. a. O. Findet die Güte nicht statt, so müssen sie die rechtliche Entscheidung des Streites an die weltliche Obrigkeit verweisen, zugleich aber festsetzen, wie es inzwischen mit dem Bau oder der Reparatur gehalten werden solle.

An die Stelle der geistlichen Oberen sind nach § 9 der Dienst-Instruktion für die Provinzialkonsistorien v. 23. Okt. 1817 (G.S. S. 237) und § 18 der Instruktion zur Geschäftsführung der Regierungen v. 23. Okt. 1817 (G.S. S. 248), sowie nach § 3 Ziff. 1 der Verordnung betreffend die Ressortverhältnisse usw. v. 27. Juni 1845 (G.S. S. 440) und Art. 23 Nr. 2 Ges. v. 3. Juni 1876 (G.S. S. 125) die Königlichen Regierungen (Abt. f. Kirchen- und Schulwesen) und in Berlin nach Art. IV der Allerh. Verordn. v. 9. Sept. 1876 (G.S. S. 395) bezw. Art. III der Allerh. Verordn. v. 5. Sept. 1877 (G.S. S. 215) der Polizei-Präsident getreten, während die Entscheidung in der Rekursinstanz dem Minister der geistlichen usw. Angelegenheiten zusteht.

2. Die Entscheidungen der Kgl. Regierungen sind nach gehöriger Prüfung der Sach- und Rechtsverhältnisse und nach fehlgeschlagenem Versuche der gütlichen Einigung — welcher Versuch jedoch nicht Bedingung der Zulässigkeit des Rechtsweges ist (Urteil d. R.G. v. 22. Dez. 1887 bei Bolze, Bd. 5 S. 309 Nr. 950) — in Form bestimmter Resolute zu erlassen, welche klare und vollständige, mit Entscheidungsgründen ver-

sehene Bestimmungen über die Notwendigkeit, den Umfang und die Art des Baues und über die zu leistenden Beiträge enthalten müssen. Vgl. Erl. d. Min. d. geistl. Ang. v. 23. Aug. 1828 in von Kamptz Annalen Bd. 12 S. 683 und Erl. d. Min. d öffentl. Arb. u. d. geistl. Ang. v. 3. März 1883, K.G. u. V.Bl. S. 41.

3. Nach dem Erl. des Min. der geistl. Ang. v. 13. Jan. 1874 (M.Bl. f. d. i. V. S. 97) ist gegen die Bauresolute der Kgl. Regierungen, soweit sie die Notwendigkeit des Baues und die Art seiner Ausführung betreffen, der Rekurs an den Min. d. geistl. Ang. zulässig, für dessen Anbringung und Rechtfertigung eine präklusivische Frist zu bewilligen ist, welche in der Regel auf 21 Tage nach Publikation des Resoluts zu bemessen ist, aus besonderen Gründen aber um 14 Tage verlängert oder bis auf 10 Tage abgekürzt werden darf. Dagegen findet, soweit die Resolute die Aufbringung der Kosten oder ihre Verteilung unter die Interessenten zum Gegenstand haben, nur der Rechtsweg, also nicht auch der Rekurs an den Minister statt. Der Rechtsweg (Entscheidung durch die „weltliche Obrigkeit") geht an die ordentlichen Gerichte (§ 12 Gerichtsverf.Ges.) und nicht an die Verwaltungs-Gerichte (§ 54 Abs. 2 Ges. über d. allg. Landesverwaltung v. 30. Juli 1882, G.S. S. 195). Derselbe ist niemals gegen die Kgl. Regierungen selbst als Resolut-Behörde, sondern immer nur gegen einen Beteiligten zulässig (Entsch. d. Kompetenzgerichtshofes v. 23. Dez. 1847 und 2. Febr. 1848, J.M.Bl. 1848 S. 183 u. 169).

4. Die Frage, ob die Entscheidung der Kgl. Regierung auch über die Notwendigkeit oder die Art des Baues bei einem Streite unter den Interessenten des Baufalles im ordentlichen Rechtswege angefochten werden kann, ist seitens des Kompetenzgerichtshofes in bejahendem Sinne, seitens der ordentlichen Gerichte und zwar sowohl vom vormaligen Obertribunal, als auch vom Reichsgericht in verneinendem Sinne entschieden. Die erstere Ansicht, welche den Wortlaut des § 709 Teil II Tit. 11 A.L.R. für sich hat, ist gleichwohl zu verwerfen, da die Kgl. Regierung bei Anordnung eines Kirchenbaues als Staatsaufsichtsbehörde handelt und die ihrer Entscheidung über die Notwendigkeit und Art des Baues zugrunde liegenden Erwägungen sich ihrer Natur nach der Nachprüfung des ordentlichen Richters entziehen, weil dessen Entscheidung trotz Zulassung der freien richterlichen Überzeugung doch von dem Parteivorbringen (§§ 286 u. 314 C.P.O.) und in vielen Fällen sogar von Tatsachen abhängig ist, welche er als formelle Wahrheiten gelten lassen muß (§§ 261 ff., 138, 331, 351, 427 C.P.O.). Dazu kommt, daß niemand zur Bezahlung eines auf Grund des in seiner Vollstreckbarkeit durch den ordentlichen Prozeß nicht gehemmten Bauresolutes fertig gestellten Baues, dessen Notwendigkeit hinterher von den ordentlichen Gerichten verneint würde, endgültig für verpflichtet erklärt werden könnte, eine Konsequenz, welche der Gesetzgeber mit dem § 709 a. a. O. unmöglich bezweckt haben kann. Daher ist mit Stölzel (Rechtsweg und Kompetenzkonflikt in Preußen, Berlin 1901 S. 153, woselbst die umfangreiche Judikatur angeführt ist) anzunehmen, daß die Entscheidung der Kgl. Regierung bezw. die Rekursentscheidung des Min. d. geistl. Ang. über die Notwendigkeit und die Art des Baues eine endgültige und nur die Verteilung der Kosten unter die Interessenten eine interimistische, im Wege der Klage vor dem ordentlichen Gericht anfechtbare ist, welche Ansicht als die zur Zeit herrschende bezeichnet werden kann.

5. Die Zulässigkeit des ordentlichen Rechtsweges über die Verpflichtung zur Tragung der Baukosten machen das vormalige Kgl. Obertribunal und das Reichsgericht im ausgesprochenen Gegensatz zum Kompetenzgerichtshof von der vorgängigen Entscheidung der Kgl. Regierung über die Notwendigkeit und Art des Baues abhängig, indem sie den Nachweis dieser Tatsachen durch Berufung auf das Gutachten der Staatsbehörde bezw. auf Zeugen und Sachverständige mit Rücksicht auf § 707 II 11 A.L.R. für unzulässig erachten und zwar auch dann, wenn der Bau bereits fertig gestellt ist, in welchem Falle allerdings eine bloße Anerkennung der Notwendigkeit der Bauausführung in der geschehenen Art seitens der Kgl. Regierung durch ausdrückliche Erklärung, ja unter Umständen durch eine von ihr nur tatsächlich, also stillschweigend zum Ausdruck gebrachte Genehmigung genügt. (Vgl. die bei Stölzel a. a. O. S. 153 u. 154 zitierten Entscheidungen, sowie das Urteil d. R.G. v. 16. Jan. 1902, Entsch. Bd. 50 S. 310.) Dieser Ansicht ist beizutreten, weil das in Anm. 4 Gesagte auch hier gegen die Prüfung der Notwendigkeit und Art der Bauausführung durch die ordentlichen Gerichte spricht und weil sich die Staatsaufsichtsbehörde ihrer dem Aufsichtsrechte entsprechenden Aufsichtspflicht in keinem Falle entziehen kann. Übrigens finden diese Grundsätze nicht bloß bei der Leistungsklage, sondern auch bei derjenigen Klage Anwendung, durch welche die Person des im konkreten Falle zu Baubeiträgen Verpflichteten festgestellt werden soll, weil diese erst dann in Betracht kommt, wenn die Notwendigkeit des Baues und die Art desselben feststeht. (Urteil d. R.G. v. 7. Dez. 1886, Preuß. Verw.Bl. 1897 S. 310 und Gruchots Beiträge z. Erläut. d. deutschen Rechts, Bd. 41 1897 S. 404.) Gleichwohl sind Fälle denkbar, in welchen — ohne daß ein konkreter Bau in Frage kommt — eine Klage auf Feststellung der

Beitragspflicht auf Grund des § 256 C.P.O. zuzulassen ist. Eine solche Klage würde selbstverständlich von der vorherigen Feststellung der Notwendigkeit eines Baues nicht abhängig sein.

6. Für die Beschreitung des ordentlichen Rechtsweges gegen die Entscheidung der Kgl. Regierung über die Kostenbeitragspflicht ist eine besondere Frist nicht vorgeschrieben, so daß dieselbe während der regelmäßigen Verjährungsfrist von 30 Jahren (§ 195 B.G.B.) seit Bezahlung der Baukosten zulässig ist, mag die letztere infolge der Zwangsetatisierung bezw. der Beitreibung im Verwaltungszwangsverfahren oder infolge der Androhung dieser Zwangsmittel oder auch ohne Zwangsmittel lediglich auf Grund des ergangenen Resolutes erfolgt sein, wobei sich in den beiden letztgenannten Fällen mit Rücksicht auf §§ 812, 814 B.G.B. eine Zahlung unter dem ausdrücklichen Vorbehalt der Rückforderung empfiehlt. Die analoge Anwendung des § 717 Abs. 2 C.P.O. erscheint mit Rücksicht auf § 709 II 11 A.L.R. ausgeschlossen und der Zahlungsempfänger, wenn ihn nicht ein besonderes, vertretbares Verschulden trifft, im Falle des Unterliegens im ordentlichen Rechtsstreit nur zur Zurückzahlung des empfangenen Betrages nebst 4 v. H. Zinsen vom Tage der Rechtshängigkeit des Anspruches vor dem ordentlichen Gerichte (§§ 246, 291 B.G.B.) verpflichtet.

7. Die Beschreitung des Rechtsweges hemmt die Vollstreckung des Bauresolutes nicht. Gegen die Durchführung desselben können die ordentlichen Gerichte nicht angerufen werden, insbesondere sind letztere nicht befugt, die einstweilige Einstellung der Verwaltungszwangsvollstreckung bezw. der Zwangsetatisierung aus dem Resolut anzuordnen, vielmehr geht die Ausführung der von der Verwaltungsbehörde im öffentlichen Interesse für nötig erachteten und im Interimistikum getroffenen Anordnungen trotz des vor den ordentlichen Gerichten geführten Rechtsstreits so lange fort, bis eine gegenteilige gerichtliche Entscheidung die Rechtskraft erlangt hat. Bis dies geschehen ist, ist das Interimistikum für alle Beteiligten, auch für die Verwaltungsbehörden und Gerichte formell maßgebend und insbesondere die Grundlage für eine erforderliche Zwangsetatisierung (Urteil d. O.V.G. v. 18. Nov. 1893, Ensch. Bd. 25 S. 170). Das Interimistikum selbst geht jedoch nicht in Rechtskraft über, weil es kein Akt der Rechtsprechung, sondern der Verwaltung ist, weshalb dasselbe, selbst wenn es seitens der Beteiligten nicht mehr anfechtbar ist, sowohl von der resolvierenden Behörde, als auch seitens des Ministers d. geistl. Ang. aufgehoben, abgeändert und ergänzt werden kann, solange nicht eine gegenteilige rechtskräftige Entscheidung des

ordentlichen Gerichts vorliegt (vgl. Urteile d. O.V.G. v. 8. Dez. 1888, 17. Sept. 1890 und 10. Mai 1893, Entsch. Bd. 17 S. 278, Bd. 21 S. 186 u. Bd. 25 S. 186). Übrigens ist das Interimistikum durch das ordentliche Gericht niemals förmlich aufzuheben, vielmehr verliert es von selbst seine Wirksamkeit, sobald eine gegenteilige gerichtliche Entscheidung rechtskräftig wird.

Ist eine Klage mit einem Antrage ungefähr folgenden Inhalts: „Die Beklagte zu verurteilen, anzuerkennen, daß die Klägerin zu dem projektierten Neubau der Kirche . . . einen Beitrag überhaupt nicht, und insbesondere nicht den durch das Resolut vom . . . festgesetzten Beitrag von . . Mark zu leisten verpflichtet ist", wegen sachlicher Unbegründetheit rechtskräftig abgewiesen, so enthält die Abweisung der negativen Feststellungsklage zugleich die Feststellung des Bestehens des Rechtsverhältnisses (vgl. Urteil d. R.G. v. 4. Jan. 1892, Entsch. Bd. 29 S. 345), d. h. der Verpflichtung der Klägerin, zu den Kosten des projektierten Baues Beiträge überhaupt und insbesondere den durch das Resolut festgesetzten Beitrag zu leisten, so daß sich eine diesbezügliche Widerklage erübrigt. Auch kann in einem solchen Falle die Kgl. Regierung den Kostenbeitrag durch Nachtragsresolut; zwar noch erhöhen, aber nicht mehr herabsetzen. Gleichwohl empfiehlt sich bei Streitigkeiten mit Privatpersonen, insbesondere also mit Privatpatronen (für den Fall, daß die Verwaltungsbehörde ihrerseits die Vollstreckung des Resoluts bis zur rechtskräftigen Entscheidung des ordentlichen Gerichts ausgesetzt haben sollte, die Widerklage auf Zahlung des durch das Resolut festgesetzten Betrages, weil nach Erlaß eines nach dem Antrage der Widerklage verurteilenden Erkenntnisses aus demselben nach den Regeln der C.P.O. vollstreckt werden kann, während aus dem Resolut nur das Verwaltungszwangsverfahren möglich ist.

8. Die Verpflichtung zur Tragung der Kosten der Kirchen-, Pfarr- und reinen Küstereibauten schließt weder die Verpflichtung, einen Bauplatz herzugeben oder zu beschaffen, oder die zur Beschaffung desselben notwendigen Beiträge zu leisten, noch die Verpflichtung zur mietsweisen Beschaffung der erforderlichen Räume in sich (Urteile des Obertribunals v. 28. Juni 1878, Entsch. Bd. 82 S. 115, des R.G. v. 12. April 1883, Entsch. Bd. 9 S. 254, v. 28. Juni 1878 und 9. Juli 1885, K.G. u. V.Bl. 1879 S. 18 und 1886 S. 15, sowie v. 7. Dez. 1896, Preuß. Verw.Bl. Bd. 18 S. 309 und Gruchots Beiträge, Bd. 41 1897 S. 404), während die Schulbaupflicht auch die Verpflichtung zur Hergabe oder Beschaffung der Baustelle und zur mietsweisen Beschaffung der erforderlichen Räume

umfaßt. (Urteile des O.V.G. v. 30. Dez. 1894, Preuß. Verw.Bl. Bd. 16 S. 229 und v. 22. März 1895, Entsch. Bd. 28 S. 157.)

9. Zu beachten ist, daß die Verordnung betr. die Kompetenzkonflikte zwischen den Gerichten und den Verwaltungsbehörden v. 1. Aug. 1879 (G.S. S. 573) durch das Ges. v. 22. Mai 1902 (G.S. S. 145) abgeändert und dadurch die durch Plenarbeschluß d. R.G. v. 22. Mai 1901 (Entsch. Bd. 48 S. 195) ausgesprochene Ansicht, daß durch die Einlegung der Revision beim Reichsgericht die Sache für die Dauer des weiteren Verfahrens in der Revisionsinstanz aufhört, Landesjustizsache zu sein, sanktioniert ist.

Die Konsistorien und der Evangelische Oberkirchenrat sind zur Erhebung des Kompetenzkonfliktes nicht befugt, weil ihnen die Eigenschaft von Staatsbehörden mangelt (vgl. Stölzel a. a. O. S. 365), jedoch wird die mangelnde Befugnis durch Aufrechterhaltung des von ihnen gleichwohl erhobenen Kompetenzkonfliktes seitens des Ministers der geistl. Ang. geheilt (cf. Droop, Der Rechtsweg in Preußen, Berlin 1899 S. 118).

10. Über den Bau und die Unterhaltung derjenigen Schulhäuser, welche zugleich Küsterwohnungen sind, bestimmen (cf. Art. 132 Einf.Ges. z. B.G.B.) § 37 Teil II Tit. 12 A.L.R., die Verordn. v. 2. Mai 1811 (G.S. S. 193) und das Ges. v. 21. Juli 1846 (G.S. S. 392), wobei nicht das Privateigentum am Gebäude, sondern die Zweckbestimmung desselben entscheidet. (Urteil d. O.V.G. v. 26. März 1887, Entsch. Bd. 14 S. 258.) Über die Anordnung von Neu- und Reparaturbauten bei Schulen, welche der allgemeinen Schulpflicht dienen und zwar auch dann, wenn die Schule mit der Küsterei verbunden ist, über die öffentlich-rechtliche Verpflichtung zur Aufbringung der Baukosten, sowie über die Verteilung derselben auf Gemeinden (Gutsbezirke), Schulverbände und dritte statt derselben oder neben denselben Verpflichtete beschließt, sofern Streit entsteht, nach §§ 47 u. 49 des Zuständigkeits-Ges. v. 1. Aug. 1883 (G.S. S. 237) die Schulaufsichtsbehörde, welche für die Elementarschulen die Kirchen- und Schulabteilung der Kgl. Regierung, für Berlin das Provinzial-Schulkollegium ist. Die Vorschriften des § 47 a. a. O. beziehen sich auch auf die Kommunalschulen.

Gegen den Beschluß findet die Klage im Verwaltungsstreitverfahren statt, welche gegen die Schulaufsichtsbehörde zu erheben und innerhalb zwei Wochen beim Kreisausschuß bezw. wenn es sich um Stadtschulen handelt, beim Bezirksausschuß anzubringen und soweit der in Anspruch Genommene zu der ihm angesonnenen Leistung aus Gründen des öffentlichen Rechts statt seiner einen anderen für verpflichtet erachtet, zugleich gegen diesen zu richten ist, in welchem Falle zwischen diesem und der mitverklagten Behörde notwendige Streitgenossenschaft besteht. Zur Vervollständigung der Klage kann der Kreisausschuß bezw. Bezirksausschuß eine angemessene Nachfrist gewähren; auch wird durch den Ablauf der Frist die Klage im Verwaltungsstreitverfahren auf Erstattung des Geleisteten gegen einen aus Gründen des öffentlichen Rechts verpflichteten Dritten nicht ausgeschlossen.

Auch unabhängig von einem Beschluß der Schulaufsichtsbehörde unterliegen Streitigkeiten der Beteiligten darüber, wem von ihnen die öffentlich-rechtliche Verbindlichkeit zum Bau oder zur Unterhaltung einer der Erfüllung der allgemeinen Schulpflicht dienenden Schule bezw. Küsterschule obliegt, der Entscheidung im Verwaltungsstreitverfahren durch den Kreisausschuß bezw. Bezirksausschuß in erster Instanz.

Schulen, welche der allgemeinen Schulpflicht dienen, sind solche, zu deren Benutzung für diejenigen, welche nicht anderweit für den Unterricht ihrer Kinder sorgen, ein Zwang besteht und zu deren Unterhaltung die Schulvorstände gesetzlich verpflichtet sind.

Durch §§ 47 u. 49 Zust.Ges. ist der ordentliche Rechtsweg ausgeschlossen und zwar gemäß § 160 Zust.-Ges. auch insoweit, als er bisher durch § 79 II 14 A.L.R. bezw. §§ 9 u. 10 Ges. über die Erweiterung des Rechtsweges v. 24. Mai 1881 (G.S. S. 241) oder sonstige bestehende Vorschriften für zulässig erklärt war, wodurch aber der Grundsatz, daß die Entscheidungen unbeschadet aller privatrechtlichen Verhältnisse ergehen (§ 7 Landesverw.Ges. v. 30. Juli 1883, G.S. S. 195) nicht berührt wird. Privatrechtlich in diesem Sinne sind indessen nur solche Ansprüche, welche auf besonderen privatrechtlichen Titeln beruhen und daher, sofern sie sich mit dem öffentlichen Recht berühren, unabhängig von den öffentlich-rechtlichen Verhältnissen bestehen. Aus diesem Grunde bleibt der ordentliche Rechtsweg ausgeschlossen, auch wenn dem öffentlichen Moment ein privatrechtliches (z. B. nützliche Verwendung) hinzutritt (Urteil d. R.G. v. 23. Dez. 1886, Entsch. Bd. 17 S. 176), und er wird dadurch nicht eröffnet, daß nicht der Anspruch selbst, sondern die Rückforderung einer irrtümlich geleisteten Zahlung geltend gemacht wird (Urteil d. R.G. v. 20. Jan. 1890, Entsch. Bd. 25 S. 302).

Aufsichtlich genehmigte Abgabenverteilungspläne sind öffentlich-rechtliche Titel (Urteil d. R.G. v. 23. Dez. 1886, Entsch. Bd. 17 S. 176, ebenso die in Rezessen enthaltenen Bestimmungen des öffentlichen Kirchen- und Schulrechts (Urteil d. O.V.G. v. 5. Jan. 1887, Entsch. Bd. 14 S. 243) und aufsichtlich gebilligte Vereinbarungen — also nicht Privatabkommen allein — der Unterhaltungspflichtigen (Urteile d. O.V.G. v. 2. Okt. 1896 u. 9. März 1897, Centr.Bl. f. d. Unterr.Verw. 1896 S. 536 und 1897 S. 451).

§. 28. Das verfügbare kirchliche Vermögen ist, soweit es vorteilhaft geschehen kann, in ertragsfähigen Grundstücken anzulegen.

Veräußerungen (einschl. Tausch) und dingliche Belastungen kirchlichen Grundvermögens sind nur da vorzunehmen, wo es zum besten der Kirche notwendig oder von erheblichem Nutzen ist (§. 221 A. L.=R. II, 11). Veräußerungen sollen in der Regel nicht ohne öffentliche Versteigerung stattfinden (§. 222 a. a. O. und Anh. §. 126 das.; vgl. o. §. 26 Abs. 1), wobei durch gehörige Feststellung des zu gestattenden Mindestgebots, Vorbehalt des Zuschlags, Aufstellung sonstiger angemessenen Bedingungen, ausreichende Bekanntmachung u. dgl., das Interesse der Kirche zu wahren ist (vgl. §. 45).

Erwerbungen, Veräußerungen und dingliche Belastungen von kirchlichen Grundstücken und Gerechtigkeiten dürfen nur mit Genehmigung der zuständigen kirchlichen und staatlichen Aufsichtsbehörden erfolgen. Wird die Einholung derselben versäumt, so ist das Geschäft nichtig (§§. 193, 194, 220, 223, 227, 648 A. L.=R. II, 11; §§. 83, 84 das. II, 6; Art. 21 u. 24 Nr. 1 Ges. v. 3. Juni 1876). Übersteigt der Wert des Grundstücks, bezw. die Belastung den Betrag von 100000 M., so bedarf es der Genehmigung des Evangelischen Ober=Kirchenrats und des Ministers der geistlichen Angelegenheiten, sonst derjenigen des Konsistoriums und des Regierungspräsidenten (Allerh. Verordn. vom 8. März 1893 Art. II, Allerh. Verordn. v. 30. Januar 1893 Art. I; Erlasse d. Ev. O.=K.=R. vom 11. Dezember 1880 u. 21. Mai 1883, K. G.= u. V.=Bl. 1880 S. 190, 1883 S. 66). Wenn der Erwerb im Falle einer Zwangsversteigerung zur Sicherung in das Grundbuch eingetragener kirchlicher Forderungen notwendig ist, bedarf es einer aufsichtlichen Genehmigung nicht. Wird über die näheren Bedingungen des Geschäfts ein schriftlicher oder gerichtlicher Vertrag abgeschlossen, so ist derselbe auch in solchen Fällen, wo die Genehmigung zur Erwerbung, Veräußerung oder Belastung im allgemeinen nach Vorstehendem von der Zentralbehörde erteilt ist, mit Bezug hierauf noch in betreff seines sonstigen vermögensrechtlichen Inhalts von dem Konsistorium zu prüfen und zu bestätigen.

Der Gemeinde-Kirchenrat hat den dieserhalb in allen Fällen nur an das Konsistorium zu erstattenden Berichten alle zur Prüfung des Geschäftes erforderlichen Nachweise, bei Erwerbungen und Veräußerungen namentlich auch die nötigen Auszüge aus der Grundsteuer-Mutterrolle und Gebäudesteuer-Rolle (Kataster), der Flurkarte und dem Grundbuche, eine von vereidigten Sachverständigen aufgestellte oder dorfgerichtliche Taxe und den Beschluß der Gemeindevertretung (§. 31 Nr. 1 K.-G.- u. S.-O.), in dem bei Erwerbungen zugleich die Art der Beschaffung des Kaufpreises klarzustellen ist, auch, wo es angemessen erscheint, einen Entwurf des Kaufvertrages beizufügen.

Bei Erwerbungen ist zu beachten, daß das Eigentum an Grundstücken im Falle freiwilliger Veräußerung nur durch die Auflassung und Eintragung des neuen Eigentümers im Grundbuch auf letzteren übertragen wird (§§. 1 u. 2 Ges. v. 5. Mai 1872, G.-S. S. 433).

Zu § 28.

1. Die Anlegung des verfügbaren kirchlichen Vermögens in ertragsfähigen Grundstücken durch Erwerb derselben — im Unterschiede von der Belegung von Kapitalien durch Ausleihung auf Grundstücke, § 12 — empfiehlt sich bei den heutigen wirtschaftlichen Verhältnissen regelmäßig nicht mehr, weil die Selbstbewirtschaftung bezw. die Verpachtung oder Vermietung der Grundstücke mit Schwierigkeiten verbunden und häufig nicht geeignet ist, der Kirche bestimmte Einkünfte dauernd zu sichern.

Nach der positiven Vorschrift des § 221 II 11 A.L.R. darf die Genehmigung zur Veräußerung von Grundstücken und Gerechtigkeiten, die einer Kirche gehören, nur alsdann nachgesucht und folglich auch nur alsdann erteilt werden, wenn die Veräußerung zum Besten der Kirche notwendig oder von erheblichem Nutzen ist. Trifft eine dieser beiden Voraussetzungen zu, dann ist die von den kirchlichen Gemeindekörperschaften beschlossene Veräußerung regelmäßig zu genehmigen. Bei Pfarrgrundstücken, deren Verwaltung und Nießbrauch noch gemäß § 778 II 11 A.L.R. dem Pfarrer gebührt, kann der Konsens der Aufsichtsbehörden gegen den Willen des nicht vinkulierten Stelleninhabers nur dann an die Bedingung einer Schmälerung seines Zinsgenusses aus dem Erlöse zu Gunsten eines zu bildenden Pfarrfonds oder einer neu zu gründenden geistlichen Stelle geknüpft werden, wenn der Verkauf ohne Zinsansammlung mit Rücksicht auf den zur Zeit im Steigen begriffenen Wert der Grundstücke nicht als erheblich nutzbringend zu erachten oder wenn der vorteilhafte Verkauf der Pfarrgrundstücke nur dadurch ermöglicht ist, daß die betreffende Gegend der Bebauung erschlossen wird und infolgedessen eine schnelle Vermehrung der Gemeindeglieder und darum auch die Notwendigkeit einer Vermehrung der geistlichen Kräfte in naher Aussicht steht (vgl. Anm. 8 zu § 778 II 11 A.L.R. in Koch's Kommentar).

2. Die öffentliche Versteigerung ist nach § 222 II 11 A.L.R. zur Gültigkeit einer Veräußerung von Kirchengrundstücken nicht wesentlich notwendig. Ihre Unterlassung zieht — wenngleich sie nach Anhang § 126 in der Regel erfolgen soll — keine Ungültigkeit nach sich. Die landrechtliche Regel ist jedoch bei Veräußerungen von Grundstücken infolge der Verkehrssitte zur Ausnahme geworden und gegenwärtig als eine praktische Maßregel nur noch da zu empfehlen, wo mit Rücksicht auf die konkreten Verhältnisse eine Mehrzahl ernstlicher Bewerber vorhanden ist. Die zur Vornahme einer öffentlichen Ausbietung kirchlicher Grundstücke erteilte allgemeine Genehmigung macht übrigens die abschließende Genehmigung nach erfolgter Versteigerung nicht überflüssig, weshalb bei der Versteigerung die erforderlichen Genehmigungen stets ausdrücklich vorzubehalten sind. Die Versteigerung hat gemäß § 313 B.G.B. zu gerichtlichem oder notariellem Protokoll stattzufinden, weil nach dieser Vorschrift, deren Nichtbeobachtung gemäß § 125 B.G.B. Nichtigkeit bewirkt, nicht nur die vertragsmäßige Verpflichtung des einen Teils, das Eigentum an einem Grundstück zu übertragen, sondern auch die vertragsmäßige Erklärung des anderen Teiles gerichtlich oder notariell beurkundet werden muß, und weil nach § 156 B.G.B. bei einer Versteigerung durch den Zuschlag ein Vertrag zu stande kommt. Will sich der Gemeindekirchenrat die Auswahl unter

den verschiedenen Bietern vorbehalten, sodaß also ein Gebot durch Abgabe eines Übergebotes nicht erlöschen soll und will der Gemeindekirchenrat den Zuschlag nicht am Schlusse der Versteigerung, sondern erst später erteilen, so ist dies in den Versteigerungsbedingungen mit Rücksicht auf den Satz 2 des § 156 B.G.B., welcher nur eine dispositive Vorschrift enthält, ausdrücklich zu erklären, worauf der Zuschlag, da die Gebote als verbindliche Anträge zum Kontrahieren zu behandeln sind, gemäß § 128 B.G.B. in einer gerichtlich oder notariell zu beurkundenden und dem betreffenden Bieter zuzustellenden Erklärung des Gemeindekirchenrats zu erteilen ist. Vgl. im übrigen wegen der freiwilligen Grundstücksversteigerungen § 181 Reichsges. über die Ang. d. freiw. Gerichtsbarkeit v. 17. Mai 1898 (R.G.Bl. S. 189 u. 171) und Art. 31, 33, 66—76 Preuß. Ges. über d. freiw. Gerichtsbarkeit v. 21. Sept. 1899 (G.S. S. 249).

3. Der Art. 86 Einf.Ges. z. B.G.B. hat die landesgesetzlichen Vorschriften, welche den Erwerb von Rechten juristischer Personen beschränken oder von staatlicher Genehmigung abhängig machen, insoweit unberührt gelassen, als diese Vorschriften Gegenstände im Werte von mehr als 5000 M. betreffen. Auf Grund dieser Bestimmung ist im Art. 7 § 1 Abs. 1 Preuß. Ausf.Ges. z. B.G.B. die allgemeine Vorschrift getroffen, daß juristische Personen, die in Preußen ihren Sitz haben, zum Erwerb von Grundstücken im Werte von mehr als 5000 M. der Genehmigung der staatlichen Aufsichtsbehörde bedürfen. Durch diese Vorschrift ist der Gegenstand für Preußen neu und gleichmäßig geregelt und es ist dadurch auch der Art. 24 Nr. 1 d. Ges. v. 3. Juni 1876 (G.S. S. 125) abgeändert. Dies ergibt sich aus der Begründung zu Art. 7 (Drucksachen des Abgeordnetenhauses betr. das Preuß. Ausf.Ges. z. B.G.B. von 1899 S. 1558), wo die bestehenden Bestimmungen, welche staatliche Genehmigung für Erwerbshandlungen juristischer Personen gebieten, und unter diesen auch Art. 24 Ges. v. 3. Juni 1876 erwähnt werden mit dem Bemerken: „Alle diese Bestimmungen bleiben an sich nach Art. 86 Einf.Ges. z. B.G.B. für Gegenstände im Werte von mehr als 5000 M. in Kraft. Der Entwurf setzt an ihre Stelle eine für alle preußischen juristischen Personen geltende einheitliche Regel." Auch hindert der wesentlich privatrechtliche Charakter des B.G.B. und der mit ihm in Kraft getretenen Reichs- und Landesgesetze nicht, daß durch einzelne Vorschriften solche bestehenden gesetzlichen Bestimmungen abgeändert sind, welche nicht ausschließlich dem Privatrecht angehören, sondern wie Art. 24 a. a. O. zugleich aus staatsrechtlichen Erwägungen hervorgegangen sind (cf. Beschlüsse des K.G. v. 7. Juli 1902 bei Mugdan u. Falkmann, Die Rechtsprechung d. O.L.R. Bd. V S. 252 und v. 21. Sept. 1903 K.G.

u. V.Bl. S. 189). Dagegen hat Art. 7 § 1 selbstverständlich diejenigen Bestimmungen unberührt gelassen, nach welcher juristische Personen zur Veräußerung oder Belastung von Grundeigentum staatlicher Genehmigung bedürfen (Drucksachen des Abgeordnetenhauses a. a. O. S. 1558), bezw. nach welchen zu ihrem Erwerbe usw. neben der staatlichen noch andere Genehmigungen erforderlich sind.

4. Übersicht des Rechtszustandes.

a) Zum Erwerbe von Grundeigentum seitens der Kirchengemeinde ist die patronatliche Genehmigung nicht erforderlich, wohl aber die Genehmigung der kirchlichen Aufsichtsbehörde ohne Rücksicht auf den Wert des Gegenstandes, soweit der Erwerb nicht im Falle einer Zwangsversteigerung zur Sicherung in das Grundbuch eingetragener kirchlicher Forderungen notwendig ist (§ 193 Teil II Tit. 11 A.L.R., § 83 II 6 A.L.R., § 1 Nr. 1 Kirchenges. v. 18. Juli 1892, K.G. u. V.Bl. 1893 S. 9) und die Genehmigung der staatlichen Aufsichtsbehörde bei einem Werte des Grundstücks von mehr als 5000 M. ohne Unterschied, ob der Erwerb im freien Verkehr oder im Falle einer Zwangsversteigerung zur Sicherung von Hypothekenforderungen erfolgt (§ 194 II 11 A.L.R., Art. 24 Nr. 1 Ges. v. 3. Juni 1876 — G.S. S. 125 — und Art. 7 § 1 Preuß. Ausf.Ges. z. B.G.B.), jedoch erübrigt sich die staatsaufsichtliche Genehmigung gemäß Art 7 § 3 a. a. O. bei einem Erwerbe, welcher auf Grund einer nach Maßgabe des Art. 6 a. a. O. genehmigten Schenkung oder Zuwendung von Todeswegen erfolgt (vgl. § 17).

Um ein wirksames Gebot im Zwangsversteigerungsverfahren abgeben zu können (§ 71 Reichsges. über die Zwangsverst. und die Zwangsverw. v. 24. März 1897 R.G.Bl. 1897 S 97 u. 1898 S. 713) hat der Gemeindekirchenrat die staatsaufsichtliche Genehmigung zum Erwerbe eines von ihm beliehenen, zur Zwangsversteigerung stehenden Grundstücks rechtzeitig vor dem Versteigerungstermine, also gleich nach Empfang der Ladung zum Termin durch Vermittlung des Konsistoriums nachzusuchen. Ebenso rechtzeitig ist die kirchenaufsichtliche Genehmigung einzuholen, wenn der Erwerb eines Grundstücks zwar im Zwangsversteigerungsverfahren, aber nicht zur Sicherung in das Grundbuch eingetragener kirchlicher Forderungen erfolgen soll, sei es, weil solche an dem betreffenden Grundstück nicht bestehen, sei es, weil ein Weiterbieten über den Sicherungszweck hinaus beabsichtigt wird.

Die staatsaufsichtliche Genehmigung zum Erwerbe ist zu erteilen von dem Minister der geistl. Ang., wenn der Wert des zu erwerbenden Gegenstandes die Summe von 100 000 M. übersteigt, sonst von dem Regierungs-Präsidenten und in Berlin von dem Polizei-Präsidenten

(Art. I Nr. 2 und Art. III Nr. 4 d. V.O. v. 9. Sep. 1876 — G.S. S. 395 und Art. 1 Nr. 1 d. V.O. v. 30. Jan. 1893 G.S. S. 13). Ebenso erfolgt die kirchenaufsichtliche Genehmigung bei einem Werte von mehr als 100 000 M. seitens des Evangelischen Oberkirchenrats, sonst durch das Konsistorium (Art. II Nr. 1 u. 2 V.O. v. 8. März 1893 K.G. u. V.Bl. S. 12). Dazu ist zu bemerken, daß, wenn es sich um den Erwerb mehrerer Grundstücke handelt, der gesamte, den Gegenstand eines einheitlichen Erwerbsaktes bildende Wert entscheidend ist. Ein einheitlicher Erwerbsakt liegt aber nicht schon dann vor, wenn der Kaufvertrag und die Auflassungserklärungen in Ansehung mehrerer Grundstücke in einem Protokoll zusammengefaßt sind, vielmehr wird die Einheitlichkeit des Erwerbsaktes dadurch ausgeschlossen, daß die Kirchengemeinde die Grundstücke von mehreren Verkäufern erwirbt. Von einem Verkäufer kann jemand einheitlich mehrere Grundstücke erwerben, von mehreren Käufern mehrere Grundstücke nur durch mehrere Erwerbsakte, wenn dieselben auch durch zufällige Vereinigung in einer Urkunde äußerlich miteinander verknüpft sind (Beschluß des K.G. v. 7. Juli 1902, cf. oben Anm. 3).

Für Kreis- und Provinzial-Synodalverbände ist nach Art. 3 Ges. v. 18. Juni 1895 (G.S. S. 271) die staatliche Genehmigung zum Erwerbe von Grundeigentum nicht erforderlich, wenn der Erwerb im Falle einer Zwangsversteigerung zur Sicherung in das Grundbuch eingetragener Forderungen erfolgt. Wegen der kirchenaufsichtl. Genehmigung vgl. Abs. 1 dieser Anm.

b) Zur Veräußerung von Grundeigentum seitens der Kirchengemeinde ist die Genehmigung des lastenpflichtigen Patrons erforderlich (§ 647 II, 11 A.L.R. und § 23 K.G. u. S.O.) und zwar ohne Rücksicht auf den Wert des Gegenstandes und auch dann, wenn die Veräußerung im Wege des Vergleiches erfolgt (§§ 662, 663 II, 11 A.L.R.). Ebenso bedarf die Veräußerung in jedem Falle auch der staatsaufsichtlichen (§ 218, II 11 A.L.R. und Art. 24 Nr. 1, Ges. v. 3. Juni 1876) und der kirchenaufsichtlichen Genehmigung (§ 648 II 11 A.L.R. und § 1 Nr. 1 Kirchenges. v. 18. Juli 1892). Diese Genehmigungen kommen auch dann nicht in Fortfall, wenn eine freiwillige Abtretung von kirchlichem Grundeigentum gemäß §§ 16 u. 17 des Enteignungsges. v. 11. Juni 1874 (G.S. S. 221) erfolgt, während im übrigen zur Entziehung von kirchlichem Grundeigentum im Wege der Enteignung patronatliche und aufsichtliche Genehmigung ebensowenig erforderlich ist, als in dem Verfahren vor den Auseinandersetzungsbehörden zur Ausführung der Gesetze wegen Ablösung der Reallasten und Servituten, Teilung von Gemeinheiten, Zusammenlegung von Grundstücken und Regulierung der gutsherrlich-bäuerlichen Verhältnisse (vgl. Ges. v. 18. Febr. 1880, G.S. S. 59), vorausgesetzt, daß das Auseinandersetzungsverfahren nicht lediglich nach den gesetzlichen Normen, sondern durch Vergleich beendigt wird (vgl. Urteil d. R.G. v. 23. Dez. 1891, Entsch. Bd. 29 S. 151 u. § 42 Abs. 7).

Die Bestellung eines Erbbaurechts am Grundstücke des Bestellers fällt nicht unter den Begriff der Veräußerung (Beschluß d. K.G. v. 19. Nov. 1900, Entsch. Bd. 21 S. A 127), sondern der dinglichen Belastung.

Die Zuständigkeit der staatlichen und kirchlichen Aufsichtsbehörden ist bezüglich der Genehmigung der Veräußerungen instanzlich ebenso geordnet, wie bei dem Erwerbe von Grundeigentum. Außerdem bedarf es zur Veräußerung von Grundstücken, die der Kirchengemeinde ausweislich des Grundbuches zu einem bestimmten Zweck, insbesondere als Pfarrwohnungen von Dritten zugewendet sind, außer der Zustimmung des genußberechtigten Pfarrers gemäß Art. II Nr. 1 Abs 3 d. V.O. v. 8. März 1893 und Art. I Nr. 7 V.O. v. 9. Sept. 1876 der Genehmigung des Evangelischen Oberkirchenrats und des Ministers der geistl. Ang., weil eine solche Veräußerung zugleich eine nicht bestimmungsgemäße Verwendung von Kirchenvermögen in sich schließt (Beschluß d. K.G. v. 11. März 1901, Entsch. Bd. 21 S. A 303).

c) Zur dinglichen Belastung von kirchlichem Grundeigentum sind dieselben Genehmigungen erforderlich, wie bei der Veräußerung von Grundeigentum (§ 645 II 11 A.L.R., § 83 II 6 A.L.R., Art. 24 Nr. 1 Ges. v. 3. Juni 1876 und § 1 Nr. 1 Kirchenges. v. 18. Juli 1892).

5. Über die Folgen der mangelnden Genehmigung und das Schwebeverhältnis vor Erteilung derselben vgl. Anm. 3 u. 4 zu § 11.

6. Die Beschlüsse des Gemeindekirchenrats bezüglich des Erwerbes, der Veräußerung und der dinglichen Belastung von Grundeigentum bedürfen nach § 31 Nr. 1 K.G. u. S.O. der Zustimmung der kirchlichen Gemeindevertretung und bezüglich der Veräußerung und dinglichen Belastung von in der Verwaltung und dem Nießbrauche (§ 778 II 11 A.L.R.) eines Stelleninhabers stehenden Grundstücken auch der Zustimmung des letzteren (§ 99 I 21 A.L.R., §§ 1030, 1036 B.G.B. vgl. Anm. zu § 36).

7. Wenn bei der Veräußerung eines Grundstücks Restkaufgeld gegen hypothekarische Eintragung auf dem veräußerten Grundstück gestundet wird, so wird diese Stundung, über welche sich selbstverständlich auch der Veräußerungsbeschluß zu verhalten hat, als integrierender Teil des Veräußerungsgeschäfts durch die Genehmigung des letzteren mitgenehmigt. Es erscheint nicht angängig, die Veräußerung und die Stundung gegen Hypothekenbestellung als zwei von einander unabhängige Geschäfte anzusehen und dabei die letztere nach den für die Ausleihung von Kapitalien geltenden Regeln zu behandeln. Restkaufgeldforderung und Darlehnsforderung sind begrifflich durchaus von einander verschieden, weshalb auch für die Sicherheit des Restkaufgeldes regelmäßig nicht die für die Hingabe kirchlicher Darlehne geltenden Ansprüche zu erheben sind, zumal daran die meisten Veräußerungsgeschäfte scheitern würden.

8. Ein Vertrag, durch den sich der eine Teil verpflichtet, das Eigentum an einem Grundstück zu übertragen, bedarf der gerichtlichen oder notariellen Beurkundung in Ansehung des gesamten Vertragsinhaltes, also nicht bloß bezüglich der Veräußerungsverpflichtung (§ 313 Satz 1 B.G.B.), d. h. es muß nicht nur die Verpflichtung des einen Teils, das Eigentum zu übertragen, sondern auch die Erklärung des andern Teils gerichtlich oder notariell beurkundet werden, wobei es jedoch nach § 128 B.G.B. genügt, wenn zunächst der Antrag und sodann die Annahme des Antrages von einem Gericht oder einem Notar beurkundet wird. Auch ein Vertrag, in welchem sich der eine Teil zum Erwerbe eines Grundstückes verpflichtet, die andere Partei dagegen in ihrer Entschließung bezüglich der Veräußerung des Grundstückes noch nicht gebunden wird, unterliegt der Formvorschrift des § 313 Satz 2 B.G.B., weil der Käufer durch einen solchen Vertrag verpflichtet wird, bei der Übertragung des Eigentums mitzuwirken.

Beim Mangel der gerichtlichen oder notariellen Beurkundung ist ein solcher Vertrag nach § 125 Satz 1 B.G.B. nichtig. Aus einem nichtigen Vertrag entsteht weder ein Anspruch auf Erfüllung noch auf Abschluß des Vertrages in der vorgeschriebenen Form und es unterliegen auch Vorverträge zu einem beabsichtigten Grundstückskauf der Formvorschrift des § 313 Satz 1 B.G.B. (Urteil d. R.G. v. 3. Jan. 1903, Entsch. Bd. 53 S. 236). Dagegen bedarf die Abtretung des durch einen Grundstückskaufvertrag begründeten Anspruches auf Auflassung zu ihrer Rechtswirksamkeit der gerichtlichen oder notariellen Beurkundung nicht (Urteil d R.G. v. 10. Jan. 1903, Entsch. Bd. 53 S. 268), und es kann die Aufhebung eines in den Formen des § 313 Satz 1 B.G.B. geschlossenen Grundstücksveräußerungsvertrages vor der Auflassung durch formlosen Vertrag erfolgen, da das B.G.B. den Grundsatz der Formfreiheit der Rechtsgeschäfte zur Geltung gebracht und für einen solchen Aufhebungsvertrag eine besondere Form nicht vorgeschrieben hat.

Die für die obligatorischen Verträge über die Veräußerung von Grundstücken vorgeschriebene Form greift überall Platz ohne Rücksicht auf den Eigentümer der Grundstücke und ohne Rücksicht darauf, ob ein nicht formgerechter Vertrag die aufsichtliche Genehmigung gefunden hat.

Einige Ausnahmen hiervon lassen Art. 142 Einf.Ges. z. B.G.B. u. Art. 42 Preuß. Ges. über d. freiw. Gerichtsbarkeit und insbesondere Art. 12 Preuß. Ausf.Ges. z. B.G.B. zu Dieselben sind, soweit sie hier interessieren, folgende:

a) Für einen Vertrag, durch den sich der eine Teil verpflichtet, das Eigentum an einem Grundstücke gegen Übernahme einer festen Geldrente zu übertragen, genügt bei den durch Vermittlung der Generalkommission begründeten und bei den vom Staate ausgegebenen Rentengütern nach Art. 12 § 1 Abs. 1 Preuß. Ausf.Ges. z. B.G.B. in Verbindung mit Art. 62 Einf.Ges. z. B.G.B. die schriftliche Form.

b) Das gleiche gilt nach Art. 12 § 1 Abs. 2 a. a. O. in Verbindung mit Art. 109 Einf.Ges. z. B.G.B. für den in den §§ 16 u. 17 d. Enteignungsges. v. 11. Juni 1874 (G.S. S. 221) bezeichneten Vertrag über die freiwillige Abtretung von Grundeigentum.

c) Wird bei einem Vertrage, durch den sich der eine Teil verpflichtet, das Eigentum an einem in Preußen liegenden Grundstück zu übertragen, einer der Vertragsschließenden durch eine öffentliche Behörde vertreten, so ist für die Beurkundung des Vertrages nach Art. 12 § 2 a. a. O. in Verbindung mit Art. 142 Einf.Ges. z. B.G.B. außer den Gerichten und Notaren auch der Beamte zuständig, welcher von dem Vorstande der zur Vertretung berufenen Behörde oder von der vorgesetzten Behörde bestimmt ist.

Da die Kirchengemeinde nach § 22 K.G. u. S.O. in vermögensrechtlicher Beziehung, in streitigen wie in nichtstreitigen Rechtssachen von dem Gemeindekirchenrat vertreten wird und letzterer eine öffentliche Behörde ist (vgl. Anm. 1 zu § 5), so kann auch für Kirchengemeinden eine solche Urkundsperson bestellt werden. Letztere muß aber ein Beamter sein und zwar nicht irgend ein beliebiger Beamter, sondern ein Beamter der durch die öffentliche Behörde vertretenen Vertragspartei. Deshalb können für Kirchengemeinden nur die Geistlichen, die weltlichen Kirchendiener und die besoldeten Kirchenkassenrendanten, nicht aber die Mitglieder des Gemeindekirchenrats und der Gemeindevertretung in Betracht kommen, da letztere nicht als Beamte anzusehen sind (vgl. Anm. 4 zu § 88). Die Bestellung der Urkundsperson kann auch nicht etwa durch den Vorsitzenden des Gemeindekirchenrats, da letzterer trotz § 11 K.G. u. S.O. nicht Vorstand des Gemeindekirchenrats im Sinne des Art. 12 § 2 a. a. O. ist, sondern nur durch das Konsistorium als vorgesetzte Behörde erfolgen, dürfte aber wegen der in den meisten Fällen mangelnden Geschäftsgewandtheit der in Betracht kommenden Personen nur ausnahmsweise wünschenswert sein.

Die Bestellung des Beamten als Urkundsperson kann sowohl ein für allemal, als auch bloß für einen einzelnen Fall geschehen (Urteil d. R.G. v. 6. Dez. 1902, Entsch. Bd. 53 S. 150) und mit der Beamteneigenschaft (der Amtsinhaberschaft) oder mit der Person als solcher verbunden werden.

Auf die Beurkundung, die eine solche Urkundsperson vornimmt, finden nach Art. 12 § 4 Preuß. Ausf.Ges. z. B.G.B. die Vorschriften des § 168 Satz 2 und der §§ 169–180 Reichsges. über die Ang. d. freiw. Gerichtsbarkeit, des § 191 Gerichtsverfassungsges. und des Art. 41 des Preuß. Ges. über die freiw. Gerichtsbarkeit entsprechende Anwendung. Über den notwendigen Inhalt und die Vollziehung des von der Urkundsperson aufgenommenen Protokolls, sowie über die Erteilung von Ausfertigungen vgl. Hobrecht, Crusen und Müller, Das Preuß. Ausf.Ges. z. B.G.B., Berlin 1901, S. 183 u. 184.

Wegen der sonst noch zur Beurkundung obligatorischer Grundstücks-Veräußerungsverträge zuständigen Behörden siehe Hobrecht usw. a. a. O. S. 185.

Zu bemerken ist noch, daß die Vollmacht nach § 167 Abs. 2 B.G.B. nicht der Form bedarf, welche für das Rechtsgeschäft bestimmt ist, auf welche sich die Vollmacht bezieht, sowie daß die für gewisse Rechtsgeschäfte notwendige Mitwirkung (Genehmigung) einer Behörde oder des Patronats keine Form des Rechtsgeschäfts darstellt und daher auch nicht der für das letztere vorgeschriebenen Form bedarf.

9. Während regelmäßig die Beobachtung der Form durch die Erfüllung nicht ersetzt wird, bestimmt § 313 Satz 2 B.G.B., daß ein ohne die Beobachtung der im Satz 1 dieses Paragraphen vorgeschriebenen Form geschlossener Vertrag seinem ganzen Inhalt nach gültig wird, wenn die Auflassung und die Eintragung in das Grundbuch erfolgen. Diese der nachfolgenden Auflassung und Eintragung beigelegte heilende Wirkung beschränkt sich aber auf den Formmangel und bezieht sich nicht auf sonstige die Gültigkeit des obligatorischen Vertrages beeinflussenden Mängel, z. B nicht auf das Fehlen der erforderlichen patronatlichen oder aufsichtlichen Genehmigung.

10. Im § 313 B.G.B. ist der obligatorische Vertrag, im § 873 B.G.B. die dingliche (sachenrechtliche) Einigung behandelt, für welche letztere bezüglich der Übertragung des Eigentums an einem Grundstück im § 925 B.G.B. eine bestimmte Form, nämlich die bei gleichzeitiger Anwesenheit beider Teile zu erklärende Auflassung, die wirksam nicht unter einer Bedingung oder Zeitbestimmung erfolgen kann, vorgeschrieben ist. Zu dieser muß behufs Vollziehung des Eigentumsüberganges gemäß § 873 B.G.B. als gleichwertiger Faktor noch die Eintragung in das Grundbuch hinzutreten (§ 20 R.Gr.B.O.).

Über die Übertragung des Eigentums an buchungsfreien Grundstücken enthalten Art. 127 Einf.Ges. z. B.G.B., Art. 27 Preuß. Ausf.Ges. z. B.G.B., § 90 R.Gr.B.O. und Art. 1 der Preuß. V.O. v. 13. Nov. 1899 (G.S. S. 519) besondere Vorschriften (vgl. Beschluß d. K.G. v. 16. Febr. 1903, J.M.Bl. S. 126). Zu den buchungsfreien Grundstücken gehören auch die der Kirchen. Zur Übertragung des Eigentums an einem Grundstücke, das im Grundbuche nicht eingetragen ist und auch im Grundbuche nach der Übertragung nicht eingetragen zu werden braucht, ist die Einigung des Veräußerers und des Erwerbers über den Eintritt der Übertragung erforderlich und ausreichend. Die Form der Einigung folgt den oben dargestellten Regeln. Soll aber das nicht buchungspflichtige Grundstück an eine dem Buchungszwange unterliegende Person veräußert werden, so muß Auflassung erfolgen, ein Grundbuchblatt angelegt und der Erwerber als Eigentümer eingetragen werden. Die Anlegung eines Grundbuchblattes ist auch im Falle der Belastung erforderlich (vgl. Anm. 1 zu § 19).

11. Wenngleich die §§ 170 u. 183 II 11 A.L.R. bestimmen, daß Kirchen und andere dahin gehörige Gebäude ausschließend Eigentum der Kirchengesellschaften sind, zu deren Gebrauche sie bestimmt sind, bezw. daß Kirchhöfe oder Gottesäcker und Begräbnisplätze, welche zu den einzelnen Kirchen gehören, der Regel nach das Eigentum der Kirchengesellschaften sind, so verhalten sich diese Vorschriften doch nicht über den Erwerb der zum Kirchbau bezw. zur Anlegung eines Begräbnisplatzes erforderlichen Parzellen. Vielmehr muß deren Erwerb in derselben Weise erfolgen, wie der Erwerb von Grundeigentum überhaupt. Solange daher eine Kirchengemeinde nicht in dieser Weise das Eigentum erworben hat, steht dasselbe dem bisherigen Grundstückseigentümer zu, weil auch die öffentlichen Sachen im allgemeinen den Grundsätzen des Privatrechts unterstehen und auf sie nur solche Normen nicht anwendbar sind, welche die Benutzung der Sache als einer öffentlichen hindern oder aufheben würden. Hiernach geht das Eigentum an einem einer Privatperson gehörigen Grundstück durch Bebauung desselben mit einer Kirche (vgl. dazu §§ 94, 95 und 946 B.G.B.) bezw. durch Anlegung eines Begräbnisplatzes auf demselben nicht von selbst auf die Kirchengemeinde über, vielmehr bedarf es dazu der Auflassung (Beschluß des K.G. v. 21. Jan. 1901, Entsch. Bd. 21 S. A 297 und Urteil d. R.G. v. 24. Febr. 1891, Entsch. Bd. 27 S. 255).

12. In den Beschlüssen der kirchlichen Körperschaften sind die Grundstücke genau nach der Grundbuch- und Katasterbezeichnung aufzuführen, Rechte und Lasten, die im Grundbuch eingetragen sind, mit genauer Benennung der Eintragung. Nach dem Wortlaute des Art. 24 Ges. v. 3. Juni 1876 und des § 1 Kirchenges. v. 18. Juli 1892 sind die Beschlüsse der kirchlichen Körperschaften zu genehmigen, weshalb in denselben alle wesentlichen Bestimmungen des Geschäfts enthalten sein müssen. Ist bereits ein förmlicher Vertrag abgeschlossen worden, so empfiehlt es sich, den Wortlaut des Vertrages in der Verhandlung zu verlesen und in das Protokoll aufzunehmen, daß der — genau zu bezeichnende — Vertrag vorgelesen und genehmigt ist. Oder es kann, nachdem die wesentlichen Bestimmungen des Geschäfts in den Beschlüssen der kirchlichen Körperschaften festgelegt sind, für die gerichtliche oder notarielle Verhandlung ein Mitglied des Gemeindekirchenrats, welchem eine Vollmacht in urkundlicher Form (Anm. 4 zu § 5) zu erteilen ist, mit dem Abschluß des Vertrages beauftragt werden. Entspricht derselbe den Beschlüssen der kirchlichen Körperschaften, dann kann er auch aufsichtlich genehmigt werden, da der oben zitierte Wortlaut des Art. 24 a. a. O. bezw. des § 1 a. a. O. nicht als zwingende Norm zu erachten ist (vgl. Anm. 6 zu § 11).

§. 29. Zu der Veräußerung von Gegenständen, welche einen geschichtlichen, wissenschaftlichen oder Kunstwert haben, bedarf es der Genehmigung des Evangelischen Ober-Kirchenrats und des Ministers der geistlichen Angelegenheiten (V.-A.-G. §. 1 Nr. 2, Allerh. Verordn. v. 8. März 1893 Art. II, Art. 24 Nr. 2 Ges. v. 3. Juni 1876, Art. I Nr. 3 Allerh. Verordn. v. 9. September 1876).

Zu § 29.

1. Der § 1 Nr. 2 des Kirchenges. v 18. Juli 1892 (K.G. u. V.Bl. 1893 S 9) und der Art. 24 Nr. 2 des Ges. v. 3. Juni 1876 (G.S. S. 125) sprechen ebenso wie § 50 Nr. 2 des Ges. über die Vermögensverwaltung in den katholischen Kirchengemeinden v. 20. Juni 1875 (G.S. S. 241) nur von dem Erfordernis der kirchen- bezw. staatsaufsichtlichen Genehmigung bei der Veräußerung von Gegenständen, welche einen geschichtlichen, wissenschaftlichen oder Kunstwert haben, während § 50 Nr. 1 der Städteordnung v. 30. Mai 1853 (G.S. S. 261), §§ 16 u. 30 des Zuständigkeitsges. v. 1. Aug. 1883 (G.S. S. 237) und § 114 Abs. 1 der Landgemeindeordnung v. 3. Juli 1891 (G.S. S. 233) zur Veräußerung und wesentlichen Veränderung solcher Gegenstände die Notwendigkeit der staaatsaufsichtlichen Genehmigung vorschreiben.

Daß bei kirchlichem Eigentum die Staatsaufsicht absichtlich auf den Fall der „Veräußerung" beschränkt ist, ergibt sich schon daraus, daß dem Ges. v. 3. Juni 1876 eine dem § 1 Nr. 8b des Kirchenges. v. 18. Juli 1892, welcher die kirchenaufsichtliche Genehmigung bei Reparaturen gottesdienstlicher Gebäude vorschreibt, wenn dadurch die bauliche Grundgestalt oder die künstlerische Ausstattung des Gebäudes geändert wird, entsprechende Vorschrift fehlt. Ebenso lassen die Verhandlungen im Abgeordnetenhaus zu dem Ges. v. 20. Juni 1875, insbesondere die Ausführungen des Kommissionsberichterstatters Gneist (Sten. Berichte des Abgeordnetenhauses 1875 Bd. 2 S. 1514) und die Motive zu Art. 22, jetzt Art. 24 des Ges. v. 3. Juni 1876 (S. 35 ff. der Nr. 31 der Drucksachen des Abgeordnetenhauses, 12. Leg.Per. III. Session 1876) erkennen, daß in die genannten Gesetze gerade zur Beseitigung der Staatsaufsichts-Generalklausel eine genaue Spezialisierung des Staatsaufsichtsrechtes aufgenommen ist, um den Streit zu lösen, wie weit sich die Staatsaufsichtsrechte erstrecken. Deshalb heißt es in dem Urteil des Gerichtshofes z. Entsch. d. Komp.Konflikte v. 10. Okt. 1885 Nr. 2213: „Die Fälle, für welche die Genehmigung der Staatsaufsichtsbehörden vorgeschrieben ist, sind im § 50 l. c. derartig fest begrenzt, daß außerhalb derselben eine Genehmigung des Staates nicht stattzufinden hat." Letzteres folgt auch aus Art. 29 des Ges. v. 3. Juni 1876, gegenüber welcher Vorschrift sich ein generelles Staatsaufsichtsrecht über die Beschlüsse der evangelischen Kirchengemeinde-Organe ebenfalls nicht behaupten läßt.

Die gleichwohl übliche Mitwirkung der Staatsaufsichtsbehörden bei wesentlichen Veränderungen von im Eigentum von Kirchengemeinden stehenden Sachen, welche einen besonderen wissenschaftlichen, historischen oder Kunstwert haben, beruht hiernach nicht auf gesetzlichen Bestimmungen und läßt sich auch nicht dadurch aus dem Gesetz herleiten, daß man — wie Goßner in seinem „Preußischen Kirchenrecht" S. 535 — zu deduzieren versucht, daß „als Veräußerung auch eine Veränderung erscheinen könne", denn die Veränderung körperlicher Gegenstände („Sachen" im Sinne des § 90 B.G.B.) bedeutet ausschließlich die Einwirkung auf ihren körperlichen Zustand und beschränkt sich begriffsmäßig auf dessen Veränderung, während die lediglich die rechtliche Herrschaft über die Sache (§ 900 B.G.B.) verändernde Veräußerung derselben ihren körperlichen Zustand garnicht berührt. Hiernach darf die Veränderung einer Sache nicht nach den für ihre Veräußerung geltenden Vorschriften behandelt werden und deshalb kann auch das Erkenntnis des Oberverwaltungsgerichts vom

22. Mai 1903, I 866 (Zentral-Blatt f. d. Unterr.Verw./M.Bl. f. d. inn. Verw. 1903 S. 416/174), welches eine Verpflichtung der politischen Gemeinden auch zur Erhaltung der in ihrem Besitz befindlichen Gegenstände von wissenschaftlichem, geschichtlichem oder künstlerischem Wert durch Schutzmaßregeln gegen Verfall annimmt, nicht zur Begründung einer ausdehnenden Interpretation der für die Kirchengemeinden geltenden Vorschriften herangezogen werden, weil diese übrigens nicht unbedenkliche Entscheidung davon ausgeht, daß die gesetzliche Beschränkung der politischen Gemeinden hinsichtlich der Veräußerung und wesentlichen Veränderung solcher Gegenstände, deren Erhaltung in ihrem rechtlichen und körperlichen Bestande bezwecke. Dies läßt sich bei der Beschränkung des Erfordernisses der staatsaufsichtlichen Genehmigung bezüglich der Kirchengemeinden auf die Veräußerung solcher Gegenstände jedenfalls nicht behaupten, vielmehr ist anzunehmen, daß die Maßnahmen zur Erhaltung des körperlichen Zustandes von Gegenständen dieser Art dem der Nachprüfung durch das Konsistorium infolge seines universellen Aufsichtsrechtes unterliegenden, pflichtmäßigen Ermessen der kirchlichen Gemeinde-Organe als Selbstverwaltungskörper überlassen ist.

2. Die Verwaltungsvorschriften, welche eine Mitwirkung der Staatsaufsichtsbehörden bei der wesentlichen Veränderung von im Eigentum von Kirchengemeinden stehenden Sachen der gedachten Art anordnen, sind daher als zwingende Rechtsnormen nicht anzusehen, jedoch im Interesse der Denkmalspflege usw. überall da zu beobachten, wo nicht dringende kirchliche Interessen entgegenstehen. Als solche Verwaltungsvorschriften kommen insbesondere in Betracht: a) der Min.Erl. v 24. Jan. 1844 nebst der Instruktion für den Konservator der Kunstdenkmäler von demselben Tage (Min.Bl. f. d. inn Verw 1844 S 38), b) Allerh. Kab.Order v. 19. Nov. 1891 wegen Einrichtung der Provinzial-Konservatoren (Centr.Bl. f. d. Unterr.Verw. 1892 S. 390), c) Min.Erl. v. 3. Nov. 1893, 6. Juni und 16. Sept 1896, 6. März und 24. April 1897 (Centr.Bl. f. d. Unterr.Verw. 1893 S. 770, 1896 S. 508 u. 640, 1897 S. 365 u. 427). Auf Grund dieser Vorschriften empfiehlt es sich, vor Vornahme einer Änderung an einem Gegenstande der gedachten Art durch Vermittelung des Konsistoriums eine Äußerung des Regierungspräsidenten bezw. des Provinzialkonservators herbeizuführen, ohne daß daraus eine Verpflichtung der Kirchengemeinden folgt, allen Anforderungen derselben unbedingt zu genügen.

Vgl. hierzu die im wesentlichen übereinstimmende Mitteilung des Evangelischen Oberkirchenrats an die 5. ordentliche Generalsynode betr. den Denkmalschutz v. 9. Sept. 1903 (Drucksache Nr. 59).

§. 30. Begräbnisplätze, welche — wie im Zweifel anzunehmen (§§. 183, 190 A. L.-R. II, 11) — den Kirchen gehören, stehen unter Verwaltung des Gemeinde-Kirchenrats. Derselbe hat für Wahrung ihres kirchlichen Charakters auch bei Erneuerungen und Erweiterungen Sorge zu tragen. Um dies Ziel auch bei Neuanlagen in Gemeinden außerhalb des Kirchorts zu erreichen, empfiehlt sich die Eintragung im Grundbuch auf den Namen der Kirchengemeinde mit ausdrücklichem Vorbehalt der Benutzung und der Unterhaltungspflicht für die örtlich zunächst Beteiligten (§. 761 A. L.-R. II, 11).

Im Falle der Anlegung von Kommunalbegräbnisplätzen hat der Gemeinde-Kirchenrat bei dem Ortsvorstande bezw. den Staatsbehörden für rechtzeitige Sicherstellung des religiösen Interesses in betreff der Einweihung, der zum Schutze gegen Entheiligung, Unfug bei Beerdigungen, Ärgernis gebende Grabschriften u. dgl. notwendigen Aufsicht, sowie der sonst erforderlichen Rücksichten auf die Kirchengemeinde und das kirchliche Amt Sorge zu tragen (vgl. Min.-Erl. v. 26. Juli 1864 — M.-Bl. f. d. i. V. S. 154 — u. v. 27. April 1886, K. G.- u. V.-Bl. S. 75), auch weiter über Wahrung dieser Interessen, nötigenfalls durch Anrufung der Obrigkeit, zu wachen.

Zur Anlegung neuer Begräbnisplätze ist die Genehmigung des Regierungspräsidenten erforderlich (Art. 24 Nr. 6 Ges. v. 3. Juni 1876, Art. I Nr. 2 Allerh. Verordn. v. 30. Jan. 1893). Der Gemeinde-Kirchenrat berichtet dieserhalb, sowie bei Erweiterung bestehender Begräbnisplätze, unter Beachtung der Vorschriften über Erwerbung von Grundstücken (§. 28) und unter Miteinreichung einer polizeilichen Bescheinigung über die gesundheitlichen Erfordernisse (nötigenfalls eines Kreisphysikatsattestes), an das Konsistorium, welches seinerseits im Benehmen mit der Bezirksregierung das weitere veranlaßt. Auch zur Schließung und veränderten Benutzung von Begräbnisplätzen bedarf es der Genehmigung der Staatsbehörde (Art. 24 Nr. 6 a. a. O.).

Zu § 30.

Teil II Tit. 11 A.L.R. § 183: Kirchhöfe oder Gottesäcker und Begräbnisplätze, welche zu den einzelnen Kirchen gehören, sind der Regel nach Eigentum der Kirchengesellschaften. § 190. Wo der Kirchhof erweislich nicht der Kirchengesellschaft, sondern der Stadt- oder Dorfgemeine gehört, da kann jedes Mitglied der Gemeine, ohne Unterschied der Religion, auf das Begräbnis daselbst Anspruch machen. § 189. Auch die im Staat aufgenommenen Kirchengesellschaften der verschiedenen Religionsparteien dürfen einander wechselweise, in Ermangelung eigener Kirchhöfe, das Begräbnis nicht versagen.

1. Für das kirchliche Eigentum am Begräbnisplatz spricht die gesetzliche Vermutung. Wird das Eigentum von anderen in Anspruch genommen, so haben diese ihren Anspruch zu beweisen. Eigentum der Kirchengemeinde bleibt auch derjenige Teil des Begräbnisplatzes, welcher zu Erbbegräbnissen vergeben worden ist. Vgl. Anm. 11 zu § 28.

Ist die Erweiterung oder die Anlegung eines neuen Begräbnisplatzes notwendig, so ist grundsätzlich, insbesondere da, wo der vorhandene Begräbnisplatz Eigentum der Kirchengemeinde ist, darauf Bedacht zu nehmen, daß auch der neue Platz als kirchlicher Begräbnisplatz eingerichtet wird. Der Gemeindekirchenrat hat einen geeigneten Platz auszuwählen, einen Beschluß der kirchlichen Körperschaften über den Erwerb des Grundstücks und die Deckung des Kaufpreises herbeizuführen und ihn nebst den Katastermaterialien und einer Grundstückstaxe dem Konsistorium einzureichen. Zur Anlage bedarf es der landespolizeilichen Genehmigung des Regierungspräsidenten. Dieser veranlaßt (unentgeltlich) die Untersuchung des Grundstücks durch den Kreisarzt; läßt der Gemeindekirchenrat diese Untersuchung selbst vornehmen, so muß er die Kosten bezahlen. — Zur Anlegung kommunaler Begräbnisplätze bedarf es der Genehmigung der Ortspolizeibehörde. Zur Wahrung der kirchlichen Interessen hat der Gemeindekirchenrat mit dem Ortsvorstand bezw. Amtsvorsteher wegen des Erlasses einer Friedhofsordnung zu verhandeln und nötigenfalls an das Konsistorium zu berichten, das mit dem Regierungspräsidenten wegen Wahrung der kirchlichen Interessen ins Benehmen tritt.

2. Die Schließung eines Kirchhofs bedarf der Genehmigung des Regierungspräsidenten, der dieselbe auch aus polizeilichen Gründen anordnen kann (Verordn. v. 9. Sept. 1876 G.S. S. 315 Art. III Ziff. 4). Die gewöhnliche Verwesungsfrist beträgt 40 Jahre (A.K.O. v. 8. Jan. 1830, Vogt, Kirchenrecht S. 223); diese Frist kann durch den Regierungspräsidenten verkürzt werden nach Allerh. Erl. v. 17. April 1893 — Min.Bl. f. d. inn. Verw., 1893 S. 127.

3. Nach Art. 133 E.G. zum B.G.B. sind die landesgesetzlichen Vorschriften über das Recht zur Benutzung eines Platzes auf einer öffentlichen Begräbnisstätte unberührt geblieben. Das gilt insbesondere auch für Erbbegräbnisse, d. h. für das bestimmten Personen eingeräumte Recht, einen Teil des der Kirchengemeinde gehörigen Begräbnisplatzes für sich und ihre Erben zu benutzen. Dieses Recht kann unter Lebenden überhaupt nicht, von Todeswegen nur auf Nachkommen übertragen werden (§§ 681, 682 II 11 A.L.R.). Das Recht auf ein Erbbegräbnis kann auch durch (44jährige) Ersitzung erworben werden (§§ 629—631 I 9 A.L.R., Urteil d. R.G. v. 30. Okt. 1901 K.G. u. B.Bl. 1903 S. 7). Die Schließung des Kirchhofes hindert die Benutzung des Erbbegräbnisses nicht ohne weiteres. Ist eine solche Benutzung aus polizeilichen Gründen unzulässig, so sind die Berechtigten durch Anweisung eines anderen Platzes zu entschädigen. Wegen dieser Schwierigkeiten ist bei der Vergebung eines Erbbegräbnisses oder allgemein in der Friedhofsordnung eine Bestimmung dahin aufzunehmen, daß das Recht auf das Erbbegräbnis erlischt, wenn der Kirchhof geschlossen wird.

Im Interesse einer ordnungsmäßigen Verwaltung hat der Gemeindekirchenrat dafür zu sorgen, daß eine Friedhofsordnung aufgestellt wird. Die wichtigsten Bestimmungen derselben sind im Bedarfsfalle auf einer Tafel am Eingang zum Begräbnisplatz bekannt zu machen. Das Beispiel einer Friedhofsordnung — nach den amtlichen Mitteilungen des Konsistoriums der Provinz Brandenburg, 1895 S. 121 — s. Anlage I.

Zum Schutz von Ruhe und Ordnung auf den Begräbnisplätzen bestehen eine Reihe strafrechtlicher Bestimmungen: § 123 St.G.B. (Hausfriedensbruch: die Verfolgung tritt nur auf Antrag ein, der vom Gemeindekirchenrat zu stellen ist), § 167 St.G.B. (Störung gottesdienstlicher Feiern auf dem Begräbnisplatz), § 168 St.G.B. (Leichenraub), § 304 St.G.B. (Grabmalsschändung), § 18 des Feld- und Forstpolizeigesetzes v. 1. April 1880 — G.S. S. 230 — (Schutz der gärtnerischen Anlagen auf dem Begräbnisplatz).

§. 31. Kapitalien, welche zum ursprünglichen Dotationsvermögen (Fundation) der Kirche oder eines kirchlichen Instituts gehören, oder diesem Vermögen hinzutreten, und solche, welche für veräußerte Grundstücke und zur Vermögenssubstanz gehörige Nutzungen (Holzabtriebe, Bergwerkserzeugnisse, Steine, Torf 2c., §§. 30 ff. A. L.-R. I, 21) oder für abgelöste Rechte einkommen, sollen vom Gemeinde-Kirchenrat in erster Linie sichergestellt, gegen jede Verringerung geschützt und, wenn sie zurückgezahlt werden, schleunig wieder vorschriftsmäßig angelegt werden.

Die Verwendung von Kapitalbeständen für laufende Bedürfnisse ist nur mit Genehmigung des Konsistoriums zulässig (V.-A.-G. §. 1 Nr. 11, Allerh. Verordn. v. 8. März 1893, Art. II).

Auch sonstige Gelder, welche verfügbar und nicht in naher Zeit zu anderen Ausgaben zu verwenden sind, hat der Gemeinde-Kirchenrat im Interesse der Kirche tunlichst bald zinsbar zu belegen, widrigenfalls er zum Ersatze der entgangenen Nutzung verpflichtet ist (§§. 634 f. A. L.-R. II, 11; §. 39 Abs. 5 Vormundsch.-Ordn. v. 5. Juli 1875, G.-S. S. 431). Dabei ist die Vermischung verschiedener Fonds möglichst zu vermeiden.

Zu beachten ist, daß kirchliche Darlehne an die Vorgesetzten der kirchlichen Verwaltung überhaupt nicht, an Patrone, Pfarrer, Älteste und Gemeindevertreter nur mit ausdrücklicher Genehmigung des Konsistoriums und in allen Fällen nur gegen eine solche Sicherheit, wie sie für das Vermögen bevormundeter Personen vorgeschrieben ist (pupillarische Sicherheit), ausgeliehen werden dürfen (§§. 636, 641 ff. A. L.-R. II, 11; §. 1 Nr. 10c V.-A.-G.; §. 39 Vormundsch.-Ordn. v. 5. Juli 1875). Auch eine unter besonderen Umständen, etwa an Stelle der Ausleihung, zweckmäßig erscheinende zeitweilige Überlassung von Geldern eines selbständigen kirchlichen Fonds (Instituts) an einen anderen solchen Fonds derselben Kirchengemeinde ist nicht vorzunehmen ohne vorgängige Genehmigung des Patronats und der Aufsichtsbehörde. Letztere wird nur auf Grund eines für Kapital und Zinsen genügende Gewähr leistenden Beschlusses der Gemeindekörperschaften zu erteilen sein. Anderenfalls finden die Vorschriften wegen stiftungswidriger Verwendung Anwendung (§. 18 Abs. 2).

Die Prüfung der Sicherheit (§. 32) und die Bestimmung über die zinsbare Belegung steht auch bei Kapitalien, welche dem Nießbrauche von Stelleninhabern unterliegen, vorbehaltlich der Vorschriften über die Genehmigung des Patrons und der Aufsichtsbehörde (§. 33), nach Benehmen mit dem Nießbraucher dem Gemeinde-Kirchenrat zu (§§. 101 ff. A. L.-R. I, 21). Wenn derselbe es unterläßt, die Bestimmungen für Anlegung kirchlicher Gelder zu beachten, werden die Mitglieder desselben für den entstehenden Schaden mit ihrem Vermögen haftbar.

Die Vorschriften in betreff Feststellung der Sicherheit (§. 32), wie in betreff Genehmigung des Patrons und der Aufsichtsbehörde (§. 33) greifen auch bei etwaigen Anträgen des Schuldners auf Verminderung der dargebotenen Sicherheit durch Pfandentlassung u. dgl. Platz.

Zu § 31.

1. Dotationskapitalien sind Stiftungen, Vermächtnisse, bei denen die Konservierung des Stammkapitals verordnet ist, Erlös veräußerter Kirchengrundstücke, die für die Ablösung von Abgaben, Leistungen und Diensten gezahlten Ablösungsbeträge, Erbstandsgelder für Vererbpachtungen, die für den Verzicht auf vertragsmäßige Vorkaufsrechte aus Erbpachtverträgen gezahlten Beträge u. ä. Den Gegensatz zu den Dotationskapitalien bilden diejenigen Kapitalien, welche aus Revenüenüberschüssen angesammelt sind (cfr. § 1 Ziff. 5 u. Ziff. 11 Kirchengeſ. v. 18. Juli 1892, K.G. u. V.Bl. 1893 S. 9). Dotationskapitalien sind im Falle zeitweiliger Verwendung regelmäßig nach einem vorher festgestellten Plane wiederherzustellen, Kapitalbestände (ersparte Kapitalien aus Einkommensüberschüssen) dagegen können mit kirchenaufsichtlicher Genehmigung ohne Restitutionspflicht verbraucht werden. Vgl. Anm. 2 zu § 18.

2. Anlegung von Kirchenkapitalien.

§ 636 II, 11 A.L.R. Kirchenkapitalien sollen in der Regel nicht anders, als gegen gerichtliche Sicherheit und Eintragung auf unbewegliche Güter, ausgeliehen werden.

§ 641 a. a. O. Dem Patron selbst dürfen das Kirchenkollegium, der Pfarrer und die Vorsteher, bei eigener Vertretung ohne besondere Genehmigung der geistlichen Oberen keine Kirchengelder zum Darlehn geben oder sonst überlassen.

§ 642 a. a. O. Ein Gleiches gilt von Darlehen, die einem Vorsteher oder Mitgliede des Kirchenkollegii oder auch dem Pfarrer gemacht werden sollen.

§ 643 a. a. O. Die geistlichen Oberen machen sich der Kirche verantwortlich, wenn sie ohne eine solche Sicherheit, als die Gesetze bei Verleihung der Mündelgelder aus dem gerichtlichen Depositorio erfordern, in dergleichen Darlehne (§§ 641, 642) willigen.

§ 644 a. a. O. An Personen, welche zu den geistlichen Oberen gehören, dürfen weder die Vorsteher noch der Patron oder die Kirchenkollegia bei eigener Verantwortung Darlehne aus dem Kirchenvermögen machen.

Die **Allgemeine Depositalordnung für die Ober- und Untergerichte** der sämtlichen Preußischen Lande v. 15. Sept. 1783 bestimmte in Tit. I:

„§ 45. Es können also dergleichen Darlehne (von Pupillen-Geldern an Privat-Personen) nur gegen Realversicherung mit unbeweglichen Grundstücken stattfinden.

§ 46. Auch auf dergleichen unbewegliche Pfänder sollen Depositat-Anleihen nicht über die Hälfte ihres Wertes vorgestreckt werden.

§ 47. Der Wert ist nach gerichtlich ausgefertigten Hypothekenscheinen und unverdächtigen Erwerbsdokumenten, nach landschaftlichen oder gerichtlichen Taxen, aus einzufordernden Pacht- nnd Mietskontrakten, mehrjährigen Administrations-Rechnungen usw. mit gehöriger Vorsicht zu beurteilen."

Nach den Vorschriften der Depositalordnung ist einige Zeit bei Ausleihung kirchlicher Gelder verfahren worden, was aber zu Unzuträglichkeiten geführt zu haben scheint, denn in einem Reskript v. 26. Nov. 1799 (N.C.C. Tom. X pag. 2689, Rabe Bd. V S. 636) heißt es: „Wir haben Euren Bericht, worin Ihr nachsucht, daß den geistlichen Behörden nachgelassen werde, die ihnen zuständigen Kapitalien auf Landgüter innerhalb $^2/_3$ des Wertes derselben belegen zu dürfen, erhalten und lassen Euch zur Resolution erteilen, daß außer dem Fall, da dem Patron oder einem Mitgliede eines Kirchenkollegii oder dem Pfarrer Anleihen von Kirchen- oder anderen milden Stiftungen gegeben werden (als in welchem Falle die in der Deposital-Ordnung bei Darlehen aus dem General-Deposito vorgeschriebenen Grundsätze zur Richtschnur dienen) Kapitalien der piorum corporum auf eingetragene Hypothek bei städtischen Grundstücken innerhalb der ersten Hälfte, bei Landgütern innerhalb der ersten zwei Drittel des Wertes ausgeliehen werden können." Diese Anordnung beruht anscheinend auf der Vorschrift des § 188 Teil I Tit. 14 A.L.R. über die

Sicherheit von Kautionen durch Verpfändung von Grundstücken, während über die Anlegung von Mündelgeldern im A.L.R. folgende Vorschriften enthalten waren:

§ 471 II 18 A.L.R. Auch gegen gerichtliche Sicherheit darf der Vormund Kapitalien seiner Pflegebefohlenen ohne Vorwissen und Genehmigung der Obervormundschaft nicht ausleihen.

§ 472 a. a. O. Bei Prüfung der Sicherheit müssen der Vormund sowohl, als die Obrigkeit die gewöhnliche Aufmerksamkeit eines vernünftigen Hausvaters anwenden.

Nach welchen Grundsätzen die gerichtliche Sicherheit zu prüfen sei, ist nirgends, weder zum § 472 II 18 noch zum § 636 II 11 A.L.R., verordnet, nur negativ ist im Anhang § 160 zu § 472 II 18 a. a. O. bestimmt, daß die in der Depositalordnung für die Darlehen aus dem Generaldepositorio vorgeschriebene strenge depositalmäßige Sicherheit nicht erforderlich sei. Eine Fixierung der Grundsätze über die Prüfung der Sicherheit zu geben, hat der Gesetzgeber absichtlich unterlassen, wie aus folgender Äußerung von Suarez in der rev. mon. (Ges.Rev. Pens. VII S. 192) hervorgeht: „Verschiedene Monenten und selbst Herr von Groemann wollen hier (d. h. bei § 472 II, 18 a. a. O.) durchaus nähere Bestimmungen zur Beurteilung der Sicherheit haben, ich halte aber dieselben teils für unmöglich, teils für schädlich oder doch unnütz. Will man strenge gehen, so bleiben die Pupillenkapitalien ungenützt liegen. Laxere Grundsätze im Gesetz förmlich zu etablieren ist äußerst gefährlich. Man tut also besser, wenn man bei der allgemeinen Bestimmung des Paragraphen stehen bleibt. Der Gedanke, daß sie culpam levem vertreten müssen, ist hinlänglich, Vormünder und Pupillenkollegia im Zaune zu halten, daß sie nicht zu weit gehen. Oft aber sind die Umstände so, daß auch ein vorsichtiger Hausvater nicht Anstand nehmen würde, ein Darlehn über ²/₃ des Wertes eines Grundstückes zu bewilligen. Für solche Fälle muß man den Pupillenkollegiis nicht zu sehr die Hände binden."

Hieraus ergibt sich, daß es an einer bestimmten gesetzlichen Vorschrift fehlt, wie die im § 636 II 11 A.L.R. — also abgesehen von den besonderen Fällen der §§ 641, 642 a. a. O. — vorgeschriebene Sicherheit festzustellen ist. Auch im § 1 Ziff. 10b des Kirchenges. v. 18. Juli 1892 (K.G. u. V.Bl. 1893 S. 9) ist nur von „erster Sicherheit" ohne nähere Erklärung, was darunter zu verstehen ist, die Rede. Die Kabinetsorder v. 11. Juli 1845 (G.S. S. 485), welche Gesetzeskraft besitzt, hatte allerdings unter Ziff. 1 bestimmte Grundsätze über die Sicherheit bei Ausleihung von Kirchenkapitalien, indessen nur unter dem Gesichtspunkte, daß es bei Beobachtung dieser Sicherheitsgrundsätze einer Anzeige bezw. Genehmigung nicht bedürfe, ausgesprochen, ihre diesbezügliche Vorschrift ist aber infolge des § 1 Ziff. 10 und des § 2 Kirchenges. v. 18. Juli 1892 (K.G. u. V.Bl. 1893 S. 9) in Verbindung mit dem Staatsges. v. 8. März 1893 (G.S. S. 21) obsolet geworden.

Das erste Preußische Gesetz, welches bestimmte Vorschriften über die Prüfung der Sicherheit der Mündelhypotheken enthielt, war die Vormundschaftsordnung v. 5. Juli 1875 (G.S. S. 431) in ihrem § 39, jedoch fehlten in Abs. 3 dieses Paragraphen in der Regierungsvorlage die lästigen Taxvorschriften, welche ein Zusatz des Landtages sind. Auch im § 1 II 6 Allg. Ger.Ord., welcher von der Veranlassung zur Aufnahme gerichtlicher Taxen handelt, ist von einer Prüfung der Sicherheit von Hypotheken noch keine Rede.

Wenn also das Reskript des Min. d. geistl. Ang. v. 30. Sept. 1875 — G I 5252 — (Allg. Kirchenbl. f. d. evang. Deutschland 1876 S. 323) — wahrscheinlich auf Grund der §§ 228 und 623 II, 11 A.L.R., welche Bestimmungen aber keine sichere rechtliche Unterlage bieten, weil die §§ 636 ff. a. a. O. Spezialvorschriften enthalten — den § 39 l. c. auf die Ausleihung von kirchlichen Kapitalien für anwendbar erklärt hat und wenn im § 32 der Verw.Ord. die im § 39 l. c. vorgeschriebene Art als zulässige Art der Belegung kirchlicher Gelder bezeichnet ist, so sind dies hiernach nur Verwaltungsvorschriften der Aufsichtsbehörden, welche aber von den nachgeordneten Organen der kirchlichen Vermögensverwaltung regelmäßig zu beobachten sind.

3. Einstweilige Belegung von Kirchenkapitalien.

§ 634 II 11 A.L.R. Sobald aus den Einkünften der Kirche ein Bestand von 50 Talern oder mehr erübrigt werden kann, müssen die Vorsteher für dessen sichere und zinsbare Unterbringung zum Besten der Kirche sorgen.

§ 635 a. a. O. Solange sich zu einer solchen Unterbringung gegen höhere Zinsen unter gesetzmäßiger Sicherheit keine Gelegenheit findet, müssen dergleichen aufgesammelte Kapitalien bei der Königlichen Bank belegt werden.

An die Stelle der Königlichen Bank ist nach dem Reichsbankges. v. 14. März 1875 (R.G.Bl. S. 177) die Reichsbank getreten, bei welcher auf Grund des Vertrages zwischen Preußen und dem Deutschen Reiche v. 17./18. Mai 1875 (a. a. O. S. 217) in Verbindung mit dem Preuß. Ges. v. 19. Juni 1875 (G.S. S. 368) Kirchengelder unter Garantie der Staatskasse angelegt werden konnten. Dies ist seit dem 1. Dez. 1878 nicht mehr möglich, da die Reichsbank das Vertragsverhältnis zum genannten Termin gekündigt hat und seitdem Gelder von Kirchengemeinden zur zinsbaren Belegung nicht annimmt, wodurch übrigens die Niederlegung von Wertpapieren bei der Reichsbank nicht berührt ist.

4. Zeitweilige Überlassung von Geldern eines kirchlichen Fonds (Instituts) an einen andern, sei es gegen Verzinsung und planmäßige Tilgung (Amortisation) oder Rückzahlung in bestimmter kurzer Frist, bedarf zwar als eine wesentliche Veränderung in der Substanz kirchlichen Vermögens der Genehmigung des Patronats und der kirchlichen Aufsichtsbehörde, nicht aber der Zustimmung der Staatsaufsichtsbehörde, weil es sich nicht um eine wirkliche Anleihe handelt, da zwischen den einzelnen kirchlichen Fonds (Kirchen-, Pfarr-, Küstereivermögen) keine Rechtsgeschäfte abgeschlossen werden können (Beschlüsse des K.G. v. 14. Febr. 1881, Entsch. Bd. 2 S. 105, v. 7. März 1898, Entsch. Bd. 18 S. 63 und v. 9. Dez. 1901 in der Grundbuchsache Werder Bd. 12 Blatt 79, Urteil des R.G. v. 13. Okt. 1894, Gruchot, Bd. 40 S. 385. Vgl. Anm. 2 zu § 50)

5. Die Entscheidung über die mündelsichere Art der Anlegung von Kirchengeldern, d. h. die Auswahl unter den zulässigen verschiedenen Arten steht dem Gemeindekirchenrat selbständig — und zwar unter Genehmigung des Patrons, falls solche erforderlich — zu. Ein Eingreifen der kirchlichen Aufsichtsbehörde in die Selbständigkeit der örtlichen kirchlichen Organe bei der Auswahl erscheint nicht zulässig. Dagegen kann die kirchliche Aufsichtsbehörde, wenn es sich um Gewährung von Beihülfen handelt, die Anlegung kirchlicher Gelder unter dem Gesichtspunkt nachprüfen, ob die örtlichen Mittel in vollem Maße wirtschaftlich nutzbringend angelegt sind (Erl. d. E.O. v. 27. Aug. 1901 — I. 5508).

§. 32. Für die Ausleihung kirchlicher Gelder eignen sich (vgl. §. 39 Vormundsch.-Ordn.):

1. Hypotheken oder Grundschulden, wenn sie bei ländlichen Grundstücken innerhalb der ersten zwei Dritteile der ritterschaftlichen, landschaftlichen, gerichtlichen oder Steuertaxe, bei städtischen innerhalb der ersten Hälfte der Taxe einer öffentlichen Feuerversicherungs-Gesellschaft oder des gerichtlichen Taxwerts, oder wenn sie innerhalb des 15fachen Betrages des Grund-

steuerreinertrages der Liegenschaft zu stehen kommen (in der Regel nur zur ersten Stelle);

2. mit staatlicher Genehmigung ausgegebene Pfandbriefe oder Schuldverschreibungen solcher Kreditinstitute, welche, durch Vereinigung von Grundbesitzern gebildet, mit Korporationsrechten versehen sind und nach ihren Statuten die in Nr. 1 gedachten Beleihungsgrenzen beobachten;
3. Schuldverschreibungen, welche von dem Deutschen Reiche oder von einem Deutschen Bundesstaate mit gesetzlicher Ermächtigung ausgestellt oder hinsichtlich der Verzinsung gesetzlich garantiert sind, bezw. Buchschulden des Preußischen Staats (Gess. v. 20. Juli 1883 u. 12. April 1886, betr. das Staatsschuldbuch, (G.-S. 1883 S. 120 u. 1886 S. 124; vgl. u. §. 39);
4. Rentenbriefe der zur Vermittelung der Ablösung von Renten in Preußen bestehenden Rentenbanken;
5. Schuldverschreibungen, welche von deutschen kommunalen Korporationen (Provinzen, Kreisen, Gemeinden ꝛc.) oder von deren Kreditanstalten ausgestellt und entweder seitens der Inhaber kündbar sind, oder einer regelmäßigen Amortisation unterliegen;
6. die einstweilige zinsbare Belegung von Geldern bei einer öffentlichen, obrigkeitlich bestätigten Sparkasse, oder bei der Seehandlung (Min.-Erl. v. 29. April 1882, R. (G.- u. V.-Bl. S. 56 f.), welche einzutreten hat, soweit Barbestände nicht in einer der vorstehenden Arten (Nr. 1—5) angelegt werden können.

Zu § 32.

1. Der § 39 der Preuß. Vormundschaftsordnung vom 5. Juli 1875 (G.S. S. 431) ist gemäß Art. 55 Einf.Ges. z. B.G.B. als eine privatrechtliche Vorschrift eines Landesgesetzes am 1. Jan. 1900 außer Kraft getreten. Auch ist die Vormundschaftsordnung durch Art. 89 Nr. 30 des

Preuß. Ausf.Ges. z. B.G.B. ohne Vorbehalt ausdrücklich aufgehoben worden. Dafür gelten jetzt folgende Vorschriften:

§ 1807 B.G.B. „Die im § 1806 vorgeschriebene Anlegung von Mündelgeld soll nur erfolgen:

1. in Forderungen, für die eine sichere Hypothek an einem inländischen Grundstücke besteht, oder in sicheren Grundschulden oder Rentenschulden an inländischen Grundstücken;
2. in verbrieften Forderungen gegen das Reich oder einen Bundesstaat sowie in Forderungen, die in das Reichsschuldbuch oder in das Staatsschuldbuch eines Bundesstaats eingetragen sind;
3. in verbrieften Forderungen, deren Verzinsung von dem Reiche oder einem Bundesstaate gewährleistet ist;
4. in Wertpapieren, insbesondere Pfandbriefen, sowie in verbrieften Forderungen jeder Art gegen eine inländische kommunale Körperschaft oder die Kreditanstalt einer solchen Körperschaft, sofern die Wertpapiere oder die Forderungen von dem Bundesrate zur Anlegung von Mündelgeld für geeignet erklärt sind;
5. bei einer inländischen öffentlichen Sparkasse, wenn sie von der zuständigen Behörde des Bundesstaats, in welchem sie ihren Sitz hat, zur Anlegung von Mündelgeld für geeignet erklärt ist.

Die Landesgesetze können für die innerhalb ihres Geltungsbereichs belegenen Grundstücke die Grundsätze bestimmen, nach denen die Sicherheit einer Hypothek, einer Grundschuld oder einer Rentenschuld festzustellen ist."

§ 1808 B.G.B. „Kann die Anlegung den Umständen nach nicht in der im § 1807 bezeichneten Weise erfolgen, so ist das Geld bei der Reichsbank, bei einer Staatsbank oder bei einer anderen durch Landesgesetz dazu für geeignet erklärten inländischen Bank oder bei einer Hinterlegungsstelle anzulegen."

§ 1811 B.G.B. „Das Vormundschaftsgericht kann aus besonderen Gründen dem Vormunde eine andere Anlegung, als die in den §§ 1807, 1808 vorgeschriebene gestatten."

Wegen der Reichsbank vgl. Anm. 3 zu § 31. — In Preußen besteht als einzige Staatsbank die Seehandlung in Berlin, welche durch Patent v. 14. Okt. 1772 (Raabe, Bd. I Abt. 4 S. 369) als Seehandlungsgesellschaft gegründet, laut Edikt v. 27. Okt. 1810 (G.S. S. 25) vom Staate übernommen und durch Kab.Ordre v. 17. Jan. 1820 (G.S. S. 25) neu geregelt ist. Sie ist ein Staatsbankhaus, welches neben der Begebung der

Anleihen des Preußischen Staates auch Bankgeschäfte betreibt. — Die Anlegung von Mündelgeldern bei einer ordentlichen Hinterlegungsstelle findet in Preußen nicht statt, vgl. unten Art. 76 Abs. 2 Preuß. Ausf.-Ges. z. B.G.B.

Art. 212 Einf.Ges. z. B.G.B. „In Kraft bleiben die landesgesetzlichen Vorschriften, nach welchen gewisse Wertpapiere zur Anlegung von Mündelgeld für geeignet erklärt sind."

Art. 73 Preuß. Ausf.Ges. z. B.G.B. „§ 1. Eine Hypothek, eine Grundschuld oder eine Rentenschuld an einem in Preußen belegenen Grundstück ist für die Anlegung von Mündelgeld als sicher anzusehen, wenn sie innerhalb des Fünfzehnfachen oder, sofern ihr kein anderes der Eintragung bedürfendes Recht im Range vorgeht oder gleichsteht, innerhalb des Zwanzigfachen des staatlich ermittelten Grundsteuerreinertrags oder bei einem ländlichen Grundstück innerhalb der ersten zwei Drittel, bei einem städtischen Grundstück innerhalb der ersten Hälfte des Wertes zu stehen kommt.

Der Wert ist bei ländlichen Grundstücken durch Taxe einer Preußischen öffentlichen Kreditanstalt, die durch Vereinigung von Grundbesitzern gebildet ist und durch staatliche Verleihung Rechtsfähigkeit erlangt hat, oder durch Taxe einer Preußischen provinzial-(kommunal-) ständischen öffentlichen Grundkreditanstalt oder durch gerichtliche Taxe, bei städtischen Grundstücken in gleicher Weise oder durch Taxe einer öffentlichen Feuerversicherungsanstalt festzustellen.

§ 2. Statt des Zwanzigfachen des Grundsteuerreinertrags ist bei Grundstücken, die von einer Kreditanstalt der im § 1 Abs. 2 bezeichneten Art satzungsgemäß ohne besondere Ermittelungen bis zu einem größeren Vielfachen beliehen werden können, das größere Vielfache, sofern es jedoch den dreißigfachen Betrag übersteigt, dieser Betrag maßgebend.

Für einzelne Bezirke kann durch Königliche Verordnung statt des Zwanzigfachen des Grundsteuerreinertrags ein das Vierzigfache nicht übersteigendes größeres Vielfaches bestimmt werden."

Art. 74 Preuß. Ausf.Ges. z. B.G.B. „Zur Anlegung von Mündelgeld sind außer den im § 1807 des Bürgerlichen Gesetzbuchs bezeichneten Forderungen und Wertpapieren geeignet:

1. die Rentenbriefe der zur Vermittelung der Ablösung von Renten in Preußen bestehenden Rentenbanken;
2. die Schuldverschreibungen, welche von einer Deutschen kommunalen Körperschaft oder von der Kreditanstalt einer solchen Körperschaft oder mit Genehmigung der staatlichen Aufsichts-

behörde von einer Kirchengemeinde oder einem kirchlichen Verband ausgestellt und entweder von seiten der Inhaber kündbar sind oder einer regelmäßigen Tilgung unterliegen;

3. die mit staatlicher Genehmigung ausgegebenen Pfandbriefe und gleichartigen Schuldverschreibungen einer Kreditanstalt der im Art. 73 § 1 Abs. 2 bezeichneten Art;

4. die auf den Inhaber lautenden Schuldverschreibungen, welche von einer Preußischen Hypotheken-Aktien-Bank auf Grund von Darlehen an Preußische Körperschaften des öffentlichen Rechtes oder von Darlehen, für welche eine solche Körperschaft die Gewährleistung übernommen hat, ausgegeben sind."

Art. 75 Preuß. Ausf.Ges. z. B.G.B. „§ 1. Eine in Preußen bestehende öffentliche Sparkasse kann durch den Regierungspräsidenten im Einvernehmen mit dem Landgerichtspräsidenten zur Anlegung von Mündelgeld für geeignet erklärt werden. Die Erklärung kann zurückgenommen werden.

Die Erklärung und die Rücknahme sind durch das Amtsblatt bekannt zu machen.

§ 2. Ist vor dem Inkrafttreten des Bürgerlichen Gesetzbuchs ein Sparkassenbuch außer Kurs gesetzt, so ist zur Erhebung des Geldes die Genehmigung des Gegenvormundes oder des Vormundschaftsgerichts erforderlich."

Art. 76 Preuß. Ausf.Ges. z. B.G.B. „Im Falle des § 1808 des Bürgerlichen Gesetzbuchs kann die Anlegung von Mündelgeld bei der Preußischen Centralgenossenschaftskasse oder einer sonstigen Preußischen öffentlichen Bankanstalt (Landesbank, landschaftlichen, ritterschaftlichen Darlehnskasse usw.) und, wenn die von einer Preußischen Privatbank ausgestellten Wertpapiere durch den Bundesrat zur Anlegung von Mündelgeld für geeignet erklärt sind oder eine Preußische Privatbank nach Maßgabe des Art. 85 für die Hinterlegung von Wertpapieren als Hinterlegungsstelle bestimmt ist, bei einer solchen Privatbank erfolgen.

Die Anlegung bei den ordentlichen Hinterlegungsstellen (Hinterlegungsordnung vom 14. März 1879, Gesetz-Samml. S. 249) findet nicht statt."

2. Der § 1807 Abs. 1 Ziff. 1 B.G.B. spricht von „inländischen" Grundstücken, folglich können nicht bloß preußische, sondern auch Grundstücke, welche außerhalb Preußens, im Deutschen Reiche, liegen, mit Mündelgeldern beliehen werden. Da aber bei Beleihung von außer-

preußischen Grundstücken gemäß dem Vorbehalt im § 1807 Abs. 2 B.G.B. die in dem betreffenden Bundesstaate geltenden Sicherheitsgrundsätze maßgebend sind, indem Art. 73 § 1 Preuß. Ausf.Ges. z. B.G.B. sich nur auf in Preußen belegene Grundstücke bezieht, so sind Kirchengelder regelmäßig nur auf letztere auszuleihen, weil die Prüfung der in anderen Bundesstaaten geltenden Sicherheitsvorschriften mit Schwierigkeiten verknüpft ist. Auf außerdeutsche Grundstücke sind Kirchengelder grundsätzlich nicht zu vergeben, da ein Anlaß, diese Anlegung auf Grund des § 1811 B.G.B. zu gestatten, kaum jemals vorhanden sein wird.

3. Der Art. 73 § 1 Preuß. Ausf.Ges. z. B.G.B. statuiert anknüpfend an die Praxis des Allg. Landrechts (§ 343 I 5, § 188 I 14, §§ 151 u. 170 I 21 A.L.R.) und den § 39 der Vormundschaftsordnung v. 5. Juli 1875 einen dem B.G.B. fremden Unterschied zwischen ländlichen und städtischen Grundstücken. Derselbe beruht nach dem Justiz-Min.Reskr. v. 7. Okt. 1825 (Anm. zu § 188 I 14 A.L.R. in Rönne's Ergänzungen zum Allg. Landrecht) darauf, daß bei den ersteren die Feldwirtschaft, bei den letzteren die Gebäude den Hauptnutzen gewähren, während es auf die Lage der Grundstücke — ob auf dem platten Lande oder in einer Stadt — an sich nicht ankommt. Die Eigenschaft zusammengesetzter Besitzungen ist nach der hauptsächlichen Nutzung zu beurteilen, vgl. Förster-Eccius Pr. Priv.R., 6. Aufl. 1892, Bd. 1 § 21 Anm. 10.

4. Taxen:

a) einer Preußischen öffentlichen Kreditanstalt, die durch Vereinigung von Grundbesitzern gebildet ist und durch staatliche Verleihung Rechtsfähigkeit erlangt hat. Als solche sind zu nennen 1. die Ostpreußische Landschaft, 2. die Westpreußische Landschaft, 3. die Neue Westpreußische Landschaft, 4. die Pommersche Landschaft, 5. die Neue Pommersche Landschaft, 6. die Posener Landschaft, 7. der Neue landschaftliche Kreditverein für die Provinz Posen, 8 die Schlesische Landschaft, 9. das Kur- und Neumärkische Ritterschaftliche Kreditinstitut, 10. das Neue Brandenburgische Kreditinstitut, 11. die Landschaft der Provinz Sachsen, 12. die Landschaft der Provinz Westfalen, 13. das Kreditinstitut für die Preußische Ober- und Niederlausitz; 14. die Zentrallandschaft für die Preußischen Staaten, 15. das Ritterschaftliche Kreditinstitut des Fürstentums Lüneburg, 16. der Kalenberg-Grubenhagen-Hildesheimsche Ritterschaftliche Kreditverein, 17. der Bremensche Ritterschaftliche Kreditverein, 18. die Schleswig-Holsteinische Landschaft, 19. der Landschaftliche Kreditverband für die Provinz Schleswig-Holstein, 20. das Berliner Pfandbrief-Institut.

b) einer Preußischen provinzial-(kommunal-)ständischen öffentlichen Grundkreditanstalt. Als solche sind zu nennen: 1. die

Hannoversche Landeskreditanstalt, 2. die Landeskreditkasse in Cassel; 3. die Landesbank in Wiesbaden, 4. die Landesbank der Rheinprovinz, 5. das Königliche Kreditinstitut für Schlesien.

c) des Gerichts. Reichsrechtliche Vorschriften über die gerichtliche Taxe, welche unter die Handlungen der freiwilligen Gerichtsbarkeit fällt, sind nicht ergangen, sodaß lediglich die Bestimmungen des Landesrechts maßgebend sind. Für das landrechtliche Gebiet kommt hauptsächlich Teil II Tit. 6 der Allgemeinen Gerichtsordnung für die Preußischen Staaten v. 6. Juli 1793: „Von dem Verfahren bei Aufnahme gerichtlicher Taxen" in Betracht. Darnach ist für das gerichtliche Taxverfahren das Amtsgericht der belegenen Sache zuständig, an welches der Antrag auf gerichtliche Schätzung zu richten ist. Ein einfacheres Verfahren ist bei ländlichen und städtischen Grundstücken von geringerem Wert d. h. solchen, deren Wert nach Inhalt des Grundbuches, der Erwerbsurkunden oder anderer unverdächtiger Angaben 15 000 Mark nicht übersteigt, nachgelassen (§ 86 II, 7 A.L.R., Anhang § 437 zu II, 6 Allg. Ger.Ordn., Ges. betr. die Abschätzung der Grundstücke von geringerem Wert v. 15. Juni 1840 (G.S. S. 131) und Ergänzungsges. v. 4. Mai 1857 (G.S. S. 445).

Bezüglich dieser einfacheren Taxen, welche mit den eigentlichen gerichtlichen Taxen gleichwertig sind und ihre Gültigkeit und Beweiskraft behalten, selbst wenn sich aus ihnen schließlich ein etwas höherer Wert als 15 000 Mark ergibt, ist zu bemerken, daß sie zwar keine bis in das einzelne gehende Veranschlagung, wohl aber eine genaue Beschreibung des Grundstücks enthalten müssen, sowie daß sie ebenfalls bei dem Amtsgericht, in dessen Bezirk das abzuschätzende Grundstück belegen ist, zu beantragen sind. Letzteres hat die Taxe entweder von wenigstens zwei von ihm zu beauftragenden Sachverständigen (vgl. dazu das Urteil des R.G. v. 8. März 1886 Entsch. Bd. 15 S. 284), welche auch vom Richter für geeignet erachtete sachkundige Einwohner sein dürfen, oder vom Dorfgericht aufnehmen zu lassen. Ersteres wird sich hauptsächlich für kleinere Städte empfehlen, während die dorfgerichtliche Taxe nur für das platte Land in Frage kommen kann. Die Taxe der Sachverständigen hat das Gericht entweder zu Protokoll zu nehmen, was dann erfolgen muß, wenn die Sachverständigen noch zu vereidigen sind, oder sich von denselben schriftlich einreichen zu lassen, was nach dem Ermessen des Gerichts geschehen kann, wenn die Sachverständigen als Taxatoren ein für allemal vereidigt sind. In ersterem Fall hat das Gericht das Protokoll, in letzterem Falle die seiner Prüfung unterliegende Taxe gehörig auszufertigen. Ebenso darf die dorfgerichtliche Taxe nur im Auftrage des zuständigen Amtsgerichts aufgenommen werden; sie ist demselben ebenfalls einzureichen, von ihm zu prüfen und demnächst gehörig auszufertigen (vgl. Beschluß des Kammergerichts v. 9. März 1903 — 1. Y $\frac{32/03}{22}$ —).

Über die dorfgerichtliche Taxe verhalten sich a) das Preuß. Ges. über die freiw. Gerichtsbarkeit v. 21. Sept. 1899 (G.S. S. 249) Art. 110 u. 119 Abs. 2, b) die Allg. Verfügung v 20 Dez. 1899 über das Verfahren und die Gebühren der Dorfgerichte im Geltungsbereich des Allg. Landrechts (J.M.Bl. S. 806) §§ 1 u. 59, sowie die in dem letztgenannten Paragraphen zitierten Vorschriften.

Wegen Ermittelung des Wertes städtischer Hausgrundstücke bei der Aufnahme gerichtlicher Taxen siehe Beschluß des Kammergerichts v. 17. Nov. 1902 Entsch. Bd. 25 S. A 14.

Als Rechtsmittel im gerichtlichen Taxverfahren ist die Beschwerde gemäß Art. 1, 3, 4—7 Preuß. Ges. über die freiw. Gerichtsbarkeit v. 21. Sept. 1899 (G.S. S. 249) zulässig, sodaß das Königliche Kammergericht in Berlin über das Rechtsmittel der weiteren Beschwerde in Taxsachen zu entscheiden hat.

d) Bei städtischen Grundstücken kann der Wert noch durch die Taxe einer öffentlichen Feuerversicherungsanstalt festgestellt werden, sodaß also die Taxen von Privat-Feuerversicherungsanstalten, z. B. der „Berlinischen Feuer-Versicherungs-Anstalt" oder der „Preußischen Feuer-Versicherungs-Aktiengesellschaft" nicht genügen. Dagegen sind als öffentliche Anstalten, deren Taxen für städtische Grundstücke ausreichen, besonders die „Feuersozietäten" zu nennen, welche für einzelne Landesteile bestehen und auf Gegenseitigkeit beruhen. Sie sind der öffentlichen Rechtsordnung eingegliedert und regeln ihre Rechtsverhältnisse durch Reglements. Es gibt Land-Feuer-Sozietäten a) in Ostpreußen: 1. landschaftliche, 2. Land-, 3. Städte-Feuersozietät; b) in Westpreußen: 4. landschaftliche für den westpreußischen Landschaftsbezirk, 5. Westpreußische Feuersozietät; c) in Brandenburg: 6. Städte-Feuersozietät, 7. Provinzial-Feuersozietät; d) in Pommern: 8. Provinzial-Feuersozietät; e) in Posen: 9. Provinzial-Städte-Feuersozietät; f) in Schlesien: 10. Provinzial-Land-Feuersozietät, 11. Provinzial-Städte-Feuersozietät; g) in Sachsen: 12. Land-Feuersozietät für das Herzogtum Sachsen, 13. Provinzial-Städte-Feuersozietät, 14. Magdeburger Land-Feuersozietät, 15. Ritterschaftliche Feuersozietät des Fürstentums Halberstadt; h) in Schleswig-Holstein: 16. Provinzial-Brand-Versicherungs-Anstalt; i) in Hannover: 17. Ostfriesische Feuerschadens-Versicherungs-Gesellschaft für das Land, 18. desgl. für Städte,

19. Bremen-Verdensche Brandkasse, 20. Vereinigte landschaftliche Brandkasse; k) in Westfalen: 21. Provinzial-Feuersozietät; l) in Hessen-Nassau: 22. Hessische Brand-Versicherungs-Anstalt, 23. Nassauische Brand-Versicherungs-Anstalt; m) in der Rheinprovinz: 24. Provinzial-Feuersozietät; n) in Hohenzollern: 25. Immobiliar-Feuer-Versicherungs-Anstalt. Daneben bestehen noch besondere Städte-Feuersozietäten für Berlin, Königsberg, Elbing, Thorn, Stettin, Stralsund, Breslau und Lüneburg.

5. Mündelsichere Wertpapiere. Eine Aufzählung der nach Reichsrecht und Preußischem Landesrecht mündelsicheren Wertpapiere ist hier nicht möglich, vielmehr ist darüber das Werk Salings, Börsen-Papiere, Teil I (die Börse und die Börsengeschäfte) und Teil II (Börsenjahrbuch) nachzulesen. Zu erwähnen ist jedoch, daß auf Grund des § 1807 Abs. 1 Nr. 4 B.G.B. vom Bundesrat zur Anlegung von Mündelgeldern für geeignet erklärt worden sind:

a) die 4proz. Schuldverschreibungen der ev. Kirchengemeinde zu Mainz vom Jahre 1900, Bek. v. 22. März 1901 (R.G.Bl. S. 37);

b) verbriefte Forderungen gegen eine inländische kommunale Körperschaft oder die Kreditanstalt einer solchen Körperschaft, wenn die Forderungen von seiten des Gläubigers kündbar sind oder einer regelmäßigen Tilgung unterliegen, Bek. v. 7. Juli 1901 (R.G.Bl. S. 263);

c) die Kur- und Neumärkischen Ritterschaftlichen Kommunalschuldverschreibungen, Bek. v. 28. Dez. 1901 (R.G.Bl. 1902 S. 3);

d) die von der Deutsch-Ostafrikanischen Gesellschaft auf Grund des Vertrages zwischen dem Reichskanzler und der genannten Gesellschaft vom 15. Nov. 1902 auszugebenden Schuldverschreibungen, Bek. v. 24. Aug. 1903 (R.G.Bl. S. 275).

6. Mündelsichere Sparkassen. Art. 99 Einf.Ges. z. B.G.B. bestimmt: „Unberührt bleiben die landesgesetzlichen Vorschriften über die öffentlichen Sparkassen, unbeschadet der Vorschriften des § 808 B.G.B. und der Vorschriften des B.G.B. über die Anlegung von Mündelgeld." Die Sparkasse, bei welcher nach § 1807 Ziff. 5 B.G.B. die Anlegung von Mündelgeld nicht mehr blos vorübergehend, sondern dauernd erfolgen kann, muß in Preußen bestehen, eine „öffentliche" sein und zur Anlegung von Mündelgeld für geeignet erklärt sein. Ein bestimmtes Merkmal der öffentlichen Sparkasse ist nicht gegeben, indessen gehören zweifellos die von öffentlichen Körperschaften errichteten und garantierten Sparkassen, insbesondere die städtischen und Kreis-Sparkassen, welche der Aufsicht des Staates unterliegen, zu den öffentlichen, während die Sparkassen von Vorschußvereinen und eingetragenen Genossenschaften keine öffentlichen sind. Sparkassenbücher sind

keine Inhaberpapiere, sondern nach § 808 B.G.B. Urkunden, in welchen zwar der Gläubiger benannt ist, welche aber mit der Bestimmung ausgegeben werden, daß die in der Urkunde versprochene Leistung an jeden Inhaber bewirkt werden kann, sodaß sie als qualifizierte Legitimationspapiere zu bezeichnen sind. Deshalb ist es mit Rücksicht auf den nur die „Schuldverschreibungen auf den Inhaber" benennenden Art. 176 Einf.Ges. z. B.G.B. zweifelhaft, ob Sparkassenbücher seit dem 1. Januar 1900 noch außer Kurs gesetzt werden können. Indessen wird man dies doch verneinen müssen, da das B.G.B. und das Einf.Ges. zu demselben — abgesehen von dem Abschaffungsartikel 176 — die Einrichtung der Außerkurssetzung überhaupt nicht erwähnen und dieselbe daher als ausgeschlossen anzusehen ist. Die Frage der Wiederinkurssetzung solcher Sparkassenbücher, welche vor dem 1. Jan. 1900 außer Kurs gesetzt waren, ist durch Erlaß der Minister des Innern und für Handel und Gewerbe v. 27. Juli 1901 (M.Bl. f. d. inn. Verw. S. 28) im Einverständnis mit den Ministern der Justiz und der Finanzen dahin entschieden, daß es empfehlenswert sei, daß Sparkassenbücher, die von einer öffentlichen Behörde außer Kurs gesetzt sind, auch — abgesehen von den Fällen des Art. 75 § 2 des Preuß. Ausf.Ges. z. B.G.B. — den bisherigen Gesetzen entsprechend wieder in Kurs gesetzt werden. Die Eintragung eines sogenannten Sperrvermerkes in das Kassenbuch der Sparkasse, daß die auf das betreffende Sparkonto eingezahlten Beträge nur dem legitimierten Vertreter der Kirchengemeinde ausgezahlt werden dürfen, ist noch jetzt zulässig und den Gemeindekirchenräten zum Schutze gegen die Empfangnahme der Spargelder durch einen Unbefugten zu empfehlen.

Zuständig zur Erklärung der Mündelsicherheit einer in Preußen bestehenden öffentlichen Sparkasse ist derjenige Regierungspräsident (für Berlin der Oberpräsident), in dessen Bezirk sich der Sitz der Sparkasse befindet, im Einvernehmen mit dem Landgerichtspräsidenten des betreffenden Bezirks. Die Erklärung, welche nach außen nur durch den Regierungspräsidenten zu erfolgen hat, ist in dem örtlich zuständigen Regierungsamtsblatt zu veröffentlichen.

7. Aushülfe-Anlegung. Die vorübergehende Anlegung von Mündelgeld in Preußen kann außer bei den durch die Erl. v. 17/18. Dez. 1899 (siehe unten) als Hinterlegungsstellen bestimmten Instituten, auch bei den in Preußen bestehenden öffentlichen Sparkassen, welche zur Anlegung von Mündelgeld für geeignet erklärt sind, erfolgen.

Über die Bestimmung von Preußischen Anstalten als Hinterlegungsstellen verhalten sich — vgl. auch d. Erl. v. 19. Dez. 1899 J.M.Bl.

S. 804 — die Ministerial-Erlasse v 17./18. Dez. 1899 (a. a. O. S. 805), welche lauten:

Auf Grund des Art. 85 d. Preuß. Ausf.Ges. z. B.G.B. werden für die Hinterlegung von Wertpapieren in den Fällen der §§ 1082, 1392, 1667, 1814, 1818, 2116 B.G.B. folgende Anstalten als Hinterlegungsstellen bestimmt:

1. **die Seehandlung in Berlin,**
2. **die Preußische Central-Genossenschaftskasse in Berlin,**
3. **die Ostpreußische landschaftliche Darlehnskasse in Königsberg,**
4. **die Westpreußische landschaftliche Darlehnskasse in Danzig,**
5. **die Kur- und Neumärkische Ritterschaftliche Darlehnskasse in Berlin,**
6. **die Pommersche landschaftliche Darlehnskasse in Stettin,**
7. **die Posener landschaftliche Bank in Posen,**
8. **die Schlesische landschaftliche Bank in Breslau,**
9. **die Städtische Bank in Breslau,**
10. **die Kommunalständische Bank für die Preußische Oberlausitz in Görlitz,**
11. **die Landschaftliche Bank der Provinz Sachsen in Halle a./S.,**
12. **die Nassauische Landesbank in Wiesbaden,**
13. **die Landeskreditkasse in Kassel,**
14. **die Landesbank der Rheinprovinz in Düsseldorf,**
15. **die Spar- und Leihkasse für die Hohenzollern'schen Lande in Sigmaringen,**
16. **die Frankfurter Bank in Frankfurt am Main**

§. 33. Ausleihungen auf Hypothek oder Grundschuld (§. 32 Nr. 1) dürfen nur mit Zustimmung des Patrons vorgenommen werden (§. 637 A. L.-R. II, 11; s. o. §. 4).

Sofern das Kapital 1000 M. übersteigt oder nicht zu erster Sicherheit oder an eine an der kirchlichen Vermögensverwaltung oder an der Aufsicht darüber beteiligte Person ausgeliehen werden soll, ist die Genehmigung des Konsistoriums erforderlich (V.-A.-G. §. 1 Nr. 10, Allerh. Verordn. v. 8. März 1893 Art. II). Um dieselbe zu erlangen, hat der Gemeinde-Kirchenrat dieser Behörde rechtzeitig zu berichten und dabei, unter Angabe des Erforderlichen über die Person des Darlehnssuchers, seinen die Sache betreffenden Beschluß nebst der

Erklärung des Patronats, sowie alle zur Prüfung der dinglichen Sicherheit erforderlichen Nachweise miteinzureichen. Zu letzteren gehören auch die den angebotenen Pfandgrundbesitz betreffenden amtlichen Auszüge aus der Grundsteuer-Mutterrolle und Gebäudesteuer-Rolle, bezw. aus dem Grundbuche, soweit nicht ausreichende Auskunft über den eingetragenen Eigentümer und die dingliche Belastung in anderer Art, z. B. durch Einsichtnahme u. dgl. zu beschaffen ist, der Feuerversicherungsschein, eine den Bestimmungen des §. 32 Nr. 1 entsprechende Taxe (wegen dorfgerichtlicher Abschätzung von Grundstücken bis 15000 M. Wert, vgl. noch Ges. vom 4. Mai 1857, G.-S. S. 445), bezw. die anderweit erforderlich scheinenden amtlichen Bescheinigungen über den Wert des Grundbesitzes und eine Sicherheitsberechnung, bei welcher selbstverständlich die Reallasten mit entsprechendem Kapitalbetrage in Abzug zu bringen sind.

Geeignetenfalls ist dafür Sorge zu tragen, daß der Schuldner sich wegen Tilgung von Zinsrückständen und Rückzahlung des gekündigten Kapitals in der gerichtlichen oder notariellen Schuldurkunde sofortiger Zwangsvollstreckung unterwirft (§. 702 Nr. 5 Ziv.-Proz.-Ordn. v. 30. Januar 1877; vgl. u. §. 90).

Zu § 33.

1. Hypothek, Grundschuld, Rentenschuld (vgl. Anm. 1 zu § 32). Das B.G.B. kennt a) als auf einmalige Kapitalszahlung aus Grundstücken zielende Verschuldungsformen:

1. die gewöhnliche, Normal- oder Verkehrshypothek mit ihren Unterarten der Brief- und der Buchhypothek (§ 1113 B.G.B.),
2. die Sicherungshypothek (§ 1184 B.G.B.),
3. die Grundschuld (§ 1191 B.G.B.),

und b) als auf Zahlung einer Geldsumme in regelmäßig wiederkehrenden Terminen (Rente) aus dem Grundstück zielende Verschuldungsform:

4. die Rentenschuld (§ 1199 B.G.B.).

2. Die Sicherungshypothek, bei welcher sich das Recht des Gläubigers aus der Hypothek nur nach der Forderung bestimmt und der

Gläubiger sich zum Beweise der Forderung nicht auf die Eintragung berufen kann, welche also im Gegensatz zur Verkehrshypothek streng akzessorisch ist und des aus dem öffentlichen Glauben des Grundbuchs sich ergebenden Schutzes des Erwerbers bezüglich der Forderung entbehrt, wird als vereinbarte (Konsens-) Hypothek bei Anlegung von Geldern nicht bestellt, da sie nicht dem Verkehr, sondern lediglich der Sicherung für die Erfüllung einer Verbindlichkeit dienen soll. Die Sicherungshypothek, deren Unterart die Maximalhypothek (§ 1190 B.G.B.) ist, kommt daher bei Anlegung von Kirchenkapitalien nicht in Betracht.

3. Die Grundschuld bedeutet eine abstrakte selbständige Belastung eines Grundstücks, auf Grund deren an denjenigen, zu dessen Gunsten die Belastung erfolgt, eine bestimmte Summe aus dem Grundstück zu zahlen ist. Die Grundschuld ist also von einem Schuldgrunde unabhängig und setzt keine Forderung voraus, bietet mithin nur die Realsicherheit des verpfändeten Grundstücks und nicht zugleich die Haftung eines persönlichen Schuldners mit seinem übrigen Vermögen. Mit Rücksicht auf diesen Mangel empfiehlt sich die an sich statthafte Ausleihung von Kirchengeldern auf Grundschuld, also auf reinen Realkredit regelmäßig nicht.

4. Die vom B.G.B. neu geschaffene Kreditform der Rentenschuld ist zwar im § 1807 B.G.B. und im Art. 73 § 1 Preuß. Ausf.Ges. z. B.G.B. für geeignet zur Anlegung von Mündelgeldern erklärt, kann aber — abgesehen davon, daß sie begrifflich eine Grundschuld ist — zur Anlegung von Kirchenkapitalien gleichwohl nicht empfohlen werden, weil sie nur die Zahlung einer Rente bezweckt und deshalb das vom Gläubiger zum Erwerbe derselben hergegebene Kapital auf ein Grundstück festlegt. Während der Eigentümer des mit einer Rentenschuld belasteten Grundstücks die letztere durch Zahlung einer im Grundbuch anzugebenden Summe nach vorgängiger Kündigung ablösen kann, darf der Gläubiger seinerseits nicht kündigen, die Zahlung der Ablösungssumme vielmehr nur verlangen, wenn seine dingliche Sicherheit durch Verschlechterung des Grundstücks gefährdet wird und der Eigentümer die Gefährdung innerhalb der ihm gestellten angemessenen Frist nicht beseitigt. Eine solche Festlegung des Kapitals erscheint für Kirchengemeinden nur ausnahmsweise wünschenswert und kann gegenüber einem im Zahlen der Rente, welche allerdings regelmäßig höher als der ortsübliche Zinsfuß sein wird, säumigen Grundstückeigentümer zu schweren Unzuträglichkeiten führen.

5. Die gewöhnliche, Normal- oder Verkehrshypothek setzt eine persönliche Forderung voraus, nennt den Schuldgrund und hat die wirtschaftliche Bestimmung, zur Sicherung und Befriedigung einer persönlichen Forderung zu dienen. Sie ist diejenige Grundstücksverschuldungsform, welche regelmäßig zur Anlegung kirchlicher Gelder zu wählen ist, da sie neben der Realsicherheit noch die persönliche Haftung des Schuldners gewährt. Mit Rücksicht darauf aber, daß die Hypothek im B.G.B. ihre akzessorische Natur eingebüßt hat, indem sie durch Zulassung der Eigentümerhypothek unabhängig von der Forderung gestellt ist, gebietet die Vorsicht, beim Erwerbe einer Hypothek überall da, wo eine persönliche Schuld des Eigentümers nicht klar erhellt, diese in urkundlicher Form ausdrücklich aussprechen zu lassen.

6. Die regelmäßige Form der Verkehrshypothek ist die Briefhypothek, d. h. diejenige Hypothek, über welche ein Hypothekenbrief erteilt wird. Eine Hypothek, bei welcher die Erteilung des Hypothekenbriefes durch den Willen der Beteiligten ausgeschlossen ist, wird Buchhypothek genannt. Die Briefhypothek erleichtert den Hypothekenverkehr, weil nur bei ihr eine Übertragung Zug um Zug gegen Zahlung der Cessionsvaluta durch Übergabe der schriftlichen Abtretungserklärung und des Hypothekenbriefes möglich ist (§ 1154 Abs. 1 B.G.B.), während die Buchhypothek erst durch Eintragung auf den Erwerber übergeht (§ 1154 Abs. 3 B.G.B.). Bei der Eintragung einer neu bestellten Hypothek steht dieselbe als Buchhypothek dem Gläubiger schon von der Eintragung an zu, dagegen tritt der Erwerb der Briefhypothek seitens des Gläubigers erst mit der Aushändigung des Hypothekenbriefes an ihn ein. Dieser für den Gläubiger höchst bedenkliche Umstand läßt sich dadurch beseitigen, daß die Parteien eine Vereinbarung treffen, wonach der Gläubiger berechtigt sein soll, sich den Hypothekenbrief vom Grundbuchamt aushändigen zu lassen, denn dann tritt der Erwerb schon mit der Eintragung ein und das Eigentum des Gläubigers am Briefe kommt mit dessen Herstellung zur Entstehung (Beschluß des Kammergerichts v. 10. Nov. 1902, Entsch. Bd. 15 S. A 153).

Wenngleich sich der Gläubiger bei der Buchhypothek die Aufbewahrung der Urkunde und die mit dem Verluste derselben verbundenen Schwierigkeiten erspart, so sind für die Kirchengemeinden gleichwohl regelmäßig Briefhypotheken — nötigenfalls durch Aufhebung der Ausschließung der Brieferteilung — zu erwerben, weil bei der Bestellung einer Buchhypothek ein Widerspruch aus § 1139 B.G.B. eingetragen werden kann und weil die Existenz des Hypothekenbriefes allein eine gehörige Kontrolle über den Besitz der Hypothek ermöglicht, indem eine Veräußerung oder Verpfändung der Briefhypothek ohne Übergabe des Hypothekenbriefes rechtsunwirksam ist (§§ 1154 Abs. 1, 1274 Abs. 1, 1205, 1206 B.G.B.).

Im Falle des Erwerbes einer Briefhypothek im Wege der Abtretung ist stets deren Umschreibung im Grundbuch auf den Namen der Kirchengemeinde zu beantragen, weil dadurch die Sicherheit der Benachrichtigung von der Einleitung der Zwangsversteigerung bezw. Zwangsverwaltung des verpfändeten Grundstücks gewährleistet wird (§ 9 Ziff. 1 Reichsges. über die Zwangsversteigerung usw. v. 24. März 1897 (R.G.Bl. 1898 S. 713). Dabei ist gemäß § 4 Abs. 2 der Allg. Verf. v. 20. Nov. 1899 (J.M.Bl. S. 349) zugleich zu beantragen, daß derjenige Teil des Kirchenvermögens, zu welchem die Hypothek gehört, durch einen dem Namen der Kirchengemeinde in Klammern, z. B. (Kirche), (Pfarre), (Küsterei), beizufügenden Zusatz bezeichnet wird, weil dies die Vermögenskontrolle erleichtert und eine Vermischung der einzelnen Zweckvermögen verhindert.

Wenn der Erwerber eines Grundstücks durch Vertrag mit dem Veräußerer eine Schuld des letzteren, für die eine Hypothek an dem Grundstück besteht, übernimmt, so kann der Gläubiger die Schuldübernahme nach § 416 B.G.B. nur genehmigen, wenn der Veräußerer sie ihm mitteilt. Genehmigt der Gläubiger die Schuldübernahme, oder läßt er seit dem Empfange der Mitteilung (welche schriftlich zu machen ist, einen Hinweis auf die Rechtsfolgen enthalten muß und erst geschehen darf, wenn der Erwerber in das Grundbuch eingetragen ist) sechs Monate ohne Verweigerung der Genehmigung verstreichen, so tritt der Übernehmer an die Stelle des bisherigen Schuldners, welcher seinerseits von der persönlichen Schuld frei wird. Hierin liegt eine erhebliche Abweichung von dem früheren, im § 41 Preuß. Ges. über den Eigentumserwerb usw. v. 5. Mai 1872 (G.S. S. 433) enthaltenen Recht, welches nur noch Anwendung findet, wenn die Auflassung vor dem 1. Jan. 1900 stattgefunden hat (vgl. Habicht, 3. Aufl. 1901 S. 235). Die Genehmigung der Schuldübernahme seitens des Erwerbers durch den Gemeindekirchenrat bedarf grundsätzlich weder der Mitwirkung der Gemeindevertretung noch der Zustimmung des Patrons oder der kirchlichen Aufsichtsbehörde, weil sie keine wesentliche Veränderung in der Substanz des kirchlichen Vermögens bewirkt und überdies stillschweigend erfolgen kann. Wenn jedoch der Übernehmer eine an der kirchlichen Vermögensverwaltung oder an der Aufsicht darüber beteiligte Person ist, hat der Gemeindekirchenrat dem Patron und der kirchlichen Aufsichtsbehörde vor Erklärung der Genehmigung bezw. vor Ablauf der sechsmonatlichen Erklärungsfrist Anzeige zu machen. Auch ist in jedem Falle sorgfältig zu erwägen, ob mit Rücksicht auf die Bonität des Veräußerers bezw. des Erwerbers die Genehmigung der Schuldübernahme oder die Verweigerung derselben erfolgen soll, wie denn überhaupt die Sicherheit der Hypothek dauernd zu überwachen ist.

7. Im Interesse der möglichsten Sicherstellung und der schnellen Einziehbarkeit der Hypothekenforderungen hat der Gemeindekirchenrat in der Regel darauf zu dringen, daß in die gerichtlich oder notariell zu beurkundenden, d. h. zu Protokoll zu erklärenden, also nicht nur gerichtlich oder notariell zu beglaubigenden Schuld- und Pfandverschreibungen bezw. Abtretungsurkunden mit Änderungen des früheren Inhalts der Hypothek (§ 873 Abs. 2 B.G.B.) folgende Bestimmungen aufgenommen worden:

„I. Gläubiger ist befugt, die sofortige Zahlung des Kapitals jederzeit ohne Kündigung zu verlangen,

a) wenn die Zinsen nicht innerhalb einer Woche nach dem Fälligkeitstage entrichtet werden,

b) wenn das Pfandgrundstück nicht den gegenwärtigen Wert (. . M.) entsprechend gegen Feuersgefahr versichert gehalten wird,

c) wenn die Zwangsversteigerung oder die Zwangsverwaltung über das Pfandgrundstück eingeleitet wird,

d) wenn infolge einer Verschlechterung des Pfandgrundstücks die Sicherheit der Hypothek gefährdet oder wenn eine die Sicherheit der Hypothek gefährdende Verschlechterung des Pfandgrundstücks zu besorgen ist (§§ 1133, 1134, 1135 B.G.B.),

e) wenn der jeweilige Eigentümer den Gläubiger daran hindert, das Pfandgrundstück zum Zwecke der Prüfung der Sicherheit der Hypothek jederzeit zu besichtigen.

II. Die Zahlung des Kapitals und der Zinsen hat auf Gefahr und Kosten des Schuldners bezw. des jeweiligen Eigentümers des Pfandgrundstücks an der von dem Gläubiger zu bestimmenden Zahlstelle und auf Verlangen des Gläubigers in Reichsgoldmünzen (vgl. Beschluß des R.G. v. 22. Jan. 1902, Entsch. Bd. 50 S. 145 und Beschluß des Kammergerichts v. 22. Sept. 1902, Entsch. Bd. 25 S. A 155) zu geschehen.

III. Der Schuldner bezw. Eigentümer ist nicht befugt, die Kündigung oder die Zahlungsaufforderung deshalb zurückzuweisen, weil sie ohne Vorlegung des Hypothekenbriefes geschehen ist (§ 1160 Abs. 2 B.G.B.).

IV. Der Gläubiger ist berechtigt, sich den ihm zu erteilenden Hypothekenbrief von dem Grundbuchamt aushändigen zu lassen (§ 1117 B.G.B. — Beschluß des Kammergerichts v. 10. Nov. 1902, Entsch. Bd. 25 S. A 153).

V. Der Schuldner unterwirft sich und den jeweiligen Eigentümer des Pfandgrundstücks wegen aller Zins- und Kapitalsleistungen einschließlich der Kosten der sofortigen Zwangsvollstreckung und bewilligt, daß dem Gläubiger vollstreckbare Ausfertigungen der Urkunde, so oft er es verlangt, auf seinen Antrag ohne den urkundlichen Nachweis des Eintritts der Fälligkeit des Kapitals oder der Zinsen erteilt werden (§§ 726, 794 Nr. 5, 795 u. 800 C.P.O.)."

Wenn die Zwangsvollstreckung gegen den jeweiligen Eigentümer des Grundstücks zulässig sein soll, bedarf sie nach § 800 Abs. 1 C.P.O. der besonderen Eintragung in das Grundbuch, so daß eine bloße Bezugnahme auf die Eintragungsbewilligung hier nicht genügt (Beschluß des Kammergerichts v. 15. Jan. 1902, Entsch. Bd. 23 S. A 232). Außerdem müssen nach § 1115 Abs. 1 B.G.B. bei der Eintragung der Hypothek der Gläubiger, der Geldbetrag der Forderung und, wenn die Forderung verzinslich ist, der Zinssatz, wenn andere Nebenleistungen zu entrichten sind, ihr Geldbetrag im Grundbuch angegeben werden, im übrigen kann zur Bezeichnung der Forderung auf die Eintragungsbewilligung Bezug genommen werden.

8. Da nach § 1017 B.G.B. für das Erbbaurecht die sich auf Grundstücke beziehenden Vorschriften gelten, so kann ein Erbbaurecht mit einer Hypothek oder Grundschuld belastet werden, in welchem Falle für dieses Recht gemäß § 7 R.Gr.B.O. ein besonderes Grundbuchblatt anzulegen ist. Auch wird man, wenngleich § 1807 B.G.B (vgl. Anm. 1 zu § 32) nur von Hypotheken, Grundschulden oder Rentenschulden an Grundstücken spricht, auf Grund der im J.M.Bl. 1902 S. 6 enthaltenen Ausführungen annehmen dürfen, daß die Beleihung von Erbbaurechten mit Mündelgeld an sich rechtlich zulässig ist. Gleichwohl eignen sich Hypotheken oder Grundschulden auf Erbbaurechten zur Anlegung von Kirchenkapitalien nicht, weil es an landesgesetzlichen Vorschriften über die Feststellung der Sicherheit einer Erbbaurechts-Beleihung mangelt und weil ein Erbbaurecht seiner Natur nach regelmäßig weniger Sicherheit bietet als ein Grundstück, zu dessen wesentlichen Bestandteilen nach § 94 B.G.B. die auf ihm errichteten Gebäude gehören (vgl. auch § 946 B.G.B.).

9. Die Genehmigung des Patrons zur Ausleihung von Kirchenkapitalien gegen Eintragung auf unbewegliche Güter ist nach § 637 II, 11 A.L.R. in jedem Falle und ohne Rücksicht auf die Höhe der auszuleihenden Summe erforderlich, während die kirchenaufsichtliche Genehmigung nach § 1 Ziff. 10 Kirchenges. v. 18. Juli 1892 (K.G. u. V.Bl. 1893 S. 9) bei einem Objekt von mehr als 1000 M. stets, bei einem Objekte bis zu 1000 M. einschließlich aber nur erforderlich ist, wenn die Ausleihung entweder nicht zur ersten Sicherheit oder an eine

an der kirchlichen Vermögensverwaltung oder an der Aufsicht darüber beteiligte Person erfolgen soll. Zu letzterem Punkte ist zu bemerken, daß nach § 644 II, 11 A.L.R. (vgl. auch § 31 Abs. 4) an Personen, welche zu den geistlichen Oberen gehören, Darlehne aus dem Kirchenvermögen überhaupt nicht gegeben werden sollen.

Die kirchenaufsichtliche Genehmigung hat nach Art. II Ziff. 2 Allerh. Verordn. v. 8. März 1893 (K.G. u. V.Bl. S. 12) stets durch das Konsistorium zu geschehen. Eine staatsaufsichtliche Genehmigung ist niemals erforderlich.

10. Wegen der Taxen vgl. Anm. 4 zu § 32. — Grundstücke, deren Baulichkeiten nicht gegen Feuersgefahr versichert sind, eignen sich nur dann zur Beleihung mit Kirchenkapitalien, wenn sie, abgesehen von den auf ihnen errichteten Gebäuden, schon durch ihren Grund- und Bodenwert ausreichende Mündelsicherheit bieten. Andernfalls ist vor Abschluß des Beleihungsvertrages auf eine dem Werte der Gebäude nebst Zubehör entsprechende Versicherung gegen Feuersgefahr zu dringen, weil sich die Hypothek nach § 1127 B.G.B. auf die Forderung gegen den Versicherer erstreckt. Auch empfiehlt sich mit Rücksicht auf §§ 1128 u. 1130 B.G.B. in jedem Falle die Anmeldung der Hypothek bei dem Versicherer.

11. Gegen die Entscheidungen des Grundbuchamtes findet nach §§ 71 ff. R.Gr.B.O. das Rechtsmittel der Beschwerde statt. Über die Legitimation zur Beschwerde enthält die R.Gr.B.O. keine besonderen Vorschriften. Im wesentlichen ist daher auch in Grundbuchsachen derselbe Standpunkt einzunehmen, den § 20 Reichsges. über die freiw. Gerichtsbarkeit v. 17. Mai 1898 (R.G.Bl. S. 189 u. 771) vertritt, d. h. die Beschwerde steht jedem zu, dessen Recht durch die angegriffene Entscheidung beeinträchtigt ist. Darnach sind Behörden nur soweit beschwerdeberechtigt, als sie zur Vertretung der Berechtigten in deren privatrechtlichen Interessen berufen oder für Ersuchen an die Grundbuchämter für besonders zuständig erklärt sind. Die Aufsichtsinstanzen als solche haben ein Beschwerderecht für die ihnen unterstellten Personenkreise und Anstalten nicht. Sie können nur darauf hinwirken, daß von den zur Vertretung berufenen Organen Rechtsmittel eingelegt werden (vgl. Beschluß des Kammergerichts v. 21. Mai 1902 in Mugdan u. Falkmann: Rechtsprechung des Oberlandesger., Bd. 7 S. 188).

12. Nach dem B.G.B. kann eine Hypothek nur als Substanzhypothek bestellt und die Zwangsversteigerung als Mittel zur zwangsweisen Befriedigung des Gläubigers nicht ausgeschlossen werden (§ 1113 B.G.B.). Eine Hypothek auf die bloßen Einkünfte eines Grundstücks (Revenüen-Hypothek) ist daher als allgemeine Einrichtung unstatthaft und nur noch (vgl. aber wegen der bestehenden Revenüenhypotheken Art. 192 Abs. 2 Einf.Ges. z. B.G.B.) bei Lehn-, Fideikommiß- und ähnlichen Grundstücken (vgl. §§ 228 ff. I 18 und §§ 76 ff. II, 4 A.L.R.) gestattet. Mit Rücksicht hierauf bleiben nach Art. 60 Einf.Ges. z. B.G.B. die landesgesetzlichen Vorschriften unberührt, welche die Bestellung einer Hypothek, Grundschuld oder Rentenschuld an einem Grundstück, dessen Belastung nach den in den Artikeln 57 bis 59 bezeichneten Vorschriften nur beschränkt zulässig ist, dahin gestatten, daß der Gläubiger Befriedigung aus dem Grundstück lediglich im Wege der Zwangsverwaltung suchen kann (vgl. §§ 146—161 Reichsges. über die Zwangsversteigerung usw. v. 24. März 1897, R.G.Bl. 1898 S. 713 und Art. 13 Preuß. Ausf.Ges. zu diesem Ges. v. 23. Sept. 1899 G.S. S. 291). Eine Hingabe von Kirchenkapitalien auf Revenüenhypothek erscheint unzulässig, weil § 1807 B.G.B. nur Substanzhypotheken im Auge hat und eine auf die Befriedigung aus den Nutzungen eines Grundstücks beschränkte Belastung regelmäßig keine ausreichende Sicherheit für die Rückzahlung des Kapitals gewährt.

13. Nach § 64 Abs. 2 des Preuß. Ges. betr. die Zwangsvollstreckung in das unbewegliche Vermögen v. 13. Juli 1883 (G.S. S. 131) konnte die Bietungssicherheit im Zwangsversteigerungsverfahren auch mit Hypotheken oder Grundschulden geleistet werden, welche auf dem Grundstück für den Bieter eingetragen waren. Dies ist nach § 69 des Reichsges. über die Zwangsversteigerung und Zwangsverwaltung v. 24. März 1897 (R.G.Bl. 1898 S. 713) nicht mehr der Fall, dagegen braucht der Bieter nach § 67 Abs. 2 a. a. O., wenn ihm eine durch das Gebot ganz oder teilweise gedeckte Hypothek, Grundschuld oder Rentenschuld zusteht, Sicherheit nur noch auf Verlangen des Gläubigers, d. h. sowohl desjenigen, welcher den ersten Antrag auf Zwangsversteigerung gestellt hat, als auch desjenigen, welcher dem Verfahren beigetreten ist, nicht, dagegen auf Antrag eines sonst Beteiligten zu leisten. Diese Vorschrift ist für Kirchengemeinden von großer praktischer Bedeutung, weil sie durch dieselbe als betreibende erste Hypothekengläubiger in den meisten Fällen der Sicherheitsleistung überhoben sein werden. Grundsätzlich sind sie von derselben nicht befreit, da unter den „Gemeinden" des Art. 9 des Preuß. Ausf. Ges. z. Zwangsverst.Ges. v. 23. Sept. 1899 (G.S. S. 291) nur politische Gemeinden zu verstehen sind.

§. 34. Die auf Anlegung kirchlicher Gelder bezüglichen Schuldurkunden sind noch vor Auszahlung der betreffenden Summen sorgfältig zu prüfen, Hypothekendokumente, ob sie mit den getroffenen Verabredungen übereinstimmen und die alle Pfandgrundstücke umfassende Eintragung im Grundbuch nachweisen, Wertpapiere in bezug auf Art, Betrag, Vorhandensein der Zinsscheine und Erneuerungs-Anweisungen, und ob sie nicht etwa außer Kurs gesetzt sind.

Gehören zu dem hypothekarisch belasteten Grundbesitz Gebäude, so ist, da nach §. 30 des Gesetzes vom 5. Mai 1872 (G.-S. S. 433) dem Gläubiger Feuerversicherungsgelder haften, welche nicht zur Wiederherstellung der Gebäude verwendet werden, sicherzustellen, daß die Eintragung des Darlehns in den Büchern der Feuerversicherungsgesellschaft erfolgt ist, und daß etwaige Unterlassungen der Prämienzahlung und Verminderungen der Versicherungssumme, unter einstweiliger Aufrechthaltung der bisherigen Versicherung im Interesse des Gläubigers, diesem rechtzeitig angezeigt werden sollen.

Zu § 34.

1. Nach § 1116 B.G.B. wird über jede Hypothek ein Hypothekenbrief gebildet (Briefhypothek), wenn nicht die Erteilung des Briefes nach dem Willen der Beteiligten ausgeschlossen ist (Buchhypothek) Der Hypothekenbrief wird nach § 56 R.Gr.B.O. vom Grundbuchamt erteilt und muß die Bezeichnung als Hypothekenbrief enthalten, den Geldbetrag der Hypothek und das belastete Grundstück bezeichnen sowie mit Unterschrift und Siegel versehen sein. Neben diesen wesentlichen Erfordernissen gibt § 57 a. a. O., welcher lediglich eine Ordnungsvorschrift enthält, noch einige unwesentliche Erfordernisse an, während § 97 a. a. O. der Landesjustizverwaltung weitere Vorschriften überläßt, welche für Preußen durch die §§ 37 ff. der Allg. Verf. v. 20. Nov. 1899 (J.M.Bl. S. 349) getroffen sind.

2. Nach § 122 der Preuß. Gr.B.O. v. 5. Mai 1872 (G.S. S. 416) mußte die Schuldurkunde mit dem Hypothekenbrief durch Schnur und Siegel verbunden werden, während nach § 58 R.Gr.B.O. die Urkunde über die Forderung, für welche die Hypothek besteht, mit dem Hypothekenbrief nur verbunden werden soll. Diese Verbindung hat nach § 41 der Allg. Verf. v. 20. Nov. 1899 ebenfalls durch Schnur und Siegel zu erfolgen und geschieht in Preußen regelmäßig (vgl. Anm. 4).

3. Der in dem Hypothekenbrief gemäß § 57 R.Gr.B.O. und § 37 der Allg. Verf. v. 20. Nov. 1899 enthaltene Auszug aus dem Grundbuche ist nach § 57 R.Gr.B.O. auf Antrag des Briefinhabers, welcher dazu weiterer Legitimation nicht bedarf, zu ergänzen, wenn sich der Inhalt des Grundbuches ändert. Von diesem Rechte, welches in Preußen bisher nicht gewährt war, haben die Gemeindekirchenräte regelmäßig Gebrauch zu machen, damit der Hypothekenbrief stets ein richtiges Bild von dem für die Hypothek wesentlichen Inhalt des Grundbuches gibt.

4. Da nach § 1115 Abs. 1 B.G.B. — abweichend vom bisherigen Preußischen Recht (§ 43 Preuß. Gr.B.O.) — bei der Eintragung der Hypothek nur der Gläubiger, der Geldbetrag der Forderung, der Zinssatz und der Geldbetrag etwaiger Nebenleistungen im Grundbuch angegeben werden müssen, im übrigen aber zur Bezeichnung der Forderung auf die Eintragungsbewilligung Bezug genommen werden kann und in Preußen regelmäßig Bezug genommen wird (vgl. Anm. 7 zu § 33), so haben die Gemeindekirchenräte darauf zu achten, daß die Schuldurkunde bezw. die Urkunde über die beim Erwerb einer Hypothek durch Abtretung mit dem Eigentümer des Pfandgrundstücks neu getroffenen Abreden gemäß § 58 Abs. 1 R.Gr.B.O. mit dem Hypothekenbrief durch Schnur und Siegel verbunden oder wenigstens dem Gemeindekirchenrat in Urschrift bezw. Ausfertigung ausgehändigt wird, während das Grundbuchamt gemäß § 9 R.Gr.B.O. eine beglaubigte Abschrift der Urkunde aufzubewahren hat. Nur auf diese Weise wird eine sofortige Information über den Inhalt der Hypothekenforderung jederzeit ermöglicht.

5. Der Hypothekenbrief dient zunächst als Beweisurkunde über das Bestehen des hypothekarischen Rechts, außerdem aber ist das Gläubigerrecht selbst, also nicht nur die Ausübung desselben an den Besitz des Hypothekenbriefes gebunden, denn es sind, abgesehen davon, daß der Brief den Gläubiger legitimiert (§ 42 R.Gr.B.O.), an seine Übergabe bei der Entstehung, Übertragung und Verpfändung der Hypothek nach §§ 1117, 1154, 1274 B.G.B. wesentliche Rechtsfolgen geknüpft. Hypothekenbriefe sind deshalb sorgfältig aufzubewahren, weil ein abhanden gekommener oder vernichteter Brief erst gemäß § 1162 B.G.B. im Wege des Aufgebotsverfahrens nach den in den §§ 946—959 und 1003—1024 C.P.O. enthaltenen Vorschriften für kraftlos zu erklären ist, bevor gemäß §§ 42 Abs. 1 u. 67 R.Gr.B.O. ein neuer Brief erteilt werden darf.

6. Nach § 873 Abs. 1 B.G.B. sind zur Belastung eines Grundstücks mit einem Rechte die Einigung des Berechtigten und des anderen Teiles über den Eintritt der Rechtsänderung und die Eintragung des Rechts in das Grundbuch erforderlich. Zur Entstehung der Hypothek gehört also neben dem dinglichen Vertrage ihre Eintragung, sodaß sich bei Neubestellung einer Hypothek, wenngleich eine Bindung der Beteiligten vor der Eintragung nach § 873 Abs. 2 B.G.B. möglich ist, die Auszahlung des durch die Hypothek zu sichernden Kapitals erst empfiehlt, nachdem die in Anm. 7 zu § 33 erwähnte Urkunde errichtet und dem Grundbuchamt eingereicht ist. Denn es ist rechtlich nicht ausgeschlossen, daß vorher auf Grund anderweiter rechtsgeschäftlicher Bewilligung (§ 892 B.G.B.) oder im Wege der Zwangsvollstreckung (§ 866 C.P.O.) der Antrag auf Eintragung einer anderen Verkehrs- oder Sicherungshypothek bei dem Grundbuch gestellt wird, welche dann gemäß § 879 B.G.B. u. §§ 13 u. 46 R.Gr.B.O. im Range vorgeht. Die bloße vertragsmäßige Verpflichtung, eine Hypothek zur ersten Stelle eintragen zu lassen, sichert diesen Rang noch nicht, weil sich das Rangverhältnis nach der Reihenfolge der Eintragungen bestimmt. Diese Reihenfolge steht bei einer bereits eingetragenen Hypothek fest, sodaß beim Erwerbe einer eingetragenen Briefhypothek im Wege der Abtretung die Cessionsvaluta Zug um Zug gegen Erteilung der Abtretungserklärung in einer öffentlichen oder öffentlich beglaubigten Urkunde und Übergabe des Hypothekenbriefes (§ 1154 Abs. 1 B.G.B.), wozu gegebenen Falls noch die urkundliche Einigung mit dem Eigentümer wegen der neuen Abreden zu treten hat, gezahlt werden kann. Dagegen darf der Gegenwert für Abtretung einer Buchhypothek erst nach Eintragung der Abtretung in das Grundbuch gezahlt werden (§ 1154 Abs. 3 B.G.B.), weil sich die Abtretung in diesem Falle erst mit der Eintragung vollendet, die vorangegangene dingliche Einigung über die Übertragung also nicht ausreicht.

7. Wegen der Feuerversicherungsgelder folgt das B.G.B. mit seinen in den §§ 1127—1130 enthaltenen Vorschriften dem § 30 des Preußischen Eigentumserwerbsges. v. 5. Mai 1872 (G.S. S. 433), sodaß also auch nach jetzigem Recht die Versicherungsgelder gesetzlich an die Stelle der Pfandobjekte treten. Vgl. im übrigen Anm. 10 zu § 33. Eine gesetzliche Versicherungspflicht des Hypothekenschuldners kennt auch das B.G.B. nicht, weshalb demselben die Versicherung der beliehenen Grundstücke gegen Feuersgefahr rechtsgeschäftlich zur Pflicht zu machen ist, indem andernfalls der Eintritt der sofortigen Fälligkeit der Hypothek vereinbart wird (vgl. dazu Anm. 7 Ziff. I b zu § 33 und Urteil des R.G. v. 28. Juli 1896, Entsch. Bd. 37 S. 356).

§. 35. Werden ausgeliehene kirchliche Kapitalien gekündigt, sei es von dem Gemeinde-Kirchenrat oder von dem Schuldner, so ist hiervon noch vor der Einziehung dem Patron (§. 4) Anzeige zu machen (§§. 629 f. A. L.-R. II, 11). In jedem solchen Falle hat der Gemeinde-Kirchenrat demnächst den Schuldner mit bestimmter Anweisung darüber zu versehen, an wen und gegen wessen Quittung er die Rückzahlung leisten bezw. durch einen Dritten bewirken soll (§§. 632 f. a. a. O.).

Die Hauptquittung und Löschungsbewilligung, wie etwaige Erklärungen über Abtretung der Forderung an einen Dritten, sind vom Gemeinde-Kirchenrat in urkundlicher Form auszustellen (§. 5 Abs. 7).

Zu § 35.

1. Bei der **Kündigung ausgeliehener Kirchenkapitalien** ist zu unterscheiden, ob dieselbe seitens des Schuldners oder seitens des Gemeindekirchenrats erfolgt. Die Kündigung seitens des Schuldners hat nur gegenüber dem Gemeindekirchenrat als dem Vertreter der Kirchengemeinde in vermögensrechtlicher Beziehung (§ 22 Abs. 1 K.G. u. S.O.) zu geschehen, ist aber vom Gemeindekirchenrat gemäß § 630 II 11 A.L.R. dem Patron sofort anzuzeigen. Dagegen bedarf die Kündigung seitens des Gemeindekirchenrats nach § 629 a. a. O. der Genehmigung des Patrons (nicht auch der kirchlichen Aufsichtsbehörde) und kann ohne dieselbe nicht rechtswirksam geschehen. Der Gemeindekirchenrat hat die Genehmigung deshalb noch vor der Erklärung der Kündigung an den Schuldner einzuholen und die Erteilung derselben in dem Kündigungsschreiben zu erwähnen.

2. Nach § 63 des Preuß. Eigentumserwerbsges. v. 5. Mai 1872 (G.S. S. 433) war der bisherige Gläubiger, wenn eine Hypothek von dem Eigentümer bezahlt oder auf andere Weise getilgt war, nach der Wahl des Eigentümers verpflichtet, entweder Quittung oder Löschungsbewilligung zu erteilen oder die Post ohne Gewährleistung abzutreten. Nach dem **Rechte des B.G.B. ist dagegen der Gläubiger nicht mehr verpflichtet, die bezahlte Post dem Eigentümer oder einem von diesem benannten Dritten abzutreten**, da dies im Widerspruch mit der Konstruktion der Eigentümerhypothek stehen würde, wonach die Post bereits mit der Tilgung kraft Gesetzes auf den bezahlenden Eigentümer übergeht und sich dabei, wenn letzterer zugleich

der persönliche Schuldner ist, von selbst in eine Grundschuld verwandelt (§§ 1143 u. 1177 B.G.B.). Wenngleich nicht zu verkennen ist, daß durch diese gesetzlichen Vorschriften der Verkehr erschwert wird und dem Eigentümer Weitläufigkeiten und Kosten bereitet werden, so haben die Gemeindekirchenräte gleichwohl in Zukunft eine Abtretung der bezahlten Hypothek aus Vorsicht wegen des möglicherweise damit verbundenen Risikos abzulehnen und sollen deshalb auch kein Beleihungsgeschäft abschließen, bei welchem die Verpflichtung des Gläubigers zur gewährleistungslosen Abtretung der bezahlten Post an einen vom Eigentümer bezeichneten Dritten als Rückzahlungsbedingung vereinbart werden soll, welche Vereinbarung übrigens nicht eintragungsfähig ist (vgl. Beschluß des Kammergerichts v. 17. Sept. 1900, Entsch. Bd. 20 A S. 308).

Auch für die in der Zeit vor dem 1. Jan. 1900 bestellten Hypotheken existiert die Abtretungspflicht nicht mehr, weil über diese Verpflichtung der Zeitpunkt der Zahlung und nicht der der Entstehung der Hypothek entscheidet (vgl. Urteil des R.G. v. 12. Okt. 1899 bei Bolze, Bd. 8 S. 8 Nr. 24 und Habicht, 3. Aufl. 1901 S. 190).

3. Nach dem Rechte des B.G.B. kann der Eigentümer gegen Befriedigung des Gläubigers von demselben die Aushändigung des Hypothekenbriefes und der sonstigen Legitimationsurkunden, sowie Quittung oder Löschungs- oder Umschreibungsbewilligung oder das Anerkenntnis, daß die Post kraft Gesetzes auf den Eigentümer übergegangen ist, verlangen (vgl. Beschluß des Kammergerichts v. 11. Juli 1900, Entsch. Bd. 20 A S. 190). Quittung, Löschungs- bezw. Umschreibungsbewilligung bezw. Anerkenntnis müssen in einer öffentlichen oder öffentlich beglaubigten Urkunde enthalten sein, so daß dieselben vom Gemeindekirchenrat selbst ohne Gericht oder Notar in der im § 22 Abs. 2 K.G. u. S.O. vorgeschriebenen Form abgegeben werden können. Die Kosten der Quittung hat, wie im bisherigen Recht, der Eigentümer zu tragen (§§ 368, 369, 1144, 1155 B.G.B., § 29 R.Gr.B.O.).

4. Zu den vorstehend unter Anm. 3 behandelten Willenserklärungen, durch welche keine Veräußerung der bezahlten Hypothek bewirkt wird (§ 218 II 11, § 153 II 6 A.L.R. und § 18), bei welchen es sich vielmehr nur um die Einziehung des ausgeliehenen Kapitals, d. h. um einen Akt der laufenden Verwaltung handelt, bedarf der Gemeindekirchenrat weder der Genehmigung des Patrons (Entsch. des vorm. Kgl. Obertribunals v. 11. Sept. 1857, Striethorst, Archiv Bd. 27 S. 33), noch der kirchlichen Aufsichtsbehörde (Beschluß des Kammergerichts v. 14. Febr. 1881, Entsch. Bd. 2 S. 150). (Vgl. wegen des Pfründeninhabers Anm. 2 u. 3 zu § 36).

§. 36. Die bei Wiederbelegung zurückbezahlter Kapitalien entstehenden Unkosten (Porto, Stempel-, Gerichts-, Wechsler-Gebühren u. dgl.) sind, soweit sie nicht im einzelnen Falle einem anderen Verpflichteten zur Last fallen, von demjenigen zu tragen, welchem der Nießbrauch zusteht (§. 778 A. L.-R. II, 11; §§. 11, 22, 87 das. I, 21; Verf. d. Ev. O.-K.-R. v. 29. Juni 1880, K. G.- u. V.-Bl. 1882 S. 55).

Müssen Wertpapiere zu einem über den Nennwert gehenden Preise erworben oder unter dem Erwerbspreise (d. i. bei Kapitalabfindungen in Ablösungssachen der Nennwert) veräußert werden, so bleibt behufs Verhütung von Kapitalverlusten tunlichst auf sofortigen oder allmählichen Ersatz des Agio bezw. Disagio Bedacht zu nehmen. Ist in solchen Fällen das Interesse eines Stelleninhabers wegen der Zinsennutzung mitbestimmend, so haben die Gemeindekörperschaften ihre Genehmigung zu der Belegung in der Regel nicht eher zu erteilen, als jener Ersatz gesichert ist. Kann derselbe nicht durch eine Bewilligung aus der Kirchenkasse (§. 31 Nr. 8 K.-G.- u. S.-O.) oder mit Zustimmung des Nießbrauchers durch geordnete mehrjährige Kapitalisierung eines Teils der Zinsen u. dgl. erbracht werden, so ist dem Stelleninhaber die Beschaffung zu überlassen, einstweilen aber die betreffende Veränderung auszusetzen, bezw. die Kapitalanlage in anderer Art zu bewirken (Verf. d. Ev. O.-K.-R. v. 27. Januar 1885, K. G.- u. V.-Bl. S. 25).

Zu § 36.

1. Das Pfründenrecht ist ein alt hergebrachtes, eigenartiges Nutzungsrecht, welches teils in Ergänzung, teils anstelle des Gehalts dem Pfründeninhaber ein gesichertes Diensteinkommen zu gewähren bestimmt ist. Es deckt sich mit dem privatrechtlichen Nießbrauchsrechte nicht, weil die Regeln des letzteren mit der Stellung des Pfründeninhabers zum Teil nicht vereinbar sind; die allgemeinen Grundsätze des Nießbrauches finden daher auf das Pfründenrecht nur insoweit Anwendung, als sie nicht der eigenartigen Stellung des Pfründeninhabers und dem Zwecke, ihm eine auskömmliche und dauernd gesicherte Versorgung zu gewähren, widersprechen.

Nach Art. 80 Einf.Ges. z. B.G.B. bleiben die landesgesetzlichen Vorschriften über das Pfründenrecht, mithin die §§ 778 ff. II 11 A.L.R. unberührt, das heißt gemäß Art. 3 a. a. O., es bleiben die bestehenden landesgesetzlichen Vorschriften über das Pfründenrecht, auch soweit sie privatrechtlichen Charakter haben, mit der sich aus Art. 218 a. a. O. ergebenden Änderungsmöglichkeit durch Landesgesetz in Kraft und es können neue landesgesetzliche Vorschriften erlassen werden. Das Preuß. Ausf.-Ges. z. B.G.B. hätte sonach Vorschriften über das Pfründenrecht bringen und insbesondere Teile des 21. Titels des I. Teils des A.L.R. in ihrer Anwendung auf das Pfründenrecht aufrecht erhalten können. Dasselbe spricht indessen vom Pfründenrecht nicht und hat den zuletztgenannten Landrechtstitel mit Ausnahme der beiden von der Ausübung der Ehrenrechte beim Nießbrauch handelnden §§ 45 u. 46 in seinem Art. 89 Nr. 1 b ausdrücklich aufgehoben. Mit Rücksicht darauf aber, daß die in Nr. 1 des genannten Artikels aufgeführten Vorschriften, „soweit sie nicht schon infolge Reichsgesetzes außer Kraft treten“, nur aufgehoben sind, „soweit sie sich nicht auf öffentliches Recht beziehen“, ist zu prüfen, ob für das Pfründenrecht an die Stelle der Vorschriften des A.L.R. vom Nießbrauche im 21. Titel des I. Teils, auf welche im 11. Titel des II. Teils ausdrücklich oder stillschweigend verwiesen ist, seit dem 1. Jan. 1900 die reichsrechtlichen Bestimmungen über den Nießbrauch getreten sind. Diese Frage ist zu bejahen. Eine Vorschrift bezieht sich auf öffentliches Recht, wenn sie selbst öffentliches Recht enthält oder wenn sie zwar an sich privatrechtlicher Natur ist, aber auf dem Wege der sog. unechten Verweisung in öffentlich-rechtlichen Vorschriften, d. h. durch wirkliche Übernahme in das öffentliche Recht Bestandteil desselben geworden ist und deshalb wie das Sonderrecht selbst für das Gebiet desselben durch Abänderung der allgemeinen Norm nicht berührt wird. Die Verweisungen in den §§ 823 u. 831 II 11 A.L.R. auf die „in der Lehre vom Nießbrauche vorgeschriebenen Gesetze“ bezw. „auf die beim Nießbrauch vorgeschriebenen Regeln“ sind dagegen für echte zu erachten. Sie lassen durch ihren Wortlaut erkennen, daß sie zwar das Vorhandensein der allgemeinen Normen des Nießbrauches, nicht aber einen bestimmten Inhalt dieser Normen voraussetzen, daß mithin der Gesetzgeber des A.L.R. nicht beabsichtigt hat, das Pfründenrecht dauernd durch die Vorschriften über den Nießbrauch in der ihnen im 21. Titel des I. Teils gegebenen Gestaltung zu ergänzen. Deshalb greift hier Art. 4 Einf.Ges. z. B.G.B. Platz, wonach, soweit in Reichsgesetzen oder in Landesgesetzen auf Vorschriften verwiesen ist, welche durch das B.G.B. oder durch das Einf.Ges. z. B.G.B. außer Kraft gesetzt werden, an deren Stelle die entsprechenden Vorschriften des B.G.B. oder des Einf.Ges. treten.

Die von Dernburg (Das Sachenrecht des Deutschen Reichs und Preußens, 3. Aufl. 1904 § 183 S. 539) ausgesprochene Ansicht, daß sich der Nießbrauch des Pfarrers noch immer nach den Bestimmungen des A.L.R. und insbesondere nach den §§ 111 ff. u. 143 ff. I 11 A.L.R. richte, erscheint hiernach unrichtig. Die dazu gegebene Begründung, daß die reichsrechtlichen Vorschriften von den landrechtlichen abweichen und für Pfarrgüter nicht passen, ist zwar geeignet, einen Vorwurf für den Gesetzgeber wegen Unterlassung der Regelung der Frage im Preuß. Ausf. Ges. z. B.G.B., nicht aber die Weiteranwendung der aufgehobenen landrechtlichen Vorschriften zu rechtfertigen. Hiernach ist anzunehmen, daß seit dem 1. Jan. 1900 die §§ 1030—1089 B.G.B. über das Nießbrauchsrecht, welche sich unmittelbar nur auf den durch Rechtsgeschäft oder Ersitzung begründeten Nießbrauch beziehen, auch auf das Pfründenrecht subsidiäre Anwendung finden, soweit letzteres nicht im 11. Titel des II. Teiles A.L.R. geordnet ist und soweit erstere vermöge der Eigenart des Pfründen rechts auf dasselbe überhaupt anwendbar sind. Gleicher Meinung: Reichst.Komm.Ber. Nr. 440a S. 16, Leske, Vgl. Darstellung des B.G.B. und des A.L.R., Berlin 1900 S. 462, Neumann, Handausgabe des B.GB. 1903 Bd. III S. 99, Goßner, Das B.G.B. i. s. Anw. auf d. preuß. ev. Landesk. Berlin 1899 S. 18, Geigel, Pfründennießbrauch zufolge des B.G.B. in Friedberg und Sehling, Zeitschr. f. K.R. Bd. 8 1898 S. 266 und Weißler, Preuß. Landesprivatrecht Leipzig, 1900 Bd. I S.V. Letzterer ist sogar der Ansicht, daß mit Rücksicht auf den Wortlaut des Art. 4 Einf.Ges. z. B.G.B. auch bei der verfügenden Verweisung an die Stelle des aufgehobenen Landrechts das Reichsrecht tritt.

2. Die Frage, wer für die bei der Wiederbelegung zurückgezahlter Kapitalien entstandenen Unkosten aufzukommen hat, ist daher nicht mehr nach den §§ 11, 22, 87 I 21 A.L.R., sondern nach den §§ 1030 ff., insbesondere 1047, 1068, 1078, 1079, 1080, 1083, 1085 B.G.B. zu entscheiden. Darnach sind Nießbraucher und Gläubiger (Eigentümer der Forderung bezw. des Wertpapiers) einander verpflichtet (vgl. dazu § 22 Abs. 1 K.G. u. S.O.), zur Einziehung und anderweiten Belegung des Kapitals mitzuwirken und haben die Kosten der im gemeinschaftlichen Interesse Beider erfolgenden Maßnahmen zu gleichen Teilen zu tragen (Anm. 2 zu § 1083 in Planck, Kommentar z. B.G.B., Berlin 1902 Bd. 3 S. 394), da derartige Kosten weder als Lasten im Sinne des § 1047, noch als Sacherhaltungskosten im Sinne des § 1041 B.G.B. zu erachten sind.

Sieht man sie aber doch als solche an, dann sind sie als außerordentliche bezw. außergewöhnliche vom Eigentümer und nicht vom Nießbraucher, also von der Kirchengemeinde allein zu tragen (cf. § 164 II 11 A.L.R.).

3. Da, wo gemäß § 12 des Pfarrbesoldungsges. v. 2. Juli 1898 (vgl. Anm. zu § 43) die Verwaltung des Stellenvermögens auf die Kirchengemeinde übergegangen ist, hat diese die in Anm. 2 erwähnten Unkosten allein zu tragen.

§. 37. Werden kirchliche Gelder durch Ankauf von Wertpapieren belegt, welche auf den Inhaber lauten, so müssen die letzteren, sobald sie endgiltig angenommen sind, vom Gemeinde-Kirchenrat durch einen kurzen, auf der Rückseite anzubringenden Vermerk außer Kurs gesetzt werden. Derselbe ist im Falle späterer Wiederveräußerung durch einen entsprechenden Inkurssetzungsvermerk wieder aufzuheben (vgl. §. 5 Abs. 7). Als Kirchensiegel ist hier ein Schwarzstempel beizudrucken (Erl. d. Ev. O.-K.-R. v. 11. Dezember 1880, K. G.- u. V.-Bl. S. 187).

Zu § 37.

1. Nach Art. 176 Einf.Ges. z. B.G.B. findet die Außerkurssetzung von Schuldverschreibungen auf den Inhaber seit dem 1. Jan. 1900 nicht mehr statt, während eine vorher erfolgte Außerkurssetzung seit diesem Tage ihre Wirkung verloren hat. Wegen der Außerkurssetzung der Sparkassenbücher vgl. Anm. 6 zu § 32.

2. An die Stelle der Außerkurssetzung tritt die Umschreibung auf den Namen (§ 806 B.G.B. Art. 101 und 174 Abs. 1 Einf.Ges. z. B.G.B. Art. 18 Preuß. Ausf.Ges. z. B.G.B.). Darnach kann die Umschreibung einer auf den Inhaber lautenden Schuldverschreibung auf den Namen eines bestimmten Berechtigten durch den Aussteller erfolgen und bei solchen Schuldverschreibungen auf den Inhaber, welche von einer preußischen Körperschaft, Stiftung oder Anstalt des öffentlichen Rechts ausgestellt sind, seitens des Inhabers von dem Aussteller auf seinen Namen oder auf den Namen eines von ihm bezeichneten Dritten verlangt werden, es sei denn, daß der Inhaber zur Verfügung über die Urkunde nicht berechtigt ist (vgl. dazu Anm. 4 zu § 39).

§. 38. Über die im Besitze einer Kirche befindlichen Wertpapiere, einschließlich derjenigen, welche zu dem Vermögen kirchlicher Stellen und zu den der Kirche gestellten Kautionen (§. 63) gehören, ist neben dem Lagerbuch noch ein stets laufend zu erhaltendes Verzeichnis zu führen, welches die Wertpapiere nach Nennwert, Buchstaben und Nummern, Zinsfuß und Zinsverfalltag, sowie die Auslosungstermine nachweist. Dasselbe bleibt in der Hand des Kirchenkassen-Rendanten.

Der Rendant hat unter persönlicher Verantwortung die Auslosung und sonstige Aufrufung der Wertpapiere zu kontrollieren und eintretendenfalls beim Gemeinde-Kirchenrat wegen der Einziehung und Wiederanlage des Kapitals Anträge zu stellen. Auf sein Verlangen hat, wenn das Regierungs-Amtsblatt nicht ausreicht, der Gemeinde-Kirchenrat ein zuverlässiges Verlosungsblatt zu halten.

Der Gemeinde-Kirchenrat kann, wenn es die Umstände erfordern, statt des Rendanten ein anderes seiner Mitglieder (Pfarrer oder Älteste) mit dieser Kontrolle besonders beauftragen und hat sich von Zeit zu Zeit durch geeignete Proben von der pflichtmäßigen Erfüllung des Kontrollgeschäfts zu überzeugen (§. 2 Abs. 2). Auch ist den Stelleninhabern jederzeit die Durchsicht des Verlosungsblatts der Kirche in betreff der ihrem Nießbrauche unterliegenden Wertpapiere zu gestatten, da sie allein für die Wahrnehmung ihres persönlichen Interesses daran einzustehen haben.

§. 39. Bei Aufbewahrung der Wertpapiere (vgl. §. 16) ist mit besonderer Vorsicht zu verfahren. Die Schuldurkunden sind von den Zinsscheinen nebst den Erneuerungsanweisungen (Talons) getrennt und falls tunlich in verschiedenen sicheren Behältnissen und Räumen niederzulegen. Die Zinsscheine der zum Nießbrauch kirchlicher Stelleninhaber gehörigen Papiere werden den letzteren rechtzeitig zur Einziehung ausgehändigt.

Das Vorhandensein sämtlicher Wertpapiere ist durch den Gemeinde-Kirchenrat oder durch bestimmte von demselben beauftragte Älteste mindestens einmal im Jahre bei der Schluß-

Kassenrevision genau festzustellen (§§. 76, 77). Der betreffende amtliche Vermerk, welcher zum Protokollbuch des Gemeinde-Kirchenrats zu übergeben und bei den Akten aufzubewahren ist, muß ergeben, daß jedes einzelne Wertpapier nachgesehen und mit den Zinsscheinen und den Erneuerungs-Anweisungen wirklich vorgefunden ist.

Ist die genügend sichere Aufbewahrung der Wertpapiere innerhalb der Parochie nicht möglich, so hat der Gemeinde-Kirchenrat deren offene Niederlegung bei der Reichsbank in Berlin in Erwägung zu ziehen, welche unter den bei jeder Reichsbankstelle zu erkundenden Bedingungen die gesamte Verwaltung von Wertpapieren, auf Antrag auch die Überwachung der Auslosung, unter voller Gewährleistung übernimmt.

Ebenso bietet eine völlige Sicherung für alle Bestände an 4- und 3½ prozentiger Preußischer konsolidierter Anleihe die Umwandlung derselben in eine Buchschuld des Staats auf den Namen des berechtigten Instituts (§. 32 Nr. 3); durch die Eintragung in das bei der Hauptverwaltung der Staatsschulden geführte Schuldbuch tritt an die Stelle der eingelieferten Schuldverschreibungen bis dahin, daß solche in gleichem Nennwert zurückgefordert werden, eine eingetragene und voll gewährleistete Forderung an die Staatskasse, die aller Gefährdung durch Diebstahl, Feuer u. dgl. entzogen ist (Ges. vgl. oben §. 32 Nr. 3; Ausführungsbestimmungen des Finanzministers vom 22. Juni 1884, M.-Bl. f. d. i. V. S. 153, auch abgedruckt in den Regierungs-Amtsblättern).

Zu § 39.

1. Die Zins- und Erneuerungsscheine sind stets getrennt von den Schuldurkunden aufzubewahren. Das nach § 38 zu führende Verzeichnis der vorhandenen Wertpapiere ist in mehreren Exemplaren anzufertigen und stets mit dem tatsächlichen Stande in Übereinstimmung zu halten. Die einzelnen Exemplare sind von verschiedenen Mitgliedern des Gemeindekirchenrates aufzubewahren.

2. Für dauernde Kapitalsanlagen bietet eine besondere Sicherung die Eintragung der in Staats- bezw. Reichspapieren angelegten Kapitalien in das Preußische Staats- (Deutsche Reichs-) Schuldbuch. Die amtlichen Nachrichten über das Schuldbuch sind durch jede Buchhandlung oder von dem Verlag J. Guttentag, Berlin W., Lützowstr. 107/108 zum Preise von 40 Pf. zu beziehen.

Bei der Benutzung des Schuldbuchs ist darauf Bedacht zu nehmen, daß das Vermögen der Kirchengemeinden und der einzelnen kirchlichen Institute in besonderen Abteilungen eingetragen wird. Die Benachrichtigungen der Verwaltung des Staats- und Reichsschuldbuches haben aber nicht den Charakter von Schuldbekenntnissen oder Depositalscheinen und bleiben daher in den Händen der Empfänger, auch wenn die Eintragung infolge erbetener Neuausfertigung der Wertpapiere gelöscht ist (vgl. Amtl. Mitt. d. Kons. d. Prov. Brandenburg 1903 S. 129).

3. Der Aufbewahrung der Wertpapiere an Ort und Stelle ist bei weitem vorzuziehen die Niederlegung bei einer als Hinterlegungsstelle bestimmten Anstalt. Wegen solcher Anstalten vgl. Anm. 7 zu § 32.

Zu bevorzugen sind solche Bankinstitute, welche offene Depots annehmen, und bei denen sich zugleich die Möglichkeit bietet, jeweilig verfügbare Gelder verzinslich anzulegen, laufende Rechnung zu führen und alle sonstigen für die Vermögensverwaltung in Betracht kommenden Geschäfte zu erledigen.

4. Art. 18 Ausf.Ges. z. B.G.B. sieht als weitere Sicherung (an Stelle der früheren, nach dem B.G.B. nicht mehr zulässigen Außerkurssetzung) die Umschreibung der Inhaberpapiere auf den Namen des Eigentümers vor. Die hierüber ergangenen Ausführungsvorschriften sind in dem Min.Bl. f. d. inn. Verw., 1899 S. 623, abgedruckt. — Das Verfahren wird nur selten zu empfehlen sein, weil es umständlich und mit Kosten verknüpft ist. Vgl. Anm. 2 zu § 37.

Sind Inhaberpapiere gestohlen worden, verloren gegangen oder sonst abhanden gekommen, so muß der Gemeindekirchenrat nach § 367 des H.G.B. (R.G.Bl. 1897 S. 219) u. Art. 6 des Preuß. Ausf.Ges. zum H.G.B. v. 24. Sept. 1899 (G.S. S. 303) dafür Sorge tragen, daß der Verlust der einzeln genau zu bezeichnenden Wertpapiere sogleich im Deutschen Reichsanzeiger bekannt gemacht wird; demnächst ist bei dem zuständigen Amtsgericht das Aufgebotsverfahren zu beantragen.

§. 40. Für Taufen und Trauungen in ortsüblich einfachster Form, sowie für Aufgebote sind Stolgebühren nicht mehr zu erheben.

(§. 1 des Kirchengesetzes v. 28. Juli 1892, K. G.= u. V.=Bl. S. 167.)

Die nachträgliche Einführung einer Stolgebühr für Akte, welche durch das vorgenannte Kirchengesetz stolgebührenfrei geworden sind, ist unzulässig.

Im übrigen bedarf es zur Einführung und Veränderung von Stolgebührentaxen der Mitwirkung der Gemeindevertretung (§. 31 Nr. 7 K.=G.= u. S.=O.), sowie der Genehmigung des Konsistoriums und des Regierungspräsidenten.

Dasselbe gilt von Taxen, welche nur Gebührenfestsetzungen für den Gebrauch kirchlicher Gegenstände, als Inventarienstücke, Kirchstühle, Grabstellen, einschließlich der Anlegung von Grab=Denkmälern u. dgl., oder für mechanische Leistungen, als Anfertigung und Versorgung von Gräbern, Glockengeläute u. dgl. enthalten. (V.=A.=G. §. 1 Nr. 4, Allerh. Verordn. v. 8. März 1893 Art. II, Art. 24 Nr. 4 Ges. v. 3. Juni 1876, Art. III Nr. 4 Allerh. Verordnung v. 9. September 1876.)

Zu § 40.

Über die Zuständigkeit des Geistlichen zur Vornahme von Taufen bestimmen die §§ 446 ff. II. 11 A.L.R., zur Vornahme von Beerdigungen die §§ 453 ff. daselbst, zur Vornahme von Trauungen § 9 der Trauungs-Ordnung vom 27. Juli 1880 (K.G. u. V.Bl. S. 109).

1. Ob eine Taufe oder Trauung in ortsüblich einfachster oder in gebührenpflichtiger Form vollzogen worden ist, ist nach dem Rechte des Ortes zu entscheiden, an welchem die Handlung stattgefunden hat. Die Tatsache, daß die Handlung nicht innerhalb der zuständigen Parochie stattgefunden hat, begründet an sich die Gebührenpflichtigkeit noch nicht.

2. Sind in einer Gemeinde sämtliche Gebühren für Taufen und Trauungen abgelöst, so kann gleichwohl in Frage kommen, ob nicht für eine besondere Ausschmückung des gottesdienstlichen Aktes (Einfügung besonderer Lieder, Aufstellen von Blumen, Brennen der Kronleuchter u. dgl.) eine Entschädigung an die Kirchenkasse oder diejenigen Kirchenbeamten, deren Dienste in besonderer Weise in Anspruch genommen werden, verlangt werden soll. Die Festsetzung erfolgt durch Beschluß der kirchlichen Körperschaften, welcher der Genehmigung des Konsistoriums und des Regierungspräsidenten bedarf. Zulässig erscheint es auch — durch Beschluß des Gemeindekirchenrats —, bestimmte Wochentage für die Amtshandlungen festzusetzen.

3. Sollen Gebühren eingeführt, verändert oder aufgehoben werden, so sind dieselben und die Handlungen, für welche sie erhoben werden, in dem Beschluß der kirchlichen Körperschaften genau zu bezeichnen. Die Beitreibung einer Gebühr geschieht nicht im Verwaltungszwangsverfahren, sondern im ordentlichen Rechtswege. Verpflichtet zur Zahlung ist der Besteller, sofern er nicht ersichtlich im Auftrage eines Dritten gehandelt hat. Im Zweifelsfalle ist die schriftliche Bestellung zu veranlassen. Bei Beerdigungen ist die Bestimmung des § 1968 B.G.B. zu beachten, wonach der Erbe die Kosten der standesmäßigen Beerdigung des Erblassers zu tragen hat. Zahlung der Gebühren im voraus darf nicht gefordert werden.

4. Zusammenstellung von Fällen, in denen Zeugnisse über stattgehabte kirchliche Amtshandlungen gebührenfrei zu erteilen sind: a) Zeugnisse, welche die Staatsbehörden bei einer von Amtswegen erfolgenden Berichtigung einer Kirchenbuchseintragung aus der Zeit vor dem 1. Okt. 1874 erfordern, oder welche Standesbeamte zur Berichtigung des Standesamtsregisters in einem von Amtswegen eingeleiteten Verfahren verlangen, sofern im letzteren Falle die geforderten Urkunden sich auf Personenstandsnachrichten aus der Zeit vor dem 1. Okt. 1874 beziehen; b) Taufzeugnisse zum Zweck der Einschulung der Kinder; c) Taufzeugnisse zum Zweck der kirchlichen Trauung; d) Zeugnisse für die Militärersatzpflichtigen und Wehrmänner behufs des Ersatzgeschäftes und der Führung der Stammrollen, sowie für die zum (auch einjährig-) freiwilligen Eintritt in den Heeresdienst sich Meldenden (Atteste für Reklamationen sind, abgesehen von Armutsfällen, nicht gebührenfrei); e) Zeugnisse, welche von dem Vormundschaftsgericht in Armenvormundschaftssachen erfordert werden; f) Zeugnisse, welche im staatlichen Interesse nach abgeschlossenem Strafverfahren von den Gerichtsbehörden zur Strafregisterberichtigung über Personenstandsnachrichten aus der Zeit vor dem 1. Okt. 1874 erfordert werden; g) Zeugnisse, welche von den Auseinandersetzungsbehörden erfordert werden; h) Zeugnisse, die zur Führung des Personenstandsnachweises in Sachen der Unfall- und Krankenversicherung der Arbeiter, sowie der in land- und forstwirtschaftlichen Betrieben beschäftigten Personen und der Invaliden- und Altersversicherung erforderlich werden (Amtl. Mitteilungen des Konsistoriums Königsberg 1897 S. 61).

§. 41. Die Regelung der Kirchensitze ist, soweit nicht etwaige (jedesmal besonders zu erweisende) Privatrechte in Frage sind, unter Beachtung der bestehenden allgemeinen Bestimmungen (§§. 676 bis 685 A. L.=R. II, 11) und örtlichen Rechtsordnungen von dem Gemeinde=Kirchenrat im Verwaltungswege nach Gesichtspunkten des öffentlichen Interesses vorzunehmen. Die Entscheidungen derselben sind bis zum Nachweis entgegenstehender Privatansprüche im Rechtswege nicht anzufechten und nötigenfalls polizeilich zu schützen (Entsch. d. Komp.=Gerichtshofs v. 18. März 1865, Just.=M.=Bl. S. 134, u. v. 14. April 1883, K. G.= u. V.=Bl. S. 70, u. des Oberverwaltungsgerichts v. 10. Dezember 1884, das. 1885 S. 29).

Ist eine allgemeine Neuverteilung notwendig, so trifft der Gemeinde=Kirchenrat zunächst über die Grundsätze Vereinbarung, nach Befinden unter Zuziehung der Gemeindevertreter (§. 33 K.=G.= u. S.=O.), entwirft danach eine vollständige Sitzordnung im Anschluß an eine Handzeichnung und setzt dieselbe, nachdem sie behufs Erklärung aller Beteiligten innerhalb bestimmter Frist öffentlich ausgelegen hat und unter Berücksichtigung berechtigter Wünsche eine allseitige gütliche Erledigung der erhobenen Einwendungen erstrebt ist, selbständig fest.

Zu § 41.

§ 15 Abs. 1 K.G. u. S.O.: Der Gemeindekirchenrat hat für Erhaltung der äußeren gottesdienstlichen Ordnung zu sorgen und die Heilighaltung des Sonntags zu befördern.

Teil II Tit. 11 A.L.R.: § 676. Wo die Vermietung der Kirchstellen hergebracht ist, da gebührt dieselbe dem Gemeindekirchenrat. § 681. Wo nach besonderen Verfassungen Kirchstellen gewissen Personen oder Familien erblich verliehen sind, da können die Eigentümer dieselben an andere vermieten und zum Gebrauch einräumen, auch sie auf ihre Nachkommen vererben. § 682. Dagegen können sie das Eigentum weder unter Lebendigen noch von Todeswegen an andere übertragen. § 683. Wenn der Eigentümer einer solchen Stelle ohne Nachkommen stirbt, oder die Parochie verläßt, so fällt die Stelle an die Kirche zurück. § 684. Kirchstühle, die jemandem in Rücksicht seiner Würde oder seines Amtes angewiesen sind, können von ihm an andere auf keine Weise überlassen werden. § 685. Kirch=

stühle, die einem Hause oder Gute für beständig zugeschlagen sind, gehen mit diesem Grundstück zugleich auf jeden Besitzer desselben, auch wenn er einer anderen Religionspartei zugetan ist, über.

Einf.Ges. z. B.G.B. Art. 133: Unberührt bleiben die landesgesetzlichen Vorschriften über das Recht zur Benutzung eines Platzes in einem dem öffentlichen Gottesdienst gewidmeten Gebäude oder auf einer öffentlichen Begräbnisstätte.

Die Aufstellung und Wahrung der Kirchensitzordnung liegt in der Hand des Gemeindekirchenrates. Seine Anordnungen stehen unter dem landespolizeilichen Schutz des Regierungspräsidenten (§ 3 Ziffer 3 der Verordnung vom 27. Juni 1845 G.S. S. 440). Dieser ist nötigenfalls durch Vermittlung des Konsistoriums anzurufen. Durch das Eigentumsrecht der Kirchengemeinde am Kirchengebäude wird die rechtliche Vermutung begründet, daß die Kirchensitze den Gemeindegliedern nur zum persönlichen Gebrauch im Wege der Verwaltung eingeräumt sind. Aus dem Eigentumsrecht der Kirchengemeinde und aus der Bestimmung des Kirchengebäudes, den Bedürfnissen der Gemeinde zu dienen, ergibt sich ferner der Vorbehalt jeder zum Wohle des Ganzen erforderlichen Veränderung einer bestehenden Ordnung, mag die Verteilung bisher durchs Los oder durch Vermietung oder nach Steuer- bezw. Berufsklassen oder wie sonst immer stattgefunden haben.

Privatrechtliche Ansprüche einzelner Gemeindeglieder an Kirchensitzen sind hiernach nur ausnahmsweise da anzuerkennen, wo eine ausdrückliche vertragliche Zueignung seitens der Vertretung der Kirchengemeinde oder ein anderer die letztere verpflichtender Rechtstitel (auch Ersitzung) mit voller Klarheit nachgewiesen wird. Liegt ein solches Recht vor, so erlischt es durch den Neu- oder Umbau der Kirche an sich nicht; die Berechtigten haben einen Anspruch auf Entschädigung (und nur dieses), falls der Gemeindekirchenrat ihnen in dem veränderten Kirchengebäude entsprechende Sitze nicht zuweisen kann oder will (R.G. v. 30. Okt. 1901, K.G. u. V.Bl. 1903 S. 7).

Werden Kirchensitze durch den Tod oder durch Verziehen des Berechtigten, durch Parzellierung des berechtigten Gutes erledigt, so fallen dieselben an die Kirchengemeinde zur freien Verfügung des Gemeindekirchenrats zurück (s. oben § 683 II 11. A.L.R.).

Regelmäßig wird es sich empfehlen, durch einen öffentlich bekannt zu machenden Beschluß des Gemeindekirchenrates zu bestimmen, daß den Gemeindegliedern das Recht auf die ihnen zugewiesenen Sitze nur bis zu einem bestimmten Zeitpunkt im Gottesdienst, etwa bis zum Beginn des

Hauptliedes, zusteht, und daß die Sitze von da ab zur allgemeinen Benutzung freigegeben werden.

§. 42. Wenn innerhalb des Kirchspiels Grundstücke geteilt werden, liegt dem Gemeinde-Kirchenrat ob, gemäß §§ 2 f. u. 7 ff. des Gesetzes vom 25. August 1876 (G.-S. S. 405) die darauf haftenden, aus dem Kirchen- und Pfarrverbande entspringenden Lasten, einschließlich der Patronatslasten, auf die Besitzer der Trennstücke zu verteilen.

Zu diesem Zwecke wird ihm vom Katasterkontroleur durch Vermittelung des Kreislandrats bezw. des Gemeindevorstandes der Rentenverteilungsplan oder Auszug aus den Grundsteuerfortschreibungsprotokollen zugestellt, welche die erforderlichen Anhaltspunkte für die Verteilung darbieten.

Gegen die urkundlich auszufertigende Feststellung des Gemeinde-Kirchenrats, welche, falls Patronatslasten zu verteilen sind, auch der Regierung als Patronatsaufsichtsbehörde zuzustellen ist, steht den Beteiligten innerhalb zwei Wochen (§. 51 Ges. v. 30. Juli 1883, G.-S. S. 195) die Klage im Verwaltungsstreitverfahren offen.

Streitigkeiten über das Bestehen, den Umfang und die rechtliche Natur der Abgaben verbleiben der richterlichen Entscheidung. Der Kreisausschuß, in Stadtkreisen der Bezirksausschuß, kann jedoch über die Verteilung eine vorläufige Festsetzung treffen (§§. 9 bis 11 Ges. v. 25. August 1876).

Bei einer Zerstückelung von Grundstücken sind die Berechtigten zu fordern befugt, daß ihre darauf haftenden Geld- und Roggenrenten, welche nach der Verteilung unter 12 Mark bezw. 2 Neuscheffel Roggen betragen, durch Erlegung des 25 fachen Barbetrages abgelöst werden (Ges. v. 27. April 1872, G.-S. S. 417, Ges. v. 17. Januar 1881, G.-S. S. 5).

Die Umwandlung von Naturaleinkünften in Geldrente bedarf, soweit sie nicht in dem durch die Staatsgesetze geordneten Ablösungsverfahren erfolgt, der Genehmigung des

Konsistoriums (V.=A.=G. §. 1 Nr. 7e, Allerh. Verordn. v. 8. März 1893 Art. II).

Wegen sonstiger Ablösung von Reallasten, welche zu Gunsten der Kirche auf Grundstücken haften, vgl. §. 18 und wegen der kirchenaufsichtlichen Genehmigung von Rezessen die Entscheidung des Oberlandeskulturgerichts vom 25. September 1883 (K. G.= u. V.=Bl. S. 136).

Zu § 42.

1. Reallasten sind dingliche Belastungen eines Grundstücks mit wiederkehrenden, aus dem Grundstück zu entrichtenden Leistungen (§ 1105 B.G.B.), für die der Eigentümer, soweit sie während der Dauer seines Eigentums fällig werden, auch persönlich haftet (§ 1108 B.G.B.). Der Berechtigte kann eine bestimmte (natürliche oder juristische) Person oder der jeweiligen Eigentümer eines Grundstücks sein (§ 1105 Abs. 2 B.G.B.). Die Leistungen können in Geldzahlungen, Naturallieferungen oder Dienstleistungen bestehen, müssen aber regelmäßig oder unregelmäßig wiederkehren, wobei die einzelnen Leistungen bestimmt oder veränderlich sein können. Das B.G.B. beschränkt sich auf die privatrechtlichen Reallasten, regelt also die öffentlichen Lasten nicht und erwähnt letztere nur im § 436 (vgl. Art. 114 u. 132 Einf.Ges. z. B.G.B. u. Dernburg Sachenrecht, 3. Aufl. 1904 § 200 S. 584).

Während nach früherem Recht jede Reallast in Abteilung II des Grundbuchblattes eingetragen werden konnte, ist dies bei den Reallasten des öffentlichen Rechtes (gemeine Lasten, darunter Abgaben und Leistungen, die aus dem Kommunal=, Kirchen=, Pfarr= oder Schulverband entspringen oder an Kirchen, Pfarren, Schulen, Kirchen= oder Schulbediente zu entrichten sind, insbesondere auch Patronatslasten; vgl. Dernburg Anm. 7 zu § 200 a.a.O.) nach dem Inkrafttreten des B.G.B. auch auf Antrag unter Bewilligung des Eigentümers nicht mehr zulässig (Art. 11 Preuß. Ausf.Ges. z. Gr.B.O. v. 26. Sept. 1899 G.S. S. 307, § 10 Abs. 1 Nr. 3 und § 156 Abs. 1 Reichsges. betreffend die Zwangsverst. v. 24. März 1897, Art. 1 u. 2 Preuß. Ausf.Ges. zu diesem Gesetz vom 23. Sept. 1899 G.S. S. 291).

2. Bei der nach dem Ges. v. 25. Aug. 1876 vorgenommenen Verteilung der aus dem Kirchen= und Pfarrverbande entspringenden Lasten hat der Gemeindekirchenrat als Maßstab die Grund= und Gebäudesteuer zu Grunde zu legen. Falls dieser Maßstab nicht anwendbar ist oder von dem Verhältnis des Ertrags=(Nutzungs=)wertes der einzelnen Teilstücke

erheblich abweicht, ist deren besonders zu ermittelnder Ertrags-(Nutzungs-) wert der Verteilung zu Grunde zu legen. Bei der Aufteilung von Patronatsgütern ist möglichst darauf Bedacht zu nehmen, daß Patronatsrechte und -pflichten durch Hergabe eines Kapitals, das zinsbar zu belegen und dauernd zu erhalten ist, abgelöst werden. Kommt eine Einigung zwischen der Kirchengemeinde und den Patronatsinhabern zu stande, so hat die Gemeindevertretung über die Annahme des Abkommens zu beschließen. Der Beschluß bedarf der Genehmigung des Konsistoriums (§ 610 II 11 A.L.R.). Bleibt bei der Aufteilung des Gutes ein Restgrundstück, welches für die Erfüllung der Patronatspflichten genügende Sicherheit bietet, so empfiehlt es sich, dahin zu wirken, daß der Besitzer des Restgutes die patronatlichen Rechte und Pflichten allein übernimmt. Bis eine solche Regelung bezw. die Ablösung des Patronates vom Konsistorium genehmigt ist, haften sämtliche Besitzer der Trennstücke solidarisch für die Erfüllung der Patronatslasten (Strieth. Arch. Bd. 72 S. 352). Ebenso bleiben die Trennstücksbesitzer Inhaber des Patronatsrechtes als eines gemeinsamen Rechtes (§ 605 II 11 A.L.R., s. oben § 4). Bei der Teilung ist darauf hinzuwirken, daß die Patronatsinhaber einen Bevollmächtigten bestellen. Bis dies geschieht, muß jeder einzelne Trennstücksbesitzer als Mitpatron behandelt werden, soweit dies praktisch möglich ist; andernfalls ist das Patronat als nicht vorhanden zu betrachten.

3. Für die Verteilung der privatrechtlichen Reallasten ist die Auseinandersetzungsbehörde zuständig (Art. 31 Preuß. Ausf.Ges. z. B.G.B.).

4. Die Ablösung von Reallasten kann ohne förmliches Verfahren vor der Auseinandersetzungsbehörde durch Vertrag der Kirchengemeinde mit dem Verpflichteten erfolgen, wenn dieser bereit ist, den 25fachen Betrag der Abgabe baar zu zahlen. Der Vertrag bedarf der Annahme durch die Gemeindevertretung, sowie der patronatlichen und kirchenaufsichtlichen Genehmigung.

§. 43. Die Wahrung des Einkommens kirchlicher Amtsstellen und des Pfründenvermögens legt dem Gemeinde-Kirchenrat neben seinen allgemeinen Obliegenheiten gegenüber dem kirchlichen Vermögen noch besondere Pflichten auf (vgl. auch §. 44 Abs. 2 u. §. 48).

So kommt ihm, außer der Verzeichnung des Rechtsbestandes (§. 14) für Fälle von Neubesetzungen, Gehaltsregelungen, Emeritierungen u. dgl., die pflichtmäßige Feststellung und Veranschlagung der durchschnittlichen Jahresergebnisse zu. Die betreffenden Nachweisungen und Bescheinigungen hat er bei eigener Verantwortung nur nach gewissenhafter Einzelprüfung aller Einnahme- und Ausgabeposten auszustellen (vgl. Nr. 19 Abs. 2, Nr. 8, 16, 18 Abs. 1 der Instr. zur Pens.-Ordn., K. G.- u. V.-Bl. 1880 S. 153; Anleitung zur Reliktenordnung v. 7. April 1892 zu §. 15 Nr. 1 Abs. 3 — vgl. auch zu §. 14 Nr. 1—3 u. zu §. 25 Nr. 4 — K. G.- u. V.-Bl. S. 71).

Beschlüsse über die Verwandlung veränderlicher Einnahmen der Kirchenbeamten in feste Hebungen unterliegen der Genehmigung des Konsistoriums (V.-A.-G. §. 1 Nr. 7d, Allerh. Verordn. v. 8. März 1893, Art. II).

Der Gemeinde-Kirchenrat hat ferner darüber zu wachen, daß das zum Nießbrauch übergebene Vermögen, einschließlich der den Stellen gehörigen Inventarienstücke, nach dem Lagerbuche und den sonst vorhandenen Verzeichnissen bei Abgang des Stelleninhabers ungeschmälert an einen von ihm Beauftragten zurückgegeben oder, wenn sogleich der Amtsnachfolger eintritt, an diesen überliefert werde. Wegen dieser Rückgewähr sowie wegen des Ersatzes etwaiger Verbesserungen oder Verringerungen gelten die allgemeinen Bestimmungen über den Nießbrauch (§§. 823 ff. A. L.-R. II, 11 und §§. 111 ff., 124 ff., 132 ff. das. I, 21). Danach haben namentlich der Nießbraucher und seine Erben einen Anspruch auf Vergütung wegen Verbesserungen nur insofern, als dieselben mit ausdrücklicher Genehmigung des Gemeinde-Kirchenrats, des Patrons und der geistlichen Oberen gemacht sind. Außer diesem Falle steht, wenn nicht eine gütliche Einigung erfolgt, dem Nießbraucher oder seinen Erben nur das Recht zu, die Verbesserung zurückzunehmen. Die Sache muß von ihnen aber, wenn hiervon Gebrauch gemacht wird, auf eigene Kosten wieder in denjenigen Stand gesetzt werden, in welchem sie sich vor der Verbesserung befunden hat. Leistet der Amtsnachfolger dem Vorgänger

Ersatz für Verbesserungen, so tritt er dadurch hinsichtlich etwaiger Vergütung aus dem Stellen- und sonstigen Kirchenvermögen und hinsichtlich des Anspruchs auf Zurücknahme der Verbesserung nur in die Rechte desselben ein (§§. 825 bis 829 A. L.-R. II, 11).

Zu § 43.

Infolge des Diensteinkommensges. v. 2. Juli 1898 (K.G.Bl. S. 61) ist bei denjenigen Pfarrstellen, welche unter das Gesetz fallen, der Nießbrauch am Stellenvermögen — außer der Dienstwohnung (s. Anm. 1 zu § 48) — regelmäßig auf die Kirchengemeinde übergegangen. Das zufolge Verordnung v 2. Juli 1898 (K.G.Bl. S. 73) am 1. April 1899 in Kraft getretene Gesetz ergreift alle Pfarrstellen, deren Stelleneinkommen am 1. Okt. 1897 (§ 19 des Ges.) weniger als 4800 M. betrug, ausgenommen die im § 6 der Satzungen der Alterszulagekasse aufgeführten Stellen: Pfarrstellen der Militär- und Anstaltsgeistlichen, ferner solche Pfarrstellen, a) welche mit einem anderen Amt als einem kirchlichen dauernd verbunden sind und deren Inhaber nach den bisherigen Bestimmungen Aufbesserungs- und Alterszulagen zu erhalten nicht berechtigt waren, b) deren Inhaber durch besondere Gehaltsregulative oder ähnliche Einrichtungen am 1. Okt. 1897 mindestens dieselben Bezüge, wie durch das Kirchengesetz, zugesichert sind. Falls das Stelleneinkommen, welches sich am 1. Okt. 1897 auf 4800 M. belief, unter diesen Betrag sinkt, hat die Kirchengemeinde den fehlenden Betrag aufzubringen (§ 18 d. Ges.), sofern die Stelle nicht nachträglich vom Vorstand der Alterszulagekasse zur Versicherung zugelassen wird (§ 11 der Satzungen). Der Nießbrauch am Stellenvermögen ist nur dann nicht auf die Kirchengemeinde übergegangen, wenn ihn sich der Stelleninhaber gegen einen vom Konsistorium festzusetzenden Übernahmepreis vorbehalten hat. Die Möglichkeit des Vorbehalts ist auch für die Zukunft den Geistlichen, die in ein unter das Gesetz fallendes Pfarramt eintreten, im § 13 des Ges. offen gelassen. Aus den Erträgen des Stellenvermögens, welche zur Pfarrkasse vereinnahmt werden, sind nach Entrichtung der darauf ruhenden Abgaben und Lasten (Fuhrkosten, Pfründenabgabe u. dergl., nicht solcher Abgaben, die die Kirchengemeinde als Eigentümerin des Pfarrvermögens zu tragen hat, z. B. Kosten der Aufbewahrung der Wertpapiere der Pfarre, Beiträge zu den landwirtschaftlichen Berufsgenossenschaften u. ähnl.) das Grundgehalt, der Beitrag zur Alterszulagekasse und etwaige Zuschüsse (§§ 3 u. 4 d. Ges.) zu bestreiten.

Überschüsse der Pfarrkasse sind zunächst als Reservefonds für etwa künftig eintretende Verminderungen des Einkommens zinsbar zu belegen. Mit Genehmigung des Konsistoriums können daraus ausnahmsweise Ausgaben zur Unterhaltung der Dienstwohnung und zur Mietsentschädigung, besonders zu Reparaturen, deren Kosten der Stelleninhaber zu tragen hat, entnommen werden (§ 12 d. Ges. u. Anm. zu § 22). Soweit die Einnahmen der Pfarrkasse nicht ausreichen, um die notwendigen Ausgaben zu decken, hat die Kirchengemeinde — nötigenfalls mit einer vom Konsistorium zu gewährenden Beihülfe — den Fehlbetrag zu decken (§ 21 d. Ges). Sind mehrere Kirchengemeinden unter einem Pfarramt vereinigt, so entscheidet über das Verhältnis, in welchem sie zur Deckung des erforderlichen Betrages beizutragen haben, in Ermangelung vorhandener Bestimmungen oder rechtsgültiger Vereinbarungen das Konsistorium nach Anhörung des Kreissynodalvorstandes (§ 12 Abs. 4 d. Ges.). Die hiernach von den Kirchengemeinden aufzubringenden Beträge können im Wege des Verwaltungszwangsverfahrens — nach Festsetzung der Höhe der Beträge durch das Konsistorium — beigetrieben werden (Art. 6 u. 7 Abs. 3 des Staatsges. v. 2. Juli 1898).

Da die Kirchengemeinde für etwaige Fehlbeträge der Pfarrkasse in erster Linie eintreten muß, haben die kirchlichen Körperschaften dafür zu sorgen, daß das vorhandene Pfarrvermögen möglichst ausgiebig genutzt wird. Die Grundlage der Verwaltung bilden Matrikel und Etat der Pfarrkasse. Die auf besonderen Rechtstiteln oder auf öffentlichem Recht beruhenden Verpflichtungen Dritter gegenüber der Pfarrstelle bleiben unberührt (§§ 11 u. 15 d. Ges.). Die in allgemeinen oder besonderen Gesetzen begründeten Rechte des Pfarrvermögens, insbesondere auch bestehende Steuerrechte und Privilegien, sind aufrecht erhalten (Art. 8 Abs. 2 Staatsges. v. 2. Juli 1898 G.S. S. 155) vgl Anm. 2 zu § 12.

Bei einer Vereinigung mehrerer Kirchengemeinden unter einem Pfarramt ist die Verwaltung der Pfarrkasse gemeinsame Angelegenheit der Kirchengemeinden (§ 2 K.G. u. S.O.), das Eigentum der einzelnen Kirchengemeinden an der Substanz des Pfarrvermögens ist durch das Gesetz nicht berührt worden (s. § 8). Etwaige Fehlbeträge der Pfarrkasse sind, ohne Rücksicht darauf, ob der Grund des Fehlbetrages in einer der Gemeinden liegt, von den sämtlichen Kirchengemeinden der Parochie aufzubringen (Urteil d. O.V.G. v. 25. Sept. 1903 i. S. Wulkau w. Kons. Magdeburg).

Den Patronen verbleiben die ihnen nach § 23 K.G. u. S.O. zustehenden Rechte in den bisherigen Grenzen, insbesondere die Zustimmung zur Ausleihung und Kündigung von Pfarrkapitalien, bei der Verpachtung und Vermietung der Stellengrundstücke. Ein Aufsichtsrecht über die Pfarrkassenetats und -Rechnungen steht ihnen nicht zu, weil ihnen durch das Diensteinkommensgesetz gegenüber dem § 23 K.G. u. S.O. keine neuen Rechte beigelegt worden sind.

Die Dienstwohnung soll der Amtsstellung des Stelleninhabers und den örtlichen Verhältnissen entsprechen. Wo diese Verhältnisse es tunlich erscheinen lassen, ist als Zubehör der Dienstwohnung auch ein Hausgarten ohne Anrechnung auf das Grundgehalt bereit zu stellen (§ 7 d. Ges.). Hinsichtlich der Kosten der Unterhaltung der Dienstwohnung behält es bei den bestehenden Vorschriften sein Bewenden (§ 11 d. Ges.). Ausnahmsweise kann mit Genehmigung des Konsistoriums statt der Dienstwohnung eine ausreichende Mietsentschädigung gewährt werden, welche in vierteljährlichen Beträgen im voraus zu zahlen ist (§ 8 d. Ges.).

Wegen der Ansprüche der Geistlichen auf das Grundgehalt, die Alterszulagen, die Zuschüsse und Mietsentschädigungen finden die Bestimmungen des ersten Abschnittes des Gesetzes, betreffend die Erweiterung des Rechtsweges vom 24. Mai 1861 (G.S. S. 241) entsprechende Anwendung (Art. 8 des Staatsges v. 2. Juli 1898), d. h. die Geistlichen haben auf diese Leistungen einen im Prozeß verfolgbaren Rechtsanspruch.

Hinsichtlich des Nießbrauches der Stelleninhaber vgl. Anm. 1 zu § 36 u. Anm. zu § 48.

§. 44. Der Gemeinde-Kirchenrat hat, soweit dadurch nicht die Rechte eines Stelleninhabers oder sonst Berechtigten verletzt werden, dafür Sorge zu tragen, daß von dem kirchlichen Vermögen, unter sorgfältiger Wahrung des Vermögensbestandes (vgl. §§. 12 ff.), ein möglichst hoher und nachhaltiger Nutzungsertrag erzielt wird. Er hat daher verfügbare Gebäude in tunlichst vorteilhafter Weise zu vermieten, Feldgrundstücke zu verpachten oder auf Rechnung bewirtschaften zu lassen (vgl. §§. 45 ff.), schlagbare Holzbestände zu verkaufen (vgl. §. 20), für geeignete Ausbeutung von Bergwerken, Steinbrüchen, Torfländereien u. dgl. Sorge zu tragen (vgl. §. 31 Abs. 1), Kirchensitze (§§. 676 ff. A. L.-R. II, 11) und Grabstellen (§. 762 a. a. O.) in hergebrachter Weise nutzbar zu machen (vgl. §§. 40 Abs. 2, 41 u. 30), Naturalhebungen in Geld umzusetzen, Kapitalien zinsbar zu belegen, Geldhebungen und andere Einkünfte rechtzeitig einzuziehen (§. 664 A. L.=R. II, 11) und Nutzungsausfälle überall nach Kräften zu verhüten.

Beschlüsse über Bewilligungen aus der Kirchenkasse zur dauernden Verbesserung des Einkommens der bestehenden Stellen für den Dienst der Gemeinde, sowie über dauernde Verminderung solcher auf der Kirchenkasse haftenden Bewilligungen bedürfen der Zustimmung des Konsistoriums (§. 1 Nr. 7a und b V.=A.=G., Art. II Allerh. Verordn. v. 8. März 1893).

So lange ein Kirchenamt erledigt ist und nicht den Hinterbliebenen des letzten Stelleninhabers der Genuß der Stelleneinkünfte zusteht, hat der Gemeinde=Kirchenrat sich der Einziehung und Verwaltung der letzteren unter Mitwirkung des Kirchenkassen=Rendanten ebenso zu unterziehen, wie bei sonstigen kirchlichen Fonds. Aus den Einkünften der Vakanzkasse sind zunächst die von der Stelle zu entrichtenden Abgaben (z. B. Pfarrbeiträge und Pfründenabgaben zum Pensionsfonds u. dgl.) und die Kosten der Amtsverwaltung zu bestreiten, welche von der Aufsichtsbehörde festgestellt werden; der etwaige Überschuß ist, wenn nicht anderweite Rechtsansprüche im Wege stehen, für die Stelle als Kapital anzusammeln. Nach Abschluß der Vakanzkasse ist die Rechnung dem Konsistorium zur Prüfung und Entlastung einzureichen (§§. 395 ff., 852 ff. A. L.=R. II, 11, Min.=Erlasse vom 22. März 1847 und 1. Oktober 1847 I, 16 u. 17, M.=Bl. f. d. i. V. S. 250 u. 278; desgl. vom 6. September 1858, Aktenst. d. Ev. O.=K.=R. Bd. II S. 264).

Zu § 44.

1. Solange ein Kirchenamt erledigt ist, führt der Gemeindekirchenrat die Verwaltungsgeschäfte unter dem Vorsitz des vom Konsistorium oder Superintendenten mit der Stellvertretung beauftragten Geistlichen. Über die Bewilligung von Vergütungen für die Stellvertretung hat das Konsistorium allein zu bestimmen. Bei Stellen, die unter das Diensteinkommensges. v. 2. Juli 1898 fallen, wird keine Vakanzkasse gebildet; die Stelleneinkünfte sind zur Pfarrkasse zu vereinnahmen und bei dieser zu verrechnen. Sind Ersparnisse vorhanden, so sind dieselben in erster Linie auf die etwa aus dem Zuschußfonds des Konsistoriums gewährte Beihülfe, die nur aushülfsweise zur Deckung wirklicher Fehlbeträge gezahlt wird, in Anrechnung zu bringen.

Ist die Stelle durch den Tod des Pfarrers erledigt, so sind zu den Kosten der Vertretung während der Sterbe- und Gnadenzeit die zum Bezug der Stelleneinkünfte Berechtigten nach den §§ 4 ff. des Kirchenges. v. 18. Juli 1892 (K.G.Bl. 1893 S. 1) heranzuziehen.

2. Während der Suspension vom Amte (§§ 35 ff. des Kirchenges. v. 16. Juli 1886 K.G.Bl. S. 81) behält der suspendierte Beamte die Hälfte seines Diensteinkommens. Die andere Hälfte ist zu einer Suspensionskasse zu vereinnahmen, deren Bestand zu den durch die Stellvertretung des Suspendierten verursachten Kosten und, soweit hierzu nicht erforderlich, auf die Kosten der Untersuchung zu verwenden ist (§ 42 des ang. Ges.). Hinsichtlich der Zahlung der Alterszulagen während der Dauer der Suspension fehlt es an einer gesetzlichen Bestimmung; jedenfalls ist die Hälfte des Betrages einzubehalten bezw. von dem Suspendierten zu erstatten. Wird die einbehaltene Hälfte zur Deckung der Vertretungs- und Untersuchungskosten gebraucht, so ist vor der Verwendung die Zustimmung des Vorstandes der Alterszulagekasse einzuholen.

Wird der Inhaber eines vereinigten Kirchen- und Schulamtes suspendiert, so ist die Hälfte der kirchlichen Stelleneinkünfte zu einer Suspensionskasse zu vereinnahmen (Erl. d. Min. d. g. A. v. 11. Nov. 1903 U III E. Nr. 2603), sofern nicht der mit der Vertretung beauftragte Beamte auch die kirchlichen Obliegenheiten des Suspendierten wahrnimmt. In letzterem Falle erübrigt sich die Bildung einer kirchlichen Suspensionskasse.

§. 45. Die Verpachtung (Vermietung) kirchlicher Grundstücke, welche nicht einem Nießbraucher überwiesen sind, ist, wenn nicht wesentliche Gründe ein Anderes ausnahmsweise bedingen, unter Anwendung des öffentlichen Meistgebots vorzunehmen (§§. 668 f. A. L.-R. II, 11; vgl. o. §. 26 Abs. 1). Zu diesem Zwecke ist zeitig vor Ablauf des Wirtschaftsjahres bezw. des bestehenden Pachtvertrags vor einem Beauftragten des Gemeinde-Kirchenrats ein Bietungstermin anzuberaumen und mit Hinweis auf die zur allgemeinen Kenntnisnahme auszulegenden Bedingungen (vgl. §. 46) in ortsüblicher Weise bekannt zu machen, um in demselben die höchstbietenden und in sonstiger Beziehung besten Bewerber zu ermitteln. Die abgegebenen Gebote sind zu Protokoll zu nehmen und von den Bietern zu unterschreiben. Der Gemeinde-Kirchenrat beschließt über Erteilung des Zuschlags.

Zu der Verpachtung (Vermietung) bedarf es der Zustimmung des Patrons (§. 4).

Die Verpachtung oder Vermietung von Kirchengrundstücken auf länger als zehn Jahre erfolgt unter Mitwirkung der Gemeindevertretung; die Verpachtung oder Vermietung derselben auf länger als zwölf Jahre oder an eine an der kirchlichen Vermögensverwaltung oder an der Aufsicht darüber beteiligte Person bedarf der Genehmigung des Konsistoriums. Die Verpachtung oder Vermietung der den kirchlichen Beamten zur Nutzung oder zum Gebrauch überwiesenen Grundstücke über die Dienstzeit des jeweiligen Inhabers hinaus bedarf der Mitwirkung der Gemeindevertretung und der Genehmigung des Konsistoriums (§. 31 Nr. 1 K.-G.- u. S.-O., V.-A.-G. §. 1 Nr. 9, Allerh. Verordn. v. 8. März 1893 Art. II, vgl. §. 48).

Zu § 45.

1. **Das Miet- und Pachtrecht nach dem B.G.B.** Die für die Miete und Pacht maßgebenden privatrechtlichen Vorschriften sind in den §§ 535 ff. u. 581 ff. B.G.B. enthalten. Die Miete unterscheidet sich von der Pacht dadurch, daß Gegenstand der Miete nur körperliche Gegenstände (Sachen im Sinne des § 90 B.G.B.), Gegenstand der Pacht dagegen auch Rechte sein können, sowie ferner dadurch, daß durch die Miete nur der Gebrauch der vermieteten Sache, durch die Pacht dagegen auch noch der Genuß der Früchte, soweit sie nach den Regeln einer ordnungsmäßigen Wirtschaft als Ertrag anzusehen sind, gewährt wird

Die Miet- und Pachtrechte sind nach dem B.G.B. obligatorischer Natur, während sie nach dem bisherigen Preußischen Recht dinglichen Charakter hatten. Auch können, da die Zahl der dinglichen Rechte im Geltungsbereich des B.G.B. nach §§ 873 ff. eine geschlossene ist, Miete und Pacht nach dem Inkrafttreten des B.G.B. als dingliche Rechte nicht mehr begründet und folglich — abweichend vom Wohnungsrecht des § 1093 B.G.B. — auch nicht mehr in das Grundbuch eingetragen werden (vgl. Urteil d. R.G. v. 7. Jan. 1902, Jur. Wochenschr. 1902, Beilage S. 192 und Beschluß des Kammergerichts v. 24. Febr. 1902, Entsch. Bd. 24 S. A 121). Für die Übergangszeit haben Art. 188 Abs. 2 Einf.-Ges. z. B.G.B. und Art. 9 d. Preuß. Verordn. z. Ausf.Ges. des B.G.B. v. 16. Nov. 1899, G.S. S. 563) besondere Vorschriften getroffen.

Grundsätzlich erzeugen also Miet- und Pachtverträge nach dem B.G.B. für den Vermieter bezw. Verpächter nur die persönliche Verpflichtung, dem Mieter oder Pächter den Gebrauch der Miet- oder Pachtsache zu gewähren, so daß bei Veräußerung des vermieteten oder verpachteten Gegenstandes der Erwerber für die dem Vermieter oder Verpächter obliegenden Verpflichtungen nicht haftbar ist. Diese Konsequenz zieht das B.G.B. aber nur für die Vermietung und Verpachtung beweglicher Sachen allgemein, dagegen nach §§ 578 u. 580 B.G.B. bezüglich der Grundstücke, Wohn- und anderen Räume nur für den Fall, daß das Grundstück veräußert wird, bevor die Miete oder Pacht angetreten ist, so daß in einem solchen Falle darauf zu achten ist, daß der Erwerber dem Vermieter oder Verpächter gegenüber die Erfüllung der sich aus dem Miet- oder Pachtverhältnis ergebenden Verpflichtungen vertragsmäßig übernimmt. War dagegen zurzeit der Veräußerung des vermieteten oder verpachteten Grundstücks die Miete oder Pacht schon angetreten, d. h. das Grundstück bezw. die Wohnung dem Mieter oder Pächter bereits zum Besitz überlassen, dann gilt auch unter der Herrschaft des B.G.B. noch der preußische Satz: „Kauf bricht nicht Miete!", d. h. der Erwerber tritt in diesem Fall, ohne daß dadurch die Miete zum dinglichen Recht gemacht wird, an die Stelle des Vermieters oder Verpächters in die sich während der Dauer seines Eigentums aus dem Miet- oder Pachtverhältnis ergebenden Rechte und Verpflichtungen ein (§ 571 B.G.B.), wobei allerdings der Vermieter oder Verpächter noch eine Zeitlang als Bürge, der auf die Einrede der Vorausklage verzichtet hat, dem Mieter oder Pächter gegenüber haftet. Als Zeitpunkt für den Eintritt des Erwerbers ist nicht der Abschluß des Kaufvertrages oder die Übergabe des Grundstücks, sondern die auf Grund der Auflassung erfolgende Eintragung des Eigentumsüberganges in das Grundbuch maßgebend (§§ 873 u. 925 B.G.B.). Diese Vorschriften finden auch bei der Zwangsversteigerung von Grundstücken entsprechende Anwendung, jedoch ist der Ersteher nach § 57 des Reichsges. über die Zwangsversteigerung usw. v. 24. März 1897, R.G.Bl. 1897 S. 97 u. 1898 S. 713) berechtigt, das Miet- oder Pachtverhältnis unter Einhaltung der gesetzlichen Frist (§ 565 B.G.B.) für den ersten Termin zu kündigen, für welchen die Kündigung zulässig ist. — Soll im übrigen der Grundsatz: „Kauf bricht Miete" für das Miet- oder Pachtverhältnis gelten, so ist dies im Miet- oder Pachtvertrage ausdrücklich zu vereinbaren. Eine solche Vereinbarung empfiehlt sich überall da, wo die lokalen Verhältnisse einen Verkauf landwirtschaftlicher Pachtgrundstücke zum Zwecke der Bebauung wahrscheinlich erscheinen lassen.

2. Über das gesetzliche Pfandrecht des Vermieters oder Verpächters handeln speziell die §§ 559 ff. B.G.B. und über das des Verpächters eines landwirtschaftlichen Grundstücks der § 585 B.G.B.

Das gesetzliche Pfandrecht des Vermieters und Verpächters für seine Forderung aus dem Miet- oder Pachtverhältnis kann für künftige Entschädigungsforderungen und für den Miet- oder Pachtzins für eine spätere Zeit als das laufende und das folgende Miet- oder Pachtjahr nicht geltend gemacht werden und erstreckt sich nur auf die eingebrachten Sachen des Mieters oder Pächters und auch bezüglich dieser nicht auf die nach § 811 C.P.O. der Pfändung nicht unterworfenen Sachen. Es sind also vom gesetzlichen Pfandrecht des Vermieters oder Verpächters ausgeschlossen a) die unpfändbaren Sachen des Mieters, b) die Sachen seiner Ehefrau und Kinder, soweit nicht bei bestehender Gütergemeinschaft, Errungenschafts- oder Fahrnisgemeinschaft Sachen der Ehefrau zum Gesamtgut gehören, c) die Sachen des Untermieters oder -pächters, d) die dritten Personen gehörigen Sachen, welche im zeitweiligen Besitz oder Gewahrsam des Mieters oder Pächters sind und zwar selbst bei der gutgläubigen Annahme des Vermieters oder Verpächters, daß die Sachen dem Mieter oder Pächter gehören. Endlich kann das gesetzliche Pfandrecht des Vermieters oder Verpächters nach § 563 B.G.B. einem anderen Pfändungsgläubiger gegenüber nicht wegen des Miet- oder Pachtzinses für eine frühere Zeit als das letzte Jahr vor der Pfändung geltend gemacht werden. Der letztgedachten Beschränkung unterliegt das gesetzliche Pfandrecht des Verpächters eines landwirtschaftlichen Grundstücks nach § 585 B.G.B. nicht, auch kann dasselbe für den gesamten Pachtzins geltend gemacht werden und erstreckt sich auf die Früchte des Grundstücks und die nach § 811 Nr. 4 (früher § 795 Nr. 5) C.P.O. sonst der Pfändung nicht unterworfenen Sachen.

3. Über die Wirkungen der Eröffnung des Konkursverfahrens auf Miet- oder Pachtverträge verhalten sich die §§ 19, 20, 21 K.O., über das Pfandrecht des Vermieters oder Verpächters im Konkurse bezw. ihr Recht auf abgesonderte Befriedigung handelt § 49 Nr. 2 K.O.

4. Wegen des Pfandrechts des Pächters an Inventarstücken siehe § 590 B.G.B.

5. Für die Bietungsverhandlung wird die Benutzung des in Anlage K abgedruckten Formulars empfohlen, wozu bezüglich der Ausbietung auf Anhang § 126 zu § 222 II 11 A.L.R. und § 669 a. a. O. verwiesen wird.

6. Die Vermietung oder Verpachtung von Kirchengrundstücken (im Gegensatz zu Stellengrundstücken § 48) erfolgt gemäß § 22 K.G. u. S.O. seitens des Gemeindekirchenrats, welcher nach § 31 Nr. 1 a. a. O. der beschließenden Mitwirkung der Gemeindevertretung nur bedarf, wenn die Verpachtung oder Vermietung auf länger als zehn Jahre erfolgen soll.

Die Genehmigung des lastenpflichtigen Patrons ist nach § 668 II 11 A.L.R. zur Vermietung oder Verpachtung von Kirchengrundstücken in jedem Falle erforderlich, während eine staatsaufsichtliche Genehmigung niemals erforderlich ist.

Wenn Kirchengrundstücke auf länger als 12 Jahre oder an eine an der kirchlichen Vermögensverwaltung oder an der Aufsicht darüber beteiligte Person (§ 674 II 11 A.L.R. Patron!) verpachtet oder vermietet werden sollen, bedarf es nach § 1 Nr. 9 Kirchengeſ. v. 18. Juli 1892 (K.G. u. V.Bl. S. 9) und Art. II Nr. 2 Allerh. Verordn. v. 8. März 1893 a. a. O. 1893 S. 12) der kirchenaufsichtlichen Genehmigung des Konsistoriums.

7. Wegen der Vermietung oder Verpachtung der den kirchlichen Beamten zur Nutzung oder zum Gebrauch überwiesenen Grundstücke siehe die Anmerkungen zu § 48.

§. 46. Ist das Einverständnis mit diesen Beteiligten erreicht, so wird der Pachtvertrag schriftlich mit beiderseitiger Unterschrift nach Maßgabe der der Ausbietung (§. 45) zu Grunde gelegten Bedingungen abgeschlossen. Dabei ist darauf zu halten, daß das Grundstück nach Art, Größe und Grenzen, die Höhe und Verfallzeit des Pachtzinses, Anfangs- und Endtermin des Wirtschaftsjahrs, für welches der letztere verrechnet werden soll, sowie die Pachtdauer nebst etwaigen Kündigungsbestimmungen genau bezeichnet, die Leistung etwaiger Kautionen geregelt, auch wegen gehöriger Düngung, Tragung der Lasten, Behandlung des Inventars und etwaiger Meliorationen, Ausschließung von Pachtermäßigungen, Verfahren im Todesfall des Pächters u. dgl., genügende Festsetzungen getroffen werden.

Bei größeren Pachtungen, besonders solchen, welche sich auf ganze Landgüter beziehen und ein jährliches Pachtgeld von 600 M. oder mehr festsetzen (§§. 401 bis 407 A. L.-R. I, 21), oder wo sonst (z. B. wegen verwickelten Pachtvertrages) zur Sicherung der Kirche eine öffentliche Beglaubigung der Unterschrift des Pächters ratsam erscheint, sowie in allen Fällen, wo sich etwa der Pächter für Fälle der Säumigkeit in Erfüllung seiner Obliegenheiten sofortiger Zwangsvollstreckung unterwerfen soll (§. 702 Nr. 5 Civ.-Proz.-Ordn.; vgl. u. §. 90), ist der Pachtvertrag notariell oder gerichtlich abzuschließen.

Zu § 46.

1. Formvorschriften für Miet- und Pachtverträge. Das B.G.B. enthält, abgesehen vom § 566 keine Bestimmungen, durch welche es für Miet- oder Pachtverträge eine besondere Form vorschreibt. Daraus, sowie aus der vom B.G.B. grundsätzlich angenommenen Formfreiheit der Verträge ergibt sich, daß Miet- und Pachtverträge, auch wenn es sich um Grundstücke, Wohn- und andere Räume handelt, prinzipiell formfrei sind. Eine gerichtliche oder notarielle Beurkundung des Pachtvertrages, wie solche der § 403 I 21 A.L.R. vorschrieb, ist deshalb nicht mehr erforderlich, indessen kann die Aufnahme eines Miet- oder Pachtvertrages vor dem Amtsgericht oder einem Notar gemäß § 794 Nr. 5 C.P.O. dann in Frage kommen, wenn sich der Mieter oder Pächter wegen Entrichtung des Miet- oder Pachtzinses, welcher nicht in barem Gelde zu bestehen braucht, durch Zahlung einer bestimmten Geldsumme oder durch Leistung einer bestimmten Quantität anderer vertretbarer Sachen oder Wertpapiere der sofortigen Zwangsvollstreckung unterwerfen soll. Wegen sonstiger Ansprüche aus dem Miet- oder Pachtverhältnis, insbesondere wegen der Räumung des gemieteten oder gepachteten Grundstücks kann die Unterwerfung unter die Zwangsvollstreckung in einer gemäß § 794 Nr. 5 C.P.O. aufgenommenen Urkunde nicht geschehen, wohl aber in einem vom Schiedsmann gemäß §§ 12, 25 u. 32 der Preuß. Schiedsmannsordn. v. 29. März 1879 (G.S. S. 321) und in einem vom Amtsgericht im Sühneverfahren (§§ 510 u. 794 Nr. 2 C.P.O.) oder im Prozeßverfahren (§§ 98 u. 794 Nr. 1 C.P.O.) aufgenommenen Vergleich.

Nach §§ 566 u. 581 B.G.B. bedarf ein Miet- oder Pachtvertrag über ein Grundstück, der für längere Zeit als ein Jahr geschlossen wird, der schriftlichen Form. Ist diese Form (einfache Privaturkunde) nicht beobachtet, so ist der Vertrag – abweichend von der Regel des § 125 B.G.B. – nicht etwa nichtig, sondern gleichwohl gültig, er gilt aber nur als für unbestimmte Zeit abgeschlossen, wobei die Kündigung für Mietverträge nicht für eine frühere Zeit als für den Schluß des ersten Jahres (§ 566 B.G.B.), bei Pachtverträgen dagegen immer nur für den Schluß eines Pachtjahres (§ 595 B.G.B.) zulässig ist. Die gesetzliche Kündigungsfrist und der Termin, zu welchem die Kündigung des Mietvertrages wirkt, ist verschieden, je nachdem der Mietzins nach Tagen, Wochen, Monaten oder längeren Zeitabschnitten bemessen ist (§§ 564 Abs. 2 u. 565 B.G.B.), während beim Pachtvertrage die gesetzliche Kündigung spätestens am ersten Werktage des halben Jahres zu erfolgen hat, mit dessen Ablauf die Pacht endigen soll (§ 595 Satz 2 B.G.B.). Bei einem Miet- oder Pachtvertrag, der mündlich für längere Zeit als ein Jahr geschlossen ist, bewirkt die mangelnde Schriftform hiernach nur die Unverbindlichkeit des Vertrages bezüglich seiner Dauer und der verabredeten Kündigungsfristen, dagegen bleiben alle übrigen mündlichen Vertragsabreden, z. B. der Betrag der Miet- und Pachtzinsen und die Zahlungstermine für dieselben, Räumungsklauseln usw. in Kraft.

Im Interesse der Verkehrssicherheit haben die Gemeindekirchenräte darauf zu achten, daß Miet- und Pachtverträge in allen Fällen, also auch da, wo das Gesetz die Schriftform nicht verlangt, schriftlich abgeschlossen werden. Über die Erfüllung der schriftlichen Form, sofern dieselbe vom Gesetz vorgeschrieben ist, verhält sich § 126 B.G.B. Darnach wird der durch Gesetz vorgeschriebenen schriftlichen Form — abweichend von der durch Rechtsgeschäft bestimmten schriftlichen Form (§ 127 B.G.B.) — durch telegraphische Übermittelung oder durch Briefwechsel nicht genügt, vielmehr müssen beim Vertrage, wenn die Unterzeichnung der Parteien nicht auf derselben Urkunde erfolgt, über den Vertrag mehrere gleichlautende Urkunden aufgenommen werden, von denen jede Partei nur das für die andere bestimmte Exemplar zu unterzeichnen braucht. Besser aber ist es, wenn auch bei mehreren gleichlautenden Urkunden sämtliche Exemplare von allen Beteiligten unterzeichnet werden, weshalb die Beobachtung dieser Form den Gemeindekirchenräten zu empfehlen ist. Ersetzt wird die schriftliche Form nach § 126 Abs. 3 B.G.B. durch die gerichtliche oder notarielle Beurkundung.

2. Dauer der Miet- und Pachtverträge. Das B.G.B. hat die Vertragsfreiheit hinsichtlich der Dauer der Miete und Pacht in den §§ 567, 581 Abs. 2 dahin beschränkt, daß ein für längere Zeit als dreißig Jahre geschlossener Miet- oder Pachtvertrag nach dreißig Jahren von jedem Teile unter Einhaltung der gesetzlichen Frist (§§ 565, 595 B.G.B.) gekündigt werden kann. Die Kündigung ist indessen unzulässig, wenn der Vertrag auf die Lebenszeit des Vermieters (Verpächters) oder Mieters (Pächters) geschlossen ist. Diese Ausnahme findet auf einen auf die Amtsdauer eines Beteiligten geschlossenen Vertrag keine Anwendung, so daß ein solcher nach dreißig Jahren gekündigt werden kann. Durch die positive Vorschrift des § 567 Satz 1 ist bezweckt, die Erbmiete bezw. Erbpacht oder ein ähnliches Verhältnis auszuschließen.

3. Der Miet- oder Pachtzins braucht nicht notwendig in barem Gelde zu bestehen, vielmehr können als Entgelt auch andere Gegenleistungen, z. B. die Herstellung von Einrichtungen, Leistung von Diensten und beim Pachtvertrage insbesondere die Lieferung einer Quote von Früchten vereinbart werden, da wesentlich nur ist, daß der Hauptzweck des Vertrages auf entgeltliche Überlassung des Gebrauches der Sache und beim Pachtvertrage auch noch auf den Genuß der Früchte gerichtet ist, während die unentgeltliche Überlassung des Gebrauches Leihe genannt wird (§ 598 B.G.B.).

4. Versteuerung der Miet- und Pachtverträge. Die Tarifstelle 48 zum Stempelsteuergesf. v. 31. Juli 1895 (G.S. S. 413) schreibt, um den zahllosen gerade auf dem Gebiete der Versteuerung der Miet- und Pachtverträge vorkommenden Steuerverkürzungen ein Ziel zu setzen, für diese Verträge, soweit sie unbewegliche Sachen betreffen, einen eigentümlichen Modus der Versteuerung vor, indem die Verwendung der Stempelmaterialien nicht, wie sonst, auf der den Miet- oder Pachtvertrag über unbewegliche Sachen enthaltenden Urkunde, sondern auf einem ausschließlich vom Verpächter oder Vermieter anzulegenden und der Steuerbehörde vorzulegenden Pacht- bezw. Mietverzeichnis zu geschehen hat, weshalb eine Stempelabgabe für die gesamten Nebenexemplare, in wie viel gleichlautenden Urkunden der Miet- oder Pachtvertrag über unbewegliche Sachen auch ausgefertigt ist, nicht zu entrichten ist. Dagegen ist ein Miet- oder Pachtverzeichnis für Vermietung oder Verpachtung beweglicher Sachen nicht zu führen, vielmehr findet die Verwendung der Stempelzeichen bei solchen Verträgen in der gewöhnlichen Weise auf der stempelpflichtigen Urkunde selbst statt, so daß hier auch die Nebenausfertigungen stempelpflichtig sind.

Der Eintragung in das Pacht- bezw. Mietverzeichnis unterliegen alle Pacht- und Mietverhältnisse über unbewegliche Sachen, welche innerhalb eines Jahres auf Grund eines schriftlichen Vertrages oder einer in einem solchen enthaltenen Bestimmung, daß das Pacht- oder Mietverhältnis unter gewissen Voraussetzungen als verlängert gelten soll, bestanden haben, sofern der verabredete, nach der Dauer eines Jahres zu berechnende Pacht- oder Mietzins mehr als 300 Mark beträgt. Die Stempelabgabe beträgt $^{1}/_{10}$ vom Hundert des Pacht- oder Mietzinses und der Mindestbetrag derselben 50 Pf. Die ausschließlich dem Verpächter oder Vermieter obliegende Versteuerung des Verzeichnisses muß bis zum Ablauf des Januar, der auf das Kalenderjahr folgt, für welches die Versteuerung geschehen soll, bei demjenigen Steueramt, in dessen Geschäftsbezirk die betreffenden Grundstücke liegen, bewirkt werden. Die Verzeichnisse sind von den zur Führung Verpflichteten fünf Jahre lang aufzubewahren. Nach Abs. 4 der Tarifstelle 48 sind Behörden berechtigt, die Versteuerung der von ihnen zu führenden Verzeichnisse selbst zu bewirken, so daß, da unter diesen Behörden nicht nur Staatsbehörden, sondern auch andere öffentliche Behörden zu verstehen sind, auch die Gemeindekirchenräte (vgl. Anm. 1 zu § 5) zur Bewirkung dieser Versteuerung für befugt zu erachten sind. Es ist ihnen indessen nicht zu empfehlen, von dieser mit der Verantwortlichkeit für die gehörige Verwendung des erforderlichen Stempelmaterials (§ 19 Stempelsteuergef. v. 31. Juli 1895) verbundenen Befugnis Gebrauch zu machen.

Nach § 5 Abs. 6 a. a. O. beträgt der für alle zweiseitigen Verträge von Kirchengemeinden zu entrichtende Stempel nur die Hälfte des sonst erforderlichen Stempels. Dies trifft auch für Miet- und Pachtverträge über unbewegliche Sachen zu, wenngleich die Versteuerung derselben nach Tarifstelle 48 ausschließlich dem Verpächter oder Vermieter obliegt und es ist insbesondere aus dieser Bestimmung in Verbindung mit § 5c a. a. O. nicht zu folgern, daß ein von einer Kirchengemeinde als Verpächterin oder Vermieterin abgeschlossener Pacht- oder Mietvertrag über unbewegliche Sachen wegen der persönlichen Stempelsteuerbefreiung derselben gänzlich stempelfrei sei (vgl. Heinitz, Kommentar z. St.St.Ges. 2. Aufl. Berlin 1901 S. 499). Selbstverständlich kann aber in Verträgen dieser Art dem von der Stempelsteuer persönlich nicht befreiten Mieter oder Pächter die vertragsmäßige Verpflichtung auferlegt werden, die Hälfte des tarifmäßigen Stempels an die Kirchengemeinde zu erstatten. Ist dagegen auch der Mieter oder Pächter gemäß § 5 a. a. O. persönlich von der Entrichtung der Stempelsteuer befreit, z. B. politische Gemeinden in Kirchenangelegenheiten (§ 5 a. a. O.), dann ist der Miet- oder Pachtvertrag gänzlich stempelfrei, aber gleichwohl, sofern der verabredete, nach der Dauer eines Jahres zu berechnende Pacht- oder Mietzins mehr als 300 Mark beträgt, in das Verzeichnis aufzunehmen.

Durch die Versteuerung des Pacht- oder Mietverzeichnisses gelten die Verträge nur hinsichtlich der in ihnen beurkundeten Pacht- oder Mietabreden, nicht aber auch hinsichtlich anderer, in ihnen etwa noch enthaltener, besonders stempelpflichtiger Rechtsgeschäfte als versteuert. Derartige Nebenabreden, z. B. Vereinbarung eines Gerichts aus § 38 C.P.O. oder eines Schiedsgerichts aus § 1025 C.P.O. sind nach § 14 a. a. O. und Tarifstelle 71 Ziff. 2 Abs. 1 besonders und zwar in der gewöhnlichen Weise auf der stempelpflichtigen Urkunde selbst zu versteuern, in welchem Falle auch die Nebenausfertigungen der Verstempelung nach Tarifstelle 44 unterliegen.

5. Inhalt der Miet- und Pachtverträge. Auf Grund praktischer Erfahrungen empfiehlt es sich, in die Mietverträge folgende Bestimmungen aufzunehmen, welche nach Lage und Bedürfnis des Falles entsprechend abzuändern sind. „Der Mietzins ist vierteljährlich oder monatlich im voraus zu zahlen. Der Mieter verzichtet auf das Recht der Aufrechnung der ihm gegen den Vermieter erwachsenden Forderungen mit Mietzinsforderungen des Vermieters. Bei Nichtzahlung einer Mietrate binnen bestimmter Frist nach der Fälligkeit ist der Vermieter zur Kündigung ohne Einhaltung der Kündigungsfrist berechtigt. Die Gewährleistungsfrist des Vermieters wird bezüglich der zur Zeit des Vertragsschlusses vorhandenen Mängel gänzlich ausgeschlossen; die Schadensersatzpflicht bezüglich solcher Mängel wird insoweit ausgeschlossen, als der Vermieter nicht wider besseres Wissen gehandelt hat. Die Gewährleistungspflicht des Vermieters wird bezüglich der nach dem Vertragsabschluß auftretenden Mängel insoweit ausgeschlossen, als den Vermieter ein Verschulden nicht trifft und die Mängel nicht eine Aufhebung oder eine wesentliche Minderung der Tauglichkeit der Räume zur Folge haben. Der Mieter hat dem Vermieter die Vornahme aller baulichen Änderungen und Besserungen des Grundstückes wie der vermieteten Räume zu gestatten, ohne dafür einen Schadenersatz oder eine Minderung des Mietzinses beanspruchen zu können. Der Mieter haftet dem Vermieter für alle Beschädigungen des Grundstücks, welche von seinen Aftermietern, Hausgenossen, Dienstboten und Angestellten, sowie bei einer für ihn oder diese Personen vorgenommenen Beförderung von Sachen verursacht werden ohne Rücksicht darauf, ob diese Haftung nach dem Gesetz eintritt. Der Vermieter ist berechtigt, die Mieträume auch in Begleitung von Zeugen und Sachverständigen sowie durch seine Angehörigen zum Zwecke

der Prüfung, ob bauliche Änderungen oder Besserungen in oder an dem Grundstück erforderlich sind, zu betreten. Der Mieter ist verpflichtet, während des letzten Vierteljahres des Mietverhältnisses Mietlustigen die Besichtigung der Mieträume in Begleitung des Vermieters oder eines Beauftragten desselben zu bestimmten Tagesstunden zu gewähren. Für den Fall der Versetzung oder des Todes des Mieters kann die Kündigung des Mietverhältnisses seitens des Mieters oder seiner Erben, soweit sie überhaupt nach dem Gesetz gestattet ist, erst zum Ablauf des dem Tod oder der Versetzung folgenden Kalenderhalbjahres erfolgen, unbeschadet des Rechts der Kündigung des Vermieters zu einem früheren Termin gemäß den gesetzlichen Bestimmungen. Bei Nichtbefolgung der Hausordnung ist der Vermieter berechtigt, das Mietverhältnis zu kündigen, jedoch erst dann, wenn der Mieter nach Verwarnung von neuem gegen die betreffende Bestimmung der Hausordnung verstoßen hat. Beide Eheleute sind verpflichtet; der Vertrag ist demgemäß von beiden zu unterzeichnen. Der Mieter versichert, daß er ein den gemieteten Räumen entsprechendes Mobiliar als unbeschränktes Eigentum besitzt. Falls diese Versicherung unrichtig ist und falls das bei Übergabe der Wohnung eingebrachte Mobiliar nicht Eigentum des Mieters ist, darf der Vermieter das Mietverhältnis jeder Zeit ohne Einhaltung einer Kündigungsfrist aufkündigen. Der Mieter verzichtet auf sein gesetzliches Kündigungsrecht bei Nichtgenehmigung einer Aftermiete. Für den Fall der Veräußerung des Grundstücks ist der Vermieter berechtigt, das Mietverhältnis zum Ablauf des nächsten oder darauffolgenden Kalendervierteljahres zu kündigen. Der Mieter ist nicht berechtigt, wegen dieser Kündigung Schadenersatz zu verlangen. Wenn der Mieter vor Ablauf der Vertragszeit auszieht, ist der Vermieter berechtigt, die Mieträume gänzlich auf- und ausbessern zu lassen Der Mieter verzichtet in diesem Falle auf das Recht, die Mietzahlung zu verweigern oder bezahlten Zins zurückzufordern. Der Mieter ist in den Fällen, wo der Vermieternach Gesetz oder Vertrag das Mietverhältnis ohne Einhaltung einer Kündigungsfrist aufzukündigen berechtigt ist, verpflichtet, dem Vermieter den Mietzins auf das laufende Vierteljahr und das folgende Jahr, sofern nicht das Mietverhältnis schon vorher vertraglich sein Ende erreicht, als Vertragsstrafe zu zahlen, vorbehaltlich des Rechts auf Zurückforderung, soweit der Vermieter durch anderweite Verfügung über die Mieträume bereichert wird."

Für den Pachtvertrag wird die Benutzung des in Anlage L abgedruckten Formulars empfohlen.

§. 47. Kann ein Kirchengut nicht verpachtet werden, so muß die Bewirtschaftung desselben auf Rechnung der Kirchenkasse, nötigenfalls mit Hülfe der Kirchengemeinde geschehen (§. 675 A. L.-R. II, 11).

§. 48. Inhaber kirchlicher Stellen können ihre Dienstgrundstücke auf die Dauer ihrer Dienstzeit, vorbehaltlich der Aufsicht des Gemeinde-Kirchenrats über die Substanz (§. 19), nach Belieben selbst bewirtschaften oder verpachten. Verträge oder zureichende Notizen darüber sind, so lange das Interesse der Stelle reicht, bei den Akten aufzubewahren. Soll an einen Pachtvertrag der Amtsnachfolger gebunden sein, so ist dazu die Zustimmung der Gemeindekörperschaften, des Patronats (§. 4) und des Konsistoriums erforderlich (§§. 778 ff., 800 bis 803 A. L.-R. II, 11; §. 31 Nr. 1 K.-G.- u. S.-O., V.-A.-G. §. 1 Nr. 9, Allerh. Verordn. v. 8. März 1893 Art. II).

Dienstwohnungen kann ein Stelleninhaber nur mit Einwilligung des Patrons (§. 4) und des Gemeinde-Kirchenrats vermieten. Soll dies über seine Dienstzeit hinaus geschehen, so ist die Mitwirkung der Gemeindevertretung und des Konsistoriums (V.-A.-G. §. 1 Nr. 9, Allerh. Verordn. v. 8. März 1893 Art. II) erforderlich (§. 782 A. L.-R. II, 11; §. 31 Nr. 1 K.-G.- u. S.-O.).

Zu § 48.

1. Bezüglich des Nießbrauches an den Dienstgrundstücken derjenigen Pfarrstellen, auf welche das Pfarrbesoldungsges. v. 2. Juli 1898 Anwendung findet, ist die Anm. zu § 43 nachzulesen.

2. Die Dienstgrundstücke derjenigen Stellen, welche nicht unter das Pfarrbesoldungsgesetz fallen, unterliegen nach wie vor dem Nießbrauch und der Verwaltung des Stelleninhabers (§§ 778 ff. II 11 A.L.R., vgl. die Abhandlung „Der Pfründen-Nießbrauch" in Friedberg-Sehling Zeitschrift f. Kirchenrecht Bd. 8 1898 S. 266, Art. 80 Einf.Ges. z. B.G.B. und §§ 1030 ff. B.G.B. sowie Anm. 1 zu § 36). Ausgenommen sind hiervon diejenigen Fälle, in denen aus dem gesamten Stelleneinkommen

ein Pfarrfonds gebildet ist, aus welchem der Stelleninhaber ein bestimmtes Bargehalt empfängt, und in denen die Verwaltung des Stellenvermögens infolge dieser Einrichtung nicht dem Stelleninhaber, sondern der Kirchengemeinde zusteht. Bei Einrichtung des Pfarrfonds empfiehlt es sich indessen, dem Stelleninhaber die Verwaltung und den Nießbrauch der Dienstgrundstücke gleichwohl zu belassen und für den Fall der Veräußerung derselben Anordnungen zu treffen, welche geeignet sind, eine Überschreitung des fixierten Einkommens zu verhindern. Andernfalls d. h. wenn die Verwaltung der Dienstgrundstücke von Stellen, welche nicht unter das Pfarrbesoldungsgesetz fallen, durch Einrichtung eines Pfarrfonds oder sonstwie auf die Kirchengemeinde übergeht, hören nach der Rechtsprechung d. O.V.G., insbesondere wenn anzunehmen ist, daß dadurch eine rechtsgültige Umwandlung der Pfarräcker in Kirchenvermögen stattgefunden hat, steuerliche Vorrechte oder sonstige Privilegien, welche den Dienstgrundstücken der Geistlichen zustehen, auf, während dieselben bestehen bleiben, wenn der Nießbrauch und die Verwaltung des Stelleninhabers auf Grund des Pfarrbesoldungsgesetzes aufgehoben wird (Art. 8 des Staatsges. v. 2. Juli 1898 (G.S. S. 155). Es ist dies besonders für die Kommunalsteuerfreiheit der Dienstgrundstücke der Geistlichen von Wichtigkeit (vgl. die Urteile des O.V.G. v. 15. Jan. 1901 — II 86/00 — und v. 8. Nov. 1901 — II 1734/01 — im Preuß. V.Bl. Bd. 33 S. 102 u. 758).

Die Vermietung bezw. Verpachtung der im Nießbrauch und in der Verwaltung des Stelleninhabers befindlichen Dienstgrundstücke solcher Stellen, welche nicht unter das Pfarrbesoldungsgesetz fallen, steht im freien Ermessen des Stelleninhabers (§ 800 II 11 A.L.R.). Soll die Pacht bezw. Miete über die Dienstzeit des jeweiligen Stelleninhabers hinausdauern — was im Zweifel schon dann anzunehmen ist, wenn der Vertrag für eine bestimmte Dauer ohne die Klausel, daß der Amtsnachfolger an denselben nicht gebunden sein soll, abgeschlossen wird —, so ist die Zustimmung des lastenpflichtigen Patrons (§ 803 a. a. O.), der kirchlichen Gemeindekörperschaften (§ 31 Nr. 1 K.G. u. S.O.) und des Konsistoriums (§ 1 Nr. 9 Kirchenges v. 18. Juli 1892, K.G. u. V.Bl. 1893 S. 9) erforderlich (vgl Urteile d R.G. v. 21. Febr. 1895 Jur. Wochenschr. S. 250 Nr. 39 u. v. 18 März 1895 Entsch. Bd. 35 S. 189). Verpächter ist aber auch in diesem Falle der Nießbraucher, was deshalb von Bedeutung ist, weil die im § 5 Stempelsteuerges. v. 25. Juli 1895 (G.S. S. 413) verordnete Stempelfreiheit der Kirchen sich auf Verträge der Stelleninhaber betreffend die Ausübung ihrer Nutzungsbefugnisse an den Pfarrgütern nicht erstreckt (Finanz-Min.-Reskr. v. 31. Jan. 1832 III 2017), da hierbei das persönliche Interesse des jeweiligen Nutznießers in Frage kommt (Finanz-Min.Erl. v. 20. Juni 1881 G III 1735).

3. Da der Nießbrauch und die Verwaltung des Stelleninhabers an seiner Dienstwohnung und an dem als Zubehör derselben anzusehenden Hausgarten (im Gegensatz zum Feldgarten) durch das Pfarrbesoldungsgesetz nicht berührt ist, findet die Vorschrift des § 48 Abs. 2 auch jetzt noch auf alle Dienstwohnungen nebst Hausgarten Anwendung ohne Unterschied, ob die Stelle unter das Pfarrbesoldungsgesetz fällt oder nicht. Danach dürfen Dienstwohnungen und Hausgärten immer nur mit Zustimmung des lastenpflichtigen Patrons und des Gemeindekirchenrats vermietet oder verpachtet werden (§ 782 a. a. O.). Soll dies über die Amtsdauer hinaus geschehen, so ist außerdem die Zustimmung der Gemeindevertretung und des Konsistoriums (vgl. Anm 2) einzuholen.

4. Die Vermietung oder Verpachtung solcher Dienstgrundstücke, deren Verwaltung infolge der Einrichtung eines Pfarrfonds (vgl. Anm. 2) oder auf Grund des Pfarrbesoldungsgesetzes (vgl. Anm. 1) auf die Kirchengemeinde übergegangen ist, hat, weil derartige Grundstücke als Teile des Pfarrvermögens dadurch ihre besondere Zweckbestimmung nicht verlieren, wenngleich sie ihr nicht mehr unmittelbar dienen, nach den für Stellengrundstücke geltenden Normen zu erfolgen. Dies ist deshalb von Bedeutung, weil bei den nicht unter das Pfarrbesoldungsgesetz fallenden Stellen dadurch eine Neuordnung der Einkommensverhältnisse bei Eintritt eines neuen Stelleninhabers ermöglicht wird und weil jeder neu in eine unter das genannte Gesetz fallende Stelle eintretende Geistliche mit Genehmigung des Konsistoriums nach Anhörung des Kreissynodalvorstandes die Dienstgrundstücke in seinen Nießbrauch übernehmen kann. Deshalb kommt bei den in die Verwaltung der Kirchengemeinde übergegangenen Dienstgrundstücken nur die persönliche Mitwirkung des Stelleninhabers, an dessen Stelle der Gemeindekirchenrat als Vertreter der Kirchengemeinde tritt, in Wegfall, während die Mitwirkung der Gemeindevertretung und die patronatliche und aufsichtliche Zustimmung zu Vermietungen und Verpachtungen solcher Grundstücke in demselben Umfange erforderlich ist, wie sie bisher für die Vermietung und Verpachtung der Stellengrundstücke bestand (§ 12 Abschn. 3 der Ausf.Anw. v. 31. Aug. 1898, K.G. u. V.Bl. S. 87). Dagegen greift die Stempelfreiheit der Kirchen aus § 5 Stempelsteuerges. v. 31. Juli 1895 (vgl. Anm. 2) auch auf solche vom Gemeindekirchenrat als Verwalter des Pfarrvermögens über Pfarrgrundstücke geschlossenen Pacht- und Mietverträge über, da bei ihnen das persönliche Interesse des Stelleninhabers nicht konkurriert (§ 774 a. a. O., Finanz-Min.Reskr. v. 13. Jan. 1879 III 2848).

5. Die Vermietung und Verpachtung von Stellengrundstücken, deren Nießbrauch und Verwaltung der Stelleninhaber nach § 13 des Pfarrbesoldungsgesetzes sich vorbehalten oder übernommen hat, hat gänzlich nach den für die Vermietung und Verpachtung von Stellengrundstücken geltenden Vorschriften zu geschehen, weil in Bezug auf diese Vorbehaltsgrundstücke die Grundsätze des pfarramtlichen Nießbrauches nach wie vor Anwendung finden. Die einzige durch § 13 Abs. 2 l. c. eingeführte Neuerung besteht darin, daß zur Verpachtung und Vermietung solcher Grundstücke über den Zeitpunkt hinaus, bis zu welchem der Übernahmepreis festgesetzt ist, die Zustimmung der kirchlichen Gemeindeorgane auch dann erforderlich ist, wenn der Vertrag die Klausel enthält, daß der Amtsnachfolger an denselben nicht gebunden sein soll. Bezüglich des Stempels gilt das in Anm. 2 Gesagte.

§. 49. Wenn zur Deckung notwendiger kirchlicher Bedürfnisse Geldmittel erforderlich werden, so sind zu deren Hergabe in erster Linie diejenigen anzuhalten, welchen nach den bestehenden Gesetzen oder nach örtlichem Rechte eine besondere, d. h. nicht durch die Parochialangehörigkeit als solche bedingte, persönliche oder dingliche Verpflichtung zu den betreffenden Leistungen (z. B. Bauten, Fuhren u. dgl.) obliegt.

Fehlt es an solchen zunächst Verpflichteten, so sind die erforderlichen Mittel unter Wahrung der gesetzlichen Vorschriften wegen Zustimmung des Patrons (§. 4) und der Aufsichtsbehörde (vgl. §§. 23 f. und 69) aus den verfügbaren Beständen des Kirchenvermögens (vgl. §§. 712 ff. A. L.-R. II, 11) zu entnehmen.

Reichen diese nicht aus, so ist auf die nach Gesetz oder örtlicher Verfassung aushilfsweise Verpflichteten zurückzugehen, wie insbesondere in Baufällen auf den Patron und die etwa sonst subsidiär Haftbaren. Grund, Art und Maß der Leistung richtet sich in solchen Fällen lediglich nach dem bestehenden Rechte. Aus letzterem ist namentlich auch zu entnehmen, ob und inwieweit die Verpflichtung der neben dem Patron haftbaren Personen auf ihrer persönlichen Zugehörigkeit zur Kirchengemeinde oder auf einem anderen Rechtsgrunde beruht,

z. B. mit dem Besitze verpflichteter Grundstücke zusammenhängt, ob daher auch Personen, welche nicht Mitglieder der Kirchengemeinde sind, wie außerhalb Wohnende (Forensen), einer anderen religiösen Bekenntnisgemeinschaft Angehörige (Katholiken, Juden, Dissidenten 2c.), juristische Personen u. dgl., mitheranzuziehen sind.

Die kirchlichen Gemeindekörperschaften sind dafür verantwortlich, daß ohne erhebliche Gründe und ohne diejenigen Voraussetzungen, welche bei stiftungswidriger Verwendung kirchlichen Vermögens zu erfüllen sind (§. 18), Verpflichtete der vorgedachten Art von ihren Obliegenheiten im allgemeinen und im einzelnen Falle nicht zum Nachteil des kirchlichen Vermögens entbunden werden.

Zu § 49.

Die Vorschrift des 4. Absatzes findet nur in den Fällen Anwendung, wo die spezielle Beitragspflicht des persönlich oder dinglich Sonderverpflichteten unstreitig oder unzweifelhaft ist, nicht aber da, wo die Beitragspflicht nicht bloß bestritten, sondern aus tatsächlichen oder rechtlichen Gründen zweifelhaft ist. In letzteren Fällen ist die vergleichsweise Heranziehung des angeblich speziell Verpflichteten zu einem geringeren Beitrage oder die gänzliche Nichtheranziehung desselben als zulässig zu erachten, ohne daß es der bei einer Verwendung des kirchlichen Vermögens zu anderen als den bestimmungsmäßigen Zwecken vorgeschriebenen Genehmigungen der Zentralinstanzen bedarf, denn da, wo die Heranziehung auf Widerspruch und gerechte Zweifel stößt, kann die Nichtheranziehung nicht bestimmungswidrig sein. In jedem Falle aber ist behufs Prüfung der Sach- und Rechtslage dem Konsistorium Bericht zu erstatten.

§. 50. Soweit die erforderlichen Geldmittel in vorstehender Weise nicht beschafft werden können, auch nicht ausnahmsweise zu ihrer Deckung eine Anleihe (etwa zu planmäßiger Tilgung) aufgenommen werden soll (§§. 227, 645 f. A. L.-R. II, 11; §. 31 Nr. 3 K.-G.- u. S.-O.; V.-A.-G. §. 1 Nr. 3 Allerh. Verordn. v. 8. März 1893 Art. II; Art. 24 Nr. 1 u. 3 Ges. v. 3. Juni 1876, vgl. o. §. 18), sind dieselben unmittelbar von den Mitgliedern der Kirchengemeinde aufzubringen.

Ist ein solches Bedürfnis längere Zeit vorauszusehen, z. B. bei Bauten, so haben die Gemeindekörperschaften vorsorglich für die allmähliche Ansammlung des nötigen Geldbetrages, nötigenfalls durch Erhebung angemessener Beisteuern von den Gemeindegliedern und für die abgesonderte Verwaltung des betreffenden, nur zur Erfüllung der fraglichen Verpflichtungen der Gemeindeglieder verwendbaren Fonds Sorge zu tragen.

Andernfalls ist der Bedarf durch nachträgliche einmalige oder mehrmalige Verteilung doch jedenfalls so zeitig aufzubringen, daß die Verbindlichkeiten pünktlich erfüllt werden können.

Zu § 50.

1. Ein Anleihebeschluß des Gemeindekirchenrats bedarf nach § 645 II 11 A.L.R. in jedem Falle der Genehmigung des lastenpflichtigen Patrons und, sofern die Anleihe nicht bloß zur vorübergehenden Aushilfe dient und aus den laufenden Einnahmen derselben Voranschlagsperiode zurückerstattet werden kann, nach § 31 Nr. 5 K.G. u. S.O. der beschließenden Mitwirkung der Gemeindevertretung, sowie nach § 1 Nr. 3 Kirchenges. v. 18. Juli 1892 (K.G. u. V.Bl. 1893 S. 9) bezw. Art. 24 Nr. 3 Ges. v. 3 Juni 1876 (G.S. S. 125) der kirchen- und staatsaufsichtlichen Genehmigung, welche ohne Rücksicht auf die Höhe der Anleihe nach Art. 2 Nr. 2 der Verordn. v. 8. März 1893 (K.G. u. V.Bl. S. 12) bezw Art. III Nr. 4 der Verordn. v. 9. Sept. 1896 (G.S. S. 395) vom Konsistorium bezw. vom Regierungspräsidenten, in Berlin vom Polizeipräsidenten zu erteilen ist. Soll als Sicherheit für das Darlehen mit kirchlichem Grundeigentum Hypothek bestellt werden, so kommen die besonderen Vorschriften über die dingliche Belastung von Grundeigentum zur Anwendung (vgl. Anm. 4 c zu § 28).

2. Das A.L.R., die K.G. u. S.O. und das Ges. v. 25. Mai 1874 (G.S. S. 147) kennen die Pfarre als besondere juristische Person nicht mehr (Urteil d. R.G. v. 13. Okt. 1894, Gruchot, Bd. 40 S. 385). Eigentümerin des Pfarrvermögens ist, wie das A.L.R. für das Staatsgebiet zu grundsätzlicher Geltung gebracht hat, die Kirchengemeinde, weshalb die Kirche mit der Pfarre keine Rechtsgeschäfte abschließen kann (Beschlüsse des Kammergerichts v. 14. Febr. 1881 und 7. März 1898, Entsch. Bd. 2

S. 105 und Bd. 18 S. 63). Beschlüsse des Gemeindekirchenrats auf Kapitalsentnahme aus dem immer noch als besonderes Zweckvermögen zu behandelnden und zu verwaltenden Pfarrvermögen gegen Verzinsung und planmäßige Rückzahlung sind keine Anleihebeschlüsse im eigentlichen Sinne und bedürfen daher der staatsaufsichtlichen Genehmigung nicht, wohl aber als außerordentliche Ausgaben bezw. Nutzungen des Vermögens, welche die Substanz angreifen, der beschließenden Mitwirkung der Gemeindevertretung, sowie der Genehmigung des Patronats und der kirchlichen Aufsichtsbehörde (vgl. Anm. 4 zu § 31).

§. 31. Handelt es sich dabei um althergebrachte Zwecke, z. B. Bauten, Fuhren, Pfarrbesoldung, regelmäßige Aufbringung des Kirchenkassenbedarfs u. dgl., für welche sich ein bestimmter Verteilungsmaßstab nach Ortsverfassung, d. h. auf Grund Übereinkommens der Beteiligten, genehmigter Beschlüsse der Gemeindekörperschaften, Observanz oder nach sonstigem örtlichen Recht, herausgebildet hat, so ist dieser Maßstab auch ferner vom Gemeinde-Kirchenrat in Anwendung zu bringen bis dahin, wo derselbe in rechtsgiltiger Weise und mit Genehmigung der Aufsichtsbehörde im Einzelfalle oder dauernd durch einen anderen ersetzt ist (Erk. d. Ob.-Trib. v. 7. Nov. 1877, Entsch. Bd. 81 S. 75, und d. Reichsger. v. 8. Januar 1880, Entsch. Bd. 1 S. 140). Der hergebrachte Verteilungsfuß ist selbst dann, wenn davon ein- oder das anderemal freiwillig abgesehen war, in Erwägung zu ziehen und seine Anwendung namentlich dann zu beschließen, wenn derselbe der wirklichen Leistungsfähigkeit der Beteiligten und dem dauernden Interesse entspricht, welches dieselben (z. B. die ansässigen Gemeindeglieder im Verhältnis zu den Nichtbesitzenden) an dem Bestehen der kirchlichen Einrichtungen haben, und wenn bei Anwendung eines anderen gesetzlich zulässigen Repartitionsfußes die Überlastung einzelner Klassen oder Ausfälle zu befürchten sind, welche das kirchliche Interesse gefährden.

Besteht ein solcher herkömmmlicher Verteilungsfuß überhaupt oder für den in Betracht kommenden Zweck in der Gemeinde nicht, oder erscheint es im wohlerwogenen Interesse der Kirche und der Gemeindeglieder nicht angemessen, von demselben im einzelnen Falle Gebrauch zu machen, so hat der Gemeinde-Kirchenrat die Beibringung der zu beschaffenden Geldmittel durch eine nach Maßgabe direkter Staatssteuern oder am Orte erhobener Kommunalsteuern zu verteilende Umlage ins Auge zu fassen (§. 31 Nr. 6 K.-G.- u. S.-O.; Art. 3 Abs. 3 und 4 Ges. v. 25. Mai 1874; Erl. d. Min. d. g. A. vom 19. März 1878, K. G.- u. V.-Bl. S. 133; vgl. die Erk. d. Gerichtshofes z. Entsch. d. Kompetenz-Konfl., K. G.- u. V.-Bl. 1876/77 S. 262 ff., 1881 S. 42, 1882 S. 49 u. 72; Erlasse d. Min. d. g. A. v. 28. November 1883, 30. August, 9. Oktober u. 8. November 1884, K. G.- u. V.-Bl. 1884 S. 54, 57, 60 u. 68).

Zu § 51.

1. Es herrscht bis in die Gegenwart Streit darüber, ob die Steuerbefugnis der Kirchengemeinden ausschließlich nach § 31 K.G. u. S.O. zu beurteilen ist und folglich ein auf Grund dieser Bestimmung gefaßter, vom Konsistorium und Regierungspräsidenten genehmigter und von letzterem für vorläufig vollstreckbar erklärter Umlagebeschluß als die nächste Norm für die Beteiligten zu gelten hat und die Anwendung früherer Normen, insbesondere bezüglich der kirchlichen Baulast, ohne Berührung ihrer sonstigen Gültigkeit für den gegebenen Fall ausschließt, oder ob die von altersher bestehenden Bedürfnisse nach wie vor nach den Normen des älteren Rechts zu decken und die Kirchengemeinden nicht befugt sind, die letzteren autonomisch durch Beschlüsse neueren Rechts zu beseitigen oder zu ersetzen. Die erstere Ansicht wird von den kirchlichen und staatlichen Aufsichtsbehörden — (vgl. K.G. u. V.Bl. 1903 S. 92) —, die letztere von den ordentlichen Gerichten und im Urteil v. 1. Juli 1899 im Gegensatz zu seinen früheren Entscheidungen auch vom Kompetenzgerichtshof vertreten (vgl. Stölzel, Rechtsweg u. Kompetenzkonflikt in Preußen, Berlin 1901 S. 155, wo die zahlreichen Entscheidungen des vorm. Obertribunals, des Reichsgerichts und des Kompetenzgerichtshofes angeführt sind).

2. Die Streitfrage hat indessen für die Zukunft keine Bedeutung mehr, weil das von der 5. ordentlichen Generalsynode verabschiedete Kirchensteuergesetz (Anlage J, Entwurf mit Begründung, K.G. u. V.Bl. 1903 S. 77 ff.) im § 29 den Kirchengemeinden die Übernahme der Hand-

und Spanndienste auf die kirchliche Umlage mit Genehmigung des Konsistoriums nachläßt und im § 30 allgemein bestimmt, daß zwar die Befugnis der Kirchengemeinden, auf Grund zu Recht bestehender älterer, von den Vorschriften dieses Kirchengesetzes abweichender Ordnungen Kirchensteuer umzulegen, unberührt bleibt, daß die Kirchengemeinden jedoch in allen Fällen berechtigt sind, die Aufbringung kirchlicher Umlagen nach Maßgabe der Vorschriften des neuen Kirchensteuergesetzes zu beschließen.

§. 52. Sind zur Beschaffung von Mitteln für kirchliche Bedürfnisse mehrere zu einer Gesamt-Parochie vereinigte Kirchengemeinden verpflichtet (z. B. bei Pfarrbauten, Aufbringung des Pfarrgehalts), so sind die Anteile, welche jede dieser Kirchengemeinden zu diesem Zweck aufzubringen hat, nach Maßgabe des am Orte bestehenden Herkommens oder der etwa sonst daselbst geltenden bindenden Norm zu bestimmen (Min.-Erl. v. 19. Juli 1877, K. G.- u. V.-Bl. S. 162, Erl. d. Ev. O.-K.-R. v. 20. März 1885, a. a. O. S. 28), und wenn eine solche nicht besteht, nach einem Maßstabe zu bemessen, welcher zwischen den beteiligten Kirchengemeinden zu vereinbaren (§. 8 a. E.), event. durch einen der Genehmigung der kirchlichen und staatlichen Aufsichtsbehörden unterliegenden Beschluß der vereinigten Gemeindekörperschaften (§. 2 Abs. 2 K.-G.- u. S.-O.) nach dem Grundsatze des §. 31 Nr. 6 d. K.-G.- u. S.-O. unter Berücksichtigung der von den Evangelischen zu leistenden Staatssteuern festzustellen ist. Über die Aufbringung des auf die einzelnen Kirchengemeinden fallenden Anteils von dem Gesamtbetrage haben die Organe derselben allein zu befinden (§§. 49 bis 51).

§. 53. Hat der Gemeinde-Kirchenrat über die Umlage (§. 51 Abs. 2) beraten und über die Modalitäten, namentlich über Bedürfnis, Umfang, Art und Zeit derselben sich seinerseits schlüssig gemacht, so hat er zur Herbeiführung eines Beschlusses den vereinigten Gemeindekörperschaften Vorlage zu machen

(§. 31 Nr. 6 K.-G.- u. S.-O.). Dieser Beschluß muß die belastete Gemeinde, den Zweck, den Betrag, den Verteilungsfuß und den Fälligkeitstermin der Umlage genau bezeichnen, geeignetenfalls auch die Jahre namhaft machen, in welchen die Umlage gleichmäßig erhoben werden soll (z. B. die der Etatsperiode nach §. 66 Abs. 3, für welche ein jährlicher Fehlbetrag zu decken ist).

Bei Bemessung des Betrages sind die erfahrungsmäßig oder voraussichtlich vorkommenden Ausfälle in Betracht zu ziehen, bei Bestimmung des Verteilungsfußes gleichzeitig Festsetzungen darüber zu treffen, inwieweit etwa die unteren Steuerklassen von Beiträgen zu entbinden, bezw. mit ermäßigten Steuersätzen heranzuziehen oder anderseits auch die zur Staatssteuer nicht veranlagten Gemeindeglieder nach den fingierten Normalsteuersätzen (bis zu 4 M.) zu belasten sind (§§. 5, 17, 74 des Einkommensteuergesetzes vom 24. Juni 1891, G.-S. S. 175).

Zu § 53.

1. Das den Kirchengemeinden nach § 31 Ziff. 6 K.G. u. S.O. zustehende Recht, zur Beschaffung der zu den kirchlichen Bedürfnissen erforderlichen Geldmittel Umlagen zu erheben, wird demnächst durch das von der 5. ordentlichen General-Synode beschlossene und im Anhang J im Entwurf abgedruckte Kirchengesetz, betreffend die Erhebung von Kirchensteuern, neu geregelt werden. Das Gesetz enthält im wesentlichen eine Kodifikation des jetzigen Rechtszustandes, wie er in der Verwaltungsordnung und in einer Reihe von Ministerialerlassen enthalten ist. Auf die Bestimmungen des Gesetzes wird in den Anmerkungen mit „Entwurf" hingewiesen werden.

2. Der Umlagebeschluß ist genau nach den bestehenden Vorschriften zu fassen, weil er für den Fall, daß Umlagebeträge zwangsweise beigetrieben werden müssen, die Grundlage der Zwangsvollstreckung bildet. Der Gemeindekirchenrat hat sorgfältig zu erwägen, welche Bedürfnisse durch die Umlage befriedigt werden sollen, welcher Betrag hierzu erforderlich ist, und wie derselbe am zweckmäßigsten auf die Gemeindeglieder verteilt wird. Den Maßstab für die Verteilung bilden die staatlichen Steuern (Staatseinkommen-, Grund-, Gebäude-, Gewerbe-, Betriebssteuer) o d e r die örtlichen Kommunalabgaben (§ 31 Ziff. 6 K.G. u. S.O.). Unzulässig ist es, Kommunalabgaben **neben** staatlichen Steuern als Maßstab zu verwenden, weil die Kommunalabgaben regelmäßig als Zuschlag zu den staatlich veranlagten Steuern erhoben werden, mithin eine mehrfache Heranziehung derselben Steuerarten stattfinden würde.

Nach § 9 des Entwurfes dient als Maßstab der Umlegung die Staatseinkommensteuer, erforderlichenfalls einschließlich der veranlagten fingierten Normalsteuersätze, sowie der staatlich veranlagten Grund-, Gebäude- und Gewerbesteuer. Die Ergänzungssteuer, die Steuer vom Gewerbebetrieb im Umherziehen, sowie die Betriebssteuer und die Warenhaussteuer sind bei der Umlegung der Kirchensteuer nicht heranzuziehen (vgl. §§ 10 u. 11 des Entw.).

3. Welche Steuerart den geeigneten Maßstab abgibt, kann nur im einzelnen Falle entschieden werden. Wird die Umlage nach der Staatseinkommensteuer veranlagt, so kann in Frage kommen, inwieweit die unteren Steuerklassen freizulassen sind, oder ob auch die fingierten Normalsteuersätze herangezogen werden sollen. Ob letzteres geschehen oder ob ihre Freilassung stattfinden soll, muß in dem Umlagebeschluß ausdrücklich erwähnt werden.

Für die Fassung des Umlagebeschlusses wird etwa folgendes Beispiel einen Anhalt geben:

Eingang: Feststellung der ordnungsmäßigen Ladung und der Beschlußfähigkeit der Versammlung der vereinigten kirchlichen Gemeindekörperschaften.

Der von dem Gemeindekirchenrat der Gemeindevertretung vorgelegte Umlagebeschluß hat folgenden Wortlaut: In der Kirchengemeinde N. ist im Rechnungsjahre 190 . (in der Etatsperiode 190 . bis 190 .) zur Befriedigung der nachstehend bezeichneten kirchlichen Bedürfnisse:

1. Synodalabgaben	....	Mark
2. Für bauliche Unterhaltung der kirchl. Gebäude	....	"
3. rc.	....	"
4. Für etwaige Ausfälle	....	"
5. Kosten der Erhebung	....	"
zusammen . . .	....	Mark

eine Umlage in Höhe von .... Mark zu erheben. Den Maßstab für die Verteilung der Umlage bildet die Staatseinkommen- (Grund-, Gebäude- usw.) Steuer. Die zur Staatseinkommensteuer nicht Veranlagten sind mit den fingierten Normalsteuersätzen heranzuziehen. Das Steuersoll der Staatseinkommensteuer beträgt .... Mark (dasjenige der Grundsteuer Mark usw.), die Summe der fingierten Normalsteuersätze Mark. Es sind hiernach ..... Prozent der Staatseinkommen- (Grund-, Gebäude- usw.) Steuer durch kirchliche Umlage aufzubringen, welche demgemäß im Rechnungsjahre 190 . (in der Etatsperiode 190 . bis 190 .) erhoben werden soll. Als Fälligkeitstermin der Umlage wird der 190 . bestimmt. Die Zahl der Umlagepflichtigen beträgt etwa

Die kirchliche Gemeindevertretung beschließt nach dem Antrage des Gemeindekirchenrats.

v. g. u. (Unterschriften.)

4. Der Berechnung der Umlage ist das Steuersoll des Jahres, in welchem die Umlage beschlossen wird, zu Grunde zu legen (E.O. v. 30. Okt. 1884 K G.Bl. S. 63). Die durch Rechtsmittel oder auf Grund der §§ 57 ff. des Einkommensteuerges. bewirkte Ermäßigung der Staatseinkommensteuer hat die entsprechende Verminderung des kirchlichen Umlagebetrages zur Folge Dieselbe ist vom Gemeindekirchenrat, sobald die Ermäßigung bekannt wird, von Amtswegen zu bewirken (Min. d. g. A. v. 29. Okt. 1897 G I 12 866).

5. Nachforderungen aus einer gehörig beschlossenen und genehmigten Umlage finden bei gänzlicher Übergehung verpflichteter Mitglieder der Kirchengemeinde nur für das Etatsjahr statt, in dem sie geltend gemacht werden; im Falle zu geringer Veranlagung ist keine Nachforderung zulässig (§§ 5 u. 6 d. Ges. v. 18. Juni 1840 — G.S. S. 140 — u. § 1 Ges. v. 12. Juli 1876 — G.S. S. 288 —). Selbstverständlich findet dies keine Anwendung, wenn im Laufe des Rechnungsjahres neue Bedürfnisse hervortreten, und zu ihrer Befriedigung eine neue kirchliche Umlage erhoben werden muß.

6. Für die Zukunft: Entwurf § 12 (wegen besonderer Belastung eines Teiles der Kirchengemeinde), § 18 Abs. 4—6 (wegen der Fälligkeit der Kirchensteuern), § 23 (wegen der Nachforderung von Kirchensteuern).

§. 54. Der Umlagebeschluß der vereinigten Gemeindekörperschaften ist unter Beifügung aller zur Klarstellung der Verhältnisse erforderlichen Schriftstücke, namentlich der Nachweise für das Bedürfnis der Umlage einschließlich des Voranschlags der Kirchenkasse (§§. 66 ff.), und unter annähernder Angabe der Zahl der Umlagepflichtigen und der bei der Umlage in Betracht kommenden Gesamtbeträge an Staats- bezw.

Kommunalsteuern, wie solche sich nach der letztjährigen Aufnahme gestalten, dem Konsistorium vorzulegen. Der Umlagebeschluß bedarf der Genehmigung des Konsistoriums, wenn durch denselben ein neuer Verteilungsfuß eingeführt oder ein bestehender abgeändert wird (V.-A.-G. §. 1 Nr. 6, Allerh. Verordn. v. 8. März 1893 Art. II). Die für sämtliche Umlagebeschlüsse noch erforderliche staatliche Genehmigung ist seitens des Konsistoriums bei dem Regierungspräsidenten zu erwirken (Nr. 1, 2, 9 Cirk.-Erl. d. Min. d. geistl. Ang. vom 15. Januar 1881, K. G.- u. V.-Bl. S. 10).

Zu § 54.

1. Wird der Umlagebeschluß zur Genehmigung vorgelegt, so ist regelmäßig zugleich die Bestimmung der Vollstreckungsbehörde zu beantragen. Die Bestimmung kann für die Dauer erfolgen. Als Vollstreckungsbehörden kommen die Gemeindevorstände der politischen Gemeinden, eventuell das zuständige Landratsamt in Betracht.

2. Die Vorschrift des § 54 berücksichtigt nur die auf Grund des § 31 Ziff. 6 K.G. u. S.O. gefaßten Umlagebeschlüsse, nicht auch diejenigen, durch welche kirchliche Abgaben und Lasten nach althergebrachtem Maßstab (z. B. Hufenfuß) auf die Gemeindeglieder verteilt werden (§ 51). Beschlüsse der letzteren Art unterliegen der kirchen- und staatsaufsichtlichen Genehmigung nicht; im Verwaltungszwangsverfahren sind sie nur vollstreckbar, wenn es sich um Leistungen handelt, die auf Grund der Kab.Ordre v. 19. Juni 1836 (G.S. S. 198) im Verwaltungszwangsverfahren beigetrieben werden können.

Die angef. Kab.Ordre v. 19. Juni 1836 bestimmt:

1. Alle beständigen, dinglichen oder persönlichen Abgaben und Leistungen, welche an Kirchen . . . oder an deren Beamte, vermöge einer allgemeinen gesetzlichen oder auf notorischer Orts- oder Bezirksverfassung beruhenden Verbindlichkeit zu entrichten sind, . . . unterliegen bei Säumigkeit der Debenten sowohl hinsichtlich der laufenden als der aus den letzten zwei Jahren rückständig verbleibenden Beträge der exekutischen Beitreibung durch die betreffende Verwaltungsbehörde (letztere ist regelmäßig das Kgl. Landratsamt). 2. Die exekutivische Beitreibung wird gehemmt, wenn der in Anspruch Genommene eine Exemtion behauptet und wenigstens seit zwei Jahren, vom letzten Verfalltermine zurückgerechnet, im Besitze der Freiheit sich befindet. 3. (Vgl. §§ 15 u. 16 d. Ges. v. 24. Mai 1861

— (G.S. S. 241 —). 4. In Betreff der aus besonderen Kontrakten oder testamentarischen Dispositionen auf Grundstücken haftenden jährlichen Abgaben an Kirchen . . . findet die Exkution nicht sofort statt, es muß vielmehr . . . der Prozeß vorausgehen. 5. Wegen aller anderen Forderungen der Kirchen . . . bedienten findet . . . der Prozeß statt.

§. 55. Sobald dem Umlagebeschluß der Gemeindekörperschaften die erforderliche aufsichtliche Genehmigung erteilt ist — nur bei äußerster Dringlichkeit früher —, hat der Gemeinde-Kirchenrat die Heberolle aufzustellen (Nr. 3 a. a. O.). In derselben sind die Namen aller umlagepflichtigen Mitglieder der Kirchengemeinde einzeln aufzuführen und die der Umlage zu Grunde liegenden Staats- (bezw. Kommunal-)Steuersätze derselben, wie die danach berechneten Umlagebeiträge sowohl bei jedem Verpflichteten in entsprechenden Spalten des Formulars, als auch im ganzen in den auf jeder Seite und am Schlusse zu ziehenden Summen anzugeben. Weitere Spalten sind für den späteren Vermerk der Zahlung, bezw. des Rückstandes und etwaiger Niederschlagung offen zu lassen.

Zu § 55.

Die Heberolle ist etwa folgendermaßen einzurichten (nach Nitze, Verf. u. Verw. Ges. d. ev. Landesk. 2. Aufl. 1895 S. 247):

(Eingang:) Zufolge des unter dem . . . (Datum) aufsichtlich genehmigten Umlagebeschlusses der kirchlichen Körperschaften vom . . . sind von den nachstehend aufgeführten Mitgliedern der hiesigen Kirchengemeinde insgesamt . . . Mark nach Maßgabe der Staatseinkommen- usw. Steuer aufzubringen:

Name und Stand des Verpflichteten	Bezeichnung der der Umlage zu Grunde liegenden Steuerart, Steuersoll des Verpflichteten	Betrag der auf den Verpflichteten entfallenden Umlage.	Zahlungsvermerk	Niederschlagung und Rückstände

Ort. Datum.

Der Gemeindekirchenrat

(Unterschrift des Vorsitzenden und zweier Ältesten, Siegel).

Da die Veranlagung zur Staatseinkommensteuer nach gesetzlicher Vorschrift geheim gehalten werden muß, ist die Heberolle möglichst so einzurichten, daß jeder Umlagepflichtige nur den ihn betreffenden Teil der Heberolle vorgelegt erhält.

Für die Zukunft s. § 24 des Entwurfs.

Wo es nach den örtlichen Verhältnissen angemessen erscheint, die Benachrichtigungen über die Veranlagung zur Kirchensteuer den Umlagepflichtigen schriftlich zuzustellen, hat dies im verschlossenen Umschlag zu geschehen (E.O. 30. Aug. 1898 — Nr. 7022.).

Für die Zukunft s. § 18 des Entwurfs.

§. 56. Als Verpflichtete sind dabei der Regel nach sämtliche evangelischen Steuerzahler, welche innerhalb der Kirchengemeinde wohnen, in Betracht zu ziehen; auch diejenigen, welche nicht wahlberechtigt sind (Erl. d. Ev. O.-K.-R. v. 25. Januar 1878, K. G.- u. V.-Bl. S. 18). Zu den Verpflichteten gehört namentlich auch der Patron, wenn er Eingepfarrter der Parochie ist (§§. 260 f. A. L.-R. II, 11), soweit er nicht nach allgemeinem oder örtlichem Recht von den Kirchengemeindelasten für einzelne Zwecke besonders befreit erscheint (Erl. d. Ev. O.-K.-R. v. 10. Oktober 1877, K. G.- u. V.-Bl. S. 214; Min.-Erl. v. 23. November 1878, K. G.- u. V.-Bl. 1879 S. 90; Entsch. d. Ob.-Trib. v. 20. Oktober 1865, Strieth. Arch. Bd. 61 S. 140; vgl. §§. 732, 763 A. L.-R. II, 11); ebenso die Mitglieder von Gastgemeinden unter Berücksichtigung der ihnen in betreff der Parochiallasten etwa nach örtlichem Rechte zustehenden Erleichterungen (vgl. §§. 297 f. A. L.-R. II, 11 und Min.-Erl. v. 20. November 1880, K. G.- u. V.-Bl. S. 193); sodann evangelische Ehefrauen in gemischten Ehen, soweit sie eigenes Vermögen oder Einkommen, bezw. Anteil am gemeinschaftlichen Vermögen oder Einkommen besitzen (§§. 270, 260 A. L.-R. II, 11), je nach örtlicher Übung; ferner aus der Kirche Ausgetretene bis zum Ablauf des ersten und, im Falle außerordentlicher bereits vorher als notwendig anerkannter Bauten, des zweiten auf die gerichtliche Austrittserklärung folgenden Kalenderjahres (§. 3 Ges. v. 14. Mai 1873, G.=S. S. 207); endlich auch alle nach §§. 34 bis 37 der Militär=Kirchen=Ordnung v. 12. Februar 1832 nicht ausdrücklich als Mitglieder von Militärgemeinden bezeichneten Angehörigen des Militärstandes, bezw. Beamte der Militärverwaltung (vgl. Kriegs=Min.=Erl. v. 12. Februar 1879, K. G.= u. V.=Bl. S. 244). Verabschiedete Offiziere sind Mitglieder der Civilkirchengemeinde (Erlaß d. Ev. O.=K.=R. v. 24. September 1890, K. G.= u. V.=Bl. S. 58).

Pfarrer und sonstige Kirchenbeamte sind von ihrem kirchlichen Diensteinkommen nicht zu Umlagen heranzuziehen (§. 735 A. L.=R. II, 11; Min.=Erl. v. 30. April 1866, Min.=Bl. f. d. i. V. S. 102; vgl. Min.=Erl. v. 18. Juni 1880, K. G.= u. V.=Bl. S. 76).

Personen, welche innerhalb der Landeskirche einen doppelten Wohnsitz haben und infolgedessen an mehreren Orten als Eingepfarrte verpflichtet sind (§. 264 A. L.=R. II, 11), können zu kirchlichen Abgaben von ihrem Einkommen aus dem innerhalb der betreffenden Parochie belegenen Grundbesitz oder Gewerbebetrieb und den darauf ruhenden Staatssteuern nur in derjenigen Parochie herangezogen werden, in welcher diese Einkommensquellen sich befinden (vgl. §§. 265, 739 a. a. O.). Von ihrem Einkommen aus anderen Quellen sind sie nach Vorgang des §. 11 des Kommunalsteuer=Gesetzes vom 27. Juli 1885 (G.=S. S. 327) in jeder Parochie nur mit einem der Zahl der beteiligten Parochien entsprechenden Bruchteile heranzuziehen (Cirk.=Verf. d. Min. d. g. A. v. 5. Februar 1886, K. G.= u. V.=Bl. S. 26).

Zu § 56.

1. Umlagepflichtig sind der Regel nach sämtliche evangelische Steuerzahler, welche innerhalb des Bezirks der Kirchengemeinde wohnen, also a) nur physische Personen (evangelische), nicht auch juristische (Stiftungen, rechtsfähige Personen), b) unter der Voraussetzung, daß sie innerhalb der Kirchengemeinde ihren Wohnsitz haben. Zur Begründung

des Wohnsitzes gehört, daß eine Person an einem Orte ihren Aufenthalt nimmt, mit dem Willen, an diesem Orte beständig zu bleiben (§ 7 Abs. 2 der Landgem.Ordn. v. 3. Juli 1891, G.S. S. 233). Die Vorschriften des B.G.B. (§§ 7 ff.), welche nach den Motiven des Kirchensteuergesetz-Entwurfs (K.G. u V.Bl. 1903 S. 110) künftig maßgebend sein sollen, stimmen hiermit im wesentlichen überein, Abweichungen ergeben nur die Bestimmungen über den Wohnsitz der Militärpersonen (s. u.).

Teil II Tit. 11 A.L.R. § 260: Wer innerhalb eines Kirchspiels seinen ordentlichen Wohnsitz aufgeschlagen hat, ist zur Parochialkirche des Bezirks eingepfarrt. § 262: Wer noch keinen beständigen Wohnsitz hat, wird als Eingepfarrter derjenigen Parochie, zu welcher seine Eltern gehört haben, betrachtet. § 267: Hat jemand in einem Orte, wo mehrere Parochien seiner Religionspartei sind, seinen Wohnsitz aufgeschlagen, so bestimmt die Lage des Hauses, in welchem er wohnt, die Parochie, zu welcher er gehört. § 269: Die Frau gehört zur Parochie des Mannes nur insofern, als sie mit ihm einerlei Glaubensbekenntnisse zugetan ist. Ist sie von einer verschiedenen Religionspartei, so gehört sie der Regel nach in diejenige Parochie, welcher die übrigen Mitglieder ihrer eigenen Religionspartei in dem Bezirke, wo der Mann seinen Wohnsitz hat, unterworfen sind. § 271: Sind diese zu keiner Parochie geschlagen, so ist auch eine solche Frau von dem Pfarrzwange frei.

Da die Union, ohne die Sonderbekenntnisse aufzuheben, zwischen Lutherischen und Reformierten eine Glaubensgemeinschaft anerkennt, welche die Gemeinschaft der Gemeinderechte zuläßt, so findet § 267 auch Anwendung, wenn an einem Orte evangelische (Lokal-)Gemeinden reformierten und lutherischen Bekenntnisses neben einander bestehen. Es wird also ein Reformierter, der im Bezirk der lutherischen Gemeinde seinen Wohnsitz begründet, regelmäßig Mitglied dieser Gemeinde und ein Lutherischer, der im Bezirk der reformierten Gemeinde seinen Wohnsitz begründet, Mitglied der reformierten Gemeinde. Bestehen aber an einem Ort mehrere Kirchengemeinden, die denselben Bezirk umfassen, z. B. eine lutherische Lokal- und eine reformierte Personalgemeinde, so hat der Neuanziehende — vorausgesetzt, daß die Personalgemeinde keine geschlossene ist, in welchem Falle der Beitritt noch besonders geregelt ist — das Recht, binnen einer durch Ortsstatut oder durch Herkommen bestimmten Frist zu wählen, welcher Gemeinde er beitreten will. Macht er von diesem Wahlrecht keinen Gebrauch, so treten die durch das örtliche Recht bestimmten Folgen ein (vgl. Motive des Entw., K.G. u. V.Bl. 1903 S. 110 u. 111). Solange die ihm für die Wahl zustehende Frist läuft, wird er zum Mitglied der Lokalgemeinde nicht etwa schon dadurch, daß sie ihn zur kirchlichen Umlage heranzieht. Ist jemand Mitglied der Lokalkirchengemeinde geworden, und will nachträglich zur Personalkirchengemeinde übertreten, so kann dies nur im Wege der förmlichen Umpfarrung geschehen (E.O. 25. März 1886 K.G. u. V.Bl. S. 57).

Bestehen an einem Ort mehrere Lokalkirchengemeinden, so tritt durch die Tatsache, daß ein Gemeindeglied aus dem Bezirk der einen Kirchengemeinde in denjenigen einer anderen verzieht, ohne weiteres eine Parochialveränderung ein.

Über Beginn und Endigung der Umlagepflicht bestimmt künftig § 3 des Entwurfes.

2. Zu den Umlagepflichtigen gehört auch der Patron, wenn er in der Kirchengemeinde wohnt. Jedoch kann er als Eingepfarrter nicht zu solchen Umlagen herangezogen werden, durch die der Gemeindebeitrag zu den Baukosten, zu welchen der Patron als speziell Verpflichteter beizutragen hat, aufgebracht wird.

Für die Zukunft: § 6 des Entwurfes.

3. Für die Besteuerung der Gemeindeglieder von Gastgemeinden, sind die im einzelnen Fall festgesetzten oder von Konsistorium und Regierung im einzelnen Fall zu treffenden Bestimmungen maßgebend (§§ 297, 298 II 11 A.L.R.).

4. Evangelische Ehefrauen in gemischten Ehen sind zur Kirchensteuer heranzuziehen, sofern sie mit dem Ehemann in Gütertrennung oder Gütergemeinschaft leben. Bei Gütertrennung (§§ 1426 ff. B.G.B.) ist die Frau nach Maßgabe ihres Vermögens, bei Gütergemeinschaft (§§ 1437 ff. B.G.B.) regelmäßig nach der Hälfte des gemeinschaftlichen Vermögens heranzuziehen. Finden die allgemeinen Vorschriften des B.G.B. über eheliches Güterrecht (§§ 1363 ff.) Anwendung, so kommt eine Besteuerung der Ehefrau regelmäßig nicht in Frage, da der Mann Verwaltung und Nießbrauch am eingebrachten Vermögen der Frau hat; diese ist nur hinsichtlich ihres etwa vorbehaltenen Vermögens (§§ 1366—1371 B.G.B.) steuerpflichtig.

Ist der Ehemann evangelisch, so ist er regelmäßig nach dem gesamten Vermögen heranzuziehen, bis nachgewiesen wird, daß die Eheleute in Gütertrennung oder Gütergemeinschaft leben oder daß die Ehefrau vorbehaltenes Vermögen hat.

Für die Zukunft: § 5 des Entwurfs.

5. Evangelische, die im Bezirk der Kirchengemeinde Grundstücke besitzen, aber keinen Wohnsitz haben (Forensen), können zu Umlagen nach

§ 31 Ziff. 6 K.G. u. S.O. nicht herangezogen werden, wohl aber zu Beiträgen, die nach örtlichem Recht (Observanz usw.) auf die Grundstücksbesitzer — Hufenmaßstab — verteilt werden. Besteht ein solcher Maßstab nicht und erscheint es im einzelnen Falle gleichwohl wünschenswert, zur Erleichterung der Gemeindeglieder die Forensen heranzuziehen, so kann dies nur dann geschehen, wenn die politische Gemeinde die erforderlichen Beiträge in den Kommunalkassenetat einstellt und sie als Kommunalabgaben, zu denen auch die Forensen beizutragen haben, erhebt. Zur Übernahme kirchlicher Ausgaben auf den Kommunalkassenetat bedürfen Landgemeinden der Genehmigung des Kreisausschusses (§ 114 d. Landgemeindeordnung).

6. Über den Austritt aus der Landeskirche bestimmt das Ges. v. 14. Mai 1873 (G.S. S. 207) § 1: Der Austritt aus einer Kirche mit bürgerlicher Wirkung erfolgt durch Erklärung des Austretenden in Person vor dem Richter seines Wohnortes. Rücksichtlich des Übertrittes von einer Kirche zur andern verbleibt es bei dem bestehenden Recht. Will jedoch der Übertretende von den Lasten seines bisherigen Verbandes befreit werden, so ist die in diesem Gesetz vorgeschriebene Form zu beobachten. § 2: Der Aufnahme der Austrittserklärung muß ein hierauf gerichteter Antrag vorangehen. Derselbe ist durch den Richter dem Vorstande der Kirchengemeinde, welcher der Antragsteller angehört, ohne Verzug bekannt zu machen. Die Aufnahme der Austrittserklärung findet nicht vor Ablauf von vier Wochen, und spätestens innerhalb sechs Wochen nach Eingang des Antrages zu gerichtlichem Protokoll statt. Abschrift des Protokolls ist dem Vorstand der Kirchengemeinde zuzustellen. Eine Bescheinigung des Austritts ist dem Ausgetretenen auf Verlangen zu erteilen. — Wegen der Wirkungen des Austritts auf die kirchlichen Leistungen siehe § 3 des Gesetzes.

7. Inwieweit Militärpersonen zur Zivilkirchengemeinde gehören und zur Kirchensteuer herangezogen werden können, ist nach den §§ 34 bis 37 der Militärkirchenordn. v. 12. Febr. 1832 (G.S. S. 69) und den §§ 278 u. 279 II 11 A.L.R., welche letztere durch die Vorschriften der Militärkirchenordnung eingeschränkt werden, zu entscheiden. Die neue „Militärkirchliche Dienstordnung" v. 17. Okt. 1902 hat hieran nichts geändert (§§ 1 u. 2 daselbst). Danach ist zu unterscheiden zwischen Ia) im aktiven Dienst befindlichen Offizieren (einschließlich der Sanitätsoffiziere), Unteroffizieren und Soldaten, b) Militärbeamten und Handwerkern aller Art (Festungs-, Garnisonverwaltungs-, Zeughaus-, Lazarett- usw. Beamten, Militärkirchendiener, Garnisonschullehrer), II. Offizieren z. D., III. Offizieren a. D. — Die zu Ia genannten gehören niemals zur Zivil-

kirchengemeinde, auch wenn sie einzeln stationiert sind. Die zu I b und II genannten gehören nur dann zur Militärkirchengemeinde, wenn an ihrem Wohnsitz eine solche besteht bezw. ein Militärgeistlicher oder ein mit der Militärseelsorge ausdrücklich beauftragter Zivilgeistlicher sich daselbst befindet. Insofern bei diesen Personen der Wohnort ein anderer ist als ihr Garnisonort (z. B. bei Militärgerichtsbeamten, die in den Vororten Berlins wohnen), entscheidet nach der zur Zeit herrschenden Ansicht für die Gemeindezugehörigkeit allein der wirkliche Wohnsitz, da unter „Aufenthaltsort" im § 34 Abs. 2 der Militärkirchenordn. nicht der dienstliche Wohnsitz zu verstehen ist. Die Vorschriften des B.G.B. über den Wohnsitz weichen hier ab, denn § 9 B.G.B. bestimmt: „Eine Militärperson hat ihren Wohnsitz am Garnisonorte." Wird diese Vorschrift durch die zu erwartende Ausführungsanweisung zum neuen Kirchensteuergesetz für maßgebend erklärt, so kommt ein besonderer Wohnort gegenüber dem Garnisonort nicht mehr in Frage. Die zu III genannten Offiziere a. D. gehören seit dem Ges. betr. d. Abänderung d. Milit.-Strafgerichtsordn. v. 3. Mai 1890 (R.G.Bl. S. 63) in keinem Fall mehr zur Militärgemeinde. — Mehrere politische Gemeinden sind, sofern sie in militärischer Beziehung als eine Garnison gelten, auch nur als ein Aufenthaltsort im Sinne des § 34 Abs. 2 d. Militärkirchenordn. anzusehen.

8. Geistliche und Kirchenbeamte werden von ihrem kirchlichen Diensteinkommen nach allgemeiner Übung nicht zur Kirchensteuer herangezogen; doch erscheint eine abweichende Lokal-Observanz wie sie z. B. in Berlin besteht, nicht ausgeschlossen. Eine gesetzliche Vorschrift hierüber besteht zur Zeit nicht; der § 735 II 11 A.L.R. bestimmt nur, daß Kirchen-, Pfarr-, Schul- und Hospitaläcker zu keinem Beitrage herangezogen werden sollen.

Für die Zukunft: § 7 Abs. 2 des Entwurfs.

9. Für die Steuerpflicht der Gemeindeglieder mit mehrfachem Wohnsitz sind zur Zeit die §§ 264, 265 und 739 II A.L.R., sowie der Erlaß des Min. d. geistl. Angel. v. 5. Febr. 1886 (K.G.Bl. S. 26) maßgebend. „§ 264 cit.: Wer einen doppelten Wohnsitz hat, ist bei der Parochialkirche eines jeden derselben als Eingepfarrter verpflichtet. § 265: In Ansehung seiner Grundstücke trägt er die Lasten der Parochialverbindung nur bei derjenigen Kirche, in deren Pfarrbezirk die Grundstücke liegen. § 739: Wer in zwei Kirchspielen eingepfarrt ist, trägt in jedem nur nach Verhältnis der in demselben besitzenden Grundstücke oder des in demselben treibenden Gewerbes bei." Min.Erl. cit.: Hiermit ist einmal die Doppelbesteuerung mehrfach eingepfarrter Personen grundsätzlich verworfen und andererseits das Teilungsprinzip gegeben, nach

welchem die Besteuerungsobjekte solcher Personen nach Grundbesitz oder Gewerbebetrieben unter die beteiligten Kirchengemeinden zu verteilen sind. Dieses Prinzip läßt sich auf die Verteilung der Kirchenabgaben nach dem Einkommen, also auch nach der Staatseinkommensteuer insoweit ohne weiteres übertragen, als das Einkommen der Steuerpflichtigen aus Grundbesitz oder Gewerbebetrieb innerhalb der beteiligten Kirchengemeinden herrührt. Dagegen fehlte es bisher an einem Teilungsprinzip für das aus auswärtigem Grundbesitz oder Gewerbebetriebe, sowie aus anderen Quellen, namentlich aus Kapitalvermögen, fließende Einkommen. Der § 11 des Kommunalsteuer-Ges. v. 27. Juli 1885 (G.S. S. 327) hat ein solches Prinzip für die Kommunalabgaben aufgestellt. Es ist unbedenklich, dasselbe in denjenigen Fällen auch auf die Kirchensteuer anzuwenden, wo es nach obigem noch an einem Teilungsprinzip fehlt. Demnach sind mehrfach eingepfarrte Personen mit demjenigen Einkommen, welches nicht aus Grundbesitz oder Gewerbebetrieb innerhalb der beteiligten Kirchengemeinden herrührt, in jeder Kirchengemeinde nur von einem der Zahl der beteiligten Kirchengemeinden entsprechenden Bruchteile heranzuziehen.

Für die Zukunft: § 4 des Entwurfs.

Sind in einer der beteiligten Gemeinden die für kirchliche Bedürfnisse erforderlichen Ausgaben auf den Kommunalkassenetat übernommen und dadurch die zu ihrer Deckung erhobenen Steuern Kommunalabgaben geworden (Min.Erl. v. 21. Nov. 1898 G I 1757), so ist gegenüber der anderen Gemeinde, die den Steuerpflichtigen nach dem gesamten steuerpflichtigen Einkommen zur Umlage heranzieht, der Einwand der Doppelbesteuerung nicht begründet.

§. 57. Die Heberolle ist, sofern nicht bei Nachbesteuerungen die besondere Benachrichtigung der Verpflichteten erfolgt, oder im Einzelfalle das Konsistorium eine kürzere Dauer ausdrücklich genehmigt, 14 Tage lang an einer in ortsüblicher Weise bekannt zu machenden allen Gemeindegliedern zugänglichen Stelle auszulegen (Nr. 3 Cirk.-Erl. v. 15. Januar 1881).

Nach Ablauf dieser Frist kann die Erhebung der Umlage auf Grund der Heberolle, wenn sie ohne Zwang ausführbar erscheint, ohne weiteres erfolgen. Ist vorauszusehen, daß eine Zwangsbeitreibung erforderlich sein wird, so muß zu diesem Zwecke zeitig die Vollstreckbarkeitserklärung der Heberolle bei dem Regierungspräsidenten nachgesucht werden (Nr. 4, 5, 9

Cirk.-Erl. vom 15. Januar 1881; vgl. u. §. 89), wobei die Nachweise über die gehörige Offenlegung der Heberolle oder besondere Benachrichtigung der Verpflichteten bei Nachbesteuerungen mitvorzulegen sind.

Für die Zwangsbeitreibung von Umlagen ist, falls der Gemeinde-Kirchenrat nicht das gesamte Einziehungsgeschäft an Stelle des Kirchenkassen-Rendanten (§§. 61 ff.) einem örtlichen Steuererheber auf Grund besonderer Vereinbarung und mit Genehmigung der Regierung überträgt, bei letzterer ein- für allemal die Bestellung einer Vollstreckungsbehörde nachzusuchen (Nr. 5 Cirk.-Erl. v. 15. Januar 1881).

Zu § 57.

An Stelle der Verordn. v. 7. Sept. 1879 ist die Verordn. v. 15. Nov. 1899 (G.S. S. 545), betreffend das Verwaltungszwangsverfahren wegen Beitreibung von Geldbeträgen getreten (Anweisung dazu vom 28. Nov. 1899 — Centr.Bl. d. Abg.Ges.Geb. u. Verw. 1900 S. 44 —).

Nach Art. 24 Abs. 3 der Anweisung haben die Gemeindekirchenräte die ausgefertigten Mahnzettel den durch die Regierung oder den Regierungspräsidenten bestimmten Vollstreckungsbehörden (regelmäßig den Gemeindevorständen) zur weiteren Veranlassung mitzuteilen, ohne daß es hierzu der Mitwirkung einer staatlichen Behörde bedarf (Min.Erl. v. 9. Juli 1900, Fin.Min. II 4833, Min. d. g. A. G. I 1520a).

§. 58. Reklamationen sind nur binnen 3 Monaten vom ersten Tage der Offenlegung der Heberolle, bezw. von der besonderen Bekanntmachung an zulässig, sie hemmen die Zwangsvollstreckung nicht. Über dieselben hat zunächst der Gemeinde-Kirchenrat selbst durch einen mit Gründen versehenen Beschluß Entscheidung zu treffen. Der betreffende Bescheid oder Protokollauszug ist dem Beteiligten unter schriftlichem Vermerk des Tages gegen Empfangsschein oder durch einen Beamten zu behändigen. Ablehnenden Bescheiden ist ein Hinweis darauf beizufügen, daß dagegen binnen 6 Wochen durch Eingabe an das Konsistorium Rekurs eingelegt werden kann (Nr. 7 Cirk.-Erl. v. 15. Januar 1881).

Zu § 58.

Der Bescheid auf die Reklamation ist, mit Gründen versehen, dem Leistungspflichtigen vom Gemeindekirchenrat mit Postzustellungsurkunde zuzustellen. Binnen sechs Wochen vom Tage der Zustellung an (Ausschlußfrist) hat der Leistungspflichtige das Recht des Einspruchs gegen den ablehnenden Bescheid. Der Einspruch ist beim Konsistorium zu erheben (Nr. 7 der Anw. d. Min. d. geistl. Ang. v. 15. Januar 1881 — K.G. u. V.Bl. S. 10 —). Die Entscheidung über den Einspruch trifft der Regierungspräsident, in Berlin der Polizeipräsident (Art. 3 Ges. v. 25. Mai 1874, Art. III Abs. 1 Ziff. 1 der Kgl. Verordn. v. 9. Sept. 1876); über einen etwaigen weiteren Einspruch entscheidet der Oberpräsident endgültig (Abs. 2 des ang. Art. III). Eine Klage im Verwaltungsstreitverfahren findet gegenwärtig nicht statt (§ 50 Ges. über d. allg. Landesverw. v. 30. Juli 1883 — G.S. S. 195 —). Für die Zukunft wird das zu dem neuen Kirchensteuergesetz zu erwartende Staatsgesetz Bestimmung treffen.

Tritt in der Person des Umlagepflichtigen eine Veränderung ein, durch welche die bisherige Steuerverpflichtung aufgehoben wird, z. B. Veränderung des Wohnsitzes (polizeiliche Abmeldung allein genügt nicht), so ist dem Gemeindekirchenrat Anzeige zu machen. Dieser kann die fällige Steuer bis zum Ende des Monats, in dem die Anzeige gemacht wird, fordern (§ 1 Abs. 4 Ges. über d. Verjährungsfristen bei öffentl. Abg. v. 18. Juni 1840 — G.S. S. 140 —). Für die Zukunft: § 3 des Entwurfs.

Rückständige Umlagebeträge verjähren in vier Jahren vom Ablauf des Jahres an, in welches der Zahlungstermin fällt. Zustellung der Mahnung durch die Vollstreckungsbehörde und eine vom Gemeindekirchenrat bewilligte Stundung der Leistung (§ 202 B.G.B.) unterbrechen die Verjährung. Mit dem Schlusse des Jahres, in welchem die Unterbrechung beendigt bezw. die bewilligte Frist abgelaufen ist, beginnt eine neue vierjährige Verjährung (§ 8 Ges. v. 18. Juni 1840 u. Art. 8 § 2 u. 9 Preuß. Ausf.Ges. z. B.G.B.).

§. 59. Der Ertrag aus dem Klingelbeutel und den ausgestellten Becken gehört, sofern nicht ein anderes nachgewiesen werden kann oder mit Genehmigung des Konsistoriums bestimmt wird, zu den Kircheneinkünften. Vom Gemeinde-Kirchenrat ist Anordnung zu treffen, daß dieser Ertrag alsbald nach erfolgter Sammlung gehörig festgestellt und übernommen wird (§. 665 A. L.-R. II, 11).

Die Erhebung der feststehenden oder für einzelne Fälle ausgeschriebenen Kirchen- und Hauskollekten zu kirchlichen Zwecken zu fördern, wird der Gemeinde-Kirchenrat sich angelegen sein lassen.

Die herkömmlichen Kirchenkollekten sind an den dazu bestimmten Tagen zu erheben. Neue Kollekten bedürfen, wenn sie einmal in einer einzelnen Kirchengemeinde für örtliche Bedürfnisse erhoben werden sollen, der Einwilligung des Konsistoriums, in allen anderen Fällen der Genehmigung des Evangelischen Ober-Kirchenrats, welcher bei regelmäßig wiederkehrenden Kollekten, soweit es sich nur um eine Provinz handelt, die Zustimmung der Provinzialsynode, bei landeskirchlichen Kollekten diejenige der Generalsynode vorausgehen muß (§. 65 Nr. 4 K.-G.- u. S.-O.; §. 13 G.-S.-O.).

Die Abhaltung von Hauskollekten zu kirchlichen Zwecken ist nur mit staatlicher Genehmigung zulässig (Art. 24 Nr. 7 Ges. v. 3. Juni 1876), welche je nach dem Umfange des davon berührten Bezirks vom Regierungspräsidenten bezw. Oberpräsidenten oder vom Minister der geistlichen Angelegenheiten in Gemeinschaft mit dem Minister des Innern erteilt wird (Art. III Nr. 4, II Nr. 2 u. I Nr. 6 Verordn. vom 9. September 1876).

Zu § 59.

Nach dem Erlaß des E.O. v. 19. Mai 1897 (K.G.Bl. S. 40) bedürfen Kirchenkollekten, die einmal in einer einzelnen Gemeinde für örtliche Bedürfnisse eingesammelt werden, der Genehmigung des Konsistoriums nicht mehr. Die Genehmigung ist nur erforderlich für Kollekten, die nach dem Beschluß des Gemeindekirchenrats wiederholt für solche Bedürfnisse oder auf Grund Beschlusses der Kreissynode für ihre Zwecke in den Kirchen des Synodalkreises eingesammelt werden sollen.

Nach § 65 Ziff. 8 K.G. u. S.O. und Art. 10 Ziff. 4 Ges. v. 3. Juni 1876 ist die Provinzialsynode befugt, die jährliche Einsammlung einer Kirchen- und Hauskollekte zum Besten der dürftigen Gemeinden ihres Bezirks anzuordnen. Hierzu bedarf es einer aufsichtlichen Genehmigung nicht; jedoch muß die Zeit, in welcher die Hauskollekte eingesammelt werden soll, dem

Oberpräsidenten angezeigt werden. Die Aufstellung von Sammelbüchsen und Tellersammlungen in öffentlichen Lokalen bedürfen der Genehmigung im allgemeinen nicht; doch kann solche Genehmigung durch ortspolizeiliche Verordnung erfordert werden (Min.Erl. v. 2. Febr. 1871, Min.Bl. f. d. i. V. S. 46, Erl. v. 7. Mai und 10. Juli 1890 und 10. März 1892, Min.Bl. f. d. i. V. S. 84 u. 201 bezw. 193). Öffentliche Aufforderungen zur Leistung freiwilliger Gaben bedürfen der Genehmigung nicht, Entsch. des Kammergerichts Bd. 10 S. 264.

§. 60. Die Pflichten des Gemeinde-Kirchenrats inbetreff der kassenmäßigen Verwaltung der kirchlichen Einkünfte umfassen die Fürsorge für Bestellung des Rendanten, für gehörige Aufbewahrung von Geldern und Wertpapieren, für sachgemäße Aufstellung des Etats, für geordnete Kassen- und Buchführung und für regelmäßige Ablegung, Prüfung und Entlastung der Rechnung.

§. 61. Bei jeder Kirche ist ein Rendant (Kassenverwalter, Kirchmeister, Kirchenrechner) zu bestellen (§. 24 K.-G. u. S.-O.). Diesem Kirchenbeamten liegen in erster Linie alle Geschäfte der Kassen- und Rechnungsführung für die kirchlichen Kassen und Fonds einschließlich der Vakanzkassen (§. 44 Abs. 2) ob. Seine Verpflichtungen erstrecken sich aber überdies auf eine vorzügliche Teilnahme an der Fürsorge und Obhut, welche dem Gemeinde-Kirchenrat nach der Kirchengemeinde- und Synodal-Ordnung und dieser Verwaltungs-Ordnung für die gesamte kirchliche Vermögensverwaltung obliegt (§. 24 Abs. 5 a bis c u. Abs. 6 K.-G.- u. S.-O.).

Zu § 61.

Pflichten des Rendanten: 1. Die Erhebung sämtlicher Einnahmen und Einkünfte der Kirchenkasse, der kirchlichen Stiftungen und des Stellenvermögens, soweit die Einkünfte des letzteren nicht dem jeweiligen Inhaber zukommen und von diesem zu erheben sind. 2. Die Leistung der Ausgaben der Kirchenkasse usw. nach Maßgabe des Voranschlages, soweit es sich um feststehende Zahlungen an bestimmte Empfänger handelt; alle anderen Zahlungen nach schriftlicher Anweisung des Vorsitzenden des Gemeindekirchenrats. 3. Die Führung der Kassenbücher (Tagebuch, Verzeichnis der Wertpapiere, Porto- und Kollektenverzeichnis, im Bedürfnisfall ein besonderes Hauptbuch), Beschaffung, Ordnung und Aufbewahrung der Belege. 4. Aufstellung des Voranschlags und der Jahresrechnung und die Erledigung der gegen dieselben gezogenen Erinnerungen. 5. Mitwirkung bei allen Verwaltungsgeschäften des Gemeindekirchenrats, welche auf das Kassen- und Rechnungswesen Bezug haben. 6. Die Kontrolle der Auslosung von Wertpapieren. 7. Der Rendant führt die nächste Aufsicht über die kirchlichen Gebäude, Grundstücke, Geräte und sonstigen Inventarienstücke. Wegen der zur Instandhaltung oder Erneuerung derselben erforderlichen Lohnarbeiten, Anschaffungen oder Bauunternehmungen hat er beim Gemeindekirchenrat rechtzeitig Anträge zu stellen. — Den vom Gemeindekirchenrat angeordneten Kassenrevisionen muß er sich jederzeit unterwerfen.

§. 62. Die Wahl der Rendanten erfolgt unter Beachtung der Nr. 34 und 35 der revidierten Instruktion vom 25. Januar 1882 durch Beschluß des Gemeinde-Kirchenrats. Unter gewöhnlichen Verhältnissen ist sie für eine bestimmte, am besten dreijährige, Zeitdauer (Erl. d. Ev. O.-K.-R. vom 4. Dezbr. 1877, K. G.- u. V.-Bl. 1878 S. 3) auf ein Mitglied des Gemeinde-Kirchenrats zu richten, welches gegen Vergütung sächlicher Ausgaben und etwa sonst notwendiger Auslagen das Amt übernimmt. In Notfällen kann dazu auch der Pfarrer bestellt werden.

Ist wegen des Umfanges der Kasse eine unentgeltliche Verwaltung nicht zu erreichen, so kann der Gemeinde-Kirchenrat einen besoldeten Rendanten anstellen. Soll hierzu ein Mitglied des Gemeinde-Kirchenrats ernannt werden, so ist die vorherige Genehmigung des Kreissynodal-Vorstandes erforderlich.

In dem Beschlusse über die Wahl ist zugleich das Erforderliche wegen der Anstellungsbedingungen, als Kaution des besoldeten Rendanten, Kündigungsvorbehalt, Besoldung u. dgl., sowie wegen zu erteilender besonderer Dienstanweisungen festzustellen.

Zu § 62.

Nach § 24 Abs. 1 K.G. u. S.O. ist jedes Mitglied des Gemeindekirchenrates grundsätzlich verpflichtet, die Rendanturgeschäfte zu übernehmen. Nur wenn in den kirchlichen Körperschaften sich keine geeignete Persönlichkeit findet, hat der Pfarrer die Rendanturgeschäfte zu übernehmen, bedarf aber hierzu der Genehmigung des Konsistoriums.

Besoldete Rendanten sind — selbst wenn sie dem Gemeindekirchenrat zugleich als Mitglieder angehören — Kirchendiener, vgl. Urteil d. O.V.G. v. 14. Dez. 1888 (K.G. u. V.Bl. 1889 S. 32). Der mit dem Rendanten abzuschließende Vertrag ist nach Tarifstelle 71 Nr. 2b zum Stempelsteuergesetz v. 31. Juli 1895 (G.S. S. 413) stempelfrei, wenn der Jahresbetrag der Gegenleistung 1500 M. nicht übersteigt, andernfalls ist gemäß d. cit. Tarifstelle in Verbindung mit §§ 5 Abs. 6 u. 11 a. a. O. ein Stempel von 1 M. zu verwenden. Die Urkunde über die Dienstkaution ist nach Tarifstelle 59a stempelfrei.

§. 63. Die Kaution des besoldeten Rendanten soll in der Regel nicht weniger als das Doppelte der Besoldung und als 1/12 der gewöhnlichen Jahreseinnahme der Kasse betragen, ist aber im übrigen vom Gemeinde-Kirchenrat nach den obwaltenden besonderen Umständen zu bemessen (vgl. Nr. 35 revid. Instr.). Sie ist in der Regel durch Verpfändung geeigneter Wertpapiere (§. 32) nach dem Nennwerte zu leisten. Die Verpfändung erfolgt durch Übergabe zu Faustpfand (§§ 94, 104 A. L.-R. I, 20).

Über die Bestellung der Kaution ist ein Protokoll aufzunehmen. Dasselbe ist von dem die Kaution bestellenden Beamten mitzuunterschreiben, auch von dem Vorsitzenden und zwei Mitgliedern des Gemeinde-Kirchenrats zu vollziehen. Dem Beamten ist Abschrift des Protokolls als Empfangsbescheinigung zu erteilen.

Die betreffenden Schuldurkunden nebst den zugehörigen Erneuerungsanweisungen und die etwa den Zeitraum von vier Jahren übersteigenden Zinsscheine sind bei den Wertpapieren der Kirche aufzubewahren (§§. 16, 39). Die Zinsscheine für die nächsten vier Jahre können den Bestellern belassen werden. Die Einziehung neuer Zinsscheine besorgt der Gemeinde-Kirchenrat.

Die Rückgabe der Kaution erfolgt nach völliger Auflösung des betreffenden Amtsverhältnisses und endgültiger Entlastung des Rendanten (§§. 81 f.).

Zu § 63.

Durch das Ges. v. 7. März 1898 (G.S. S. 19) sind die Kautionen der Staatsbeamten allgemein beseitigt worden. Hierdurch sind aber die Vorschriften über die Kaution des besoldeten Kirchenkassenrendanten nicht berührt worden. — An Stelle der im Text genannten §§ 94 u. 104 II 11 A.L.R. sind die §§ 1293 und 1205 B.G.B. getreten, vgl. auch § 233 B.G.B. Mit Rücksicht auf die Vorschrift des § 234 Abs. 3 B.G.B. sind Wertpapiere nur noch in Höhe von drei Vierteilen ihres Kurswertes bei der Bestellung der Kaution anzurechnen.

§. 64. Sobald der Gewählte die Wahl und ihre Bedingungen schriftlich oder zu Protokoll angenommen hat, ist sein Name und das Wichtigste inbetreff der Anstellungsverhältnisse sogleich dem Konsistorium anzuzeigen. Der neue Rendant wird darauf unter Behändigung eines urkundlichen Ausweises über seine Bestellung vor versammeltem Gemeinde-Kirchenrat durch Handschlag für sein Amt verpflichtet und in dasselbe durch Übergabe der Kasse eingeführt. Die letztere ist gleichzeitig mit der wegen des Abganges des bisherigen Kassenverwalters erforderlichen Kassenrevision (§. 76) von dem Gemeinde-Kirchenrat oder einer Deputation desselben zu bewirken. Dabei werden nach Feststellung der vom Rendanten oder unter Mitverschluß desselben aufbewahrten Gelder und Wertpapiere die vorgefundenen Bestände und der betreffende Schlüssel zu dem Kirchenkasten (§. 16), sowie die vorhandenen Kassenbücher, Restlisten und Rendanturakten dem neuen Rendanten behändigt. Hierüber ist unter zureichender Bezeichnung des Kassenbefundes und der einzelnen übergebenen Gegenstände ein von allen Beteiligten mitzuvollziehendes Protokoll aufzunehmen, welches dem Gemeinde-Kirchenrat in seiner nächsten Sitzung mitgeteilt und bei den Pfarrakten aufbewahrt wird.

Zu § 64.

Dem Rendanten sind bei der Einführung die ihm nach § 24 K.G. u. S.O. obliegenden Amtspflichten bekannt zu machen. Kann ihm eine Verwaltungsordnung nicht ausgehändigt werden, so ist doch dafür zu sorgen, daß er jederzeit Einsicht in dieselbe nehmen kann.

§. 65. Dem Rendanten sind nur diejenigen Geldbeträge, welche zum unmittelbaren Kassenverkehr erforderlich sind, je nach Umständen ein hierzu bestimmter eiserner Bestand, zur persönlichen Bewahrung zu belassen. Er hat dieselben unter möglichst sicherem Verschluß und gesondert von seinem Privatvermögen aufzubewahren.

Alle übrigen Gelder, soweit sie nicht sofort in einer Sparkasse oder in anderer Art (§§. 31 Abs. 2 u. 32) zinsbar angelegt werden können, und alle sonstigen Wertstücke sind unter gemeinschaftlichen Verschluß zu nehmen (§§. 16, 39). Die Verantwortlichkeit dafür, daß dies geschieht, liegt zunächst dem Rendanten selbst ob, wird aber von dem Gemeinde-Kirchenrat nach dem Maße seiner pflichtmäßigen Kenntnis von den Verhältnissen der Kasse geteilt.

Zu § 65.

Hiernach dürfen die zum kirchlichen Vermögen gehörigen Wertpapiere nicht bei dem Rendanten aufbewahrt werden.

§. 66. Das Verwaltungsjahr der kirchlichen Kassen beginnt mit dem 1. April oder, wo es bisher üblich gewesen ist, mit dem 1. Januar. In letzterem Falle kann der Beginn desselben durch Beschluß der Gemeindekörperschaften auf den 1. April verlegt werden.

Der Verwaltung und Rechnungsführung einer jeden kirchlichen Kasse muß ein Etat zu Grunde liegen, d. h. eine nach den bisherigen Erfahrungen und den vorhandenen Bedürfnissen und Mitteln festgestellte genaue Übersicht aller in einem Rechnungsjahre zu erwartenden Einnahmen und Ausgaben, in welcher die letzteren im voraus in ein richtiges Verhältnis zueinander gesetzt sind.

Der Etat bildet für die Geschäftsführung des Gemeinde-Kirchenrats und des Rendanten in dem betreffenden Jahre die bindende Norm. Seine Geltung kann mit Zustimmung der zuständigen Gemeindevertretung (§. 31 Nr. 9 K.-G. u. S.-O.) auf mehrere, höchstens fünf Jahre ausgedehnt werden (§. 37 revid. Instr.). Treten während der Etatsperiode größere unaufschiebliche Bedürfnisse ein, welche neue, im Etat nicht vorgesehene Einnahmen und Ausgaben (z. B. neue Umlagen) erforderlich machen, so ist nötigenfalls ein Nachtragsetat aufzustellen.

Zu § 66.

Ist die Geltung des Etats auf einen Zeitraum von 5 Jahren ausgedehnt worden, so muß nach Ablauf dieses Zeitabschnittes ein neuer Etat aufgestellt werden.

Im Reichs- und Staatshaushaltsetat wird das Etatsjahr nicht mehr durch eine Bruchzahl, sondern durch die Zahl desjenigen Jahres bezeichnet, das den größten Teil des Etatsjahres umfaßt (Min. d. geistl. Angel. v. 1. Juni 1898). Es empfiehlt sich auch bei der kirchlichen Kassenverwaltung hiernach zu verfahren.

§. 67. Der Etat ist nach Form der Anlage A. den Verhältnissen anzupassen und in der Art aufzustellen, daß er unter den betr. Titeln alle für ein Rechnungsjahr vorauszusehenden Einnahmen und Ausgaben einzeln oder in angemessener Zusammenfassung und mit genügender Bezeichnung rechtlich erheblicher Umstände (Rechtsgrund, beteiligte Personen, Fälligkeit, Anrechnungszeit u. dgl.) aufführt, auch für unvorhergesehene Ausgaben einen mäßigen Betrag unter „Insgemein“ vorbehält. Unter den einzelnen Titeln sind auch diejenigen im einzelnen Falle oder für ein Jahr nach der Erfahrung ausreichenden bestimmten Beträge bemerklich zu machen, über welche mit ausdrücklicher Genehmigung des Konsistoriums der Gemeinde-Kirchenrat gemäß §. 687 A. L.-R. II, 11 ohne weitere Rückfrage zu außerordentlichen kirchlichen Ausgaben (z. B. für Reparaturen 2c.) verfügen darf (vgl. §. 69). Sowohl die einzelnen Titel für sich, wie die letzteren zusammen sind aufzurechnen. Die Gesamt-Einnahme muß am Schlusse der Gesamt-Ausgabe gleichstehen. Ein Überschuß ist, soweit er nicht im Titel „Insgemein“ aufgeht, unter das auszuleihende Kapital (§. 31 Abs. 2) zu verweisen, ein Fehlbetrag (Defizit) nötigenfalls durch Umlage zu decken (§§. 49 ff.).

Zu besonderen Zwecken bestimmte kirchliche Fonds, über welche nicht eigene Rechnung geführt wird, sind in einer besonderen Abteilung oder im Anhange des Etats der Kirchenkasse unter Einnahme und Ausgabe nachzuweisen.

§. 68. Sofern nicht besondere Verhältnisse ein Anderes bedingen, hat der Rendant, nötigenfalls nach vorläufigem Benehmen mit den sonst amtlich Beteiligten, den Entwurf des Etats unter genauer Berücksichtigung des Lagerbuchs (§. 14) und der bisherigen Erfahrungen anzufertigen und mit den erforderlichen Erläuterungen, insbesondere mit der Berechnung fünfjähriger Durchschnittsbeträge von allen nicht dem Betrage nach feststehenden wiederkehrenden Einnahmen und Ausgaben, spätestens vier Monate vor Ablauf des bisherigen Etats dem Gemeinde-Kirchenrat vorzulegen. Dieser veranlaßt nach eingehender Prüfung nötigenfalls die Berichtigung oder Vervollständigung des Entwurfs und legt denselben darauf zunächst den vereinigten Gemeindekörperschaften (§§. 29, 31 Nr. 9 K.-G.- u. S.-O.) zur Beschlußfassung und Feststellung vor, beschafft schleunigst die zu dem Etat selbst, und etwa zu einzelnen in demselben vorgesehenen Rechtsgeschäften erforderliche Zustimmung des Patrons (s. o. §. 4, vgl. Nr. 41

bis 44 revid. Instr.) und veranlaßt demnächst die 14tägige öffentliche Auslegung des Etats (§. 31 Nr. 9 K.=G. u. S.=O.).

Der Gemeinde=Kirchenrat hat die Erledigung dieser Geschäfte vor Ablauf des bisherigen Etats zu bewirken und auf der Vorderseite des neuen zu vermerken, den letzteren auch urkundlich zu vollziehen (vgl. das anliegende Muster). Das berichtigte Konzept wird vom Rendanten, eine Ausfertigung vom Gemeinde=Kirchenrat aufbewahrt.

Verweigern Gemeindekörperschaften ihre Mitwirkung bei Aufstellung des Etats, bezw. bei Aufnahme gesetzlich begründeter Leistungen und der dazu erforderlichen, nötigenfalls durch Umlage zu beschaffenden Mittel oder bei Abstellung vorgefundener Gesetzwidrigkeiten im Etat, so ist Konsistorium und Regierungspräsident in gegenseitigem Einvernehmen befugt, das Erforderliche durch Zwangseintragung zu ergänzen und alle zur Durchführung der letzteren dienlichen Anordnungen zu treffen. Auf die dagegen zulässige Klage der Gemeindekörperschaften im Verwaltungsstreitverfahren entscheidet das Oberverwaltungsgericht (Art. 27 Ges. v. 3. Juni 1876).

Zu § 68.

Das in der Anlage A zu § 67 abgedruckte Muster eines Etats wird unter gewöhnlichen Verhältnissen eine ausreichende Grundlage für die wirtschaftliche Einrichtung des Kassenwesens bilden. Dies schließt aber Abweichungen für den Sonderfall nicht aus. Wenn z. B. der Kirchenpatron die ihm zustehende Genehmigung des Kirchenkassenetats dazu benutzt, um hinsichtlich der in den Etat eingestellten kirchlichen Umlageerträge ihm nicht gebührende Aufsichtsrechte auszuüben, so erscheint es unbedenklich, die kirchliche Umlage im Kirchenkassenetat nicht aufzuführen und ihre Erträge nicht in die Kirchenkasse zu vereinnahmen. Vielmehr wird, wenn nicht der Umlagebeschluß selbst eine genügende Grundlage für die kassenmäßige Behandlung der Umlage bildet, für die Erträge und die Verwendung der Umlage ein besonderer Etat bezw. eine besondere Rechnung aufzustellen sein, die der Prüfung durch den Patron nicht unterliegen (wohl aber der Prüfung des Synodalrechnungsausschusses, § 83).

§. 69. Bezieht sich der Inhalt des Etats auf Geschäfte, zu welchen nach den bestehenden Bestimmungen die Genehmigung der Aufsichtsbehörden erforderlich ist, so ist die letztere tunlichst schon vor Feststellung des Etats zu beschaffen, und es ist dann bei dem betreffenden Punkt zu vermerken, daß dies geschehen sei. Erscheint dies Verfahren nach Lage der Umstände untunlich, so ist die Genehmigung baldmöglichst zu erwirken, im Etat aber neben den betreffenden Posten zu vermerken, daß dieselben bis dahin, wo dies geschehen, nicht auszuführen sind.

Dahin gehören unter Andern die Ausführung von Umlagebeschlüssen, wie von Kauf-, Pacht-, Ablösungs-, Darlehns-Verträgen, die an eine höhere Zustimmung gebunden sind, stiftungswidrige Verwendungen, und alle außerordentlichen Ausgaben, welche den von der kirchlichen Aufsichtsbehörde für die Kirchengemeinde festgesetzten Betrag übersteigen. Als außerordentliche Ausgaben sind solche anzusehen, welche weder zur Erfüllung einer rechtlichen Verpflichtung notwendig, noch schon bisher nach bestimmten von der Aufsichtsbehörde ausdrücklich oder stillschweigend gebilligten Grundsätzen geleistet sind. Die Beschlüsse über außerordentliche Ausgaben unterliegen der Genehmigung des Konsistoriums (V.-A.-G. §. 1 Nr. 12, Allerh. Verordn. v. 8. März 1893 Art. II).

§. 70. Der Rendant hat bei der Kassenführung den Etat genau zu beachten. Einnahmen und Ausgaben, welche in demselben nicht ausdrücklich vorgesehen sind, oder in Betreff des Betrages (abgesehen von Teilzahlungen) oder sonstiger Umstände mit demselben nicht übereinstimmen, oder noch der besonderen Genehmigung der Behörden bedürfen (§. 69), oder an eine andere Bedingung geknüpft sind, dürfen nur auf besondere schriftliche Anweisung des Vorsitzenden des Gemeinde-Kirchenrats erfolgen (§. 24 Abs. 5a K.-G. u. S.-O.).

Der letztere hat vor Erteilung der Anweisung das betreffende Sach- und Rechtsverhältnis genau zu erwägen, auch die Richtigkeit und die Preisansätze von Rechnungen nötigenfalls unter dem Beirat Sachverständiger oder mit Zuziehung des Gemeinde-Kirchenrats zu prüfen und auf den Rechnungen zu bescheinigen, daß dies geschehen, auch daß die betr. Lieferung oder Leistung erfolgt ist und daß neu erworbene Gegenstände in die Verzeichnisse eingetragen sind. Dabei hat er in Betracht zu ziehen, wo zu einer einzelnen Ausgabe zunächst noch die Genehmigung der Gemeindekörperschaften (z. B. bei Überschreitungen des Etats oder sonst wesentlichen Abweichungen von demselben) bezw. des Patronats (§. 4) oder der Aufsichtsbehörde erforderlich ist. Die erteilten Anweisungen, insbesondere außerordentliche Einnahmen hat er in einem Kontrollbuch (vgl. §. 77) kurz zu vermerken. Sobald ein Geschäft erledigt ist, sind die zur Prüfung erforderlichen Schriftstücke der Zahlungsanweisung beizufügen (§§. 73 f.).

Findet der Rendant gegen eine Anweisung Bedenken, so hat er dieselben dem Aussteller vorzutragen und dessen weitere Bescheidung zu erwarten.

Zu § 70.

1. Dem Rendanten ist für jede Kirchen-, Pfarr- usw. Kasse ein gebundenes Buch mit numerierten Seiten als Tagebuch (Muster s. § 71 Anlage B) zu übergeben, in das er der Zeitfolge nach die Einnahmen auf der linken Seite — und die Ausgaben — auf der rechten Seite — einzutragen hat. Für größere Kassen ist außerdem ein Hauptbuch zu führen (Muster s. § 71 Anlage C), in welchem die Einnahmen und Ausgaben sogleich nach Titeln geordnet eingetragen werden.

2. Einnahmen und Ausgaben, welche im Etat nicht genau nach Inhalt und Betrag verzeichnet sind, dürfen vom Rendanten nur auf Grund schriftlicher Anweisung des Vorsitzenden, ist dieser selbst Rendant, nur auf Grund einer Ermächtigung des Gemeindekirchenrates angenommen bezw. geleistet werden.

3. Die in den Händen des Rendanten befindlichen Bestände sind stets von seinem Privatvermögen und von anderen Kassen, die er etwa verwaltet, getrennt zu halten und aufzubewahren.

4. Die Belege und Anweisungen werden beim Eingang sogleich mit vorläufigen Nummern versehen (links unten) und für jede Kasse besonders geordnet. Bei der Aufstellung der Jahresrechnung, mit der sie zur Prüfung vorgelegt werden, erhalten sie die Nummer der Reihenfolge (rechts oben).

§. 71. Jede Einnahme und Ausgabe hat der Rendant sogleich nach der Zeitfolge genügend ausführlich und mit Bezug auf den betreffenden Belag in ein für jede Kasse gesondert nach Form der Anlage B. zu führendes Tagebuch (Journal, Kassenbuch) einzutragen. In demselben ist die Summe am Schluß jeder Seite zu ziehen und auf die folgende zu übertragen. Bei jeder Kassenrevision, Übergabe und dgl. sowie außerdem am Schlusse jeden Vierteljahrs (bei größeren Kassen monatlich oder in noch kürzeren Fristen) ist behufs Vergleichung der Einnahme mit der Ausgabe und des Ergebnisses mit dem Kassenbestand ein Abschluß vor der Linie einzutragen.

Bei größeren Kassen und in der Regel seitens aller besoldeten Rendanten ist ferner auf Anordnung des Gemeinde-Kirchenrats nach dem Muster in Anlage C. und in Übereinstimmung mit der Einteilung der Jahresrechnung (§. 78) ein Hauptbuch (Manual) zu führen. Dasselbe ist sogleich im Anfange des Rechnungsjahres mit Belassung des nötigen Raumes in allen seinen Abteilungen, Titeln ꝛc. in der Art anzulegen, daß zunächst das Etatssoll aller Titel in der ersten Spalte vermerkt, später die Eintragung des vorjährigen letzten Abschlusses (§§. 76, 78) und aller aus der letzten Rechnung ersichtlichen Einnahme- und Ausgabe-Reste bewirkt, die weitere Sollspalte aber ausgefüllt wird, sobald eine Anweisung eingeht. Im übrigen ist das Hauptbuch fortgesetzt möglichst bald nach dem Tagebuch zu vervollständigen.

Tage- und Haupt-Buch sind mit fortlaufenden Seitenzahlen und auf dem Titelblatt mit einer Bescheinigung des Pfarrers über die Zahl der letzten Seite zu versehen.

Inbetreff des Verzeichnisses der Wertpapiere vgl. §. 38. Inwieweit der Rendant noch andere Bücher oder Listen, z. B. Kapital-, Asservaten-, Vorschuß-Verzeichnisse, Hebelisten für Gebühren, Steuern, Zinsen, Kirchstuhlsmieten u. dgl., zu führen hat, richtet sich nach dem Bedürfnis und der besonderen Anweisung des Gemeinde-Kirchenrats.

§. 72. Alle Kassenbücher, Verzeichnisse und Listen sind pünktlich und leserlich zu führen und reinlich zu halten.

Ausnahmsweise erforderliche Berichtigungen sind durch deutliche Beischrift so zu bewirken, daß das Durchstrichene lesbar bleibt; Radirungen sind zu vermeiden.

§. 73. Zahlungen dürfen nur gegen gehörige Empfangsbescheinigungen (Quittungen) geleistet werden, welche den Betrag und Grund der Zahlung, den dieselbe leistenden Fonds, sowie Ort und Tag der Zahlung und Quittungsleistung bezeichnen und mit der Unterschrift (bei Schreibunkundigen mit dem von einem unbeteiligten Zeugen bescheinigten Handzeichen) des Empfangsberechtigten oder dessen legitimierten Vertreters versehen sind. Quittungen über Teilzahlungen (z. B. von Besoldungen) sind tunlichst bei der letzten Zahlung im Rechnungsjahr durch Gesamtquittungen zu ersetzen. Statt der Quittungen auswärtiger Empfänger können bei Beträgen bis 400 M. Posteinzahlungsbescheinigungen dienen (Staats-Min.-Beschl. v. 1. Oktober 1879, K. G.- u. V.-Bl. S. 234).

§. 74. Alle Anweisungen (§. 70) und Quittungen nebst Zubehör sind als Beläge für die einzelnen Einnahmen und Ausgaben zunächst nach der Folge der am unteren Rande zu bezeichnenden Nummern des Tagebuchs in besonderen Mappen aufzubewahren, bei der Rechnungslegung aber in der Ordnung der Rechnung nach fortlaufenden, auf jedem Belag deutlich oben zu verzeichnenden Ziffern geheftet mit vorzulegen.

§. 75. Der Rendant hat, je nach Anweisung des Gemeinde-Kirchenrats, halbjährlich zum Beginn des zweiten und vierten, oder in den ersten Tagen jedes Kalender-Vierteljahrs über die Einnahmen und Ausgaben der vorhergehenden Vierteljahre und den verbliebenen Bestand oder Fehlbetrag (Vorschuß) der Kasse einen nach Form der Anlage E. anzufertigenden Abschluß vorzulegen, von welchem dem Gemeinde-Kirchenrat in seiner nächsten Sitzung zu Protokoll kurze Mitteilung zu machen ist. Der Vorsitzende oder der von ihm bestellte Berichterstatter kann sich vorher durch eigene Einsichtnahme von der Art der Kassenführung persönlich überzeugen.

§. 76. Sobald die Lage der Verwaltung den Rechnungsschluß ermöglicht, spätestens vier Wochen nach Ablauf des Rechnungsjahres (§. 66), hat der Rendant die Kassenbücher abzuschließen, dabei die Summe der Jahres-Einnahme und -Ausgabe, sowie den Bestand oder Fehlbetrag zu vermerken, auch im Hauptbuch (andernfalls im Tagebuch) hinter der Einnahme eine Summenübersicht des vorhandenen Kapitalvermögens, nach Anlegungsart (Hypothek, Wertpapiere) und Zinssatz unterschieden, mit Datum und Unterschrift einzutragen und von dem Abschluß und der Kapitalübersicht gleichzeitig Abschrift dem Vorsitzenden des Gemeinde-Kirchenrats zu übergeben.

Sobald dies geschehen, hat der letztere (oder auf dessen Anordnung sein Vertreter) in Gemeinschaft mit einem vom Gemeinde-Kirchenrat beauftragten Mitgliede unverzüglich eine genaue und vollständige Kassenrevision vorzunehmen und dabei den Jahresabschluß der Kasse festzustellen (§. 78).

Auch beim Antritt und Abgang eines Rendanten ist jedesmal eine Kassenrevision unter Zuziehung desselben (bezw. eines Beauftragten seiner Erben) abzuhalten (§. 64).

Im übrigen hat der Gemeinde-Kirchenrat Revisionen der Kasse nach Bedürfnis anzuordnen, bei großen Kassen vierteljährlich oder öfter. Bei Kassen, welchen besoldete Rendanten vorstehen, ist in jedem Jahre einmal eine derartige Revision unangemeldet abzuhalten. Auch den desfallsigen Anordnungen der Kreissynode (bezw. des Rechnungsausschusses), wie des Superintendenten und des Konsistoriums ist Folge zu leisten.

§. 77. Jede vollständige Kassenrevision hat zu umfassen die Nachzählung des Kassenbestandes, nachdem der Rendant erklärt hat, keine anderen Kassengelder hinter sich zu haben, die Feststellung der Richtigkeit desselben nach dem vom Zeitpunkt der letzten Kassenrevision ab, unter Vergleichung mit Etat, Kontrollbuch (§. 70) und Belägen, durchzusehenden und ordnungsmäßig abzuschließenden Tagebuch, Ermittelung der Einnahme- und Ausgabereste, Feststellung des Vorhandenseins der Wertpapiere nebst Zinsscheinen und Erneuerungsanweisungen, Durchsicht der Kassenbücher und äußeren Kasseneinrichtungen.

Dem Abschluß im Tagebuch ist der Vermerk: „geprüft am . . . ten . . . . ." mit Unterschrift der Revisoren beizufügen. Unter der Abschrift des Abschlusses ist über den Befund in betreff der vorgedachten einzelnen Geschäfte ein vom Rendanten mitzuunterzeichnender schriftlicher Vermerk aufzunehmen, in welchem entdeckte Mängel genau bezeichnet werden. Derselbe ist dem Gemeinde-Kirchenrat in nächster Sitzung vorzulegen.

Verwaltet der Rendant noch andere als kirchliche Kassen, so ist tunlichst die gleichzeitige Vornahme der Kassenrevisionen — bei unangemeldeten unter strenger Wahrung der Amtsverschwiegenheit — mit den Vorgesetzten der anderen Kassen zu verabreden.

Zu § 77.

Jede Revision muß sich auf sämtliche Vermögens- und Kassenbestände aller Kassen erstrecken, bei deren Verwaltung der Rendant mitwirkt, auch der nicht kirchlichen. Verwaltet der Rendant solche Kassen, so hat der Revidierende rechtzeitig für Benachrichtigung der zuständigen Kontrollstelle zu sorgen. Versagt diese ihre Mitwirkung, so muß erwogen und nötigenfalls dem Konsistorium vorgetragen werden, ob dem Rendanten die Führung der kirchlichen Kassengeschäfte noch weiter belassen werden kann. Andererseits hat der Gemeindekirchenrat bei Revisionen, die von der nichtkirchlichen Kontrollstelle ausgehen, dem Ersuchen um gleichzeitige Revision der kirchlichen Kassen- und Vermögensbestände Folge zu leisten.

§. 78. Über jede kirchliche Kasse bezw. jeden Fonds, dessen Nutzungsverwaltung nicht einem Nießbrauchsberechtigten zusteht, hat der Rendant jährlich vor Ablauf von zwei Monaten nach dem Schluß des Verwaltungsjahres dem Gemeinde-Kirchenrat nach Form der Anlage D. Rechnung zu legen (über Fonds mit besonderer Zweckbestimmung im Anhang der Kirchenkassenrechnung vgl. §. 67 Abs. 2) und dieselbe unter Zurückbehaltung des Konzepts in einer mit seiner Unterschrift versehenen Reinschrift nebst Belägen zu übergeben. Das Endergebnis der Rechnung muß mit dem nach §. 76 festgestellten Abschluß der Kassenbücher übereinstimmen, ihre innere Ordnung und Einteilung mit dem Etat, jede einzelne Post mit den Belägen.

Beizufügen ist eine kurze Übersicht des Kapitalvermögens der Kirchenkasse und der kirchlichen Institute mit bezug auf das Lagerbuch nebst Bemerkung des Rendanten über das Vorhandensein und die Aufbewahrung der betreffenden Urkunden und Wertpapiere.

Zu § 78.

1. In der Rechnung ist jeder Titel für sich aufzurechnen. Etwaige Reste sind ebenfalls aufzurechnen und für die nächste Rechnung vorzutragen.

2. In der Übersicht des Kapitalvermögens, die jeder Rechnung beigefügt werden muß, sind die einzelnen Wertpapiere nach Bezeichnung und Betrag aufzuführen, ebenso ist anzugeben, bei wem die Schuldurkunden und bei wem die Zins- und Erneuerungsscheine aufbewahrt werden. Die dem Synodalrechnungsausschuß mit der Rechnung vor-

gelegte Vermögensübersicht bildet die Grundlage für die Revision des Superintendenten. Bei der Revision ist zu beachten, daß die Depotscheine über die bei öffentlichen Bankinstituten niedergelegten Wertpapiere regelmäßig nicht Bezeichnung und Betrag der einzelnen Papiere angeben, sondern auf Summen lauten. Wenn die Wertpapiere in dieser Weise aufbewahrt werden, hat der Revidierende einige Tage vor der Revision den Gemeindekirchenrat zu veranlassen, daß er sich von der Niederlegungsstelle ein Nummernverzeichnis schicken läßt. Wegen der von der Verwaltung des Staats- und Reichsschuldbuches erteilten Benachrichtigungen vgl. Anm. 2 zu § 39.

Um die bei der Kirchenvisitation abzuhaltende Revision möglichst ergiebig zu machen, empfiehlt es sich, dieselbe durch ein rechnungsverständiges Mitglied des Synodalvorstandes oder Rechnungsausschusses vornehmen zu lassen. Entstehen durch dessen Anwesenheit bei der Visitation besondere Kosten und sind dieselben von der Kirchengemeinde nicht zu erlangen, so können sie von der Kreissynode gewährt werden (E.O. v. 5. Juli 1902 Nr. 4916)

§. 79. Bei größeren oder über ein Rechnungsjahr hinaus dauernden kirchlichen Bauunternehmungen werden in der Rechnung der Kirchenkasse die Ausgaben derselben zum Baufonds nur in einer Jahressumme aufgeführt und bis zur Beendigung des Baues in der Spalte „Bemerkungen“ die Zahlungen aus früheren Jahren nachrichtlich erwähnt. Der Einzelnachweis der Vereinnahmung und Verwendung der betreffenden Beträge bleibt aber der nach Beendigung des Baues aufzustellenden besonderen Baurechnung vorbehalten. In letzterer ist im Formular die Überschrift „nach dem Etat“ durch die „nach dem Kostenanschlag“ zu ersetzen.

§. 80. Einnahme- und Ausgabereste sind in der Spalte „Bemerkungen“ besonders zu begründen. Wegen unbeibringlicher Einnahmereste ist dem Gemeinde-Kirchenrat Vorlage zu machen. Niederschlagungsbeschlüsse desselben müssen mit Gründen versehen sein und im Auszug zu den Belägen der Kasse gehen. Die Wirkung solcher Beschlüsse hört auf, soweit die Annahme der Zahlungsunfähigkeit sich demnächst als unrichtig erweist.

Geleistete Vorschüsse (z. B. zu Prozeßkosten) und durchlaufende Gelder, Depositen (z. B. Kautionen) sind in den Kassenbüchern abgesondert zu verzeichnen und, wenn sie in demselben Rechnungsjahre wieder eingezogen bezw. ausgegeben werden, in der Rechnung nicht zu erwähnen, andernfalls in letzterer in Ausgabe bezw. in Einnahme und zugleich als Einnahme- bezw. Ausgabereste zu vermerken.

§. 81. Die abgelegte Rechnung ist durch ein dazu bestelltes Mitglied des Gemeinde-Kirchenrats (nach Befinden durch mehrere) genau zu prüfen. Auf dessen Bericht in der Sitzung des Gemeinde-Kirchenrats ist von diesem die Rechnung abzunehmen und unter derselben das Vorhandensein der bei der Schluß-Kassenrevision (§. 76) vorgefundenen Bestände und Wertpapiere, sowie der sonst auf Kapitalien bezüglichen Urkunden zu bescheinigen.

Vorgefundene Fehler, welche der Rendant anerkennt, können unter dessen Zustimmung und Unterschrift sogleich mit roter Tinte und so, daß die durchstrichene erste Angabe ersichtlich bleibt, berichtigt werden. Erinnerungen, welche sich nicht so erledigen lassen, sind durch besondere Anlageverhandlung zum Protokoll des Gemeinde-Kirchenrats in der ersten Spalte eines nach Anlage F. einzurichtenden Formulars einzutragen und vom Rendanten tunlichst binnen 8 Tagen in der zweiten Spalte zu beantworten. Der Gemeinde-Kirchenrat hat weiter hierüber Beschluß zu fassen und dessen Ergebnisse in der dritten Spalte zu vermerken.

Sind keine derartigen Erinnerungen zu ziehen, oder nur solche, deren Gegenstand auf die Richtigkeit des Kassen- oder sonstigen Vermögensbestandes keinen Einfluß hat, oder sind die gezogenen Erinnerungen durch die Beantwortung erledigt, so ist — geeignetenfalls unter Vorbehalt der Erledigung noch verbleibender Anstände im ordentlichen Geschäftsgange — dem Rendanten durch einen in das Protokollbuch aufzunehmenden Beschluß Entlastung zu erteilen.

Wenn die etatsmäßige Solleinnahme der Kasse 900 M. oder mehr beträgt, ist sowohl zur Abnahme der Rechnung, als auch zu deren Entlastung die beschließende Mitwirkung der Gemeindevertretung erforderlich (§. 31 Nr. 9 K.-G. u. S.-O.).

Über die Entlastung ist dem Rendanten ein schriftlicher Ausweis zu erteilen.

Alle diese Geschäfte sind ohne jeden Verzug zu betreiben. Auf die Rechnung ist ein entsprechender Vermerk zu setzen (vgl. Anlage D.).

§. 82. Darauf ist, falls ein berechtigter Patron (§. 4) vorhanden ist, auch dessen Entlastungserklärung zu erwirken (Nr. 62 u. 43 revid. Instr.). Sofern dieselbe nicht zum Protokoll des Gemeinde-Kirchenrats abgegeben, oder sonst im Wege persönlichen Benehmens ohne schriftliche Verhandlungen erreicht werden kann, ist dem Patron oder dessen Vertreter alsbald die Rechnung nebst beglaubigter Abschrift der Prüfungsverhandlungen und Entlastungserklärungen der Gemeindekörperschaften mit Bitte um schleunige Zustimmungserklärung und Rückgabe zu übersenden.

Die Beläge werden hierbei in der Regel mitvorgelegt. Wird dies nicht verlangt oder erscheint es in Fällen, wo das Patronat nicht durch eine öffentliche Behörde ausgeübt wird, aus besonderen Gründen untunlich, worüber im Zweifel das Konsistorium entscheidet, so wird in dem Übersendungsschreiben bemerkt, daß die Beläge zur Einsichtnahme des Patrons oder seines legitimierten Bevollmächtigten in dem zu bezeichnenden amtlichen Geschäftslokale bereit gehalten werden.

Sobald die erwünschte Erklärung des Patrons vorliegt, oder wenn binnen 30 Tagen sein Widerspruch nicht eingegangen ist (§. 23 Abs. 2 K.=G.= u. S.=O.), wird die Rechnung nach ortsüblicher oder durch einmalige Mitteilung von der Kanzel erfolgter Bekanntmachung 14 Tage zur Einsicht der Gemeinde öffentlich ausgelegt (§. 31 Nr. 9 K.=G.= u. S.=O.) und, wenn dies geschehen ist, auch hierüber auf derselben ein Vermerk gemacht.

Erinnerungen des Patrons sind tunlichst sogleich zu erledigen. Kann dies nicht ohne größeren Zeitaufwand geschehen, so ist die Rechnung mit einem desfallsigen Vermerk auf besonderem, derselben vorzuheftendem Blatte öffentlich auszulegen, die Verhandlung wegen der unerledigten Erinnerungen des Patronats, bezw. über die etwa nachzusuchende Ergänzung seiner Entlastungserklärung durch die Aufsichtsbehörde aber zu vertagen, bis die Prüfung seitens des Rechnungsausschusses der Kreissynode stattgefunden hat (§§. 83 ff.).

§. 83. Sämtliche Gemeinde=Kirchenräte senden jährlich vor Ablauf des von jeder Kreissynode ein= für allemal zu bestimmenden Termins und unter Zurückbehaltung der vom Rendanten aufbewahrten berichtigten Konzepte der Etats und der Rechnungen, alle auf das Rechnungswesen ihrer Parochie für das vorhergehende Rechnungsjahr bezüglichen Verhandlungen (Etats, Rechnungen, Beläge, Revisions=, Erinnerungs= und Entlastungserklärungen), sowie in doppelter Ausfertigung eine nach Form der Anlage G. aufzustellende Übersicht über den Stand des Rechnungswesens in der Kirchengemeinde, an den Superintendenten behufs Vorlage an den Synodal=Rechnungsausschuß (§. 10).

Zu § 83.

Die Prüfung der Kirchenkassenrechnung durch die Kgl. Regierung oder eine andere Patronatsbehörde entbindet den Kreissynodalvorstand von seiner Prüfungspflicht nicht, da die Regierung die Rechnungen lediglich aus dem Gesichtspunkt der Beteiligung des fiskalischen Patronates prüft.

§. 84. Beim Synodal-Rechnungsausschuß gelangen die Rechnungen, nachdem der Synodalrechnungsbeamte (§. 10 Abs. 2), wo ein solcher bestellt ist, sie geprüft hat, an ein Mitglied des Ausschusses zu gleichem Zweck und zur Berichterstattung. Auf Grund der letzteren wird von dem Ausschuß darüber Beschluß gefaßt, ob gegen die Rechnung oder gegen den Etat, wie die Kassenverwaltung, Bedenken zu erheben sind.

Der Synodal-Rechnungsausschuß wird pflichtmäßig sein Augenmerk auf alle Fragen richten, welche das Rechnungswesen als solches, sowie die Ordnung, Zweckmäßigkeit und rechtliche Begründung der dabei in Betracht kommenden Verwaltungsakte betreffen, und in diesen Beziehungen zunächst auf solche Mißstände achten, deren Beseitigung im kirchlichen Interesse dringend erforderlich ist, im übrigen aber selbst erwägen, inwieweit es sich empfiehlt, auf sonst hervortretende formelle oder sachliche Mängel geringerer Art hinzuweisen.

§. 85. Die erhobenen Bedenken sind unter Berücksichtigung der noch unerledigten aber aufrecht erhaltenen Erinnerungen des Gemeinde-Kirchenrats, soweit nicht Anlaß da ist, wegen einzelner erheblicher Mißstände sofort an das Konsistorium Bericht zu erstatten, mit Bestimmung kurzer Fristen und geeignetenfalls in der §. 81 Abs. 2 angedeuteten Form dem Gemeinde-Kirchenrat durch den Superintendenten zur Äußerung mitzuteilen. Letztere hat der Gemeinde-Kirchenrat unter Zuziehung des Rendanten zu bewirken. Von dem Inhalt der Beantwortung gibt der Vorsitzende des Rechnungsausschusses, nach Bedürfnis durch Vortrag des früheren Berichterstatters, dem Synodal-Rechnungsausschuß in dessen nächster Sitzung Nachricht. Werden die Bedenken dabei weder als erledigt anerkannt noch fallen gelassen, so ist über deren Behandlung weiter zu befinden, nötigenfalls der Beschluß der Kreissynode oder die Entscheidung des Konsistoriums zu erwirken.

§. 86. Die doppelt eingesandten Übersichten über das kirchliche Rechnungswesen (§. 83) des vergangenen Jahres werden vom Rechnungsausschuß, nach Vergleichung mit den eingesandten Rechnungen und etwa erforderlicher Berichtigung, mit dem Vermerk über Zeit, Art und Ergebnis seiner Prüfung versehen und alljährlich zu zwei die ganze Diözese umfassenden Sammlungen vereinigt. Der Superintendent legt von den letzteren eine der nächsten Kreissynode bei dem derselben über die Lage des Rechnungswesens zu erstattenden Vortrag zur Einsichtnahme vor, und überreicht die andere vor Schluß des Rechnungsjahres dem Konsistorium mit einem Bericht, welchem etwa erforderliche besondere Anträge wegen einzelner Mißstände anzuschließen sind.

§. 87. Die Gemeinde-Kirchenräte, Rendanten und Verwalter kirchlicher Stiftungen haben der Kreissynode bezw. dem Superintendenten und dem Synodal-Rechnungsausschuß jede von ihnen in betreff der örtlichen Vermögensverwaltung erforderte Auskunft zu erteilen, auch den Beauftragten derselben bei örtlichen Ermittelungen willig entgegenzukommen.

Zu § 87.

1. Bei den unter das Diensteinkommensges. v. 2. Juli 1898 fallenden Pfarrstellen sind für die Verwaltung der Pfarrkassen und die über dieselben zu führende Aufsicht die für die Verwaltung der Kirchenkassen geltenden Vorschriften maßgebend (§ 17 Ziff. 2 der Ausf.Anw. z. Ges.). Der Vorbehalt des Nießbrauchs am gesamten Stellenvermögen macht die Bildung einer Pfarrkasse nicht überflüssig. Der vom Stelleninhaber gezahlte Übernahmepreis ist zur Pfarrkasse zu vereinnahmen, nach der vom Konsistorium genehmigten Übernahmeverhandlung zu verrechnen und zur Deckung der etatsmäßigen Ausgaben zu verwenden.

2. Der Etat der Pfarrkasse ist der Geltungsdauer des für die Kirchenkasse aufgestellten anzupassen; neue Ausgaben dürfen in den Etat nur nach vorheriger Genehmigung des Konsistoriums aufgenommen werden. Bei solchen Ausgaben ist die Verfügung des Konsistoriums nach Datum und Geschäftsziffer anzuführen. Ergibt sich beim Abschluß

der Rechnung ein Fehlbetrag, so haben sich die beteiligten Kirchengemeinden darüber schlüssig zu machen, wie derselbe gedeckt werden soll.

3. Da die Stelleneinkünfte (Pächte, Zinsen usw.) zum größten Teil postnumerando zahlbar sind, während der Stelleninhaber nach dem Inkrafttreten des Diensteinkommensgesetzes das Grundgehalt vierteljährlich im voraus zu erhalten hat, so ist vielfach die Bildung eines Betriebsfonds, durch den die rechtzeitige Erfüllung der Verbindlichkeit der Pfarrkassen ermöglicht werden soll, notwendig geworden. Die erforderliche Höhe desselben ergibt sich aus dem Unterschiede der im Laufe eines Rechnungsjahres an den Quartalsersten (bezw. am 15. Jan.: Zahlung des Versicherungsbeitrages) zu leistenden Ausgaben und den an diesen Zeitpunkten in der Pfarrkasse tatsächlich vorhandenen Beständen. Der zu den Zahlungen am Quartalsersten bezw. am 15. Januar verwendete Betriebsfonds wird durch die postnumerando eingehenden Einkünfte wieder aufgefüllt, sodaß er am Schluß des Rechnungsjahres wieder in voller Höhe in bar (oder in Einnahmeresten) vorhanden sein muß. Rechnungsmäßig findet dies seinen Ausdruck in der Weise, daß der Betriebsfonds im Etat und in der Rechnung in Einnahme und in Ausgabe in voller Höhe aufgeführt wird.

4. Während der Vakanz ist der Versicherungsbeitrag zu zahlen; dagegen fallen in der Ausgabe das Grundgehalt und ein etwaiger Zuschuß, in der Einnahme die etwa hierzu gezahlte Beihilfe des Konsistoriums fort. Die feststehenden Ausgaben und Kosten (Pensionsfondsbeitrag, sonstige Abgaben usw.) sind aus den Einnahmen zu bestreiten. Über die Bewilligung von Stellvertretungskosten entscheidet allein das Konsistorium. Ersparnisse kommen in erster Linie der vom Konsistorium etwa gewährten Beihilfe zugute (s. § 43 Anm. 4), sonst wachsen sie dem Stellenvermögen zu (§ 852 II 11 A.L.R.).

5. Ein patronatliches Aufsichtsrecht gegenüber Pfarrkassenetat und -Rechnung ist durch das Diensteinkommensgesetz nicht begründet. Selbstverständlich ist aber die Mitwirkung des Patrons bei den das Pfarrvermögen berührenden Verwaltungsgeschäften, z. B. Vermietung, Verpachtung, Ausleihung, nicht berührt worden.

6. Zu dem von der Kreissynode oder deren Vorstand bestimmten Termin hat der Gemeindekirchenrat: 1. das 2. Rechnungsexemplar, 2. die Rechnung des Vorjahres, 3. das 2. Etatsexemplar, 4. sämtliche Belege, 5. zwei Rechnungsübersichten dem Synodal-Rechnungsausschuß zur Prüfung einzureichen.

§. 88. Das Konsistorium wird die ihm zustehende Aufsicht über das Kassen- und Rechnungswesen dauernd im Anschluß an die ihm vorgelegten Übersichten und Ephoralberichte (§. 86) oder aus Anlaß sonstiger Anregungen ausüben, auch von Zeit zu Zeit nach Bedürfnis die Einsendung einzelner Etats und Rechnungen, sowie die Vornahme außerordentlicher Kassenrevisionen anordnen, in dieser Weise auch namentlich der Führung von Stellen-Vakanzkassen (§. 44 Abs. 2) seine Aufmerksamkeit zuwenden, und, wo Defekte bei der kirchlichen Kassenverwaltung zum Vorschein kommen, geeignetenfalls zum Erlaß eines die schleunige exekutive Wahrung des kirchlichen Interesses ermöglichenden Defektenbeschlusses nach der Verordnung vom 24. Januar 1844 (G.-S. S. 52) schreiten (vgl. u. §. 89 u. Erl. d. Ev. O.-K.-R. v. 7. April 1885, K. G.- u. V.-Bl. S. 38).

Zu § 88.

1. Die Feststellung der Defekte an öffentlichem oder Privatvermögen, welche bei öffentlichen Kassen oder anderen öffentlichen Verwaltungen entdeckt werden, ist nach der mit Gesetzeskraft versehenen Preuß. Verordn. v. 24. Jan. 1844 (G S. S 52), welche nach der Verordn. v. 23. Sept. 1867 (G.S. S. 1619) auch in den neuen Landesteilen gilt (vgl. auch § 82 Preuß. Ausf.Ges. z. G.V.G. v. 24. April 1876, G.S S. 230, §§ 55b[2] u. 128a der Kreisordn. v. 13. Dez. 1872, G.S. 1881 S. 180, §§ 17[5], 32[5] u. 161 Zuständigkeitsges. v. 1. Aug. 1883, G.S. S. 237 und § 121 Landgemeindeordn. v. 3. Juli 1891, G.S. S. 223), zunächst von derjenigen Behörde zu bewirken, zu deren Geschäftskreis die unmittelbare Aufsicht über die Kasse oder andere Verwaltung gehört. Für die kirchliche Kassenverwaltung ist die zum Erlaß der Defektenbeschlüsse zuständige Aufsichtsbehörde nach den Erl. des Ev. O.K.R. v. 21. Mai 1880 und 7. April 1885 und dem Erl. des Min. d. geistl Angel. v. 20. März 1885 (K.G. u. V.Bl. 1885 S. 38) weder die Patronatsbehörde, noch der Gemeindekirchenrat, sondern das Konsistorium.

2. Der Begriff des Defekts geht weiter als der der Unterschlagung, er umfaßt auch den Fehlbetrag, welcher durch ein Versehen des verantwortlichen Beamten entstanden ist, nicht aber Ausgaben, welche der Beamte nicht hätte machen sollen oder welche er an nicht legitimierte

Empfänger geleistet hat, vorausgesetzt, daß die Zahlung rechnungsmäßig erfolgt und ordnungsmäßig nachgewiesen ist (vgl. Laband, d. Staatsrecht d. Deutschen Reiches, 4. Aufl. 1901 Bd. I § 48 S. 450 u. Urteil des Kompetenzgerichtshofes v. 25. Okt. 1856, J.M.Bl. 1857 S. 55).

3. Durch den Defektenbeschluß ist festzustellen, daß in einer der Aufsicht der betreffenden Behörde unterstehenden Kasse ein Defekt vorhanden und welcher Beamte für denselben haftbar ist. Im Falle von Vorsatz, Unterschlagung bezw. Veruntreuung oder groben Versehens des Beamten kann gleichzeitig seine unmittelbare Verpflichtung zum Ersatz ausgesprochen werden.

4. Das Defektenverfahren nach der Verordn. v. 24. Jan. 1844 ist gegen preußische unmittelbare und mittelbare Staatsbeamte und auch gegen Kirchenbeamte zulässig. Zu letzteren gehören die Geistlichen und die weltlichen Kirchendiener, soweit sie als Beamte angestellt sind, und die Kirchenkassenrendanten, und zwar diese ohne Unterschied, ob sie besoldet oder unbesoldet oder Mitglieder des Gemeindekirchenrats sind oder nicht (vgl. Anm. zu §§ 61 u. 62), nicht dagegen die sonstigen Mitglieder des Gemeindekirchenrats und der kirchlichen Gemeindevertretung, weil dieselben nicht zur Verwaltung eines ihnen einzeln übertragenen, bestimmt abgegrenzten Pflichtenkreises bestellt und daher nach ihren Obliegenheiten und Pflichten nicht als Beamte anzusehen sind. (A. M.: Schön, Das evangelische Kirchenrecht in Preußen, Bd. I, Berlin 1903 S. 328.)

5. Nach § 16 der Verordn. v. 24. Jan. 1844 steht dem Beamten sowohl hinsichtlich des Betrages als hinsichtlich der Ersatzverbindlichkeit außer dem Rekurse an die vorgesetzte Behörde die Berufung auf rechtliches Gehör und zwar innerhalb eines Jahres zu, d. h. der Beamte kann den Defektenbeschluß außer durch Rekurs auch durch Klage im ordentlichen Rechtswege anfechten, wenn er behauptet, daß er überhaupt nicht oder nicht in der im Beschluß festgesetzten Höhe haftbar sei. Dagegen ist der Beschluß aus formellen Gründen, also insbesondere mit der Behauptung, daß die Voraussetzungen für einen Defektenbeschluß nicht vorlägen, nur im Wege des Rekurses anfechtbar. Gleichwohl ist anzunehmen, daß die Frage, ob derjenige, gegen welchen ein Defektenbeschluß erlassen ist, Beamteneigenschaft besitzt oder ob gegen ihn, weil er Nichtbeamter, z. B. nur Erbe eines Beamten ist, ein Defektenbeschluß nicht hätte erlassen werden dürfen, der Nachprüfung des ordentlichen Richters unterliegt. Ein Defektenbeschluß, durch welchen die unmittelbare Verpflichtung eines Beamten zum Ersatz ausgesprochen wird, ist eine zunächst nur vorläufige

und bei Fristablauf endgültige Entscheidung in einer bürgerlichen Rechtsstreitigkeit. Letztere gehören nach § 13 Gerichtsverfassungsges. grundsätzlich vor die ordentlichen Gerichte, soweit nicht entweder die Zuständigkeit von Verwaltungsbehörden oder Verwaltungsgerichten begründet ist oder reichsgesetzlich besondere Gerichte bestellt oder zugelassen sind. Insofern daher Verwaltungsbehörden Entscheidungen in bürgerlichen Rechtsstreitigkeiten treffen würden, auf welche sich ihre Zuständigkeit nicht erstreckt, würden sie die Vorschrift des § 16 G.V.G.: „Niemand darf seinem gesetzlichen Richter entzogen werden", verletzen. Hiernach muß der Betroffene für befugt erachtet werden, von demjenigen ordentlichen Gericht, welches zur Entscheidung des Rechtsstreits berufen ist, die Beseitigung dieser Rechtsverletzung zu verlangen und folglich nachprüfen zu lassen, ob die betreffende Verwaltungsbehörde zum Erlaß des Defektenbeschlusses aus dem Gesichtspunkt der Beamtenqualität des Betroffenen befugt war (vgl. Urteil des Landgerichts I Berlin v. 28. Nov. 1900, 24 O. 286/00). Diese Ansicht steht mit den Urteilen des vorm. Obertribunals v. 23. März 1855 (Striethorst, Archiv Bd. 17 S. 95) und des R.G. v 5. Febr. 1885 (Entsch. Bd. 12 S. 143) nicht im Widerspruch, weil bei diesen Entscheidungen, welche den Gerichten die Befugnis absprechen, blos formell über die Kompetenz der Verwaltungsbehörden zu urteilen, die Beamteneigenschaft der Betroffenen unbestritten feststand und weil die Verordn. v. 24. Jan. 1844 die Beamteneigenschaft als eine gegebene Tatsache voraussetzt.

6. Der Defektenbeschluß ist nur gegen den Beamten selbst, nicht auch gegen Dritte, z B. den Besitzer eines zur Kaution gestellten Grundstücks oder gegen den Bürgen (Urteil des Kompetenzgerichtshofes v. 20. Okt. 1855, J.M.Bl. 1856 S. 69) und auch nicht gegen die Erben des Beamten zulässig (Urteil des vorm. Obertribunals v. 4. Sept. 1857, Entsch. Bd. 36 S. 378). Der Kompetenzgerichtshof hat allerdings im Urteile v. 17. April 1858 (J.M.Bl. S. 239) die Beschlagnahme des Nachlasses des Beamten, jedoch nicht des eigenen Vermögens der Erben für zulässig erklärt und ebenso hat auch das Reichsgericht die Zulässigkeit des Defektenbeschlusses gegen die Erben eines Beamten in den Urteilen v. 31. Mai 1880 und 3. Juli 1882 (Entsch. Bd. 2 S. 188 und Bd. 7 S. 335) ausgesprochen, indessen mit solchen Einschränkungen, daß dagegen auf den Wortlaut der Verordn v. 24. Jan. 1844, welche nur von dem Beamten und nicht auch von seinen Erben spricht und auf den Umstand hinzuweisen ist, daß die Verordnung ein Ausnahmeverfahren statuiert, welches nicht ausdehnend angewandt werden darf (vgl. Stölzel, Rechtsweg u. Kompetenzkonflikt in Preußen, Berlin 1901, S. 63 u. Laband a. a. O. S. 451).

7. Die Beschreitung des Rechtsweges wegen eines vorgekommenen Defekts ist von dem vorgängigen Erlaß eines Defektenbeschlusses nicht abhängig, vielmehr kann, wenn das Konsistorium nach Lage des Falles, z. B. weil der Grad des Verschuldens des Beamten zweifelhaft erscheint, einen Defektenbeschluß nicht erlassen will, sowohl die Kirchengemeinde auf Ersatz des Defektes gegen den Beamten klagen, als auch letzterer die negative Feststellungsklage gegen die Kirchengemeinde erheben (Urteil des Kompetenzgerichtshofes v. 13. Febr. 1886, M.Bl. f. d. inn. Verw. 1886 S. 242 u. Urteil des R.G. v. 23. Jan. 1890 bei Bolze, Bd. 9 Nr. 621 S. 288). Der Rechtsweg wird jedoch unzulässig, sobald die zuständige Verwaltungsbehörde im Laufe eines solchen Prozesses einen Defektenbeschluß erläßt (Urteil des R.G. v. 8. Okt. 1900 bei Gruchot 1901 S. 84 und Jurist. Wochenschrift 1900 S. 792). Andererseits wird dadurch, daß ein Defektenbeschluß wegen Mangels des Vorsatzes oder groben Versehens des Beamten aufgehoben wird, eine Klage wegen des den Beamten treffenden geringen Versehens nicht ausgeschlossen (Urteil des R.G. v. 28. Nov. 1890 bei Bolze Bd. 11 Nr 591 S. 301, Jurist. Wochenschr. 1891 S. 77) und es kann dem neben dem Antrage auf Aufhebung des Defektenbeschlusses klagend geltend gemachten Anspruche auf Rückzahlung des auf Grund des Defektenbeschlusses bezahlten oder beigetriebenen Betrages der Einwand entgegengesetzt werden, daß der Beamte aus anderen Gründen, z. B. wegen geringen Versehens ersatzpflichtig sei. Für diese Begründung dürfte aber die Behörde und nicht der Beamte für den Mangel des geringen Versehens beweispflichtig sein, was allerdings das R.G. in seinem Urteil v. 20. Dez. 1898 (Gruchot Bd. 43 S. 914) nicht anzunehmen scheint.

8. Die Klage auf Aufhebung des Defektenbeschlusses ist gegen die Behörde zu richten, welche den Defektenbeschluß erlassen hat, bei kirchlichen Defekten also gegen das Konsistorium und nicht etwa gegen die Kirchengemeinde, zu deren Gunsten der Beschluß erlassen ist, weil letztere sonst durch Versäumnis oder Anerkenntnis den Beschluß der Aufsichtsbehörde zur Aufhebung bringen könnte. Auf die Vollstreckbarkeit eines auf Grund der Verordn. v. 24. Jan. 1844 ergangenen Defektenbeschlusses ist die Erhebung der Klage ohne Einfluß (Urteil des vorm. Obertribunals v. 6. Okt. 1857, Striethorst, Archiv Bd. 26 S. 256 — vgl. dagegen § 145 d. Reichsbeamtenges. v. 31. März 1873, R.G.Bl. S. 61), derselbe verliert vielmehr erst durch eine rechtskräftige Entscheidung im Zivilprozeß seine Wirksamkeit. Letzteres hindert jedoch die Verwaltungsbehörde nicht, ihrerseits die Exekution auszusetzen (§ 16 Abs. 2 d. V. v. 24. Jan. 1844).

§. 89. Das Verwaltungszwangsverfahren (Verordn. v. 7. September 1879, G.=S. S. 591) findet statt zur Durchführung der für vollstreckbar erklärten Umlagebeschlüsse bezw. =Heberollen der Kirchengemeindeorgane (vgl. o. §. 57 u. Nr. 5 des dort angef. Min.=Erl. v. 15. Januar 1881), sowie der Defektenbeschlüsse (vgl. o. §. 88; §. 15 Verordn. v. 24. Januar 1844; Cirk.=Erl. der Min. d. Finanzen u. d. geistl. Angel. v. 8. Juli 1881, K. G.= u. V.=Bl. S. 109), auch der einstweiligen Entscheidungen der Regierungen in streitigen Bausachen (vgl. o. §. 27; Art. 23 Nr. 2 Ges. v. 3. Juni 1876), ferner zur Beitreibung aller beständigen dinglichen oder persönlichen Abgaben und Leistungen, welche an Kirchen oder deren Beamte auf Grund einer allgemeinen gesetzlichen oder auf notorischer Orts= oder Bezirksverfassung beruhenden Verbindlichkeit zu entrichten sind, sowohl hinsichtlich der laufenden, als der aus den letzten zwei Jahren rückständig gebliebenen Beträge, wobei zu beachten ist, daß hier ein zweijähriger Besitz der Freiheit bei Behauptung einer Exemtion das Zwangsverfahren hemmt (Kab.=Ord. v. 19. Juni 1836, G.=S. S. 198; Art. 23 Nr. 3 Ges. v. 3. Juni 1876; Min.=Erl. v. 24. Januar 1881, K. G.= u. V.=Bl. S. 33; vgl. §. 15 Ges., betr. d. Erweiterung des Rechtsweges, v. 24. Mai 1861, G.=S. S. 242). — Über Zwangseintragung in den Etat vgl. o. §. 68 Abs. 3.

Zu § 89.

1. Die C.P.O. v. 30. Jan. 1877 (R.G.Bl. S. 83) hat nach ihrem Inkrafttreten am 1. Okt. 1879 durch neuere Reichsgesetze einige Abänderungen erfahren und ist sodann mit Rücksicht auf das durch die Einführung des B.G.B. eintretende Bedürfnis durch das Reichsgesetz, betreffend Änderungen der C.P.O. v. 17. Mai 1898 (R.G.Bl. S. 256 u. 342), umfassend abgeändert worden. Ihr neuer Text beruht auf der Bekanntmachung des Reichskanzlers v. 20. Mai 1898 (R.G.Bl. S. 410). Diese Änderungen haben auch eine Änderung der Vorschriften über das Verwaltungszwangsverfahren erforderlich gemacht. Die letztere ist durch die an die Stelle der Verordn. v. 7. Sept. 1879 (G.S. S. 591) und v. 4. Aug. 1884 (G.S. S. 321) getretene Verordnung, betreffend das Ver=

waltungszwangsverfahren wegen Beitreibung von Geldbeträgen v. 15. Nov. 1899 (G.S. S. 545) erfolgt, zu deren Ausführung eine Anweisung v. 28. Nov. 1899 (Centr.Bl. d. Abgaben-Gesetzg. u Verwaltg. in Preußen 1900 S. 44) ergangen ist.

2. Hierdurch haben indessen die materiellen Rechtsvorschriften über die Voraussetzungen der Anwendbarkeit des Verwaltungszwangsverfahrens eine Änderung nicht erfahren, denn § 1 der V.O. v. 15. Nov. 1899 lautet: „Die Zwangsvollstreckung wegen aller derjenigen Abgaben, Gefälle und sonstigen Geldbeträge, welche nach den bestehenden Vorschriften der Beitreibung im Verwaltungszwangsverfahren unterliegen, erfolgt ausschließlich nach den Vorschriften dieser Verordnung", wie auch § 1 Abs. 2 der V.O. v. 7. Sept. 1879 ausgesprochen hatte, daß die Bestimmungen darüber, welche Abgaben, Gefälle und sonstigen Geldbeträge der Beitreibung im Verwaltungszwangsverfahren unterlägen, durch die genannte Verordnung nicht berührt würden. Ebenso sind nach § 2 d. V. v. 15. Nov. 1899 die bestehenden Vorschriften dafür maßgebend, inwieweit der Rechtsweg über die Verbindlichkeit zur Entrichtung der geforderten Geldbeträge stattfindet.

§. 90. Wegen Zwangsdurchführung anderer Ansprüche der Kirche und kirchlichen Institute sind die zuständigen Gerichte anzugehen. Von denselben ist die Zwangsvollstreckung hauptsächlich zu erlangen auf Grund von rechtskräftigen oder vorläufig vollstreckbar erklärten Endurteilen (§§. 644 ff. Civ.-Proz.-Ordn. v. 30. Januar 1877, R.-G.-Bl. S. 83) und von gerichtlichen Vergleichen (§. 702 a. a. O.), ferner auf Grund des Zahlungsbefehls in dem wegen jedes Anspruchs auf eine bestimmte Summe von Geld, vertretbaren Sachen und Wertpapieren zulässigen Mahnverfahren, wenn jenem Befehle nicht in zwei Wochen widersprochen ist (§§. 628 ff., 639 ff. a. a. O.), und endlich auf Grund solcher gerichtlichen oder notariellen Urkunden, in welchen sich der Schuldner wegen einer bestimmten Summe vorgedachter Gegenstände der sofortigen Zwangsvollstreckung unterworfen hat (§. 702 Nr. 5 a. a. O.).

Ansprüche auf laufende und aus den beiden letzten Jahren rückständige Kirchen- und Pfarrabgaben, sowie auf rückständige

Zinsen, sind im Zwangsvollstreckungsverfahren gegen das belastete Grundstück, um den Verlust des gesetzlichen Vorrechts zu verhüten, jedenfalls vor dem Versteigerungstermin unter genauer Angabe des Betrages und des Rechtsgrundes beim Gericht anzumelden (§§. 23, 28, 56, 108 Ges. v. 13. Juli 1883, G.-S. S. 131).

Im Konkursverfahren sind die in der Konkursordnung vom 10. Februar 1877 (R.-G.-Bl. S. 351 ff.) enthaltenen besonderen Vorschriften zu beachten.

Zu § 90.

1. Zwangsvollstreckungen gegen die Kirchengemeinden. Nach § 15 Ziff. 3 des Einf.Ges. z. C.P.O. v. 30. Jan. 1877 in der Fassung des Einf.Ges. z. d. Ges. betreffend Änderungen der C.P.O. v. 17. Mai 1888 (R.G.Bl. S. 332) bleiben unberührt die landesgesetzlichen Vorschriften über die Zwangsvollstreckung wegen Geldforderungen gegen den Fiskus, eine Körperschaft, Stiftung oder Anstalt des öffentlichen Rechtes oder eine unter der Verwaltung einer öffentlichen Behörde stehende Körperschaft oder Stiftung, soweit nicht dingliche Rechte verfolgt werden. Auf Grund dieser Vorschrift verordnet § 42 Nr. 1 der Geschäftsanweisung für die Gerichtsvollzieher vom 1./12. Dez. 1899 (J.M.Bl. S. 627), daß der Gerichtsvollzieher bei der Zwangsvollstreckung wegen Geldforderungen gegen den Fiskus (usw. wie oben) die für die einzelnen Landesteile ergangenen besonderen Vorschriften zu beobachten hat. Im Gebiete der Allg. Gerichtsordn. (§ 33 Teil I Tit. 35 A.G.O. und §§ 153 u. 242 Anhang zur A.G.O.) sind solche Zwangsvollstreckungen den Gerichten zugewiesen und dürfen daher von Gerichtsvollziehern im Auftrage des Gläubigers nicht bewirkt werden (vgl. Reskript des Justizministers v. 24. März 1882, J.M.Bl. S. 59). Das anzurufende Gericht ist nach dem Urteil des R.G. v. 15. Juni 1889 (Jur. Wochenschrift 1889 Nr. 14 S. 287) das Amtsgericht. Auch die Kirchengemeinden fallen, wie durch die neue Fassung des § 15 Ziff. 3 a. a. O. klargestellt ist (Begründung des Entw. z. Einf.Ges. z. C.P.O. S. 207) unter diese Vorschrift, sodaß bei einer etwaigen Zwangsvollstreckung wegen einer Geldforderung in Mobiliarvermögen der Kirche sofort bei dem zuständigen Amtsgericht über den Gerichtsvollzieher gemäß § 766 C.P.O. Beschwerde zu führen ist. Das von dem Gläubiger angegangene Amtsgericht hat sich mit dem Konsistorium in Verbindung zu setzen, welches die etwa erforderliche Umlage herbeizuführen und nötigenfalls unter Einvernehmen mit

dem Regierungspräsidenten (in Berlin dem Polizeipräsidenten) die zwangsweise Eintragung in den Etat zu bewirken und die weiter erforderlichen Anordnungen zu treffen hat (Art. 27 Abs. 2 Ges. v. 3. Juni 1876, G.S. S. 125 und Art. III Nr. 4 der Allerh. Verordn. v. 9. Sept. 1876, G.S. S. 395. Vgl. auch Urteil des O.V.G. v. 21. Mai 1897, K.G. u. V.Bl. S. 47).

Sofern die Zwangsvollstreckung in ein Pfarr- oder Schulgebäude, oder in ein anderes zum öffentlichen Dienst oder Gebrauch bestimmtes Grundstück einer Körperschaft, Stiftung oder Anstalt des öffentlichen Rechtes oder einer unter der Verwaltung einer öffentlichen Behörde stehenden Körperschaft oder Stiftung in Gemäßheit der durch § 15 Ziff. 3 a. a. O. aufrecht erhaltenen Vorschriften überhaupt zugelassen wird, ist von derselben die vorgesetzte Dienstbehörde des Schuldners zu benachrichtigen (Justiz.-Min.-Reskript v. 9. Dez. 1899, J M.Bl. S. 802). Übrigens sind der Zwangsvollstreckung solche Grundstücke nicht unterworfen, welche außerhalb des Verkehrs oder demselben entzogen sind. Insbesondere unterliegen ihr nicht Begräbnisplätze und Kirchen, solange dieselben ihrer Zweckbestimmung dienen (vgl. Urteil des R.G. v. 17. März 1881, Entsch. Bd. 4 S. 279).

2. Zwangsvollstreckungen für die Kirchengemeinden. Soweit nicht das Verwaltungszwangsverfahren Platz greift (§ 89), insbesondere also auch wegen der Ansprüche auf Stolgebühren, welche nur im ordentlichen Rechtswege eingeklagt werden können, findet Zwangsvollstreckung statt:

a) auf Grund von rechtskräftigen oder für vorläufig vollstreckbar erklärten Endurteilen (§ 704 C.P.O.), wobei zu bemerken ist, daß, wenn ein für vorläufig vollstreckbar erklärtes Urteil aufgehoben oder abgeändert wird, jetzt nach § 717 Abs. 2 C.P.O. der Kläger zum Ersatz des Schadens verpflichtet ist, der dem Beklagten durch die Vollstreckung des Urteils oder durch eine zur Abwendung der Vollstreckung gemachte Leistung entstanden ist.

b) auf Grund von gerichtlichen Vergleichen (§ 794 Nr. 1 u 2 C.P.O.),

c) auf Grund von Vollstreckungsbefehlen im Mahnverfahren (§§ 794 Nr. 4 und 688 ff. C.P.O.), wobei zu beachten ist, daß der Vollstreckungsbefehl nach § 700 C.P.O. einem für vorläufig vollstreckbar erklärten auf Versäumnis ergangenen Endurteil gleichsteht, sowie daß die Frist zur Erhebung des Widerspruches gegen den Zahlungsbefehl nach § 692 C.P.O. nur noch eine Woche beträgt.

d) auf Grund von vollstreckbaren Urkunden, welche von einem deutschen Gericht oder einem deutschen Notar innerhalb der Grenzen seiner

Amtsbefugnisse in der vorgeschriebenen Form aufgenommen sind (§ 794 Nr. 5 C.P.O.), wobei erklärt werden kann, daß die Zwangsvollstreckung in Ansehung einer Hypothek, einer Grundschuld oder einer Rentenschuld gegen den jeweiligen Eigentümer des verpfändeten Grundstücks zulässig sein soll (§ 800 C.P.O.),

e) aus Entscheidungen, gegen welche das Rechtsmittel der Beschwerde stattfindet (§ 794 Nr. 3 C.P.O.), wozu namentlich die Kostenfestsetzungsbeschlüsse (§ 105 C.P.O.) gehören,

f) aus Arresten und einstweiligen Verfügungen (§§ 928 ff. und 935 ff. C.P.O.),

g) aus der Eintragung in die Konkurstabelle und aus dem rechtskräftig bestätigten Zwangsvergleich (§§ 164, 206 u. 194 K.O.),

h) aus den vor einem Schiedsmann in bürgerlichen Rechtsstreitigkeiten geschlossenen Vergleichen (§§ 25, 31 u. 32 der Schiedsmannsordn. v. 29. März 1879, G.S. S. 321, Art. 124 Abs. 3 Preuß. Ges. über die freiw. Gerichtsbarkeit v. 21. Sept. 1899, G.S. S. 249 und § 46 der Geschäftsordn. für die Gerichtsschreibereien der Amtsgerichte v. 26. Nov. u. 2. Dez. 1899, J.M.Bl. S. 394).

Bezüglich der Verjährung ist zu bemerken, daß nach § 218 B.G.B. ein rechtskräftig festgestellter Anspruch in 30 Jahren verjährt, auch wenn er an sich einer kürzeren Verjährung unterliegt. Das Gleiche gilt jetzt abweichend vom früheren Recht (Präjudiz des vorm. Kgl. Obertribunals Nr. 2115 v. 13. April 1849 — Entsch. Bd. 18 S. 177 — zu § 558 I 9 A.L.R.) auch von dem Anspruch aus einem vollstreckbaren Vergleich oder einer vollstreckbaren Urkunde, sowie von einem Anspruche, welcher durch die im Konkurs erfolgte Feststellung vollstreckbar geworden ist. Soweit sich aber die Feststellung durch Urteil, Vergleich usw. auf regelmäßig wiederkehrende Leistungen bezieht, bewendet es bei der kürzeren Verjährungsfrist (vgl. § 258 C.P.O. u. § 197 B.G.B.).

Nach § 2 Ziff. 7 des Preuß. Ges. v. 31. März 1838 (G.S. S. 248) verjährten die Forderungen auf Erstattung ausgelegter Prozeßkosten von dem dazu verpflichteten Gegner in 4 Jahren. Das genannte Gesetz ist durch Art. 89 Nr. 9 Preuß. Ausf.Ges. z. B.G.B. aufgehoben, während die §§ 196 u. 197 B.G.B. bezw. Art. 8 § 1 Preuß. Ausf.Ges. z. B.G.B. eine entsprechende Vorschrift nicht enthalten, so daß der dem Privatrecht angehörige Anspruch auf Erstattung von Prozeßkosten jetzt erst in dreißig Jahren verjährt (§§ 194, 195 B.G.B.).

3. Für Zwangsvollstreckungen in das unbewegliche Vermögen sind jetzt maßgebend a) §§ 864—871 C.P.O, b) das Gesetz über die Zwangsversteigerung und die Zwangsverwaltung v. 24. März 1897 (R.G.Bl.

1897 S. 97 u. 1898 S. 713), insbesondere die §§ 10³ u. 7, 13, 37⁴, 45, 66, 67, 92, 105, 110, 114, 156, c) das Einf.Ges. dazu v. 24 März 1897 (R.G.Bl. 1897 S. 135 und 1898 S. 750), insbesondere die §§ 4 Abs. 1, 9 u. 10¹, d) das Preuß. Ausf.Ges. dazu v. 23. Sept. 1899 (G.S. S. 291), insbesondere die Art. 1², 2¹, 9, e) d. allg Verf. betr. d. Inhalt der Bestimmung des Versteigerungstermins v. 7. Dez. 1899 (J.M.Bl. S. 790), f) die allg. Verf. betr. die Geschäftsführung der Verwalter v. 8. Dez. 1899 (J.M.Bl. S. 791), g) die allg. Verf. betr. Mitteilungen an Behörden v. 9. Dez. 1899 (J.M.Bl. S. 802), h) Abschnitt III d. V. v. 15. Nov. 1899 (G.S. S. 545) betr. das Verw.Zwangsverf. in das unbewegliche Vermögen. Dabei ist besonders hervorzuheben, daß das jetzt geltende Recht die aus der nicht rechtzeitigen Anmeldung erwachsenden Rechtsnachteile gegenüber dem bisherigen Preuß. Recht verschärft hat, weil das Gesetz v. 24. März 1897 (cf. §§ 37⁴, 45, 110) die nicht angemeldeten Ansprüche nicht bloß den bei der Feststellung des geringsten Gebots berücksichtigten Rechten, sondern auch dem betreibenden Gläubiger und den übrigen, also auch den ihm gleich- und nachstehenden Rechten nachsetzt. Es sind daher nicht bloß die dem betreibenden Gläubiger vorgehenden, sondern überhaupt alle aus dem Grundbuche nicht ersichtlichen Ansprüche, insbesondere also rückständige und laufende Lasten, Abgaben, Zinsen und Kosten spätestens im Versteigerungstermine vor der Aufforderung zur Abgabe von Geboten anzumelden und wenn der Gläubiger widerspricht, glaubhaft zu machen. Im übrigen ist den Gemeindekirchenräten bei der Schwierigkeit dieser Rechtsmaterie dringend anzuraten, sich in jedem Zwangsversteigerungsverfahren des Beistandes eines Rechtsanwalts zu bedienen, dessen Gebühren als Kosten der die Befriedigung aus dem Grundstück bezweckenden Rechtsverfolgung neben dem Anspruche selbst zur Hebung gelangen (§ 10 Abs. 2 a. a. O.).

4. Von der Reichs-Konkursordnung, deren jetzige Fassung auf dem Reichs-Ges. v. 17. Mai 1898 und der Bekanntmachung des Reichskanzlers v. 20. Mai 1898 (R.G.Bl. S. 612) beruht, kommen die §§ 47 ff. u. 61³ besonders in Betracht. Vgl. auch § 8 Preuß. Ausf.Ges. zur Konk.Ordn. v. 6. März 1879 (G.S. S. 109).

§. 91. In Prozessen vor den Landgerichten und allen Gerichten höherer Instanz müssen die Gemeinde-Kirchenräte durch einen gehörig bevollmächtigten Rechtsanwalt vertreten sein; im übrigen können sie sich durch eines ihrer Mitglieder oder jede sonstige prozeßfähige Person vertreten lassen, welche mit einer schriftlichen, in urkundlicher Form (§. 5 Abs. 7) auszustellenden Vollmacht versehen ist (§§. 74 ff. Civ.-Proz.-Ordn.).

Die Prozeßvollmacht gibt dem Vertreter ohne weiteres auch die Befugnis, den Rechtsstreit durch Vergleich, Verzichtleistung und Anerkennung des gegnerischen Anspruchs zu beseitigen. Um hierin liegenden Gefahren vorzubeugen, hat der Gemeinde-Kirchenrat in der Regel bei Ausstellung seiner Prozeßvollmachten die gedachte Befugnis ausdrücklich auszuschließen (§§. 77 u. 79 Civ.-Proz.-Ordn.; §. 65 Konkurs-Ordn.; Erl. d. Ev. O.-K.-R. v. 22. September 1881, K. G.- u. V.-Bl. S. 106).

Versäumen die Vertreter der kirchlichen Institute ihre Pflicht in Vertretung der kirchlichen Interessen vor Gericht oder sind sie an derselben behindert, so kann das Konsistorium für die Kirche einen Bevollmächtigten von Amtswegen bestellen (§§. 659, 661 A. L.-R. II, 11; Erk. d. Reichsger. v. 26. September 1883, K. G.- u. V.-Bl. S. 140).

Zu § 91.

1. Der § 78 (früher 74) C.P.O. bestimmt, daß sich die Parteien vor den Landgerichten und vor allen Gerichten höherer Instanz durch einen bei dem Prozeßgericht zugelassenen Rechtsanwalt als Bevollmächtigten vertreten lassen müssen (Anwaltsprozeß). Hieraus folgt, daß, wenn ein Gemeindekirchenrat des bequemeren Geschäftsverkehrs halber einem ihm nahewohnenden, aber nicht bei dem Prozeßgericht zugelassenen Anwalt seine Vertretung überträgt, letzterer nur den Verkehr des Gemeindekirchenrats mit dem daneben zu bestellenden Prozeßbevollmächtigten führen kann, wodurch der Kirchengemeinde gemäß § 44 der Reichsgebührenordnung für Rechtsanwälte v. 7. Juli 1879, 17. u. 20. Mai 1898 (R.G.Bl. 1879 S. 176, 1898 S. 692) eine besondere, die sogenannte Korrespondenzgebühr erwächst, welche seitens des Prozeßgegners auch im Falle des Obsiegens der Kirchengemeinde gemäß § 91 Abs. 1 C.P.O. nur dann erstattet zu werden braucht, wenn die Zuziehung eines Korrespondenzmandatars nach dem Ermessen des Gerichts zur zweckentsprechenden Rechtsverfolgung und Rechtsverteidigung notwendig war, d. h. wenn nach den Umständen des Falles mit Rücksicht auf die Natur des Rechtsstreits und die Persönlichkeit der Partei anzunehmen ist, daß letztere zur

brieflichen Informationserteilung außer stande war und eine Reise der Partei zum Sitze des Prozeßbevollmächtigten höhere Kosten verursacht haben würde. Hiernach müssen die Gemeindekirchenräte regelmäßig direkt mit dem Prozeßbevollmächtigten in Verkehr treten, weil der Vorsitzende in den meisten Fällen im stande sein wird, den Anwalt in ausreichender Weise schriftlich zu informieren.

2. Wenngleich nach § 79 (früher 75) C.P.O. die Parteien den Rechtsstreit selbst oder durch jede prozeßfähige Person als Bevollmächtigten führen können, insoweit eine Vertretung durch Anwälte nicht geboten ist, so empfiehlt es sich für die Gemeindekirchenräte doch, auch in Amtsgerichtsprozessen, wenn dieselben nicht ganz einfach sind, einen Rechtsanwalt zum Prozeßbevollmächtigten zu bestellen, da nach § 91 Abs. 2 C.P.O. die Gebühren und Auslagen des Rechtsanwalts der obsiegenden Partei in allen Prozessen zu erstatten sind.

3. Die Prozeßvollmacht ermächtigt nach § 81 C.P.O. zu allen den Rechtsstreit betreffenden Prozeßhandlungen, einschließlich derjenigen, welche durch eine Widerklage, eine Wiederaufnahme des Verfahrens und die Zwangsvollstreckung veranlaßt werden, zur Bestellung eines Vertreters sowie eines Bevollmächtigten für die höheren Instanzen, zur Beseitigung des Rechtsstreits durch Vergleich, Verzichtleistung auf den Streitgegenstand oder Anerkennung des von dem Gegner geltend gemachten Anspruchs und zur Empfangnahme der von dem Gegner zu erstattenden Kosten. Auch umfaßt die Vollmacht für den Hauptprozeß nach § 82 C.P.O. die Vollmacht für das eine Hauptintervention, einen Arrest oder eine einstweilige Verfügung betreffende Verfahren. Eine Beschränkung dieses gesetzlichen Umfanges der Vollmacht hat nach § 83 C.P.O. dem Gegner gegenüber nur insoweit rechtliche Wirkung, als diese Beschränkung die Beseitigung des Rechtsstreits durch Vergleich, Verzichtleistung auf den Streitgegenstand oder Anerkennung des von dem Gegner geltend gemachten Anspruches betrifft. Soll die Prozeßvollmacht — was seitens der Kirchengemeinden regelmäßig zu geschehen hat (vgl. Anm. 4 zu § 92) — in dieser Weise beschränkt werden, so ist in dieselbe ausdrücklich hineinzuschreiben: „zur Beseitigung des Rechtsstreits durch Vergleich usw. soll der Prozeßbevollmächtigte nicht ermächtigt sein." Eine Verpflichtung, den Prozeßgegner von einer solchen Beschränkung zu benachrichtigen, legt das Gesetz dem Machtgeber nicht auf, weil der Gegner jederzeit Vorlegung der Vollmacht verlangen und sich durch deren Einsicht von ihrem Umfange überzeugen kann. Die gebräuchlichen Prozeßvollmachts-Formulare erteilen dem Bevollmächtigten noch die Befugnis, Gelder, Wertsachen und Dokumente für den Machtgeber in Empfang zu nehmen. Diese über den gesetzlichen Umfang der Prozeßvollmacht hinausgehende Befugnis hat der Gemeindekirchenrat regelmäßig zu streichen, weil dieselbe mit der Prozeßführung selbst nichts zu tun hat. — Über die viel umstrittene Frage, ob die Prozeßbevollmächtigten der Parteien auf Grund der Prozeßvollmacht zur Abgabe und Entgegennahme der ein materielles Rechtsgeschäft darstellenden Aufrechnungserklärung legitimiert sind, vgl. Goldmann und Lilienthal, Das Bürgerliche Gesetzbuch, 2. Aufl. 1903 Bd. 1 S. 428.

4. Da die Prozeßvollmacht eine die Gemeinde verpflichtende schriftliche Willenserklärung ist, so reicht die Unterschrift des Vorsitzenden des Gemeindekirchenrats nicht aus, vielmehr bedarf es gemäß § 22 K.G. u. S.O. der Unterschrift des Vorsitzenden oder seines Stellvertreters und zweier Ältesten, sowie der Beidrückung des Kirchensiegels. Die gehörig ausgefertigte Vollmacht ist eine öffentliche Urkunde (vgl. Anm. 2 zu § 5), weshalb die sonst nach § 80 Abs. 2 C.P.O. auf Verlangen des Gegners herbeizuführende gerichtliche oder notarielle Beglaubigung derselben nicht beansprucht werden kann. Gemäß § 5 Stempelsteuerges. v. 31. Juli 1895 (G.S. S. 413) sind die Prozeßvollmachten der Kirchengemeinden stempelfrei.

5. Nach § 72 K.O. finden die Vorschriften der C.P.O. auf das Konkursverfahren entsprechende Anwendung, soweit sich nicht aus den Bestimmungen der K.O. Abweichungen ergeben. Demgemäß gelten die Vorschriften der §§ 80, 81, 83, 88 C.P.O. auch im Konkursverfahren, so daß es auch einer ausdrücklichen Beschränkung in der Konkursvollmacht bedarf, wenn der Bevollmächtigte zum Abschluß eines Vergleichs (Akkords) nicht ermächtigt sein soll.

6. Für das Zwangsversteigerungs- und Zwangsverwaltungsverfahren betreffend das unbewegliche Vermögen kommen bezüglich der Vollmachtserteilung, für welche deshalb eine den speziellen Fall berücksichtigende Urkunde ausgearbeitet zu werden pflegt, die §§ 71 Abs. 2, 81 Abs. 2 u. 3, 115, 117, 138, 140, 141 Zwangsverst.Ges. v. 24. März 1897 (R.G.Bl. 1897 S. 97 und 1898 S. 713) in Betracht. Dabei ist zu bemerken, daß, wenn § 71 Abs. 2 a. a. O. den Nachweis der Vertretungsmacht des Bieters durch eine öffentlich beglaubigte Urkunde verlangt, damit in Verbindung mit § 29 R.Gr.B.O. nicht hat verlangt werden sollen, daß auch die Vollmachten öffentlicher Behörden öffentlich beglaubigt werden müssen (vgl. Jur. Wochenschrift 1901 S. 700 u. 716), denn eine öffentliche Urkunde kann begrifflich nicht noch öffentlich beglaubigt werden; auch wäre in letzterem Falle jedenfalls ein Legitimationsattest für die Unterzeichner der Urkunde, also doch noch eine öffentliche Urkunde erforderlich. Es genügt also auch für das Verfahren betreffend die Zwangs-

versteigerung und Zwangsverwaltung von Immobilien eine in den Formen des § 22 Abs. 2 K.G. u. S.O. ausgestellte Vollmacht des Gemeindekirchenrats ohne ein Legitimationsattest (vgl. Anm. 3 zu § 5) und ohne weitere Beglaubigung, da der durch § 1 Abs. 2 Einf.Ges. z. Zwangsverst.Ges. v. 24. März 1897 (R.G.Bl. 1897 S. 135 und 1898 S. 750) und Art. 32 Einf.Ges. z. B.G.B. aufrecht erhaltene § 1 des Reichs-Ges. betreffend die Beglaubigung öffentlicher Urkunden v. 1. Mai 1878 (R.G.Bl. S. 89) besagt, daß öffentliche Urkunden zum Gebrauch im Inlande einer Beglaubigung (Legalisation) nicht bedürfen. — Wegen der erforderlichen Genehmigung zum Erwerbe von Grundstücken in der Zwangsversteigerung vgl. Anm. 4a zu § 28.

7. Der § 659 II 11 A.R.L., welcher verordnet, daß in Fällen, wo die Vorsteher, der Patron oder die Kirchenkollegia, d. h. jetzt die kirchlichen Gemeindekörperschaften sich beharrlich weigern, wirkliche Rechte der Kirche in Gerichten auszuführen oder zu verteidigen, die geistlichen Oberen, d h. jetzt die Konsistorien, der Kirche einen Bevollmächtigten dazu von Amtswegen bestellen müssen, ist für den Bereich der evangelischen Kirchenorganisation durch die neuere Kirchengesetzgebung nicht beseitigt (Urteil des R.G. v. 26. Sept. 1883, Entsch. Bd. 10 S. 206). Mit den Worten: „wirkliche Rechte" sind aber nicht etwa „klare und unzweifelhafte Rechte" gemeint, vielmehr hat damit nichts weiter bezeichnet werden sollen, als die Geltendmachung von Ansprüchen aus bestehenden Rechtsverhältnissen, die als erworbene Rechte zum Gegenstand des Zivilprozesses gemacht werden können, im Gegensatz zu Rechtshandlungen und Geschäften zum Zwecke der Erwerbung von vermögensrechtlichen Vorteilen und Rechten, so daß die Frage, ob von einem für die Kirchengemeinde zur Erhaltung ihres Vermögensstandes anzustrengenden Prozesse ein günstiger Erfolg zu erwarten sei, in das durch keine besondere Normen eingeschränkte pflichtmäßige Ermessen der Konsistorien gestellt ist, welches nur der Kontrolle des gleichfalls nach freiem Ermessen entscheidenden evangelischen Oberkirchenrats als Aufsichtsbehörde unterworfen ist (Urteil des O.V.G. v. 21. März 1883, Entsch. Bd. 9 S. 118).

Die Bestellung von Bevollmächtigten von Amtswegen kann nicht nur in Prozessen vor den ordentlichen Gerichten, sondern auch im Verwaltungsstreitverfahren (Urteil des O.V.G. v. 15. März 1890, Entsch. Bd. 19 S. 203) und im Auseinandersetzungsverfahren, welches seinem Wesen nach ein Prozeßverfahren ist, und nicht bloß für die erste Instanz, sondern auch zur Einlegung von Rechtsmitteln geschehen (Erkenntnis des vorm. Obertribunals v. 12. März 1860, Entsch. Bd. 43 S. 294). Dagegen ist die weitergehende Annahme, daß die Bestellung auch zur Vornahme von Akten der freiwilligen Gerichtsbarkeit, insbesondere in Grundbuchsachen erfolgen könne, zu verwerfen. Abgesehen davon, daß der § 659 a. a. O. unter der Randbemerkung „Prozesse" steht, handelt es sich bei den Akten der freiwilligen Gerichtsbarkeit nicht, wie bei Prozessen, im wesentlichen um die Ausführung oder Verteidigung wirklicher Rechte in einer Parteirolle als Kläger oder Beklagter, sondern um rechtsgeschäftliche Verfügungen, durch welche eine Sache oder ein Recht unmittelbar ergriffen oder verändert wird. Die Bestellung eines Bevollmächtigten für die Kirchengemeinden seitens der geistlichen Oberen zur Vornahme solcher rechtsgeschäftlichen Verfügungen, z. B. Erklärung oder Entgegennahme einer Auflassung enthält einen Eingriff in das Selbstverwaltungsrecht der Kirchengemeinden, welcher sich weder durch eine ausdehnende Interpretation des eine Ausnahmevorschrift enthaltenden § 659 a. a. O., noch durch Heranziehung des § 47 K.G. u. S.O. als Ausfluß des universellen, den ganzen kirchlichen Organismus durchdringenden Aufsichtsrechtes der Konsistorien rechtfertigen läßt. Übrigens spricht der hierher gehörige § 53 Abs. 2 des katholischen Vermögensverwaltungsges. v. 20. Juni 1875 (G.S. S. 241) auch nur von der gerichtlichen Geltendmachung von Ansprüchen der Kirche usw. und insbesondere noch von Entschädigungsforderungen, hat also auch nur Prozesse im Auge.

Die Kosten einer solchen Prozeßführung durch den Bevollmächtigten fallen der Kirchengemeinde zur Last und unterliegen nötigenfalls der Zwangsetatisierung (Urteil des O.V.G. v. 21. März 1883, Entsch. Bd. 9 S. 118), da der § 660 a. a. O. nur von den eventuellen Regreßansprüchen der Kirchengemeinde handelt.

Eine Weigerung des Patrons, zu einem Prozesse seine Genehmigung zu erteilen, ist, wenn man letztere überhaupt noch für erforderlich erachtet (vgl. Anm. 3 zu § 92), im Wege der Ergänzung derselben durch die staatliche Aufsichtsbehörde zu beseitigen (§ 23 Abs. 3 K.G. u. S.O.). Zu einer Prozeßführung der Kirchengemeinde mit dem Patron ist die Bestellung eines Bevollmächtigten von Amtswegen für erstere nicht mehr erforderlich, während dieselbe gemäß § 661 a. a. O. bei Regreßprozessen gegen die Mitglieder der kirchlichen Körperschaften stattfinden muß.

Einen speziellen Fall der Bestellung eines Vertreters von Amtswegen behandelt der § 20 der Verordn. wegen des Geschäftsbetriebes in den Angelegenheiten der Gemeinheitsteilungen, Ablösungen und Regulierung der gutsherrlich-bäuerlichen Verhältnisse vom 30. Juni 1834 (G.S. S. 96), welcher lautet:

„Wenn die Personen und Mitglieder der Behörden, welchen die Vertretung des Korporationsvermögens einer Stadt- oder Dorfgemeine oder anderer Korporationen und öffentlichen Anstalten obliegt, bei der Auseinandersetzung für ihr Privatvermögen und ihr persönliches Interesse dabei beteiligt sind, so müssen die Auseinandersetzungskommissarien den zur Beaufsichtigung der ersteren berufenen Staatsbehörden davon Anzeige machen und diese müssen prüfen, ob die persönlichen Interessen jener Vertreter mit den Pflichten ihres Amtes in Kollision kommen. In diesem Falle haben die oben genannten Staatsbehörden nach Befinden dem Spezialkommissarius die Wahrnehmung jener Interessen zu übertragen oder aber, besonders dann, wenn deshalb eine gütliche Einigung nicht zu erreichen ist, ihre Stellvertretung durch andere nicht beteiligte Personen und Behörden zu veranlassen und diese mit der erforderlichen Instruktion selbst zu versehen."

Gemäß Art. 21 Ges. v. 3. Juni 1876 (G.S. S. 125) sind für die Kirchengemeinden an die Stelle der Staatsbehörden der Evangelische Oberkirchenrat und die Konsistorien als Organe der Kirchenregierung getreten.

§. 92. Zur Anstellung von Prozessen, soweit sich dieselben nicht auf Eintreibung fortlaufender Zinsen und Gefälle, oder die Einziehung ausstehender Kapitalien, deren Zinsen rückständig geblieben sind, beschränken, muß der Gemeinde-Kirchenrat vorher die Zustimmung der vereinigten Gemeindekörperschaften (§. 31 Nr. 4 K.-G.- u. S.-O.) und des Patrons (§. 4) einholen.

Diese Vorschriften finden entsprechende Anwendung bei Prozessen in Auseinandersetzungssachen und im Verwaltungsstreitverfahren (vgl. jedoch o. §. 68 Abs. 3).

Zu § 92.

1. Staatsaufsichtliche Genehmigung. Nach Art. 26 Ges. v. 3. Juni 1876 (G.S. S. 125) bedürfen die kirchlichen Organe zur Führung von Prozessen keiner Ermächtigung von seiten einer Staatsbehörde.

2. Kirchenaufsichtliche Genehmigung. Nach § 2 Kirchenges. v. 18. Juli 1892 (K.G. u. V.Bl. 1893 S. 9) treten alle Bestimmungen, nach denen es zu den Geschäften der kirchlichen Vermögensverwaltung in anderen als den im § 1 a. a. O. genannten Fällen einer Genehmigung der kirchlichen Aufsichtsbehörde bedarf, außer Kraft. Dazu verordnet Art. I des Staatsges. v. 8. März 1893 (G.S. S. 21), daß mit dem Inkrafttreten des eben genannten Kirchengesetzes alle sonstigen Bestimmungen über die Genehmigung der kirchlichen Aufsichtsbehörden zu den Beschlüssen der Gemeindeorgane in Vermögensangelegenheiten für evangelische Kirchengemeinden, mögen solche in den allgemeinen Landesgesetzen, in Provinzial- oder Lokalgesetzen oder Lokalordnungen enthalten oder durch Observanzen oder Gewohnheit begründet sein, außer Kraft treten. Im § 1 des vorbenannten Kirchengesetzes ist aber von der Prozeßführung nicht die Rede, woraus die herrschende Ansicht folgert, daß es zu derselben einer Ermächtigung von seiten einer kirchlichen Aufsichtsbehörde überhaupt nicht mehr bedürfe. Dies erscheint indessen mit Rücksicht auf § 652 II 11 A.L.R., welcher verordnet:

> „Soll die Kirche Klägers Stelle vertreten, müssen der Patron und die Vorsteher noch vor dem Anfange des Prozesses die Approbation der geistlichen Oberen darüber einholen"

in solcher Allgemeinheit nicht richtig. Die Führung eines Prozesses ist zwar die Äußerung eines auf die Herbeiführung eines rechtlichen Erfolges gerichteten Willens, aber kein verfügendes Rechtsgeschäft, durch welches eine Sache oder ein Recht unmittelbar ergriffen oder in seinem Bestande verändert wird (vgl. Goldmann u. Lilienthal, Das B.G.B. 2. Aufl. 1903 Bd. I S. 135 Anm. 8). Sie ist auch nicht notwendig ein Akt der Verwaltung des kirchlichen Vermögens d. h. des Inbegriffs der geldwerten Rechte der Kirche und bezieht sich keineswegs immer auf Vermögensangelegenheiten. So behandelt z. B. die Klage einer Kirchengemeinde gegen den Patron auf Feststellung, daß dem letzteren ein Recht zur Besetzung einer Pfarrstelle nicht zusteht, keine vermögensrechtlichen Beziehungen der Kirche.

Der § 51 des Gesetzes über die Vermögensverwaltung der katholischen Kirche v. 20. Juni 1875 (G.S. S. 241) drückt sich bestimmt dahin aus, daß der Kirchenvorstand zur Führung von Prozessen keiner Ermächtigung von seiten einer Staats- oder Kirchenbehörde bedarf. Mangels einer solchen gesetzlichen Vorschrift für die evangelische Landeskirche ist für den Geltungsbereich des Allg. Landrechts daran festzuhalten, daß zu Klagen der Kirchengemeinden, welche nicht vermögensrechtliche Ansprüche z. B. die Feststellung des Patronatsrechts (Präjudiz des vormaligen Kgl. Obertribunals Nr. 323 v. 28. Aug. 1837) betreffen, die Genehmigung der kirchlichen Aufsichtsbehörden auch jetzt noch erforderlich ist. Aus dem Wortlaute des § 652 a. a. O., wonach die Genehmigung noch vor dem Anfange des Prozesses einzuholen ist, folgt aber nicht, daß dieselbe nicht noch im Laufe des Prozesses nachgesucht und beigebracht werden könnte (vgl. Urteil des vorm. Kgl. Obertribunals v. 17. Juni 1860, Striethorst, Archiv Bd. 38 S. 188). Wenn die erforderliche Genehmigung der geistlichen Oberen zur Erhebung der Klage, soweit sie noch erforderlich ist, nicht eingeholt ist, wird der Prozeß gemäß § 653 II 11 A.L.R. „auf Gefahr und Kosten des Patrons und der Vorsteher (jetzt des Gemeindekirchenrats) geführt und kann der Kirche daraus kein Nachteil erwachsen". Damit hat aber nicht gesagt werden sollen, daß der Beklagte die Legitimation des Gemeindekirchenrats zur Klage wegen mangelnder Genehmigung der geistlichen Oberen nach Analogie der Vorschrift des § 22 Abs. 2 Satz 2 K.G. u. S.O. und Ziff. 38 der rev. Instr. nicht bestreiten könne, weil § 652 II 11 A.L.R. nur eine Vorschrift für die innere Ordnung der kirchlichen Verwaltung enthielte. Eine derartige Vorschrift ist dieselbe nur insoweit, als sie die Einholung der Approbation vor dem Anfange des Prozesses vorschreibt. Dagegen ist sie bezüglich des Erfordernisses der Genehmigung überhaupt Wirksamkeitsvorschrift, deren Mangel das Gericht gemäß §§ 51 und 56 C.P.O. von Amtswegen zu berücksichtigen hat, sodaß, wenn der Nachweis der Genehmigung nicht innerhalb der vom Gericht zur Beseitigung des Mangels gewährten Frist geführt wird, die Klage wegen mangelnder Aktivlegitimation abzuweisen ist (vgl. Beschluß des K.G. v. 7. Nov. 1878, K.G. u. V.Bl. 1879 S. 14), in welchem Falle der Gemeindekirchenrat wegen der Kosten regreßpflichtig ist.

Nach § 655 a. a. O. ist zur Einlassung der Kirchengemeinde auf eine gegen sie angestrengte Klage eine Genehmigung der Kirchenaufsichtsbehörde in keinem Falle erforderlich.

Um den kirchlichen Aufsichtsbehörden den im öffentlichen Interesse erforderlichen Einfluß auf die sachliche Erledigung streitiger Rechtsangelegenheiten der Kirchengemeinden zu sichern, ist ihnen von jedem nicht lediglich die Einziehung einzelner Hebungen betreffenden Prozesse einer Kirchengemeinde, mag dieselbe darin Klägerin oder Beklagte sein, rechtzeitig Anzeige zu erstatten (Erl. des Ev. O.K.R. v. 29. Sept. 1881, K.G. u. V.Bl. S. 107). Wird diese Anzeige versäumt, dann ist der Gemeindekirchenrat der Kirche für die Kosten gemäß §§ 653, 656 a. a. O. regreßpflichtig, wenn der Kirche durch die versäumte Anzeige Nachteile erwachsen sind, welche durch Eingreifen der kirchlichen Aufsichtsbehörde hätten vermieden werden können. Läßt sich ein solcher Nachweis nicht führen, so kann in den Fällen, wo es einer Genehmigung zur Prozeßführung nicht bedurfte, auch von einer Regreßpflicht wegen der Kosten aus dem bloßen Grunde der versäumten Anzeige des Prozesses nicht die Rede sein.

3. Patronatliche Genehmigung. Sofern der Patron keine Patronatskosten für die kirchlichen Bedürfnisse trägt, bedarf es mit Rücksicht auf § 23 K.G. u. S.O. seiner Genehmigung zur Prozeßführung unstreitig nicht. Dagegen nimmt die herrschende Ansicht an, daß es bei

dem Vorhandensein eines Patrons, welcher kirchliche Lasten trägt, entweder seiner Mitunterschrift der Vollmacht oder seiner Genehmigung der Prozeßführung bedarf, an deren Stelle auch die Ergänzung der Genehmigung durch den Regierungspräsidenten, in Berlin durch den Polizeipräsidenten gemäß Art. III Ziff. 4 der Allerh. Verordn. v. 9. Sept. 1876 (G.S. S. 395) treten kann (vgl. Anm. 38 zu § 658 II 11 A.L.R. in Kochs Kommentar, 8. Aufl. 1886 S. 550) und Urteil des R.G. v. 23. Dez. 1891, Entsch. Bd. 29 S. 147).

Das in dem letztgenannten Urteil zitierte Endurteil des O.V.G. v. 19. Juni 1878 (Entsch. Bd. 4 S. 173) spricht sich über die Frage der Prozeßgenehmigung durch den Patron nicht besonders aus, während derselbe Gerichtshof in seinem Endurteil v. 13. Nov. 1889 (Entsch. Bd. 19 S. 332) die Frage mit den Worten: „Ebenso kann dahin gestellt bleiben, ob der § 658 II 11 A.L.R. . . . gegenüber den §§ 6, 22, 23 K.G. u. S.O. noch ganz oder doch für die zu den Patronatslasten verpflichteten Patrone in Kraft geblieben ist (siehe Kochs Landrecht, 8. Aufl. Bd. 4 S. 550 Anm. 38)" als zweifelhaft behandelt und unentschieden läßt. Für die Entscheidung der Frage kommen folgende Paragraphen des **A.L.R. Teil II Tit. 11** in Betracht:

§ 156. „Die Kollegia einzelner Kirchen bestehen aus dem Geistlichen und den ihnen zugeordneten Vorstehern."

§ 552. „Kirchenvorsteher werden der Regel nach von dem Patron bestellt; wo aber dergleichen nicht vorhanden ist, von der Gemeinde unter Genehmigung der ordentlichen Gerichtsobrigkeit gewählt."

§ 568. „Derjenige, welchem die unmittelbare Aufsicht über eine Kirche nebst der Sorge für deren Erhaltung und Verteidigung obliegt, wird der Kirchenpatron genannt."

§ 619. „Die Verwaltung des Kirchenvermögens gebührt in der Regel den Kirchenvorstehern."

§ 621. „Doch sind sie bei Patronatkirchen in Rücksicht auf diese Verwaltung auch der besonderen und unmittelbaren Aufsicht des Patrons unterworfen."

§ 624. „Bei einer jeden Pfarrkirche müssen wenigstens zwei Vorsteher bestellt werden."

§ 651. „Der Patron muß die Vorsteher in Ausführung und Verteidigung der Kirchengerechtsame unterstützen."

§ 658. „Die Vollmacht zum Betriebe eines Prozesses muß außer den Vorstehern von dem Patron, dem Kirchenkollegio oder in deren Ermangelung von dem Pfarrer mitunterschrieben werden."

§ 661. „Auch wenn gegen den Patron oder das Kirchenkollegium selbst ein gerichtliches Verfahren erforderlich ist, muß der Kirche von den geistlichen Oberen ein Bevollmächtigter dazu von Amtswegen bestellt werden."

Ganz abgesehen davon, daß nach § 23 K.G. u. S.O. dem lastenpflichtigen Patron nur die Aufsicht über die Verwaltung der Kirchenkasse und das Recht zur Zustimmung zu den nach den bestehenden Gesetzen seiner Genehmigung unterliegenden Geschäften der Vermögensverwaltung verblieben ist, die Führung eines Prozesses aber kein verfügendes Rechtsgeschäft und nicht notwendig ein Akt der Vermögensverwaltung ist, hat der Patron unter der Geltung der K.G. u. S.O. nicht mehr die Stellung eines zur Aufsicht und Unterstützung der Kirchenvorsteher in Ausführung und Verteidigung der Kirchengerechtsamen berechtigten und verpflichteten Person. „Die Vorschrift des § 621 a. a. O., durch welche die Kirchenvorsteher der besonderen und unmittelbaren Aufsicht des Patrons in Bezug auf die Vermögensverwaltung unterworfen waren, hat ihre rechtliche Bedeutung verloren, seit es Kirchenvorsteher nicht mehr gibt. Eine Ausdehnung der patronatlichen Aufsichtsbefugnis des § 621 a. a. O. auf den Gemeindekirchenrat ist durch das Gesetz nicht erfolgt. Eine Anwendung per analogiam ist bei der rechtlich grundsätzlich anders gearteten Stellung des Gemeindekirchenrats ausgeschlossen. Die Kirchenvorsteher waren Beamte der Kirchengemeinde, in Patronatsgemeinden vom Patron ernannt — vgl. Jacobson S. 257 ff., Th. Meier, Preuß. Kirchenrecht, Anm. 230 zu § 555 a. a. O. —, der Gemeindekirchenrat dagegen ist selbständiges Vertretungsorgan der Kirchengemeinde" (Erlaß des Evangelischen Oberkirchenrats v. 10. Aug. 1903 — E.O. Nr. 3730J)

Die Zuziehung des Patrons zur Prozeßführung ist — wie aus den vorzitierten Paragraphen deutlich erhellt — im A.L.R. nicht aus dem Gesichtspunkt des Erfordernisses seiner Genehmigung, wovon die §§ 627, 637, 647, 668 a. a. O. sprechen, sondern aus dem Gesichtspunkte seiner Beistands- und Verteidigungspflicht erfolgt, woraus sich allein die singuläre Vorschrift des § 658 a. a. O., daß der Patron die Prozeßvollmacht mitunterschreiben müsse, erklären läßt (vgl. die Urteile des vorm. Kgl. Obertribunals v. 30. April 1838 und v. 17. Juli 1860, Entsch. Bd. 4 S. 143 bezw. Striethorst. Archiv Bd. 38 S. 194). Für diese Auffassung spricht auch § 661 a. a. O., nach welchem zur Führung eines Prozesses gegen den Patron die Bestellung eines Bevollmächtigten seitens der kirchlichen Oberen erforderlich war, offenbar, weil die Vertretung der Kirche durch die Kirchenvorsteher allein nicht für ausreichend erachtet wurde, was unter der Geltung der K.G. u. S.O. mit Rücksicht auf den § 22 derselben jedenfalls nicht mehr zutrifft.

Auch sind die Aufsichts- und Zustimmungsrechte des Patrons in der K.G. u. S.O. nicht wegen seiner nicht mehr bestehenden Beistands- und Verteidigungspflicht, sondern hauptsächlich zur Wahrung seiner eigenen Interessen aufrecht erhalten und darum auf den lastenpflichtigen Patron beschränkt worden, welche Einschränkung das A.L.R. nicht kennt. Daß der Patron aber keine Beistands- und Verteidigungspflicht mehr hat, sondern sich der Kirche gegenüber passiv verhalten kann, ergibt sich aus der Vertretungsmacht des Gemeindekirchenrats (§ 22 Abs. 1 K.G. u. S.O.) in Verbindung mit der Vorschrift, daß die Zustimmung des Patrons für erteilt gilt, wenn er seinen Widerspruch nicht fristgerecht zu erkennen gibt (§ 23 Abs. 2 a. a. O.). Hieraus folgt, daß der Patron im Geltungsbereich der K.G. u. S.O. weder die Prozeßvollmacht mitzuunterschreiben, noch zur Prozeßführung seine Genehmigung zu erteilen hat.

Diese Ansicht wird bezüglich der Prozeßführung gegen den Patron selbst auch von denen geteilt, welche im übrigen seine Genehmigung bezw. die Mitunterschrift der Vollmacht durch ihn für erforderlich erachten (Koch a. a. O. Anm. 38 Abs. 2).

4. Vergleiche, Verzichtleistungen auf den Streitgegenstand oder Anerkennungen der vom Gegner geltend gemachten Ansprüche, sind, auch wenn sie zur Beseitigung eines bereits schwebenden Prozesses erfolgen, verfügende Rechtsgeschäfte, durch welche Sachen oder Rechte unmittelbar ergriffen oder in ihrem Bestande verändert werden. Sie bedürfen deshalb stets (vgl. §§ 662, 663 II 11 A.L.R.) der patronatlichen, kirchen- und staatsaufsichtlichen Genehmigungen, soweit diese auch außerhalb des Prozesses erforderlich sein würden, z. B. Vergleich in einem Grenzstreitprozeß, in welchem zur Festlegung der streitigen Grenze Grundstückstrennstücke erworben oder veräußert werden, Anerkennung einer Grunddienstbarkeit, Verzicht auf eine Hypothek usw. Die Genehmigung zum Vergleich, zur Verzichtleistung auf den Streitgegenstand und zum Anerkenntnis des Anspruchs ist auch dann erforderlich, wenn die Ermächtigung zur Prozeßführung erteilt oder die letztere ohne eine solche statthaft war, denn die Prozeßführung will zwar einen rechtlichen Erfolg herbeiführen, aber nicht durch die eigenen Verfügungen einer Prozeßpartei, sondern durch den Ausspruch des Gerichts. Vergleich, Verzicht und Anerkenntnis sind allerdings geeignet, einen Prozeß zu erledigen, sie gehören indessen nicht zum normalen Gang des den Zweck der gerichtlichen Entscheidung des Streites verfolgenden

Prozeßverfahrens, bringen vielmehr ein der Prozeßführung an sich fremdes Element, nämlich die rechtsgeschäftliche Verfügung der Partei in dieselbe hinein. Sie fallen daher nicht unter die Prozeßhandlungen im Sinne des § 54 C.P.O., müssen vielmehr als Dispositionsakte der Parteien nach den für diese geltenden Vorschriften beurteilt werden. (Vgl. Urteil des R.G. v. 24. Juni 1887, Entsch. Bd. 19 S. 362 und Beschluß des Kammergerichts v. 28. März 1900 bei Mugdan u. Falkmann, Die Rechtsprechung d. O.L.G. 1900 S. 1, wo es heißt: „Der vor dem Prozeßgericht zur Beilegung des Rechtsstreits erklärte Vergleich ist materielles Rechtsgeschäft".) — Wegen der Prozeßvollmacht vgl. Anm. 3 zu § 91.

§. 93. Kirchen, Pfarr-, Küster- und andere kirchliche Stellen sind bei Prozessen und anderen Rechtsangelegenheiten gesetzlich von Zahlung der Gerichtskosten befreit, soweit ihre Einnahmen ihre etatsmäßigen Ausgaben, einschließlich der Besoldung oder des überlassenen Nießbrauchs, nicht übersteigen. Nießbraucher sind, soweit es sich lediglich um ihr zeitiges Interesse handelt, in diese Befreiung nicht eingeschlossen (§. 4 Nr. 4 Ges. v. 10. Mai 1851, G.-S. S. 622; §. 98 Reichsges. v. 18. Juni 1878 und v. 24. Dezember 1883, R.-G.-Bl. 1878 S. 141, 1884 S. 1, vgl. in betreff Auseinandersetzungssachen §. 1 Ges. v. 24. Juni 1875, G.-S. S. 395 und §. 96 Ges. v. 18. Februar 1880, G.-S. S. 59; in betreff Verwaltungsstreitverfahren §. 107 Nr. 1 u. 5 u. §. 109 Ges. v. 30. Juli 1883, G.-S. S. 195).

Das über die Einnahmeverhältnisse beizubringende Attest hat der Gemeinde-Kirchenrat unter Beifügung der letzten Jahresrechnung und des laufenden Etats rechtzeitig bei der Bezirksregierung nachzusuchen (Art. 23 Nr. 5 Ges. vom 3. Juni 1876).

Öffentliche Armen- und Krankenanstalten, Waisenhäuser und andere milde Stiftungen und die Gemeinden in den die Verwaltung und Mittel der Armenpflege betreffenden Angelegenheiten sind ohne jede Beschränkung in betreff der Einnahmeverhältnisse gerichtskostenfrei (vgl. §. 4 Nr. 2 Ges. v. 10. Mai 1851 u. ob. Reichsges.).

Zu § 93.

Die jetzt in Geltung befindlichen Kostengesetze sind:

1. **Das Preußische Gerichtskostengesetz vom 25. Juni 1895** (G.S. S. 203) in der laut Bekanntmachung v. 6. Okt. 1899 (G.S. S. 326) seit dem 1. Jan. 1900 geltenden Fassung.

§ 8. Von der Zahlung der Gerichtsgebühren (und zwar in Angelegenheiten der freiwilligen Gerichtsbarkeit) sind befreit:

4. alle öffentlichen gelehrten Anstalten und Schulen, Kirchen, Pfarreien, Kaplaneien, Vikarien und Küstereien, jedoch nur insoweit, als nach dem Zeugnisse der zuständigen Staatsbehörde die Einnahmen derselben die etatsmäßige Ausgabe, einschließlich der Besoldung oder des statt dieser überlassenen Nießbrauchs, nicht übersteigen; insoweit jedoch eine Angelegenheit zugleich solche Ansprüche betrifft, welche lediglich das zeitige Interesse der für ihre Person zur Nutzung des betreffenden Vermögens Berechtigten berühren, haben letztere die auf ihren Teil verhältnismäßig fallenden Kosten zu tragen.

§ 9. Die Gebührenfreiheit entbindet nicht von der Zahlung der baren Auslagen.

§ 113. An baren Auslagen werden erhoben:

1. die Schreibgebühren; 2. die Postgebühren einschließlich der Telegraphengebühren; 3. die durch Einrückung einer Bekanntmachung in die öffentlichen Blätter entstehenden Kosten; 4. die an Zeugen und Sachverständige zu zahlenden Gebühren; 5. die bei Geschäften außerhalb der Gerichtsstelle den Gerichtsbeamten zustehenden Tagegelder, Reisekosten und Kommissionsgebühren; 6. die an andere Behörden oder Beamte oder an Rechtsanwälte für deren Tätigkeit zu zahlenden Beträge, insbesondere auch die an Dorf-, Feld- oder Ortsgerichte zu zahlenden Beträge; 7. die Rechnungsgebühren; 8. die Kosten eines Transports von Personen oder Sachen; 9. die Haftkosten.

Vgl. dazu § 79 des nachfolgend zitierten Reichsgerichtskostengesetzes, welcher fast wörtlich mit § 113 übereinstimmt.

2. **Das Reichsgerichtskostengesetz v. 18. Juni 1878/29. Juni 1881** (R.G.Bl. 1878 S. 141, 1881 S. 178) in der seit dem 1. Jan. 1900

geltenden Fassung des Einführungsgesetzes zum Gesetz betreffend Änderungen der Civilprozeßordnung v. 17. Mai 1898 (R.G.Bl. 1898 S. 332), Bekanntmachung des Reichskanzlers v. 20. Mai 1898 (R.G.Bl. 1898 S. 659).

§ 98. Von der Zahlung der Gebühren (und zwar in den vor die ordentlichen Gerichte gehörigen Rechtssachen, auf welche die Civilprozeßordnung, die Strafprozeßordnung oder die Konkursordnung Anwendung findet) sind befreit: das Reich in dem Verfahren vor den Landesgerichten, die Bundesstaaten in dem Verfahren vor dem Reichsgerichte.

Die landesgesetzlichen Vorschriften, welche für gewisse Rechtssachen oder gewisse Personen in dem Verfahren vor den Landesgerichten Gebührenfreiheit gewähren, werden durch dieses Gesetz nicht berührt.

Für das Verfahren vor dem Reichsgerichte kann die Befreiung von Gebühren durch Kaiserliche Verordnung mit Zustimmung des Bundesrats gewährt werden.

Soweit demjenigen, welchem die Gebührenfreiheit zusteht, Kosten des Verfahrens auferlegt werden, sind Gebühren überhaupt nicht zu erheben und erhobene zurückzuzahlen.

3. Durch § 98 Abs. 2 a. a. O. sind die landesgesetzlichen Vorschriften über Gebührenfreiheit (also unter Ausschluß der baren Auslagen) in den vor die ordentlichen Gerichte gehörigen Rechtssachen, auf welche die C.P.O., die Str.P.O. oder die K.O. Anwendung findet, aufrecht erhalten. Als solche kommen für Preußen in Betracht:

a) das Gesetz betreffend den Ansatz und die Erhebung von Gerichtskosten v. 10. Mai 1851 (G.S. S. 622), wo es heißt:

§ 4. Von der Zahlung der Gerichtskosten sind befreit:

4. alle öffentlichen gelehrten Anstalten und Schulen, Kirchen, Pfarreien, Kaplaneien, Vikarien und Küstereien, jedoch nur insoweit, als die Einnahmen derselben die etatsmäßige Ausgabe, einschließlich der Besoldung oder des statt dieser überlassenen Nießbrauchs nicht übersteigen und dieses durch ein Attest der denselben vorgesetzten Behörden oder Oberen bescheinigt wird. Insoweit aber in Prozessen oder anderen Rechtsangelegenheiten derselben solche Ansprüche, welche lediglich das zeitige Interesse derjenigen berühren, welchen die Nutzung des betreffenden Vermögens für ihre Person zusteht, zugleich mitverhandelt werden,

haben letztere, wenn sie sich nicht etwa zum Armenrecht qualifizieren, die auf ihren Teil verhältnismäßig fallenden Kosten zu tragen.

b) das oben zu 1 zitierte Preußische Gerichtskostengesetz v. 25. Juni 1875/6. Okt. 1899, wo es heißt:

§ 119. Die Vorschriften der §§ 8 (vgl. oben: Befreiung von Zahlung der Gerichtsgebühren), 10, 13, 16, 17, 30, 31, 115 finden auch in den Angelegenheiten der streitigen Gerichtsbarkeit Anwendung. In dem Verfahren der Zwangsversteigerung oder der Zwangsverwaltung von Gegenständen des unbeweglichen Vermögens sowie der Zwangsliquidation einer Bahneinheit finden alle Vorschriften des ersten und zehnten Abschnitts des ersten Teiles (also auch über Gebührenfreiheit) Anwendung.

4. In dem Verfahren vor dem Reichsgericht sind nach der Verordn. v. 24. Dez. 1883 (R.G.Bl. 1884 S. 1) § 1 Ziff. 3 befreit:

„öffentliche gelehrte Anstalten und Schulen, Kirchen, Pfarreien, Kaplaneien, Vikarien und Küstereien, jedoch nur insoweit, als die Einnahmen derselben die etatsmäßige Ausgabe, einschließlich der Besoldung oder des statt dieser überlassenen Nießbrauchs, nicht übersteigen, und dieses durch ein Zeugnis der denselben vorgesetzten Staatsbehörden bescheinigt wird. Insoweit aber in Rechtsstreitigkeiten derselben solche Ansprüche, welche lediglich das zeitige Interesse derjenigen berühren, welchen die Nutzung des betreffenden Vermögens für ihre Person zusteht, zugleich mitverhandelt werden, haben letztere die auf ihren Teil verhältnismäßig fallenden Gebühren zu tragen."

5. Kosten in Auseinandersetzungssachen.

a) Das Gesetz über das Kostenwesen in Auseinandersetzungssachen v. 24. Juni 1875 (G.S. S. 395) bestimmt:

§ 1 Abs. 2. Von der Zahlung dieser Pauschsätze ist niemand befreit. Jedoch haben die beteiligten Kirchen, Pfarren, Küstereien und Schulen die auf sie fallenden Beiträge nur insoweit zu entrichten, als diese aus dem verfügungsfreien Vermögen und Einkommen des beteiligten Instituts nach Abzug der zur ordnungsmäßigen Unterhaltung des letzteren erforderlichen Ausgaben entnommen werden können und insofern dies Vermögen oder Einkommen nicht dem amtlichen Nießbrauch der kirchlichen oder Schulbeamten unterworfen ist."

b) Das Gesetz betreffend das Verfahren in Auseinandersetzungsangelegenheiten v. 18. Febr. 1880 (G.S. S. 59) in der Fassung der Bekanntmachung v. 10. Okt. 1899 (G.S. S. 403) bestimmt:

§ 96 Abs. 1. Betreffs des Ansatzes und der Erhebung der Prozeßkosten erster und zweiter Instanz verbleibt es bei der Vorschrift des Ges. v. 24. Juni 1875.

c) Das Preuß. Gerichtskostenges. v. 25. Juni 1895/6. Okt. 1899 (vgl. oben Nr. 1) bestimmt

§ 120 Abs. 3. „Die Vorschriften des § 96 des Ges. v. 18. Febr. 1880 betreffend das Verfahren in Auseinandersetzungsangelegenheiten bleiben unberührt.“

6. Kosten im Verwaltungsstreitverfahren.

Das Gesetz über die Allgemeine Landesverwaltung v. 30. Juli 1883 (G.S. S. 195) bestimmt im § 107: „Die Erhebung des Pauschquantums findet nicht statt:

1. wenn der unterliegende Teil eine öffentliche Behörde ist, insoweit die angefochtene Verfügung oder Entscheidung derselben nicht lediglich die Wahrung der Haushaltsinteressen eines von der Behörde vertretenen Kommunalverbandes zum Gegenstand hatte; die baren Auslagen des Verfahrens und des obsiegenden Teils fallen demjenigen zur Last, der nach gesetzlichen Bestimmungen die Amtsunkosten der Behörde zu tragen hat;

5. von denjenigen Personen, mit Ausnahme jedoch der Gemeinden in den die Verwaltung der Armenpflege betreffenden Angelegenheiten, denen nach den Reichs- oder Landesgesetzen Gebührenfreiheit in bürgerlichen Rechtsstreitigkeiten zusteht.“

Hiernach finden die vorzitierten Vorschriften über Gebührenfreiheit auch im Verwaltungsstreitverfahren Anwendung.

Eine öffentliche Behörde ist gemäß Ziffer 1 nur dann von der Gebührenzahlung befreit, wenn sie als solche Partei ist, aber nicht, wenn die Behörde in Vertretung eines anderen Rechtssubjekts gehandelt hat. In diesem Falle ist letzteres Partei und es sind daher die Kosten nicht der Behörde, sondern dem von derselben vertretenen Rechtssubjekt aufzulegen. (Plenar-Entsch. des O.V.G. v. 15. Jan. 1879, Entsch. Bd. 5 S. 441.) Auch bleibt, wenn die Erhebung eines Pauschquantums nicht stattfindet, weil der unterliegende Teil eine öffentliche Behörde ist, die Verpflichtung zur Erstattung der baren Auslagen des Verfahrens und des obsiegenden Teiles bestehen (Entsch. d. O.V.G. v. 14. Jan. 1878 und 25. Juni 1879, Entsch. Bd. 3 S. 176 u. Bd. 5 S. 295).

Der § 109 des Ges. über die Allgemeine Landesverwaltung v. 30. Juli 1883 bestimmt:

„Dem unterliegenden Teile kann im Falle des bescheinigten Unvermögens nach Maßgabe der Bestimmungen des § 30 des Ausf.Ges. z. Deutschen Gerichtskostenges. v. 10. März 1879 (G.S. S. 145), oder wenn sonst ein besonderer Anlaß dazu vorliegt, gänzliche oder teilweise Kostenfreiheit bezw. Stundung bewilligt werden. Gegen den das Gesuch ablehnenden Beschluß des Kreisausschusses findet innerhalb zwei Wochen die Beschwerde an den Bezirksausschuß, gegen den in erster Instanz ergangenen ablehnenden Beschluß des Bezirksausschusses innerhalb zwei Wochen die Beschwerde an das Oberverwaltungsgericht statt."

7. Das Armenrecht auf Grund bescheinigten Unvermögens zur Bestreitung der Prozeßkosten, welches von der Gebührenfreiheit gewisser juristischer Personen wohl zu unterscheiden ist (§ 30 des Preuß. Ausf.-Ges. z. Deutschen Gerichtskostenges. v. 10. März 1879 — G.S. S. 145 — und § 118 C.P.O.), kann nur physischen Personen bewilligt werden (Beschl. des R.G. v. 4. April 1894, Entsch. Bd. 33 S. 366 und v. 7. März 1901, Jur. Wochenschrift 1901 S. 248 Nr. 1), so daß einer Kirchengemeinde zur vorläufig unentgeltlichen Wahrnehmung ihrer Rechte ein Anwalt nicht beigeordnet werden kann.

8. Das Attest über das Vorhandensein derjenigen Tatsachen, welche den Anspruch auf Gebührenfreiheit begründen, ist gemäß Art. 23 Ziff. 4 Ges. v. 3. Juni 1876 (G.S. S. 125) von den „Staatsbehörden" auszustellen. Diese Staatsbehörden sind für Berlin nach Art. III der Allerh. Verordn. v. 5. Sept. 1877 (G.S. S. 215) der Polizeipräsident, im übrigen aber nicht der Regierungspräsident, sondern die Königliche Regierung, Abteilung für Kirchen- und Schulwesen. Letzteres ergibt sich daraus, daß durch Art. 23 Ziff. 4 a. a. O. die Zuständigkeit der bis dahin zuständigen Organe aufrecht erhalten worden ist und die nach den §§ 2 Ziff. 6 und 18 Abschnitt f der Regierungsinstruktion v. 23. Okt. 1817 (G.S. S. 248) sowie nach § 3 Ziff. 5 der Verordn. betr. die Ressortverhältnisse der Provinzialbehörden für das evangelische Kirchenwesen v. 27. Juni 1845 (G.S. S. 440) zuständigen Organe die Königlichen Regierungen waren (vgl. Erlaß des Min. d. geistl. Angel. v. 29. Jan. 1878 — K.G. u. V.Bl. S. 36 —, welcher ausführt, daß im Art. III Nr. 3 der Allerh. Verordn. v. 9. Sept. 1876, G.S. S. 395, dem Regierungs-

präsidenten lediglich die Ausübung der Staatshoheitsrechte gegenüber dem Patronat übertragen ist, während die Verwaltung des fiskalischen Patronats selbst den Regierungen nach wie vor verblieben, für Berlin aber durch Art. IV der Verordn. v. 5. Sept. 1877 der Ministerial-, Militär- und Baukommission übertragen ist.)

Die Gesuche sind unter Beifügung des laufenden Etats und der letzten Jahresrechnung direkt bei der Regierung bezw. dem Polizeipräsidenten einzureichen.

9. Über die Gebührenfreiheit der öffentlichen Armen-, Kranken-, Arbeits- und Besserungsanstalten, Waisenhäuser, milden Stiftungen und Gemeinden in Armenangelegenheiten vgl. § 8 Ziff. 2 des zu 1 zitierten Preuß. Gerichtskostengesetzes und § 4 Ziff. 2 des zu 3a zitierten Preuß. Gerichtskostengesetzes.

Den alten Berliner Kirchen und milden Stiftungen städtischen Patronats stand auf Grund der beiden Hofreskripte v. 17. Aug. und 19. Sept. 1801 beim vorm. Kgl. Stadtgericht ohne Beschränkung in Betreff der Einnahmeverhältnisse Sportelfreiheit zu. Das Fortbestehen dieses Privilegs unter dem Gerichtskostengesetz v. 10. Mai 1851 ist durch das rechtskräftige Urteil des Kgl. Kammergerichts v. 18. Juli 1864 — E. 552 Juli 1864 — anerkannt worden.

10. Das Oberverwaltungsgericht hat in seiner Entsch. v. 3. Okt. 1891 (Entsch. Bd. 21 S. 431) angenommen, daß die den „Kirchen, Pfarreien, Kaplaneien, Vikarien und Küstereien" insoweit, als ihre Einnahmen die etatsmäßigen Ausgaben nicht übersteigen, gebührende Freiheit vom Kostenpauschquantum den Kirchengemeinden nur dann zusteht, wenn dieselben als Eigentümer oder Verwalter des jenen Instituten gewidmeten besonderen Vermögens, des Kirchen-, Pfarr- und Küster-Dotal-Gutes, Partei im Streitverfahren sind, nicht also, wenn sie sonst Rechte der Gemeinde als Partei verfolgen. Dieser Entscheidung ist nicht beizutreten, weil durch die Gebührenfreiheit nicht das Kirchengut, sondern die Mitglieder der Kirchengemeinde begünstigt werden sollen, und weil im Geltungsbereich des A.L.R. grundsätzlich die Kirchengesellschaft (die Gemeinde) als Eigentümerin des Kirchengutes anzusehen ist. Übrigens ist die Ansicht des O.V.G. von der Praxis der ordentlichen Gerichte nicht geteilt (vgl. Beschluß des Kammergerichts v. 30. Sept. 1889, Entsch. Bd. 9 S. 139, welcher unter dem Ausdruck „Kirche" in § 4 Nr. 4 des Kostengeſ. v. 10. Mai 1851 die vom Staate ausdrücklich aufgenommenen Kirchengesellschaften, also die Kirchengemeinden verstanden wissen will). Besonders zum Ausdruck gebracht ist die gegenteilige Auffassung in der

Begründung zu § 8 des Preuß. Gerichtskostenges. v. 25. Juni 1895, wo es heißt: „Mit Rücksicht auf eine Entscheidung des O.V.G. (d. i. die oben zitierte) sei ausdrücklich hervorgehoben, daß nach der Absicht des Entwurfes die den Kirchen gewährte Gebührenfreiheit den Kirchengemeinden allgemein zukommt und denselben auch dann zusteht, wenn die Kirchengemeinde nicht als Vertreterin des Kirchenguts handelt." Desgleichen ist in dem mündlichen Bericht bei den Verhandlungen der Herrenhauskommission zu dem erwähnten Gerichtskostengesetz (Sten. Ber. S. 283) folgendes zu § 8 Nr. 4 ausgeführt: „Die Königliche Staatsregierung hat in der Kommission ausdrücklich erklärt, daß auch, soweit die Kirchengemeinden nicht etwa Vertreter des Kirchengutes seien, sie exempt wären von den Gerichtskosten; es ist daher von Ihrer Kommission beschlossen, dies hier im Plenum zum Ausdruck zu bringen, damit, wenn die Frage etwa später zur Entscheidung komme, man wisse, welche Meinung bei der Beratung herrschend war und welche Auffassung die Königliche Staatsregierung habe."

11. Nach § 4 des Reichsgerichtskostenges. und nach § 24 des Preuß. Gerichtskostenges. (cf. oben zu 2 u. 1) hat das Gericht über Erinnerungen der Zahlungspflichtigen oder der Staatskasse gegen den Ansatz von Gebühren und Auslagen gebührenfrei zu entscheiden. Nach der Allg. Verfügung des Justizministers v. 6. Aug. 1881 (J.M.Bl. S. 168) soll diese gerichtliche Entscheidung auf die Fälle beschränkt sein, in welchen ein Streit über die Höhe der Kosten oder über die Notwendigkeit der Auslagen obwaltet, während die Entscheidung eines Streitfalles, ob einer Partei Gebührenfreiheit zuzuerkennen und deshalb von einem Kostenansatz Abstand zu nehmen ist, den den Gerichtsschreibern vorgesetzten Aufsichtsbehörden und sonach in letzter Instanz dem Justizminister gebühren soll. Das Reichsgericht hat in dem Beschluß der vereinigten Civilsenate v. 15. Febr. 1886 (Entsch. Bd. 16 S. 291) diese Ansicht reprobiert und ausgesprochen, daß sich die Anwendung des § 4 des Gerichtskostengesetzes nicht auf diejenigen Fälle beschränkt, in welchen die Höhe der angesetzten Gebühren oder die Notwendigkeit von Auslagen den Gegenstand der Erinnerung bilden. Dieser Entscheidung ist beizutreten. Durch dieselbe wird selbstverständlich das Recht der Aufsichtsbehörden, im Verwaltungswege eine Richtigstellung der von dem Gerichtsschreiber aufgestellten Kostenrechnungen herbeizuführen, nicht berührt, jedoch findet eine solche nicht statt, insoweit über die Höhe der zu liquidierenden Kosten bezw. über die Frage, ob überhaupt Kosten zu liquidieren sind, bereits eine richterliche Entscheidung ergangen ist. (Vgl. § 8 der Allg. Verf. betr. die Prüfung des Gerichtskostenansatzes v. 28. Febr. 1885 — J.M.Bl. S. 90.)

12. Wenn Stempel nach den für die Gerichtsgebühren geltenden Vorschriften eingezogen werden (z. B. für Auflassungen, für Zuschlagsbescheide, für gerichtliche Beurkundungen oder für bei Gericht eingereichte außergerichtliche Urkunden), so kommen in Bezug auf die sachlichen und persönlichen Befreiungen von der Stempelsteuer nicht § 7 Abs. 1 und § 8 des Preuß. Gerichtskostengef., sondern ausschließlich die §§ 4 u. 5 des Preuß. Stempelgef. v. 31. Juli 1895 (G.S. S. 413) zur Anwendung (vgl. § 5 der Allg. Verf. des Justizministers und des Finanzministers betr. das gerichtliche Stempelwesen v. 29. Febr. 1896 — J.M.Bl. S. 63 —). Hiernach ist z. B. der Auflassungsstempel, selbst wenn er von einer Kirchengemeinde vertragsmäßig übernommen wird, gemäß § 5 Abs. 6 des Stempelsteuergef. zur Hälfte an die Gerichtskasse zu bezahlen, weil die Hälfte des sonst erforderlichen Betrages der gesetzlich bestimmte Stempel bei zweiseitigen Verträgen zwischen einer gemäß § 5 a. a. O. von der Stempelsteuer befreiten und einer Privatperson ist. Ein gesetzlicher Anspruch auf Befreiung von dieser Stempelhälfte existiert also auch dann nicht, wenn dieselbe zu den Gerichtskosten liquidiert wird.

§. 94. An der Befugnis der Aufsichtsbehörden, besondere Festsetzungen zu treffen, welche im kirchlichen Interesse geboten erscheinen, wird hierdurch nichts geändert. Den Konsistorien bleibt namentlich überlassen, in betreff einzelner bisheriger Vorschriften und Übungen, deren sofortige Abstellung nachteilig sein würde, nähere Bestimmung zu erlassen.

Zu Recht bestehende provinzialrechtliche Bestimmungen werden durch die Verwaltungsordnung nicht berührt.

Berlin, den 17. Juni 1893.

Evangelischer Ober-Kirchenrat.

Barkhausen.

(Titelblatt)

Etat

der Kirchenkasse zu N. für { das Jahr / die Jahre } { vom 1. April 18 / bis dahin 18 }

(und der nachstehend bezeichneten kirchlichen Fonds 2c.*)

Bescheinigungen.

Dieser Etat ist:

I. durch Beschluß der Gemeindevertretung vom ten 18 festgestellt worden;

II. vom Patronat unter dem ten ...... 18 genehmigt;

III. gemäß §. 31 Nr. 9 der Kirchengemeinde- und Synodal-Ordnung nach gehöriger Bekanntmachung vom ....ten .... bis .....ten .. zur Einsicht der Gemeindeglieder öffentlich ausgelegt gewesen.

N., den ten 18

Der Gemeinde-Kirchenrat.

N. N.

---

*) Der Etat über etwaige bei der Kirchenkasse verwaltete Fonds mit besonderer Zweckbestimmung ist dem Etat der Kirchenkasse im Anhang anzuschließen, sofern nicht über dieselben abgesondert Rechnung gelegt wird. (Vgl. Anmerkung zum Titelblatt des Rechnungsformulars. Anl. D.)

(Formular)

Ein=

1. №	2. **Bezeichnung der einzelnen Einnahmen.**
	Titel I. Zinsen der belegten Kapitalien . . . .
	(Die Kapitalien sind nach Datum der Schuldurkunde, Namen des Schuldners und Grundbuchbezeichnung [die Wertpapiere nach Art, Nennwert, Reihe, Buchstaben, Nummer und Jahrgang] nebst Höhe des Zinsfußes und Zeit der Fälligkeit der Zinsen aufzuführen und am Ende des Titels zusammenzurechnen.)
	Titel II. Aus Grundstücken.
1.	Pächte und Mieten . . . .
2.	Renten, Zehnten und dergl. . . . .
	(Das verpachtete bezw. verpflichtete Grundstück ist genau zu bezeichnen, ebenso der Name des Zahlers und die Zeit der Fälligkeit.)
	Titel III. Kirchstuhlgelder . . . .
	Titel IV. Klingelbeutelgeld und Opfer (Geschenke) . . . .
	Titel V. Gebühren . . . .
	(Gebühren für kirchliche Amtshandlungen, Geläut, Gerät, Grabstellen u. dergl. etwa in besonderen Unterabteilungen 1, 2, 3 2c. nachzuweisen.)
	Titel VI. Zuschüsse aus anderen Kassen . . . . . .
	Titel VII. Kirchensteuern und andere Gemeindebeiträge . . .
	Titel VIII. Verschiedene Einnahmen (Insgemein) . . . .
	Wiederholung der Einnahmen.
	Tit. I.
	Tit. II.
	bis Tit. VIII.
	Summe der Einnahmen:
	NB. In der Rechnung:
	Titel IX. Zurückgezahlte Kapitalien.
	Titel X. Einnahme aus Vorjahren.

n a h m e.

3.		4.		5.				6.
Betrag		Der frühere Etat setzte aus		Daher jetzt				Bemerkungen.
				Mehr		Weniger		
M.	₰	M.	₰	M.	₰	M.	₰	

Aus-

1. №	2. Bezeichnung der einzelnen Ausgaben.
	Titel I. Zinsen und Kapitalabtragungen von Schulden der Kirche . . . . (vergl. Einnahme Titel I.)
	Titel II. Besoldungen, Pensionen und Unterstützungen . . .
	Titel III. Kosten der Gottesdienste . . . . (Lichte, Abendmahls-Wein und -Brot, Heizung und dergl.)
	Titel IV. Für Herstellung und Erhaltung von Gebäuden und Inventar, einschl. Feuerversicherung und Reinigung (Die Ausgaben für diese verschiedenen Zwecke, bezw. für die einzelnen Gebäude etwa in besonderen Unterabteilungen 1, 2, 3 2c. nachzuweisen.)
	Titel V. Zahlungen an die Synodalkassen . . . . (eigentl. Syn.-Kosten und etwaige Leistungen zum landeskirchlichen Pensionsfonds in besonderen Unterabt. 1, 2.)
	Titel VI. Verwaltungskosten und öffentliche Abgaben . . . .
	Titel VII. Verschiedene Ausgaben (Insgemein) . . . . . .
	Wiederholung der Ausgaben.
	Tit. I.
	Tit. II.
	bis Tit. VII. (bezw. VIII. s. u.)
	Summe der Ausgaben:
	Abschluß.
	Die Einnahme beträgt . . . .
	Die Ausgabe beträgt . . . .
	geht auf.
	NB. In der Rechnung: Titel VIII. Ausgeliehene Kapitalien. Titel IX. Ausgaben für Vorjahre 2c.
	Sind nach dem Etat jährliche Überschüsse vorhanden, so werden dieselben im ersteren unter dem einzufügenden Titel VIII. nachgewiesen.

N., den ... ten .... 18....

Der Gemeinde-Kirchenrat.

N. N.

gabe.

3. Betrag M.	3. Betrag ₰	4. Der frühere Etat setzte aus M.	4. Der frühere Etat setzte aus ₰	5. Daher jetzt Mehr M.	5. Daher jetzt Mehr ₰	5. Daher jetzt Weniger M.	5. Daher jetzt Weniger ₰	6. Bemerkungen.

Tagebuch

über Einnahme und Ausgabe der Kirchenkasse zu N. für das Rechnungsjahr vom 1. April 18 ... bis dahin 18 ...

(Das Tagebuch hat .. Seiten.
Datum. N., Pfarrer.

Einnahme.

Seite ____

1 №	2. Tag der Einzahlung	3. Bezeichnung des Einzahlers und Gegenstand der Einnahme	4. Betrag M.	4. Betrag ₰	5. Titel des Etats	6. Bemerkungen

Ausgabe.

Seite ____

1. №	2. Tag der Auszahlung	3. Bezeichnung des Empfängers und Gegenstand der Ausgabe	4. Betrag M.	4. Betrag ₰	5. Titel des Etats	6. Bemerkungen

Anlage C. (zu §. 71)

Hauptbuch

(NB. nur bei größeren Kassen zu führen.)

über Einnahme und Ausgabe der Kirchenkasse zu N.

Das Hauptbuch hat ...... Seiten.
Datum. N., Pfarrer.

Einnahme.

Seite ......

1. Soll nach dem Etat M.	1. ₰	2. Soll nach der Anweisung M.	2. ₰	3. Gegenstand der Einnahme	4. Betrag der wirklichen Einnahme M.	4. ₰	5. № des Belags*)	6. № des Tagebuchs	7. Rest M.	7. ₰	8. Bemerkungen

Ausgabe.

Seite ____

1. Soll nach dem Etat M.	1. ₰	2. Soll nach der Anweisung M.	2. ₰	3. Gegenstand der Ausgabe	4. Betrag der wirklichen Ausgabe M.	4. ₰	5. № des Belags*)	6. № des Tagebuchs	7. Rest M	7. ₰	8. Bemerkungen

*) Die Spalte „Nr. des Belags" ist bis zur Aufstellung der Jahresrechnung unausgefüllt zu lassen.

(Titelblatt)

Rechnung*)

über Einnahme und Ausgabe der Kirchenkasse zu N.

für das Jahr 1. April 18 ... bis dahin 18 ..

Vorbemerkungen.

Der dieser Rechnung zu Grunde liegende Etat ist von der Gemeinde-vertretung am .... für { das Jahr / die Jahre } vom 1. April 18 bis dahin 18 genehmigt.

Die Kirchenkasse ist verwaltet worden von ......

Derselbe hat eine Kaution von bestellt.

Der Kirchenkasten, in welchem die der Kirche gehörigen Wertpapiere niedergelegt sind, befindet sich in ....

Die Schlüssel zum Kirchenkasten sind in den Händen von

1) ....

2) ....

Der Rendant der Kirchenkasse ist angewiesen, Kassenbestände, die sich auf mehr als ℳ belaufen, in dem Kirchenkasten niederzulegen.

Bescheinigungen.

1) Diese Rechnung ist dem Gemeinde-Kirchenrat eingereicht am ...ten

2) Von den { vereinigten Gemeindekörperschaften / dem Gemeinde-Kirchenrat } ist die Entlastung beschlossen am ten

3) Vom Patronat ist die Entlastung erteilt am ten

4) Die Rechnung hat gemäß §. 31 Nr. 9 d. K.-G. u. S.-O. 14 Tage lang öffentlich ausgelegen vom ....ten .... bis ....ten

N., den ..ten ....

Der Gemeinde-Kirchenrat.

(Unterschrift des Vorsitzenden)

---

*) Die Rechnung über etwaige bei der Kirchenkasse verwaltete Fonds mit besonderer Zweckbestimmung ist der Kirchenrechnung im Anhang beizufügen, sofern nicht über dieselben abgesondert Rechnung gelegt wird. Entweder ist Einnahme, Ausgabe und Abschluß unmittelbar hinter den betreffenden Abschnitten der Kirchenrechnung, oder im Zusammenhange über jeden Fonds hinter dem Schluß der ganzen Kirchenrechnung aufzuführen.

(Formular)

1. Laufende №	2. Soll nach dem Etat M.	2. Soll nach dem Etat ₰	3. Einnahme
			Titel I. Zinsen der belegten Kapitalien . . . . (Vgl. die Bemerkung zum Etat, Anl. A. Einnahme. Anzugeben ist auch der Zeitraum, für welchen Zahlung geleistet ist.)
			Titel II. Aus Grundstücken: . . . .
			1) **Pächte und Mieten** . . . .
			2) **Renten, Zehnten und dergl.** . . . . . . (Vgl. die Bemerkung zum Etat, Anl. A. Einnahme. Anzugeben ist auch der Zeitraum, für welchen Zahlung geleistet ist.)
			Titel III. Kirchstuhlgelder . . . . .
			Titel IV. Klingelbeutelgeld und Opfer (Geschenke)
			Titel V. Gebühren . . . . (Wegen der Unterabteilungen vgl. die Bemerkung zum Etat, Anl. A. Einnahme.)
			Titel VI. Zuschüsse aus anderen Kassen . . . .
			Titel VII. Kirchensteuern und andere Gemeindebeiträge . . . .
			Titel VIII. Verschiedene Einnahmen (Insgemein)
			Titel IX.*) Zurückgezahlte Kapitalien und andere Substanzwerte . . . .
			Titel X.*) Einnahme aus Vorjahren (Bestand, Reste, Berichtigungen) . . . .
			Wiederholung der Einnahme.
			Tit. I.
			Tit. II.
			bis Tit. VIII.
			Sa.: Tit. I.—VIII.
			Hierzu Tit. IX.
			Tit. X.
			Gesamtsumme der Einnahme:

*) Vgl. die Bemerkung zum Etat, Anl. A. Einnahme.

4. № der Beläge	5. Ist eingekommen		6. Rest		7. Bemerkungen
	M	*S*	*M.*	*S*	

1. Laufende №	2. Soll nach dem Etat M.	S	3. Ausgabe
			Titel I. Zinsen und Kapitalabtragungen von Schulden der Kirche . . . .
			Titel II. Besoldungen, Pensionen und Unterstützungen . . . .
			Titel III. Kosten der Gottesdienste . . . . . (Lichte, Abendmahls-Wein und -Brot, Heizung und dergl.)
			Titel IV. Für Herstellung und Erhaltung von Gebäuden und Inventar, einschließlich Feuerversicherung und Reinigung . . . . (Wegen der Unterabteilungen vgl. Bemerkung zum Etat, Anl. A.)
			Titel V. Zahlungen an die Synodalkassen . . . (Wegen der Unterabteilungen vgl. Bemerkung zum Etat, Anl. A.)
			Titel VI. Verwaltungskosten u. öffentliche Abgaben
			Titel VII. Verschiedene Ausgaben (Insgemein)
			Titel VIII. Ausgeliehene Kapitalien . . . . . (Vgl. die Bemerkung zum Etat, Anl. A Einnahme Tit. I. Auch ist die Zeit der Ausleihung und die Sicherheit zu bezeichnen.)
			Titel IX. Ausgaben für Vorjahre (Vorschuß, Reste, Berichtigungen) . . . .
			Wiederholung der Ausgabe.
			Titel I.
			bis Titel VII.
			Sa.: Tit. I.—VII.
			Tit. VIII.
			Tit. IX.
			Gesamtsumme der Ausgaben:
			Abschluß.
			Die Einnahme beträgt . . . .
			Die Ausgabe beträgt . . . .
			Mithin Bestand (Vorschuß):

4. № der Beläge	5. Ist-Ausgabe M.	5. Ist-Ausgabe ₰	6. Rest M.	6. Rest ₰	7. Bemerkungen

N., den .....ten .... 18 ..

Der Rendant.
(Unterschrift)

Kassenabschluß

der Kirchenkasse zu N .... für das Vierteljahr vom

1ten .... bis .... 18...

Bestand am Schluß des vorigen Vierteljahres . . M. ₰

Einnahme in dem oben bezeichneten Zeitraum . . M. ₰

(Darunter an 1., eingezogenen Kapitalien M. ₰
2., sonstigen außergewöhnlichen Einnahmen . . M. ₰)

Zusammen . . M. ₰

Ausgabe in demselben Zeitraum . . . . M. ₰

(Darunter an 1., belegten Kapitalien . . M. ₰
2., sonstigen außergewöhnlichen Ausgaben . . . M. ₰)

Bestand am .... 18.. M. ₰

N.........., den .... 18..

Der Rendant.

(Unterschrift)

Beantwortung

der Revisions-Bemerkungen, betr. die Rechnung der Kirchenkasse zu N.............. für 18

(Formular)

1. Laufende №	2. Erinnerungen	3. Beantwortung des Rendanten	4. Weiterer Beschluß des Gemeinde-Kirchenrats	5. Entscheidung

(linke Seite des aufgeschlag. Bogens) (rechte Seite d. aufgeschlag. Bogens)

Ueberſicht über das kirchliche Rechnungsweſen der Parochie N. (Diözeſ

№	Name der Kirchengemeinde und der Kaſſe	Ergebniſſe des Etats und der Rechnungen — A. Einnahme — Titel — №	Titel — kurze Bezeichnung des Inhalts	Nach dem Etat M S	Nach der Rechnung M S	B. Ausgabe — Titel — №	Titel — kurze Bezeichnung des Inhalts	Nach dem Etat M S	Nach der Rechnung M S	Beſtand M S	Vorſchuß M S	Kaſſenreviſionen haben ſtattgefunden an welchem Tage und durch wen?
1.	2.	3.	4.	5.	6.	7.	8.	9.	10.	11.	12.	13.
1.	N ...... (Pfarrort) Kirchenkaſſe	I	Kapitalzinſen			I	Zinſen ꝛc. von Schulden					1. am ... ten .... durch den Gemeinde-Kirchenrat
		II	1. Pächte und Mieten 2. Renten ꝛc.			II	Beſoldungen ꝛc.					2. am ... ten .... durch den Superintendenten (bezw. einen Kommiſſar des Kgl. Konſiſtoriums)
		III bis X	(wie in d. Rechnung)			III bis IX	(wie in d. Rechnung)					
			Abſchluß	. .	. .		Abſchluß	. .	. .	. .	. .	
2.	N ...... (Tochterkirche) Kirchenkaſſe											ꝛc.

…I.) für das Rechnungsjahr vom 1. .... 18 .... bis dahin 18 ... .

Der Etat ist bestätigt		Die Rechnung ist an welchem Tage			Die Prüfung seitens des Synodal-Rechnungs-Ausschusses hat stattgefunden mit folgendem Ergebnis:	
an welchem Tage vom a. Gemeinde-Kirchenrat u. Gemeinde-Vertretung, b. Patronat	auf welche Zeitdauer	gelegt vom Rendanten	entlastet vom a. Gemeinde-Kirchenrat und Gem.-Vertretung, b. Patronat	eingereicht dem Superintendenten (Synodal-Ausschuß)	wann (Tag des Beschlusses)	A. Kurze Beantwortung der Fragen, ob a. die vorjährigen Bedenken erledigt, b. die Angaben in den Spalten 1 bis 18 richtig befunden oder berichtigt, c. Etat und Rechnung in formeller und sachlicher Beziehung, auch rechnerisch, oder in welcher dieser Richtungen der Prüfung unterworfen und dabei d. wesentliche Bedenken erhoben sind. B. Weiter erforderlich scheinende Bemerk.
14.	15.	16.	17.	18.	19.	20.
zu a. 15./12. 79, zu b. 2./1. 80 (resp. berechtigtes Patronat nicht vorhanden oder Patronats-Genehmigung am ..... ten ..... nach § 23 Abs. 2 (3) K.-G.- und S.-O. ergänzt) 2c.	1./4. 1885 bis 1888.	25./4. 1886.	a. 14./6. 86, b. 19./6. 86. (resp. wie Spalte 14).	15./7. 86.	1./10. 86.	Zu A. a. ja; b. richtig befunden; c. ja (aber nicht durch Nachrechnung der Zahlen, weil dieserhalb kein Bedenken); d. (bejahenden Falls kurze Bezeichnung der Punkte z. B.: Grundstücksverkauf ohne Genehmigung 2c.) B. Wegen einiger Bedenken soll Entscheidung { des K. Konsistoriums / der Kreissynode } beantragt werden.
						Zu lauf. Nr. 2. Zu A. und B. Etat und Rechnung werden von der K. Regierung in N. als Patronatsbehörde in jeder das Verwaltungs-Interesse der Kirche betreffenden Beziehung geprüft. Synode hat daher von ihrer nochmaligen Prüfung Abstand genommen. 2c. 2c.

N. . . . . d . . ten . . . . . . 18 . .
Der Gemeinde-Kirchenrat. (Unterschrift des Vorsitzenden.)
Der Rendant. (Unterschrift.)

N., . . . den . . ten . . . . 18 . .
Der Synodal-Rechnungs-Ausschuß. (Unterschrift.)

Beispiel einer Friedhofsordnung.

(Vgl. Amtl. Mitt. d. Konsistoriums d. Provinz Brandenburg 1895 S. 121).

§ 1. Der Begräbnisplatz zu .... ist Eigentum der evangelischen Kirchengemeinde .... und steht unter der Aufsicht des Gemeindekirchenrats. Dieser beauftragt mit der Führung der laufenden Geschäfte einen Ältesten (oder Küster) als Friedhofsverwalter.

§ 2. Der Friedhof ist von ... bis ... geöffnet. Kinder unter 10 Jahren dürfen den Friedhof nur in Begleitung Erwachsener betreten. Die Besucher haben ein der Würde des Ortes angemessenes Benehmen zu beobachten. Den Anordnungen des Friedhofsverwalters und der bei Begräbnissen beteiligten Kirchenbeamten ist jeder Zeit Folge zu leisten. Hunde und andere Tiere werden auf dem Friedhof nicht geduldet. Der noch nicht mit Gräbern belegte Teil des Friedhofs darf nur durch Berasung genutzt, nicht auch als Ackerland oder Trockenplatz verwendet werden.

§ 3. Jede Beerdigung ist zuerst bei dem Ortspfarrer und alsdann bei dem Friedhofsverwalter anzumelden. Letzterer trifft im Einvernehmen mit dem Pfarrer die nötigen Anordnungen. Ohne Genehmigung der Ortspolizeibehörde darf keine Beerdigung vor Eintragung des Sterbefalles in das standesamtliche Register stattfinden.

§ 4. Personen, die nicht Geistliche der evangelischen Landeskirche sind, dürfen bei Begräbnissen nur mit Genehmigung des Gemeindekirchenrats Reden halten. Die Genehmigung ist rechtzeitig vorher bei dem Gemeindekirchenrat zu erbitten. Gesänge und sonstige Feierlichkeiten auf dem Friedhof sind nur mit Genehmigung des Pfarrers gestattet.

§ 5. Die Gräber sind in fortlaufender Reihe nach einem von dem Gemeindekirchenrat näher bestimmten Plan anzulegen, wobei die Gräber der Kinder unter 10 Jahren von denen der Erwachsenen zu trennen sind. (Längs der Grenze des Friedhofs kann geeigneter Raum für Erbbegräbnisse dargeboten werden; ebenso ein näher zu bezeichnender Teil des Friedhofs zum Erwerb von Wahlstellen.) Das Recht zur Beerdigung auf (Erbbegräbnis-, Wahl- und sonst) freigehaltenen Stellen, soweit es nicht schon ohnehin nur als ein zeitlich enger begrenztes verliehen ist, erlischt, sobald der Friedhof geschlossen wird, das Recht zur Grabpflege mit der anderweiten Verwendung des Friedhofs oder der Grabstelle nach Ablauf der Ruhezeit (§ 12).

§ 6. Der Erwerber einer Erbbegräbnisstelle erhält das Recht, dieselbe für sich und seine Angehörigen zu Beerdigungen zu benutzen. Die Übertragung dieses Rechts ist nur durch Vererbung an Angehörige zulässig. Der Besitzer des Rechts ist verpflichtet, die Erbbegräbnisstelle mit einer angemessenen [eisernen oder steinernen] Umwährung zu umgeben und dieselbe ebenso wie die etwa errichteten Baulichkeiten, die der Genehmigung des Gemeindekirchenrats bedürfen, in gutem Zustand zu erhalten. Kommt er dieser Verpflichtung nicht binnen 6 Monaten nach erfolgter Aufforderung nach, so erlischt sein Recht auf weitere Benutzung der Stelle. Die Aufforderung kann, falls sein Aufenthaltsort nicht bekannt ist, durch Einrücken in ein geeignetes öffentliches Blatt erfolgen und braucht bei mehreren Berechtigten nur an einen derselben erlassen zu werden.

§ 7. Neben einem Grab (falls jedoch Wahlstellen vorhanden sind, nur neben einer solchen) kann für die Beerdigung des Ehegatten oder, mit Genehmigung des Gemeindekirchenrats, auch anderer nächster Angehörigen des Verstorbenen eine Grabstelle freigehalten werden.

§ 8. In jedem Grab darf nur eine Leiche beerdigt werden. Ausnahmen hiervon sind nur zulässig bei gleichzeitiger Beerdigung a) einer Wöchnerin und ihres neugeborenen Kindes, b) von Geschwistern unter 7 Jahren.

§ 9. Jedes Grab muß so tief sein, daß zwischen dem höchsten Punkte des Sarges und der Erdoberfläche ausschließlich des Grabhügels ein Zwischenraum von mindestens 0,9 m ist. Zwischen den einzelnen Gräbern muß eine Erdwand von mindestens 0,3 m Dicke stehen bleiben. Beim Zuschütten des Grabes ist die Erde sorgfältig zu zerkleinern. Die Grabstellen sind a) für Erwachsene etwa 2,5 m lang und etwa 1,5 m breit, b) für Kinder etwa 2 m lang und etwa 1 m breit. Zwischen den einzelnen Grabhügeln muß ein Zwischenraum von 0,5 m, zwischen den Reihen ein solcher von 1 m bleiben.

§ 10. Alle Pflanzungen und sonstigen Anlagen auf der Grabstelle müssen im Einvernehmen mit dem Friedhofsverwalter angelegt, und von dem, der sie angelegt hat, im Stande gehalten werden.

Grabinschriften bedürfen, soweit sie sich nicht auf die Angabe des Namens, Standes, des Geburts- und Todestages des Verstorbenen beschränken, der vorherigen Genehmigung des Pfarrers.

Anlagen, welche diesen Vorschriften nicht entsprechen oder sonst die Benutzung des Friedhofs stören, können vom Gemeindekirchenrat auf Kosten desjenigen, der sie angelegt hat, beseitigt werden.

§ **11.** Die Gräberreihen sind mit fortlaufenden Buchstaben, die einzelnen Grabstellen in jeder Reihe mit fortlaufenden Ziffern zu bezeichnen. An jeder Grabstelle ist ein Merkpfahl anzubringen, auf welchem die Reihen- und Stellennummer vermerkt ist.

Der Friedhofsverwalter führt auf Grund eines diese Bezeichnung der Gräber ersichtlich machenden Lageplans eine Liste nach nachstehendem Formulare, in welcher (nötigenfalls für Erbbegräbnisse, Wahlstellen und Reihengräber gesondert) alle zur Verwendung gelangenden Grabstellen (einschließlich der für Familien oder Personen vorbehaltenen — § 5 — aber noch nicht belegten) in der Zeitfolge ihrer Verwendung aufzuführen sind. In diese Liste ist jede Beerdigung sofort einzutragen.

Bezeichnung der Grabstelle (§§ 5 u. 11).	Zeit der Beerdigung	Name und Alter des Berechtigten bezw. des Beerdigten	Name u. Wohnort desjenigen, der die Pflege der Grabstelle übernommen	Bemerkungen (Hinweis auf reserv. Stellen, Verlängerung der Ruhezeit usw.)

§ **12.** Die Wiederbelegung der Gräber darf erst nach Ablauf einer Frist von . . . Jahren erfolgen. Diese Ruhezeit kann jedoch (falls Wahlstellen vorhanden sind, nur bei Wahlstellen) auf Antrag um die gleiche Frist verlängert werden. Nach Ablauf der Ruhezeit fallen die Grabstellen außer den Erbbegräbnisstellen, sowie die von den Berechtigten nicht fortgenommenen Denkmäler und sonstigen Anlagen der freien Verfügung der Kirchengemeinde heim. Wird der Friedhof außer Gebrauch gesetzt, so sind Entschädigungsansprüche gegen die Kirchengemeinde wegen eingeräumter Rechte (auch für Erbbegräbnisrechte) ausgeschlossen.

§ **13.** An Gebühren sind zu zahlen: für die Grabstelle eines Erwachsenen . . . Mk., für die Grabstelle eines Kindes . . . Mk. (für jedes qm einer Erbbegräbnisstelle . . . Mk.), für (eine Wahlstelle und) das Freihalten einer Grabstelle, sowie für die Verlängerung der Ruhezeit . . . Mk.

Vorstehende Friedhofsordnung wird auf Grund des Beschlusses der kirchlichen Körperschaften vom . . . unter Vorbehalt der aufsichtlichen Genehmigung hierdurch festgestellt.

N. . . ., den ....

Der Gemeindekirchenrat.

(Siegel)

....	....	....
Vorsitzender	Ältester	Ältester

Kirchengesetz,

betreffend

die Erhebung von Kirchensteuern in den Kirchengemeinden und Parochialverbänden der evangelischen Landeskirche der älteren Provinzen der Monarchie.

(Nach den Beschlüssen der fünften ordentlichen Generalsynode in zweiter Beratung.)

Wir Wilhelm, von Gottes Gnaden König von Preußen 2c., verordnen mit Zustimmung der Generalsynode für die evangelische Landeskirche der älteren Provinzen, was folgt:

I. Besteuerungsrecht der Kirchengemeinden.

§. 1.

Die Kirchengemeinden sind berechtigt, zur Befriedigung ihrer Bedürfnisse Steuern zu erheben. Von dieser Befugnis ist nur Gebrauch zu machen, soweit die sonstigen verfügbaren Einnahmen zur Befriedigung der Bedürfnisse nicht ausreichen, insbesondere soweit die erforderlichen Geldmittel und Leistungen nicht nach bestehendem Recht aus dem Kirchenvermögen entnommen werden können, oder vom Patron oder von sonst speziell Verpflichteten gewährt werden.

Die Steuerbeschlüsse der Kirchengemeinden bedürfen der Genehmigung.

II. Steuerpflicht.

§. 2.

Kirchensteuerpflichtig sind alle Evangelischen, welche der Kirchengemeinde durch ihren Wohnsitz angehören.

§. 3.

Die Steuerpflicht beginnt mit dem ersten Tage des auf die Begründung des Wohnsitzes (§. 2) folgenden Monats. Sie erlischt, unbeschadet der Vorschrift des §. 3 des Staatsgesetzes, betreffend den Austritt aus der Kirche, vom 14. Mai 1873 (G.S. S. 207),

a) durch den Tod des Steuerpflichtigen mit dem Ablaufe des Monats, in welchem der Tod erfolgt ist,

b) durch das Aufgeben des Wohnsitzes (§. 2) mit dem Ablaufe des Monats, in welchem der Wohnsitz tatsächlich aufgegeben worden ist.

sofern jedoch bis zu diesem Zeitpunkte der Kirchengemeinde hiervon keine Anzeige erstattet worden ist, erst mit dem Ablaufe des folgenden Monats.

§. 4.

Bei der Heranziehung von Personen mit mehrfachem Wohnsitze innerhalb oder innerhalb und außerhalb der evangelischen Landeskirche der älteren Provinzen verbleibt derjenige Teil des Gesamteinkommens, welcher aus Grundvermögen, Handels- oder gewerblichen Anlagen einschließlich Bergwerken, aus Handel und Gewerbe einschließlich des Bergbaues, sowie aus der Beteiligung an den Unternehmen einer Gesellschaft mit beschränkter Haftung fließt, der Kirchengemeinde, in deren Bezirk das Grundvermögen oder der Betrieb belegen ist. Beträgt jedoch dieser Teil mehr als drei Vierteile des Gesamteinkommens des Steuerpflichtigen, so ist diejenige Kirchengemeinde, in welcher das steuerpflichtige Einkommen weniger als ein Vierteil des Gesamteinkommens beträgt, berechtigt, ein volles Vierteil des Gesamteinkommens für sich zur Besteuerung in Anspruch zu nehmen. Steht dieser Anspruch mehreren Kirchengemeinden zu, so ist das Vierteil nach der Zahl dieser Gemeinden zu verteilen.

Im übrigen dürfen Personen mit mehrfachem Wohnsitz innerhalb der evangelischen Landeskirchen Preußens in jeder Kirchengemeinde im Geltungsbereich dieses Gesetzes nur mit dem der Zahl aller Gemeinden entsprechenden Bruchteil ihres Einkommens herangezogen werden.

Die Vorschriften des §. 50 Abs. 4 des Kommunalabgabengesetzes in der Fassung des Gesetzes vom 30. Juli 1895 (G.S. S. 409) und des §. 51 des Kommunalabgabengesetzes vom 14. Juli 1893 (G.S. S. 152) finden sinngemäß Anwendung.

§. 5.

Der evangelische Teil einer gemischten Ehe ist von der Hälfte des der kirchlichen Besteuerung zu Grunde liegenden Steuersatzes (§. 9), zu welchem der Ehemann veranlagt ist, zur Kirchensteuer heranzuziehen.

Soweit die Ehefrau zu den Staatssteuern selbständig veranlagt wird, ist der evangelische Teil nach Maßgabe seiner Veranlagung zur Kirchensteuer heranzuziehen.

§. 6.

Insoweit der Patron oder ein sonst speziell Verpflichteter als solcher nach bestehendem Rechte für einzelne kirchliche Bedürfnisse nach besonderen Grundsätzen beizutragen hat, ist er als Gemeindeglied für diese Bedürfnisse in demselben Umfange wie bisher von der Kirchensteuer freizulassen.

§. 7.

Die zur Zeit des Inkrafttretens dieses Kirchengesetzes bestehenden gesetzlichen Befreiungen von der Staatseinkommensteuer oder den staatlich veranlagten Steuern haben die entsprechende Befreiung von der Kirchensteuer zur Folge.

Von der Kirchensteuer sind ferner befreit die Geistlichen und Kirchenbeamten hinsichtlich ihres Diensteinkommens und ihres Ruhegehalts, bei dauernder Verbindung des Kirchenamts mit einem anderen Amte hinsichtlich ihrer gesamten Dienstbezüge, ferner ihre hinterbliebenen Witwen und Waisen hinsichtlich ihrer aus dem Pfarr-Witwen- und Waisenfonds zahlbaren Pensionen und derjenigen dauernden Bezüge, welche ihnen mit Rücksicht auf das kirchliche Amt des Verstorbenen aus anderen als privatrechtlichen Titeln zustehen, sowie hinsichtlich der Bezüge der Sterbe- und Gnadenzeit.

§. 8.

Auf speziellen Rechtstiteln beruhende Verpflichtungen zur Leistung von Kirchensteuern oder Befreiungen von solchen bleiben unberührt.

III. Umlegung der Kirchensteuer.

a) Verteilungsmaßstab.

§. 9.

Die Kirchensteuern sind für das Rechnungsjahr umzulegen.

Als Maßstab der Umlegung dient die Staatseinkommensteuer, erforderlichenfalls einschließlich der staatlich veranlagten fingierten Normalsteuersätze, und, sofern daneben eine Heranziehung der Realsteuern erfolgen soll, die staatlich veranlagte Grund-, Gebäude- und Gewerbesteuer.

Die Ergänzungssteuer, die Steuer vom Gewerbebetrieb im Umherziehen, sowie die Betriebssteuer und die Warenhaussteuer sind bei der Umlegung der Kirchensteuern nicht heranzuziehen.

§. 10.

Die Heranziehung der Staatseinkommensteuer hat mit den aus §§. 2 und 4 sich ergebenden Maßgaben im vollen Umfange stattzufinden.

Die Heranziehung der staatlich veranlagten Grund-, Gebäude- und Gewerbesteuern ist nur insoweit zulässig, als diese Steuern für Grundbesitz bezw. Betriebe veranlagt sind, welche in der Kirchengemeinde belegen sind.

Die Realsteuern dürfen nicht mit einem höheren Prozentsatze herangezogen werden als die Staatseinkommensteuer. Wie die vollständige Freilassung der Realsteuern, ist auch eine geringere Heranziehung aller oder einzelner dieser Steuern zulässig.

b) Grundsätze über die Erhebung der Kirchensteuer.

§. 11.

Die Kirchensteuern sind auf alle der Besteuerung unterworfenen Pflichtigen nach festen und gleichmäßigen Grundsätzen zu verteilen.

Die Erhebung erfolgt in der Form von Zuschlägen.

Die Zuschläge zu den einzelnen, der Veranlagung zugrunde gelegten Staatssteuern müssen gleichmäßige sein.

Eine Minderbelastung oder Freilassung der fingierten Normalsteuersätze und der sechs untersten Stufen der Staatseinkommensteuer ist nicht ausgeschlossen.

Steuerpflichtige, welche im Wege der öffentlichen Armenpflege fortlaufende Unterstützung erhalten, sind zur Kirchensteuer nicht heranzuziehen.

§. 12.

Handelt es sich um Einrichtungen oder Aufwendungen, welche in besonders hervorragendem Maße einem Teile der Kirchengemeinde zu gute kommen, so kann die Kirchengemeinde für einen bestimmten Zeitraum eine entsprechende besondere Belastung dieses Teiles beschließen. Bei Abmessung der Sonderbelastung ist namentlich der zur Herstellung und Unterhaltung der Einrichtung erforderliche Bedarf nach Abzug eines etwaigen Ertrages in Betracht zu ziehen.

§. 13.

In denjenigen Fällen, in welchen die staatlich veranlagte Steuer nicht die unveränderte Grundlage der Steuerzuschläge bildet, ist der dem Zuschlage zugrunde zu legende Steuersatz von der kirchlichen Veranlagungsbehörde (§. 16) nach den für die staatliche Veranlagung geltenden Grundsätzen zu ermitteln.

Die auf Grund der Einlegung von Rechtsmitteln sowie auf Grund der §§. 57 und 58 des Einkommensteuergesetzes vom 24. Juni 1891 (G.S. S. 175) erfolgte Erhöhung oder Ermäßigung der veranlagten Steuern zieht die entsprechende Änderung der Veranlagung zur Kirchensteuer nach sich.

c) Besondere Vereinbarungen.

§. 14.

Den Kirchengemeinden sind Vereinbarungen mit steuerpflichtigen Mitgliedern gestattet, wonach von fabrikmäßigen Betrieben und von Bergwerken an Stelle der Kirchensteuer in Form von Zuschlägen zur Staatseinkommensteuer und zur Gewerbesteuer ein für ein oder mehrere Jahre im voraus zu bestimmender fester jährlicher Steuerbeitrag zu entrichten ist.

§. 15.

Bei Veränderung von Pfarrbezirken sowie zum Ausgleich für erhebliche Aufwendungen zugunsten einer Kirchengemeinde kann für eine bestimmte Zahl von Jahren die Freilassung oder verminderte Heranziehung einzelner Steuerpflichtiger beschlossen werden.

Die Beschlüsse in den §§. 14 und 15 bedürfen der Genehmigung.

IV. Verfahren.

a) Ausschreibung.

§. 16.

Die Veranlagung erfolgt für jedes Rechnungsjahr durch den Gemeinde-Kirchenrat (Presbyterium — Kirchenkollegium).

Das Rechnungsjahr beginnt mit dem 1. April und schließt mit dem 31. März.

Der Beschlußfassung der kirchlichen Organe bleibt überlassen, an Stelle des Rechnungsjahres eine Periode von zwei oder drei Rechnungsjahren treten zu lassen.

§. 17.

In denjenigen Fällen, in welchen die staatlich veranlagte Steuer (§. 13 Abs. 1) nicht die unveränderte Grundlage der Steuerzuschläge bildet, stehen dem Gemeinde-Kirchenrat (Presbyterium, Kirchenkollegium) die in §. 63 Abs. 2 bis 4 des Kommunalabgabengesetzes vom 14. Juli 1893 (G.S. S. 152) aufgeführten Befugnisse zu.

§. 18.

Die Erhebung der Kirchensteuern ist durch eine in ortsüblicher Weise zu bewirkende Veröffentlichung der zu erhebenden Prozentsätze bekannt zu machen.

Die Aufsichtsbehörde ist befugt, die Bekanntmachung des Steuersatzes an die Steuerpflichtigen durch besondere verschlossene Mitteilung anzuordnen.

Bei Zugängen im Laufe des Jahres, sowie in denjenigen Fällen, in welchen die staatlich veranlagte Steuer nicht die unveränderte Grundlage der Steuerzuschläge bildet, bedarf es stets besonderer verschlossener Mitteilung.

Nach erfolgter Bekanntmachung ist die Steuer in den ersten acht Tagen eines jeden Kalendervierteljahres zu entrichten.

An Stelle des Vierteljahres kann durch Beschluß der kirchlichen Veranlagungsbehörde (§. 16) eine halbjährliche und, falls nicht mehr als 20 % der Staatseinkommensteuer zu erheben sind, eine jährliche Hebeperiode eingeführt werden. Auch kann festgestellt werden, daß die Hebung gleichzeitig mit der Einziehung der Staats- oder Kommunalsteuern an einem oder mehreren Einziehungsterminen erfolge.

Wird im Laufe des Rechnungsjahres eine außerordentliche Umlage notwendig, so ist über die Termine der Einziehung in dem Steuerbeschlusse Bestimmung zu treffen.

Die Einziehung selbst findet auf Grund einer vorher ergangenen oder spätestens gleichzeitig erfolgenden Zahlungsaufforderung statt, die, wenn sie schriftlich geschieht, verschlossen sein muß.

b) Rechtsmittel.

§. 19.

Den zur Kirchensteuer Herangezogenen steht gegen die Heranziehung bezw. Veranlagung Einspruch zu.

Das Rechtsmittel ist binnen einer Frist von vier Wochen, vom Tage der Aufforderung zur Zahlung ab gerechnet (§. 18 Abs. 7), bei dem Gemeinde-Kirchenrate (Presbyterium, Kirchenkollegium) einzulegen

Einsprüche, welche sich gegen die staatliche Veranlagung richten, sind unzulässig.

§. 20

Über den Einspruch beschließt der Gemeinde-Kirchenrat (Presbyterium, Kirchenkollegium) vorbehaltlich weiterer durch Staatsgesetz zu bestimmender Rechtsmittel.

Durch Erhebung des Einspruchs wird die Verpflichtung zur Zahlung nicht aufgehoben.

§. 21.

Im Falle der Heranziehung zur Kirchensteuer seitens mehrerer Kirchengemeinden kann der Steuerpflichtige an Stelle des Einspruchs gegen die Heranziehung oder Veranlagung in jeder einzelnen der beteiligten Gemeinden auch einen Antrag auf Verteilung des kirchensteuerpflichtigen Einkommens auf die mehreren Kirchengemeinden (§. 4) seitens der zuständigen Staatsbehörde stellen.

Der Verteilungsantrag tritt alsdann an die Stelle des Einspruchs.

c) Kosten.

§. 22.

Hinsichtlich der Kosten der Veranlagung und Erhebung der Steuer findet §. 89 des Kommunalabgabengesetzes vom 14. Juli 1893 (G.S. S. 152) sinngemäß Anwendung.

d) Besondere Bestimmungen.

§. 23.

Die Vorschriften der §§. 83 bis 86 des Kommunalabgabengesetzes vom 14. Juli 1893 (G.S. S. 152) finden auf die Nachforderung von Kirchensteuern sinngemäß Anwendung.

§. 24.

Den kirchlichen Organen und ihren Mitgliedern sowie den bei der Veranlagung beteiligten Beamten ist es untersagt, die zu ihrer Kenntnis gelangten Erwerbs-, Vermögens- oder Einkommensverhältnisse eines Steuerpflichtigen unbefugt zu offenbaren.

§. 25.

Wird im Falle des Art. 27 Abs. 2 des Gesetzes, betreffend die evangelische Kirchenverfassung, vom 3. Juni 1876 (G.S. S. 125) die Erhebung und Einziehung einer Umlage angeordnet, so finden die Vorschriften der Abschnitte I bis V dieses Kirchengesetzes Anwendung. Mit den dem Gemeinde-Kirchenrate zustehenden Befugnissen kann ein anderer Gemeinde-Kirchenrat oder ein von Amtswegen zu bestellender Bevollmächtigter, erforderlichenfalls auf Kosten der Kirchengemeinde, beauftragt werden.

V. Besondere Bestimmungen für die Berliner Stadtsynode und die Parochialverbände in größeren Orten.

§. 26.

Die Bestimmungen dieses Kirchengesetzes finden auf die Berliner Stadtsynode und auf Parochialverbände in größeren Orten sinngemäß Anwendung.

Die dem Gemeinde-Kirchenrat bezw. den kirchlichen Gemeindeorganen zustehenden Befugnisse werden von den Verbandsvertretungen nach Maßgabe der darüber bestehenden besonderen Bestimmungen wahrgenommen.

VI. Aufsichtliche Genehmigungen und Anordnungen.

§. 27.

Für die Erteilung der nach diesem Gesetze erforderlichen Genehmigungen und Anordnungen ist das Konsistorium zuständig.

VII. Übergangs- und Schlußbestimmungen.

§. 28.

Auf Militär- und Anstaltsgemeinden findet dieses Gesetz keine Anwendung.

§. 29.

Die Kirchengemeinden sind berechtigt, anstelle der Leistung von Hand- und Spanndiensten die Erhebung eines dem Werte entsprechenden Geldbetrages im Wege der Kirchensteuer zu beschließen.

Der Beschluß bedarf der Genehmigung.

§. 30.

Die Befugnis der Kirchengemeinden, auf Grund zu Recht bestehender älterer, von den Vorschriften dieses Kirchengesetzes abweichender Ordnungen Kirchensteuern umzulegen, bleibt unberührt. Die Kirchengemeinden sind jedoch in allen Fällen berechtigt, die Aufbringung kirchlicher Umlagen nach Maßgabe der Vorschriften dieses Kirchengesetzes zu beschließen.

§. 31.

Die Provinz Westfalen und die Rheinprovinz bleiben von den Vorschriften dieses Gesetzes zunächst ausgenommen. Die Einführung des Gesetzes erfolgt in diesen Provinzen, sobald dessen Annahme von beiden Provinzialsynoden oder von einer derselben beschlossen wird, durch kirchliche, vom Landesherrn zu erlassende Verordnung, welche in der dem §. 6 der Generalsynodalordnung entsprechenden Form zu verkünden ist.

§. 32.

Der Zeitpunkt, mit welchem dieses Kirchengesetz in Kraft tritt, wird durch Königliche Verordnung bestimmt.

§. 33.

Der Evangelische Ober-Kirchenrat wird mit der Ausführung dieses Kirchengesetzes beauftragt.

Urkundlich ꝛc.

Bietungs-Verhandlung.

Verhandelt

zu ...., den ....ten .... 19....

I. **Zu verpachtende Grundstücke** der*) ......

....

1. Kartenblatt .... Flächenabschnitt ..... von ......
.... Größe.
2. Kartenblatt .... Flächenabschnitt ..... von ......
.... Größe.
3.
4.
5.

Nebenbenannte , der evangelischen Kirchengemeinde (Kirche — Pfarre — Küsterei) zu ....
gehörige... Grundstück ... soll ... durch öffentliches Ausgebot verpachtet werden, und es steht heute der in ortsüblicher Weise bekannt gemachte Bietungstermin an, zu dessen Abhaltung d .. unterzeichnete ....
von dem Gemeindekirchenrat der eingangs genannten Kirchengemeinde am ....
schriftlich und mit der ausdrücklichen Befugnis, die Anträge der Bieter auf Schließung de... Pachtvertrage entgegenzunehmen, bevollmächtigt worden ....

Seitens de Bevollmächtigten wurden folgende Bedingungen als der Verpachtung zugrundeliegend bekannt gemacht:

1. Die Verpachtung erfolgt auf ..... Jahre und zwar vom .....ten 19..... bis dahin 19 .. unter den allgemeinen Bedingungen, welche in dem dieser Verhandlung angehefteten Pachtvertragsformular enthalten sind.

2. Der Pachtzins ist in — halb- — vierteljährlichen — Raten am ten Tage jedes Pacht- — Kalender- — Halb- — Vierteljahres — im voraus — nachträglich — bar zu entrichten.

3. Die in § 6 des Pachtvertrags-Formulars vorgesehene Vertragsstrafe und die im § 14 ebendaselbst erwähnte Sicherheit sollen eine jede die Höhe des einjährigen Pachtzinses be-

---

*) Hier ist einzufügen, ob es sich um Kirchen-, Pfarr- oder Küstereigrundstücke handelt.

tragen. Die Verzinsung der baren Sicherheit seitens des Verpächters beträgt .... vom Hundert jährlich.

4. Rechtswirksam sind nur diejenigen Gebote, welche von dem Bieter eigenhändig unterschrieben werden. Jedes Gebot gilt als ein Antrag des Bieters, mit der obenbezeichneten Kirchengemeinde einen diesen Bedingungen entsprechenden schriftlichen Pachtvertrag zu dem von dem Bieter selbst abgegebenen höchsten Gebot abzuschließen.

Angebote, welche das vorhergehende Gebot um weniger als ... M. ...... Pf. übersteigen, sind unzulässig.

5. Der Meistbietende hat keinen Anspruch auf Erteilung des Zuschlages, vielmehr behält sich der Gemeindekirchenrat das Recht vor, den Zuschlag nach freiem Ermessen zu erteilen. Demgemäß erlöschen die abgegebenen Gebote weder durch die Abgabe eines Übergebotes seitens eines anderen Bieters, noch durch den ohne Erteilung des Zuschlages erfolgenden Schluß des Bietungstermins. Jeder Bieter ist verpflichtet, einen diesen Bedingungen entsprechenden schriftlichen Pachtvertrag, wenn ihm derselbe bis zum ... ten .... 19 einschließlich seitens des Gemeindekirchenrats mit dem Eröffnen, daß ihm der Zuschlag erteilt ist, zur Vollziehung übersandt wird, eigenhändig mit Datum und Namensunterschrift zu unterzeichnen und an den Gemeindekirchenrat unter Beifügung der Pachtsicherheit in barem Gelde oder in kautionsfähigen Wertpapieren nebst dazugehörigen Zins- und Erneuerungsscheinen binnen ...... Woche ... nach dem Tage des Empfanges zurückzusenden.

6. Der Pachtvertrag erlangt erst durch die Erteilung der etwa erforderlichen Genehmigungen des Patrons und der Aufsichtsbehörde, welche der Gemeindekirchenrat ein-

zuholen hat, Rechtsbeständigkeit. Der Pächter ist an denselben aber ohne ein Recht zur Fristbestimmung gebunden, solange die Genehmigungen nicht verweigert sind.

Das Pachtvertrags-Formular, die de ... Beauftragten vom Gemeindekirchenrat erteilte Vollmacht vom .... und vorstehendes Protokoll bis hierher wurden seitens des Bevollmächtigten laut vorgelesen. Hierauf wurde um ... Uhr ... Minuten ...... mittags zur Abgabe von Geboten aufgefordert.

Es wurde . folgende — kein — Gebot abgegeben.

Lauf. Nr.	Bezeichnung de Pachtgrundstück	Bezeichnung des Bieters	Jährlicher Pachtzins	Unterschrift des Bieters
1				
2				
3				
4				
5				
6				
7				
8	*)			

Da Aufforderung ungeachtet — weiter — kein Gebot erfolgte, wurde die Bietungsverhandlung von de Bevollmächtigten um ... Uhr .... Minuten mittags geschlossen.

Geschehen wie oben.

(Unterschriften der Bevollmächtigten.)

*) Falls die obigen Nummern nicht ausreichen, sondern auf folgender Seite fortzusetzen sind, so ist obiger Schluß des Protokolls urschriftlich hinter die letzte Nummer auf folgender Seite zu setzen.

Anweisung für den Gebrauch. Dieses Formular kann nach den Bedürfnissen des Einzelfalles durch Streichungen und Zusätze geändert werden, der Ort und Umfang der Änderung ist am Rande oder am Schlusse zu vermerken. Für den Fall, daß der Stellen-Inhaber als Nießbraucher verpachtet, ist entsprechende Änderung erforderlich.

Pachtvertrag.

Zwischen der evangelischen Kirchengemeinde (Kirche — Pfarre — Küsterei) zu .... vertreten durch den Gemeindekirchenrat als Verpächter einerseits
und de ....
als Pächter andererseits
ist — unter Vorbehalt der Zustimmung des Patronats und der Genehmigung der kirchlichen Aufsichtsbehörde — auf Grund der Bietungsverhandlung vom .... nachstehender Pachtvertrag geschlossen worden.

§ 1.

Die evangelische Kirchengemeinde zu ....
verpachtet an den ....
folgende der ....
gehörige Grundstücke:

1. Kartenblatt .... Flächen-Abschnitt .... von .... Größe, belegen in der Feldmark von ....
2. Kartenblatt .... Flächen-Abschnitt .... von .... Größe, belegen in der Feldmark von ....
3. Kartenblatt .... Flächen-Abschnitt .... von .... Größe, belegen in der Feldmark von ....
4. Kartenblatt .... Flächen-Abschnitt .... von .... Größe, belegen in der Feldmark von ....

auf .... Jahre vom ..... ten .... des Jahres 19.....
bis dahin 19..... für einen jährlichen Pachtzins von..............................
in Worten ....

§ 2.

Für die Beschaffenheit und Ertragsfähigkeit de... Grundstück.... sowie für die angegebene Größe wird keine Gewähr übernommen. Bei sich ergebendem Mehr- oder Mindermaß wird weder Pachterhöhung gefordert, noch Pachtnachlaß gewährt.

Dieses Formular ist bei Trowitzsch & Sohn, Berlin S.W. Wilhelmstraße 29 käuflich.

§ 3.

Der Pachtzins ist in halb- — viertel- — jährlichen Raten am ...... ten Tage jedes Pacht- — Kalender- — Halb- — Viertel- — Jahres — im Voraus — nachträglich — bar zu entrichten. Zur Aufrechnung irgend welcher Forderungen gegen den Pachtzins ist der Pächter nicht berechtigt, auch leistet derselbe auf das Recht, wegen Gegenforderungen, den Pachtgegenstand zurückzubehalten und auf das Pfandrecht aus § 590 B.G.B. Verzicht.

§ 4.

Der Pächter trägt ohne Anspruch auf Nachlaß vom Pachtzins oder sonstige Entschädigung alle von den verpachteten Grundstücken zu entrichtenden bezw. auf denselben ruhenden Steuern, Lieferungen, Einquartierungen, Fuhren, Lasten und Abgaben, sie mögen bereits auferlegt sein oder neu auferlegt werden, beim Abschlusse des Vertrages bekannt sein oder nicht, ohne Unterschied zwischen Kriegs- und Friedenszeiten. Außerdem übernimmt Pächter die Unterhaltung der zum Schutze und Nutzen der Grundstücke bestehenden Anlagen, namentlich der Deiche, Dämme, Gräben, Brücken usw. und die Besserung der Landwege, soweit die Grundstücke damit belastet sind, unentgeltlich.

§ 5.

Werden Teile der verpachteten Grundstücke während der Pachtzeit enteignet oder zu öffentlichen bezw. gemeinnützigen Zwecken, zu Kunststraßen, Kanal- und Bahnanlagen und dergleichen freihändig veräußert, so steht dem Pächter ein Widerspruchsrecht gegen die Entziehung der betreffenden Teile nicht zu, dagegen hat er für Hergabe derselben einen Anspruch auf Ermäßigung des Pachtzinses nach Maßgabe der Größe und des Ertrages des ihm entzogenen Grundstücksteiles. Ein weiterer Entschädigungsanspruch steht ihm nicht zu.

§ 6.

Der Pächter darf die Grundstücke nur zum landwirtschaftlichen Gebrauch nach den Regeln einer ordnungsmäßigen Wirtschaft nutzen. Er hat dafür zu sorgen, daß die Grenzmarken erhalten bleiben und die verpachteten Grundstücke weder durch Abpflügen verringert noch mit anderen eigenen oder sonst gepachteten Äckern zusammengepflügt werden. Sand, Ton, Torf und Steine dürfen auf den verpachteten Grundstücken nicht gegraben und weder zu eigenem, noch zu anderer Bedarf genutzt werden; Kalk, Mergel, Lehm, Moder und ähnliche Stoffe nur soweit, als Pächter diese zur Düngung der verpachteten Grundstücke unmittelbar verwendet. Überhaupt darf der Pächter nicht ohne die Erlaubnis des Verpächters

Änderungen in der wirtschaftlichen Bestimmung der Grundstücke vornehmen, welche auf die Art der Bewirtschaftung über die Pachtzeit hinaus von Einfluß sind. Für jede Zuwiderhandlung gegen diese Bestimmungen hat der Pächter an den Verpächter eine Vertragsstrafe von .... Mark, in Worten .... zu entrichten. Die Geltendmachung eines weiteren Schadenersatzanspruches seitens des Verpächters ist dadurch nicht ausgeschlossen. Eingriffe und Beschädigungen der verpachteten Grundstücke durch einen Dritten hat Pächter dem Verpächter unverzüglich anzuzeigen. Das Gleiche gilt, wenn sich ein Dritter ein Recht an den verpachteten Grundstücken anmaßt oder wenn Vorkehrungen zum Schutze derselben gegen eine nicht vorgesehene Gefahr erforderlich werden.

§ 7.

Der Pächter ist verpflichtet, die verpachteten Grundstücke in guter landwirtschaftlicher Kultur zu halten, angemessen zu verbessern, gehörig zu düngen, die Gräben zu reinigen, die Hecken, Einfriedigungen, Schlagbäume, Fußsteige, Wege, Brücken, Übergänge und Stege, die Ufer der angrenzenden oder die Pachtfläche sonst berührenden Flüsse und Gewässer, dem Bedürfnis entsprechend und zugleich nach den etwaigen Vorschriften der Bau- und Polizeibehörden auf seine Kosten in guten Stand zu setzen und darin zu erhalten.

Nach Beendigung der Pacht hat der Pächter die verpachteten Grundstücke in dem Zustande zurückzugewähren, der sich bei einer während der Pachtzeit bis zur Rückgewähr fortgesetzten ordnungsmäßigen Bewirtschaftung ergibt. Dies gilt insbesondere auch für die Bestellung und ortsübliche Düngung der Pachtfläche nach den dafür geltenden landwirtschaftlichen Grundsätzen.

§ 8.

Endigt die Pacht im Laufe eines Pachtjahres, so hat der Verpächter die Kosten, welche der Pächter auf die noch nicht getrennten, aber nach den Regeln einer ordnungsmäßigen Wirtschaft vor dem Ende des Pachtjahres zu trennenden Früchte verwendet hat, insoweit zu ersetzen, als sie einer ordnungsmäßigen Wirtschaft entsprechen und den Wert der Früchte nicht übersteigen. Eine Entschädigung für den im Lande befindlichen Dünger wird dem Pächter aber in keinem Falle gewährt.

Der Pächter darf vorgenommene Verbesserungen während oder am Ende der Pachtzeit ohne Genehmigung des Verpächters nicht wieder beseitigen. Er hat aber nur für diejenigen vom Verpächter genehmigten Verbesserungen eine Vergütung zu fordern, für welche ihm dieselbe schriftlich zugesichert ist. Dies gilt auch dann, wenn die Pacht vor Ablauf der bedungenen Zeit aus irgend einem Grunde aufgehoben wird.

§ 9.

Der Pächter darf ohne schriftliche, von dem Verpächter nach freiem Ermessen zu erteilende Erlaubnis weder ganz noch teilweise unterverpachten und bleibt, auch wenn die Erlaubnis erteilt wird, stets für die Pachtvertragserfüllung in vollem Umfange verhaftet.

§ 10.

Wird durch höhere Gewalt die Brauchbarkeit der Pachtgrundstücke beeinträchtigt oder aufgehoben, so darf Pächter deswegen weder den Pachtzins einbehalten, noch die Wiederherstellung der Benutzbarkeit verlangen. Auch steht demselben ein Anspruch auf Entschädigung oder Nachlaß nicht zu, wenn der Ertrag durch Zufälle irgend einer Art vermindert wird oder verloren geht. Der Ausbruch eines Krieges gibt dem Pächter nicht die Befugnis, die Pacht aufzukündigen oder vom Vertrage abzugehen

§ 11.

Stirbt der Pächter vor Ablauf der bedungenen Zeit, so ist sowohl der Erbe als der Verpächter berechtigt, das Pachtverhältnis unter Einhaltung der gesetzlichen Frist zu kündigen. Die Kündigung ist nur für den Schluß eines Pachtjahres zulässig; sie hat spätestens am ersten Werktage des halben Jahres zu erfolgen, mit dessen Ablauf die Pacht endigen soll und kann nur für den ersten Termin geschehen, für den sie zulässig ist.

§ 12.

Der Verpächter ist berechtigt, abgesehen von sonstigen gesetzlich vorgesehenen Fällen das Pachtverhältnis ohne Einhaltung einer Kündigungsfrist aufzukündigen:

1. wenn der Pächter mit der Zahlung des Pachtzinses oder eines Teiles desselben auch nur für einen Termin länger als eine Woche im Verzuge ist;
2. wenn der Pächter ohne schriftliche Genehmigung des Verpächters eine Unterverpachtung der Pachtgrundstücke oder eines Teiles derselben vornimmt;
3. wenn über das Vermögen des Pächters der Konkurs eröffnet oder gegen ihn die Zwangsvollstreckung in Früchte, die vom Boden noch nicht getrennt sind, vorgenommen wird oder eine gegen den Pächter sonst vorgenommene Pfändung nicht zu einer vollständigen Befriedigung des Gläubigers geführt hat;

4. wenn der Pächter ungeachtet einer Abmahnung des Verpächters einen vertragswidrigen Gebrauch der Pachtgrundstücke oder eines Teiles derselben fortgesetzt oder die Rechte des Pächters in erheblichem Maße verletzt, insbesondere einem Dritten den ihm unbefugt überlassenen Gebrauch beläßt oder die Pachtgrundstücke durch Vernachlässigung der ihm als Pächter obliegenden Sorgfalt erheblich gefährdet;
5. wenn der Pächter den legitimierten Vertreter des Verpächters jemals daran hindert, die Pachtgrundstücke zum Zwecke der Prüfung ihres Zustandes jederzeit zu betreten.

Macht der Verpächter von dem Kündigungsrecht aus einem der obigen Gründe Gebrauch, so haftet ihm Pächter für allen durch die vorzeitige Beendigung des Pachtverhältnisses erwachsenden Schaden.

§ 13.

Der Pächter ist verpflichtet, die auf dem Pachtlande gebaute Frucht gegen Hagelschlag bei einer inländischen oder im Inlande zugelassenen Versicherungsgesellschaft angemessen zu versichern und die Versicherungsurkunde dem Verpächter auf Erfordern jederzeit vorzulegen.

§ 14.

Der Pächter hat dem Verpächter eine Sicherheit von ...... Mark, in Worten .... bar gezahlt. Der Verpächter ist Eigentümer des Geldes geworden und berechtigt, sich daraus wegen aller seiner Forderungen aus dem Pachtverhältnis bezahlt zu machen und nur schuldig, den Überschuß nach gehöriger Rückgewähr der Pachtgrundstücke zurückzuzahlen. Zinsen werden von der Sicherheit seitens des Verpächters mit .... vom Hundert in Jahresraten nachträglich an den Pächter entrichtet.

oder:

Der Pächter hat zur Sicherheit des Verpächters wegen aller seiner Forderungen aus dem Pachtverhältnis bei diesem .... Mark in Wertpapieren, welche gemäß § 234 B.G.B. zur Sicherheitsleistung geeignet und für dieselbe mit drei Vierteilen ihres Kurswertes in Ansatz gebracht sind, nämlich: ....

....

....

nebst dazu gehörigen Zins- und Erneuerungsscheinen hinterlegt. Nach Erfüllung der laufenden Verbindlichkeiten des Pächters ist Verpächter verpflichtet, ihm die fälligen Zinsscheine zur Verfügung zu stellen.

§ 15.

Die für die Bietungsverhandlung und die für die Dauer des Pachtvertrages zu zahlenden Stempelbeträge in der gemäß § 5 des Stempelsteuergesetzes vom 31. Juli 1895 zu entrichtenden Höhe trägt der Pächter.

Dieser Vertrag ist in .... gleichlautenden Exemplaren ausgefertigt und vollzogen worden.

...................., den .....ten .... 19...

Der Verpächter, Gemeindekirchenrat.

Stempel.

....

Pfarrer.

....

Ältester. Ältester.

...................................., den ....ten .... 19....

Der Pächter. ....

Anweisung für den Gebrauch. Dieses Formular kann nach den Bedürfnissen des Einzelfalles durch Streichungen und Zusätze geändert werden. Der Ort und Umfang der Änderung ist am Rande oder am Schlusse zu vermerken. Für den Fall, daß der Stellen-Inhaber als Nießbraucher verpachtet, ist entsprechende Änderung erforderlich, auch in dem Vertrage zu bemerken, ob der Amtsnachfolger an den Vertrag gebunden sein soll (§ 48 d. V.Ordng.).

In jedem Falle ist einer der beiden Absätze des § 14 entsprechend auszufüllen bezw. zu streichen, je nachdem der Pächter die Sicherheit in barem Gelde oder in Wertpapieren bestellt.

Seite 118 Zeile 31 ergänze: Über eine Gesamthypothek (§ 1132 B.G.B.) soll nach § 59 R.Gr.B.O. nur ein Hypothekenbrief erteilt werden. — Stehen einem Gläubiger mehrere Hypotheken zu, die gleichen Rang haben oder im Range unmittelbar auf einander folgen, so ist ihm auf seinen Antrag mit Zustimmung des Eigentümers über die mehreren Hypotheken ein Hypothekenbrief in der Weise zu erteilen, daß der Brief die sämtlichen Hypotheken umfaßt (§ 66 R.Gr.B.O.).

„ 120 „ 40 ergänze: Feuerversicherungszwang für Gebäude besteht in Berlin (Feuersozietätsreglements v. 29. Dez. 1718/1. Mai 1794, vgl. Urteil d. R.G. v. 24. Jan. 1885, Entsch. Bd. 13 S. 215), Breslau, Stettin, Thorn, Ostfriesland und Hohenzollern (§ 3 Ges. w. anderw. Einr. d. Immob.-Feuervers. in den Hohenzollernschen Landen, v. 14. Mai 1855, G.S. S. 301).

„ 125 „ 7 lies: I 21 A.L.R., statt: I 11 A.L.R.

„ 136 „ 21 ergänze: vgl. E. d. E. C. v. 29. Sept. 1896 — E. O. 1900 — und E. d. M. d. g. A. v. 27. Dez. 1898 — G. III A. Nr. 2565. —

„ 138 „ 19 lies: Inhabern, statt: Inhaber.

„ 144 „ 3 ergänze: sowie Urteil d. R.G. v. 8. April 1903, Entsch. Bd. 54 S. 233.

„ 170 „ 13 ergänze: vgl. E. d. M. d. g. A. v. 23. Nov. 1878, KG. u. V.Bl. 1879 S. 90.

„ 178 „ 5 lies: Beläge, statt: Belege.

Alphabetisches Sachregister.

C.

D.

E.

H.

J.

K.

Q.

R.

S.

Druck von Otto Walter in Berlin S. 14,
Kommandantenstraße 44 a.

FSC
www.fsc.org
MIX
Papier | Fördert
gute Waldnutzung
FSC® C083411

Kolibri 360 GmbH
Ferdinand-Jühlke-Straße 7
99095 Erfurt, Deutschland
produktsicherheit@kolibri360.de